博学而笃志，切问而近思。
（《论语·子张》）

博晓古今，可立一家之说；
学贯中西，或成经国之才。

复旦博学·复旦博学·复旦博学·复旦博学·复旦博学·复旦博学

大学管理类教材丛书
COLLEGE MANAGEMENT SERIES

人力资源开发与管理（第五版）

胡君辰　主编
姚　凯　陶小龙　副主编

复旦大学出版社

内容提要

在现代经济社会中，人力资源的质量和数量是企业竞争胜败的关键所在，这已是管理理论界和企业界的共识。加入世贸组织后，尤其是越来越开放的今天，中国的企业面对的是全球企业的竞争，企业的竞争越来越激烈是必然趋势。这既是一种挑战，也是一种机遇。要在严峻的竞争中脱颖而出，唯一的途径就是充分开发、科学管理人力资源。

本书从人力资源开发与管理的视角，结合管理心理学和组织行为学，以企业组织的实践为导向，阐述了人力资源开发与管理的基本理论和可操作的方法。内容涉及：工作生活质量和提高生产力、人力资源计划、工作分析、员工招聘、测试、员工培训与开发、职业计划和职业管理、绩效评估、报酬系统、人力资源会计、中小企业人力资源管理、高科技企业人力资源管理、员工的心智管理等方面。

本书适合管理类院校、商学院等相关本科专业和MBA的教学所需，也十分适合企业的经理人培训、进修、自学所需。

线上学习资料

第五版序

在一次企业家的研讨会上,有人提出来:什么是现代企业的核心竞争力?有的企业家说:"企业的核心竞争力是先进的设备。"有的企业家说:"企业的核心竞争力是娴熟的技术。"有的企业家说:"企业的核心竞争力是科学的制度。"……经过大家的充分思辨和争论,最后一致认为:企业的核心竞争力是高质量的人力资源,即人才。因为有了人才,企业才能引进、使用、保管先进的设备;才能学习、掌握、运用、传授娴熟的技术;才能制定、实行、完善科学的制度。

企业如何才能拥有核心竞争力——高质量的人力资源呢?这就需要企业家和经理人真正地掌握现代人力资源管理的理论和方法。本书在前四版的基础上,秉承一贯的宗旨,力求把最新的、最实用的人力资源管理的理论和方法奉献给读者。

由于信息技术和互联网的快速发展,我们也尝试使本书与新技术结合,从而更方便读者掌握知识和技能,故将本书的一些内容放到网上。如:人力资源管理的一些表格、企业的应用案例等。

作者还会定期在网上与读者互动,交流学习人力资源管理的心得体会和一些人力资源管理的热门话题。希望我们一起为中国企业的人力资源管理跃上一个新台阶而努力。

当前,中国的经济发展已经到达一个重要的发展关键时刻,因此,企业的人力资源开发与管理显得尤其重要。本书第五版力争更好地体现前四版的特点:使读者在掌握必要的基础理论知识的前提下,大量地掌握人力资源开发与管理的技能,真正理解企业内人力资源开发与管理应该如何运作,更好地帮助企业吸引人才、鉴别人才、开发人才、使用人才和激励人才,进而提高企业的经济效益和社会效益。

本书在第四版的基础上,胡君辰修订了第一、第十四至十七章,新写了第十八章,姚凯修订了第八至十三章,陶小龙修订了第二至七章,全书由胡君辰总审。博士生李智和马婷参与了部分文字工作。

在编写第五版的过程中,自始至终得到复旦大学出版社戚雅斯编辑的热情支持。她的市场前瞻性、相关的专业知识及深厚的文字功底对于本书高质量的出版起到了十分重要的作用。

人力资源开发与管理是一门发展极其迅速的应用学科。本书的第一版在1995年问世,二十三年过去了,现在中国企业的经营环境和人力资源开发与管理水平与二十三年前相比,已不可同日而语。我们虽然竭尽全力想为读者贡献最新的成果,但还是有心有余而力不足之感。

在本书的编写过程中我们参考了大量文献,在此我们向所有这些文献的作者们表示真诚的感谢!

胡君辰

2018年6月21日于复旦大学管理学院

第四版序

在一次与企业家座谈的时候，有一位企业家向我发问："教授，现在许多人都说，人力资源是企业最重要的财富，虽然我们公司拥有许多人力资源，但是我们公司还是经营困难。这是什么原因呢？"这个问题立即引起了与会者的关注。我思考了一下，作了以下的回答：

"谢谢这位朋友提出了一个好问题，我认为企业最重要的财富不是人力资源。而是人才资源！人才是指能为企业当前和未来创造效益的人力资源，简言之，人才就是高质量的人力资源。企业的成功取决于企业拥有的人才的质量和数量。那我们为什么要学习人力资源管理呢？就是为了更好地吸引人才、鉴别人才、开发人才、使用人才和激励人才。"

结果，与会者普遍同意我的观点。

当前，中国的经济发展已经到达一个重要的发展关键时刻，因此企业的人力资源开发与管理显得尤其重要。我们的第四版编写人员感到压力较大。

本书第四版力争更好地体现前三版的特点：使读者在掌握必要的基础理论知识的前提下，大量地掌握人力资源开发与管理的技能，真正理解企业内人力资源开发与管理应该如何运作，更好地帮助企业吸引人才、鉴别人才、开发人才、使用人才和激励人才，进而提高企业的经济效益和社会效益。

本书第一版的著者是郑绍濂、陈万华、胡君辰、杨洪兰；第二版和第三版的著者是胡君辰、郑绍濂；由于前三版的著者为本书奠定了良好的基础，在此，我作为第四版的著者之一，特向他们的工作表示崇高的敬意和真诚的谢意。

本书在第三版的基础上，胡君辰修订了第一、十四、十五、十六、十七、十八章，姚凯修订了第八、九、十、十一、十二、十三章，陶小龙修订了第二、三、四、五、六、七章，全书由胡君辰总审。其中冯绚博士参与了不少文字工作。

在编写第四版的过程中，自始至终得到复旦大学出版社刘子馨先生的热情支持。他的市场前瞻性和相关的专业知识对于本书高质量的出版起到了十分重要的作用。

人力资源开发与管理是一门发展极其迅速的应用学科。本书的第一版在十九年前问世，现在中国企业的经营环境和人力资源开发与管理水平与十九年前相比，已不可同日而语。我们虽然竭尽全力想为读者贡献最新的成果，但还是有心有余而力不足之感。

在本书的编写过程中我们参考了大量文献，在此我们向所有这些文献的作者们表示真诚的感谢！

胡君辰
2014 年 2 月 28 日于上海黄兴公寓

第三版序

2003年春节，在一次获奖教材作者座谈会上，一位记者问我："现在您最想说的是哪句话？"我脱口而出："谢谢读者！"这句话在我心中已经讲了上百遍了。随着《人力资源开发与管理》(第二版)销量的不断突破，尤其是突破了20万册，我的感激之情越来越浓厚。感谢读者知遇之恩；感谢读者提出许多宝贵的建议；感谢读者与我的学术探讨；感谢读者的热情支持。

"人力资源是企业中最重要的资源"几乎成为所有职业经理人的共识。中国的市场经济越来越走向成熟，中国的市场竞争也越来越激烈，尤其是加入了世贸组织后，中国企业必将直接面对全球企业的竞争。事实反复证明：竞争的核心是人才的竞争，是人力资源质量和数量的竞争。因此，国际一流商学院培养MBA时都把"人力资源开发与管理"作为一门必修课是十分自然的事。

本书力争更好地体现前两版的特点：使读者在掌握必要的基础理论知识的前提下，大量地掌握人力资源开发与管理的技能，真正理解企业内人力资源开发与管理应该如何运作，进而提高企业的经济效益和社会效益。

本书作为第三版，第一版的著者是郑绍濂、陈万华、胡君辰、杨洪兰；第二版的著者是胡君辰、郑绍濂；由于前两版的著者为本书奠定了良好的基础，在此，我作为第三版的著者之一，特向他们的工作表示崇高的敬意和真诚的谢意。

郑绍濂教授一如既往地对本书的策划、修订提出了极具前瞻性的建议。全书由胡君辰总审。

在编写第三版的过程中，自始至终得到复旦大学出版社刘子馨先生的热情支持。他的专业知识对于本书高质量的出版起到了十分重要的作用。

本书根据中国市场经济发展的现状，根据读者的要求，增加了三章：第十一章　人力资源会计；第十二章　民营企业人力资源管理；第十三章　高科技企业人力资源管理。我们还对第八章　绩效评估进行了重点修订。另外我们对其他章节也进行了适当的修改。

在本书的修订过程中，陈宁参与了第十二章和第十三章的编写工作；徐燕参与了第八章和第十一章的修改和编写工作；车明明、詹赟、顾馨耘、凌旻慧和左雯珏参与了相关链接的编写工作。顾馨耘还做了部分辅助工作。

人力资源开发与管理是一门发展极其迅速的应用学科。本书的第一版在十一年前问世，现在的人力资源开发与管理与十一年前相比，已不可同日而语。我们虽然竭尽全力想为读者贡献最新的成果，但还是有心有余而力不足之感。

在本书的编写过程中我们参考了大量文献，在此我们向所有这些文献的作者们表示真诚的感谢！

胡君辰
2004年8月18日于上海黄兴公寓

目　录

第 1 章　工作生活质量和提高生产率　1
　引例　微软研究院与麦当劳的人力资源管理之道　1
　　第一节　人力资源的重要性　3
　　第二节　工作生活质量　6
　　第三节　提高生产率　10

第 2 章　人力资源计划　14
　引例　A 公司的人力资源规划如何制定？　14
　　第一节　人力资源计划概述　15
　　第二节　人力资源需求与供应预测　18
　　第三节　人力资源计划的制定与执行　26

第 3 章　工作分析　31
　引例　王师傅到底需要什么样的工人？　31
　　第一节　什么是工作分析　32
　　第二节　收集工作信息的主要方法　37
　　第三节　工作分析中各种信息类型与标准　40

第 4 章　人力资源吸收——员工招聘　48
　引例　索尼公司的内部招聘制度　48
　　第一节　招聘的基本程序　49
　　第二节　招聘的主要形式　52
　　第三节　招聘工具的设计　55
　　第四节　招聘中的评估　61

第 5 章　招聘中的测试　66
　引例　美国电话电报公司的人员测评与选拔　66
　　第一节　心理测试　67
　　第二节　知识考试　74

　　　　　　　　　　　第三节　情景模拟和系统仿真　77
　　　　　　　　　　　　　　第四节　面试　86

第 6 章　员工培训与开发　92

　　　　　　　　引例　别具一格的杜邦培训　92
　　　　　　　　第一节　员工培训与开发概述　93
　　　　　　　　第二节　培训与开发的实施模型　98
　　　　　　　　第三节　培训与开发的方法与类型　102
　　　　第四节　培训与开发中的主要问题及其应对策略　108

第 7 章　职业计划与职业管理　115

　　　　　　　　引例　海尔的个人生涯培训　115
　　　第一节　职业计划与职业管理的基本含义　117
　　　　　　　　　　　第二节　职业发展　121
　　　　　　　　　　　第三节　职业管理　126
　　　　　　　　　　第四节　员工职业活动　131

第 8 章　绩效评估　140

　　　　　　　　　引例　为什么？怎么办？　140
　　　　　　　　　　第一节　绩效评估概述　141
　　　　　　第二节　绩效评估的标准与主要方法　145
　　　　　第三节　绩效评估的系统设计与具体操作　156

第 9 章　报酬系统　165

　　　　　　　　　　引例　失败的高薪　165
　　　　　　　　　　第一节　报酬管理　166
　　　　　　　　　　第二节　工资与奖金　174
　　　　　　　　　　　第三节　福利　183
　　　　　　　　　　　第四节　薪酬设计　188

第 10 章　员工问题及其处理　192

　　　　　　引例　天价违约金能否震慑跳槽者？　192
　　　　　第一节　压力的种类、起因和控制方法　193
　　　　　　第二节　心理咨询的类型及其效果　198
　　　　　　第三节　科学惩罚的原则与实施　203

第四节　员工交往　|　207

第 11 章　人力资源会计　|　212
引例　以人抵债破天荒　|　212
第一节　人力资源会计概述　|　214
第二节　人力资源成本分析　|　220
第三节　人力资源价值分析　|　224
第四节　人力资源的需求预测与投资决策　|　228

第 12 章　民营企业人力资源管理　|　236
引例　销售额低"谁"之过　|　236
第一节　民营企业人力资源管理的特点　|　238
第二节　民营企业人员的素质要求　|　241
第三节　民营企业人力资源管理中存在的问题　|　242
第四节　民营企业人力资源管理的对策　|　244
第五节　中小型民营企业面临的特殊问题　|　248

第 13 章　高科技企业人力资源管理　|　251
引例　惠信科技的困境　|　251
第一节　高科技企业的人才规划与战略　|　253
第二节　高科技企业中员工的心理和行为特点　|　254
第三节　高科技企业员工招聘与选拔　|　255
第四节　高科技企业员工的激励策略　|　258
第五节　高科技企业人员流动的问题及对策　|　262

第 14 章　人力资源的测评方法　|　269
引例　米勒公司应该裁掉谁？　|　269
第一节　员工健康的测评　|　271
第二节　员工素质的测评　|　274
第三节　工作环境的测评　|　279
第四节　人力资源管理能力的测评　|　281
第五节　参考答案　|　283

第 15 章　人力资源的三大层次——改革与思考　|　291
引例　访谈：国企人事经理的"人事经"　|　291

第一节　人力资源在企业中的地位和层次分析　293
第二节　如何进行人力资源管理改革　294
第三节　由企业人力资源管理引起的系列改革　297

第 16 章　人力资源开发与管理中的若干理论问题　299

引例　GE 的 CEO 任用　299
第一节　因人设岗与因岗配人　300
第二节　知人与善任　301
第三节　员工晋升与员工使用　303
第四节　人才流动与人才培养　304

第 17 章　人力资源开发与管理的新趋势　309

引例　梅赛德斯–奔驰公司的"未来工厂"　310
第一节　未来的企业组织　310
第二节　未来的人力资源管理　314
第三节　未来的人力资源部　319
第四节　未来的企业家　323

第 18 章　员工的心智管理　330

引例　心智文化：创造清溢精神　330
第一节　什么是心智管理　331
第二节　心智管理思想的演进　340
第三节　心智管理研究方法　345

参考文献　351

第1章 工作生活质量和提高生产率

本章要点

1. 人力资源开发与管理的含义与意义。
2. 工作生活质量及其影响因素。
3. 提高生产率的基本思路。

本章学习资料

引例

微软研究院与麦当劳的人力资源管理之道

作为世界上最著名的计算机软件公司,微软研究院在人力资源管理方面有很多独到之处,主要有以下几点:

1. 发掘精英人才

人才在信息社会中的价值,远远超过在工业社会中。在工业社会中,一个最有效率的优秀工人或许能比一般的工人多生产20%或30%。但是，在信息社会中，一个最好的软件研发人员能够比一个一般人员多做出500%甚至1 000%的工作。例如，为微软带来巨额利润的Windows，只是由一个研究小组做出来的。微软研究院旨在找出有杰出成果的领导者。这些领导者，有些是著名的专家，有些是默默无闻的幕后研究者。无论是知名教授，还是幕后英雄，只要他们申请工作，微软都会花很多时间去理解他们的工作，并游说他们考虑到微软研究院工作。

2. 制造"引导，但不控制，自由、真诚、平等"的工作氛围

研究院研究的项目、细节、方法、成败，都由研究员自己来决定。对于细节，领导层可以提出自己的意见，但决定权在研究员手中。研究员在研发过程中得到领导层的全力支持，即使领导层并不认同他们的决定。微软研究院不允许官僚作风、傲慢作风和明争暗斗的存在，鼓励不同资历、级别的员工互信、互助、互重，每一员工都能够对任何人提出他的想法。就算是批评、争论，也是在互信、互助、建设性的前提下做出的。

3. 有效地吸引、留住人才

很多人认为，雇用人才的关键是待遇，可以"高薪收买人才"。微软认为除了提供有竞争性的待遇之外，更应重视研究环境的吸引力，包括：充分的资源支持，让每个人没有后顾之忧；最佳的研究队伍和开放、平等的环境，让每个人都有彼此学习的机会；造福人类的机会，让每个人都能为自己的研究所开发的产品自豪；长远的眼光和吸引人的研究题目，让每个人都热爱自己的工作；有理解并支持自己研究的领导，让每个人在紧随公司的大方向的同时，仍有足够的空间及自由去发展自己的才能，追求自己的梦想。

作为同样著名的餐饮的行业公司，麦当劳也有一套自己的人力资源管理办法，主要有以下几点：

1. 不用"天才"与花瓶

麦当劳不用所谓"天才"，因为"天才"是留不住的。在麦当劳里取得成功的人，都得从零开始，脚踏实地工作，炸薯条、做汉堡包，是在麦当劳走向成功的必经之路。这对那些不愿从小事做起，踌躇满志想要大展宏图的年轻人来说，是难以接受的。在麦当劳餐厅，女服务员的长相也大多是普通的，还可以看到既有年轻人也有年纪大的人。年纪大的可以把经验告诉年纪轻的人，同时又可被年轻人的活力所带动。麦当劳不讲求员工是否长得漂亮，只在乎她工作负责、待人热情，让顾客有宾至如归的感觉，如果只是个中看不中用的花瓶，是不可能在麦当劳待下去的。

2. 晋升机会公平合理

在麦当劳，晋升对每个人都是公平合理的，适应快、能力强的人能迅速掌握各个阶段的技术，从而更快地得到晋升。面试合格的人先要做4—6个月的见习经理，其间他们以普通员工的身份投入到餐厅的各个基层工作岗位，如炸薯条、做汉堡包等，并参加基本营运课程培训，经过考核的见习经理可以升迁为第二副理，负责餐厅的日常营运。之后还将参加基本管理课程和中间管理课程培训，经过这些培训后已能独立承担餐厅的订货、接待、训练等部分管理工作。表现优异的第二副理

在进行完培训并通过考核后,将被升迁为第一副理,即餐厅经理的助手。以后他们的培训,全部由设在美国及海外的汉堡大学完成,麦当劳公司继续为其提供广阔的发展空间。

3. 培训成为一种激励

麦当劳的培训理念是:培训就是让员工得到尽快发展。麦当劳的管理人员都要从基层员工做起,升到餐厅经理这一层,就该知道怎样去培训自己的团队。麦当劳公司的总经理每三个月就要给部门经理做一次绩效考核,考核目标中必不可少的一项,就是如何训练下属——一定要培训出能接替你的人,你才有机会升迁。这是麦当劳一项真正实用的原则。由于各个级别麦当劳的管理者,会在培训自己的继承人上花相当的智力和时间,麦当劳公司也因此成为一个发现和培养人才的大课堂,并使麦当劳在竞争中长盛不衰。

思考题:
1. 微软研究院和麦当劳的人力资源管理的异同体现在哪些方面?
2. 结合案例中的公司的特点,谈谈为何要使用这样或那样的人力资源管理措施?

(资料来源:网络《人力资源管理案例库》)

第一节 人力资源的重要性

纵观全球,一个企业的成功,有的是因为领导者足智多谋,有的是因为技术独步天下,有的是因为开拓了新兴市场,有的是因为质量上乘,也有的是因为资金雄厚,或者是因为服务水平高超。所有这些原因都和"人"有密切的联系。在一个企业中,人力资源是最重要的资源,只有有效地开发人力资源并合理、科学地管理人力资源,这个企业才能蓬勃发展,蒸蒸日上。

一、什么是人力资源

广义地说,智力正常的人都是人力资源。

狭义的定义有许多种。

1. 人力资源是指能够推动整个经济和社会发展的具有智力劳动能力和体力劳动能力的人们的总和,它应包括数量和质量两个指标。

2. 人力资源是指一个国家或地区有劳动能力的人口的总和。

3. 人力资源是指具有智力劳动能力和体力劳动能力的人们的总和。

4. 人力资源是指包含在人体内的一种生产能力。若这种能力未发挥出来,它就是潜在的劳动生产力，若开发出来，就变成了现实的劳动生产力。

5. 人力资源是指能够推动整个经济和社会发展的劳动者的能力，即处在劳动年龄的已直接投入建设或尚未投入建设的人的能力。

6. 人力资源是指一切具有为社会创造物质文化财富、为社会提供劳务和服务的人。

本书中的人力资源主要指企业组织内外具有劳动能力的人的总和。

二、人力资源开发与管理的主要内容

在现代企业中，凡是与人有关的事情均与人力资源开发与管理有关，但是，作为一个人力资源开发与管理的部门，主要工作涉及四个方面内容：选人、育人、用人、留人。每一方面的工作可能是交叉的，也可能相互有影响。

（一）选人

选人是人力资源开发与管理的第一步，也是十分重要的一步。如果选人选得好，那么育人就较容易，用人也得心应手，留人也方便。

1. 选人者本身要具有较高的素质和相应的专业知识。如果选人者不知何为人才，他就无法为企业招聘、选拔人才；如果选人者缺乏相应的专业知识，也无法去鉴别人才，这样势必造成"武大郎开店——高的一概不要"和"瞎子摸象——盲目地选人"这两种现象。

2. 被选者多多益善。一般情况下，被选者越多，越容易选出合适的人才。如果由于渠道不畅，被选者人数很少，就很难选择到合适的人才。

3. 被选者的层次结构要适当。并不是说任何岗位都应该选择最高级的人员来担任，有时高级人才反而干不好低层次的工作，因此，选人时应考虑最适合的人，即"最适原则"高于"最优原则"。

（二）育人

育人，即培育人才，是人力资源开发与管理的主要工作之一。企业的发展主要靠人推动，而育人就是加强推动力。

1. 因材施教。每个人的素质、经历不同，缺乏的能力和知识也不同，应该针对每个人的特点，安排适当的培训计划。有的人需要短期培训，有的人需要长期培训；有的人需要兼职培训，有的人需要脱产培训。

2. 实用。企业育人与学校育人有本质的不同，企业育人重点是实用性，有时不一定要系统地介绍许多理论知识，但一定要与实践紧密地联系起来，使员工学以致用。

3. 避免育人不当。育人不当的含义十分广泛，这里主要指要避免有些能力较强、水平较高、工作较忙的人没机会参加培训计划；而让一些无所事事的闲人充塞培训班，这样会打击干事的人，鼓励大家混日子。

(三) 用人

用人是人力资源开发与管理的一个主要目标,只有用人用得好,有关部门的工作才能卓有成效。

1. 量才录用。大材小用和小材大用对企业均不利,前者造成浪费,后者造成损失。

2. 工作丰富化。任何枯燥的、呆板的工作都会使员工感到工作乏味,应该充分考虑到员工的身心要求,重新设计工作,使工作尽可能丰富化。

3. 多劳多得,优质优价。"大锅饭"是用人的慢性自杀剂。在长期吃"大锅饭"的企业中,劳动生产率低下是必然的结果。

(四) 留人

人才留不住是企业及人力资源开发与管理部门的失职。人才留不住不仅仅是本企业的巨大损失,而且会使竞争对手更强大,长期留不住人才的企业往往会陷于困境。

1. 薪资报酬。在当今社会中,薪资收入不仅仅是衡量一个人的劳动代价,往往也显示了一个人事业的成功与否。员工工作的第一目标是获得薪资收入。在同行业中,薪资较低的企业人才流向薪资较高的企业是一种趋势,这种趋势在短时期内不会改变。

2. 心理环境。如果一个人在某企业中得到重用,人际关系较和谐,心情较舒畅,这时虽然薪资较低,或者工作条件较差,他也会乐意为该企业作贡献。这是由于人除了低层次的物质需求外,还有高层次的精神需求。许多"跳槽"者往往埋怨原来企业的心理环境不好。因此,要留住人才,企业领导者一定要十分重视建设或重建心理环境。

三、人力资源开发与管理的意义

在目前市场竞争异常激烈的情况下,人力资源开发与管理的优劣直接关系到企业的成败。任何一家成功企业都是十分重视人力资源开发与管理的。因为人力资源开发与管理最重要的意义是使现代企业能适应当前企业环境的变化,这些变化可以分为两类:外部环境变化和内部环境变化。

(一) 企业外部环境变化

企业所处的外部环境变化日新月异,主要变化有以下几个方面:

1. 社会价值观念的变化。随着社会的发展与进步,人们的社会价值观念会发生重大变化,年轻一代与年长一代之间,对于职业、家庭、经济、婚姻、金钱的看法往往有明显的差异。

2. 科学技术的飞速发展。随着工业化进程的展开,人类的科学技术发展迅猛,以前似乎绝对不可能的事情有许多已变成了现实,科技的发展使企业处在一个前所未有的变化之中。

3. 社会分工的变化。随着经济的繁荣发达，通讯工具的日益进步，地球似乎变得越来越小了，国际之间分工的细化在此条件下得以实现，国与国之间相互依赖程度越来越高已成为一种趋势。一个国家、一家上游企业的人事变动都会产生连锁现象。世界上每一个重大事件都会迅速影响各行各业。

（二）企业内部环境的变化

身处剧烈变化的外部环境的企业，所面对的内部环境也有着翻天覆地的变化。

1. 企业分工越来越细。随着竞争的不断升级，一个企业要垄断某一行业已十分困难。分工细化将是今后企业的主要趋势。分工细化必然使企业的专业化程度越来越高，这样将导致职业转变困难程度增加。

2. 信息化高度发展。随着计算机的普遍使用，以前许多用人力来完成的工作，可以由机器来代劳了，以前需要很多人干的事现在只需要一两个人就能胜任了。这样，中层管理人员需要转变角色，管理层次将越来越少。

3. 员工素质的变化。随着专业化程度的提高，企业对员工素质的要求也越来越高。这样，企业主或其他企业领导者把员工视为"生财工具"或"机器上的齿轮"的观点必将被淘汰，专制式的管理模式将越来越没有市场，民主式人性化的管理模式将越来越得到青睐。

第二节 | 工作生活质量

企业中，人力资源开发与管理的绩效标志之一是员工的工作生活质量提高了多少。

一、什么是工作生活质量

工作生活质量（quality of working life，QWL）是指组织中所有人员，通过与组织目标相适应的公开的交流渠道，有权影响决策以改善自己的工作，进而导致人们更多的参与感、更高的工作满意感和更少的精神压力的过程。

（一）工作生活质量与人力资源的关系

工作生活质量几乎和人力资源开发与管理的各项内容都有密切的联系，这样，它本身也成为其中的一部分了。

1. 与招聘的关系。招聘（也包括晋升）与工作生活质量息息相关，QWL 的降低会提高缺勤率和离职率,而缺勤率与离职率的提高又迫使企业招聘原来不必招聘的员工来维持正常运作。由于 QWL 不高,新进来的员工又会缺勤或离职,造成了难以想象的恶性循环,只有提高 QWL 才能打破这种恶性循环。

2. 与工作分析的关系。为了提高员工的工作生活质量,工作的目标、责任和特点也常常会起变化,这些变化会促使企业重新进行工作分析。

3. 与培训的关系。由于 QWL 的提高,离职率和缺勤率会降低,这样就减少了培训的压力。同时由于 QWL 的要求,管理人员需要通过培训来改变、重建自己新的角色,尤其是第一线的管理人员,这样又替培训工作带来了新的任务。

4. 与员工安全、健康的关系。QWL 的提高可以改善员工的安全和健康条件,因为 QWL 的提高可以改善工作设计与信息交流,使员工更有参与感和工作动机,因此减少了厌烦感,也减少了生产事故。

(二)工作生活质量的重要性

严格来说,QWL 表现出一种管理类型,或是一种企业文化。因此,现代企业重视 QWL 有许多重要意义,其主要意义有以下六点:(1)提高员工主人翁精神;(2)提高员工自我控制能力;(3)加强员工的责任感;(4)增加员工的自尊;(5)提高产品的产量;(6)提高产品的质量。

(三)工作生活质量的内容

企业中的 QWL 涉及的内容很多,主要有以下一些内容:(1)改善与员工交往的渠道与质量;(2)科学地、合理地进行工作群体和团队的设计;(3)有效地进行职业管理,为员工的前途着想;(4)适当地进行组织机构的调整;(5)优化企业内部的心理气氛;(6)优化工作环境。

二、影响工作生活质量的因素

虽然 QWL 对于企业如此重要,但是要提高 QWL 并不是随心所欲的事,因为 QWL 受到许多因素的制约,主要如下:

(一)环境

企业的环境可分为外环境和内环境。外环境可以包括政府的法令、经济政策、竞争对手的策略、市场变化,等等;内环境可以包括员工的价值、期望值、人际关系、物理环境,等等。

(二)培训与开发

企业中的员工需要进行培训与开发,这样才能更好地发挥潜能,更好地提高员工的 QWL。如果一个企业对员工只使用,而不进行培训与开发,那么该企业的 QWL 是不可能提高的,只会降低。

(三)人力资源计划

人力资源计划涉及企业中人力资源的吸收、开发、管理、使用等一系列战略安排。一个企业中，这项计划制定得好、执行得正确，就有利于 QWL 的提高；反之，则会降低 QWL。

（四）工作分析和绩效评估

一个企业的工作分析和绩效评估可以反映出员工在工作岗位上到底应该干什么以及干得如何。这对 QWL 有明显的影响。如果工作分析正确，就可能使员工产生胜任感，反之则可能产生自卑感；如果绩效评估及时又客观，就可能使员工产生成就感，并可根据组织目标来矫正自己的行为，反之，则可能产生无所适从感和逆反心理。

（五）安全和健康

企业中的安全和健康与 QWL 是互为因果的关系，由于安全和健康是人类的基本需要之一，因此，每个企业必须考虑员工的安全和健康，一旦忽视了这两个重要因素，QWL 将明显下降。

（六）人事安排

人事安排的原则应该是把最适合的人员安排在最适当的工作岗位。但在实际操作中颇有难度，因此常常会出现小材大用或大材小用的现象，这样就容易影响 QWL。

三、企业提高工作生活质量的途径

企业中提高员工的 QWL 有许多途径，中外许多现代化企业为此提供了许多宝贵的经验。

（一）把员工的利益放在重要位置上

企业是通过盈利来为社会作贡献的一类组织，不盈利的企业绝不是一个杰出的企业，但是只关心盈利而不关心员工的利益也不可能成为一个成功的企业。

把员工的利益放在重要位置上是现代企业成功的一个秘诀，也是提高 QWL 的一条重要途径，可以从以下四方面入手：（1）了解员工的真正需要；（2）力争满足员工的合理需要；（3）订计划时考虑员工的立场；（4）树立员工是企业主体的理念。

（二）实施民主管理

现代企业中的管理是以人为本的民主管理。随着科学技术的发展，随着社会的进步，人在企业中的作用将越来越重要。专制管理的结果是引起员工不满、不合作甚至反抗，其后果是无法在激烈的市场竞争中获胜。

实施民主管理有许多方面，但要提高 QWL 主要可从以下几方面入手：（1）企业中一些重大的、有关员工切身利益的决策尽可能公开化；（2）让员工有更多的选择权和参与权；（3）真正发挥职工代表大会的作用，激发员工主人翁精神。

（三）畅通信息沟通的渠道

人是一种社会性动物，信息沟通是人生存的重要条件。在企业中，信息沟通尤其重要，有人把企业的信息沟通渠道比喻成人体内的神经不无道理。

现代企业中畅通信息沟通渠道对于提高 QWL 作用甚大，其中包括：（1）建立更合理的正式沟通渠道；（2）重视非正式沟通渠道；（3）关注信息上行渠道，这部分渠道最容易堵塞，致使基层员工的许多意见和建议不能及时地反馈给上层管理者。

（四）建立 QWL 小组

在企业中建立的许多小组不一定与企业实现目标有关，但是建立 QWL 小组直接与企业实现目标有关。QWL 小组的直接作用是收集员工有关 QWL 的信息，然后及时传递给有关部门。建立 QWL 小组的原则如下：（1）参加者要完全出自自愿；（2）纵向建立 QWL 小组，以便了解各层次的需求；（3）小组领导人可以是正式群体的领导人，也可以是非正式群体的领导人；（4）最高管理层应该给小组以积极的支持，当小组活动卓有成效时，应该给予奖励。

（五）工作环境设计科学化

企业有责任让员工在一个舒适、卫生、安全的环境中工作，同时企业也有义务使环境更有利于员工工作，这就涉及工作环境设计科学化的问题。美国的考宁玻璃公司在这方面做得相当出色。该公司大楼除了一般应有的条件之外，在设计上有以下特点：

1. 大楼的中心有一个玻璃大厅，其中有一个自助餐厅，到停车场去必须穿过餐厅，这样，大部分员工在喝咖啡时就可能与同事见面了。

2. 楼内有各种楼梯、自动手扶梯、弯道和电梯，这样可以使员工很容易到达想要去的地方。

3. 12 个咖啡厅分布在大楼的各个角度，其中有饮料自动售货机、高脚凳和一块很大的白板。目的是鼓励员工瞬间的非正式的头脑风暴产生时把作品记录下来。

4. 除了实验室以外，所有的办公室都用 150 厘米高的分隔板，或者从天花板到地板的玻璃板围起来，这样几乎每个人都能见到阳光和风景。另外，大多数实验室都能看到外面，经理办公室可以看到大厅。

5. 在阳台上，安装了许多镜子，工程师们可以看到其他各层和多层区域员工的活动。

以上介绍的只是一种开放式的工作环境设计。有时，在某些企业，封闭式的工作环境设计更有利于完成工作任务，因为在一个安静的私人办公室中可以排除干扰，集中精力干好工作。

第三节 提高生产率

提高生产率一直是企业管理者的重要任务之一，人力资源开发与管理部门的管理者也应该全力为提高员工的生产率而努力。

一、什么是生产率？

生产率的传统定义是：产出除以投入。这个定义几乎没有人提出挑战。可是什么是投入，什么是产出却引起了广泛的争论。

（一）投入与产出

流水线上的工人和容易计件工种的员工，他们的投入与产出比较容易计算。但是有许多企业、许多工种的投入与产出就很难量化，例如咨询公司、服务性行业就很难测量员工所干的工作，一位高级顾问坐在办公室里面喝茶，你说他是在工作，还是在休息？有可能他在考虑公司未来的发展计划，也有可能他在回味昨晚的足球比赛。

（二）测量生产率的方法

如果要寻找一种方法能测量所有企业的生产率，并符合每个企业的目标，这是一项困难的工作，有的企业以单位产量作为产出单位较合适，而有的企业却以过去的成就作为产出单位较合适。

测量生产率的方法应该有以下原则：

1. 以某种具体的测量单位来测量。例如：产出的单位、产出的数量、产品的质量、可评定结果的有效操作、实际收支与预算收支的比较，等等。

2. 符合组织目标。例如：对一个生产厂家来说，要注重产品的数量和质量；对一个服务部门来说，要注重服务的质量，等等。

3. 要符合不同的工种。例如对一个操作工人来说，主要测量其生产产品的数量和质量，对一个办公室的科员来说，主要测量的是其工作态度。

二、影响生产率的因素

影响生产率的因素很多，但是从人力资源角度来看主要有以下几个方面。

（一）缺勤率和离职率

员工的缺勤率和离职率提高，尤其是一些优秀员工缺勤和离职，会使生产率降低，因为企业要求取得同样水平的效率就必须更多地投入。例如，某企业由于缺勤率提高，为了保证每天有一定数量的工人上班，就必须招聘更多的工人，这样投入就增加了。

(二)工作生活质量

员工的工作生活质量直接影响企业的生产率。在一个有很高 QWL 的企业中,员工可以自由地提建议、提问题和批评,由于员工富有主人翁精神,提高生产率成了员工主动关心的事。员工提批评意见被视为一种关心组织的行为,而不是破坏结构的抱怨。管理者鼓励员工参与常常可以提高生产率,在许多情况下,生产率的提高成为 QWL 提高后的自然结果了。

(三)提高对生产率的认识

有些企业的管理者对提高生产率没有正确的认识,这样无疑会降低生产率。有的管理者只考虑给他人的印象如何,或者自己得到多少,这样的管理者非撤换不可。有的管理者仅注意投入,例如,增加许多设备、引进一条流水线,招聘更多的员工,新开一个分厂,争取一笔贷款,可是很少考虑产出。有的管理者只注意产出,例如,要求员工加班加点,尽量多推销商品,尽量多拉客户,但是却忽视了投入。这两种管理者都不能有效地、持久地提高生产率。

三、提高生产率的措施

企业中提高生产率的措施五花八门,可是有些措施是必需的。

(一)合理的报酬

在提高生产率的过程中,金钱一直起着十分关键的作用,合理的报酬包括以下一些内容:

1. 多劳多得。多干少干一个样只能在短时间内取得平衡,时间长了,必将导致生产率的下降。

2. 优质优价。优质的服务,优质的工作都应该获得优质的报酬,干好干坏一个样也是生产率下降的重要原因。

3. 不定期奖励。定期的固定的奖励很容易会被员工看成是固定的收入,很容易产生"有了是应该"的消极想法,只有不定期奖励才能起到提高生产率的效果。

4. 分享成果。当企业发展时,员工应该增加收入,反之,员工应该减少收入。员工的报酬应该在企业利润中占有一个相对固定的比例,这样才能使员工意识到企业的兴旺发达与自己利益息息相关。

(二)提高认识

认识是行为的先导,正确的认识将会导致正确的行为。提高认识主要包括以下两个方面:

1. 提高全体员工的认识。提高生产率不是某几个人或某几个部门的事情,而是全体员工的事情,只有全体员工都认识到并为之而积极行动时企业的生产率才会大幅度地持久地提高。

2. 管理层要充分认识。在衡量员工绩效时，要以生产率是否提高作为一个基本标准，动机只能作为一个参考因素。一位自称有良好动机的员工，无法提高生产率，则不能认为该员工干得很好。

（三）自动化

随着科学技术的发展，海外高质量、低价格进口产品的冲击，人工费用的上涨，自动化已开始渗透到我国现代化企业的各个角落。自动化对于提高企业未来的生产率，使之更有竞争力至关重要。

1. 工厂自动化。人工智能的电脑控制系统为主的生产流水线将取代相当部分的操作工人。由于自动化的引入，企业中的人力资源开发与管理将有重大变化，从长远观点看，这将有利于生产率的提高。

2. 办公室自动化。办公室与工厂一样，正在逐渐走向自动化，由于个人电脑的普及，办公机械的引入，先进工业国家中的办公室工作已有 80% 自动化了。管理人员、专业技术人员、秘书人员由于办公室自动化而大大提高了生产率。

（四）工作丰富化

工作丰富化可以使企业提高生产率。工作丰富化可以七个步骤来完成。（1）认识到改变的必要性，收集有关工作必须改变的信息；（2）认识工作再设计，使之丰富化的重要性；（3）全面诊断组织，了解个体和群体的需要；（4）决定何时、何地，怎样来改变工作；（5）提供相应的培训和必要的支持；（6）实施工作丰富化；（7）比较实施前后的数据，评价工作丰富化的效果。

本章小结

本章首先在明确了人力资源的内涵的基础上，讨论了人力资源开发与管理对现代企业的重要意义。人力资源管理的目标之一——提高员工的工作生活质量（QWL），本章继而重点讨论了工作生活质量的概念，以及影响工作生活质量高低的各方面因素，并从重视员工利益、实施民主管理、畅通沟通渠道以及建立 QWL 小组几个方面讨论了 QWL 的提高措施。人力资源管理的另一个目标是提高生产率，所以本章最后就生产率的影响因素及其提高途径进行了阐述与探讨。

关键术语

人力资源　　工作生活质量（QWL）　　生产率

复习思考题

1. 什么是人力资源？人力资源开发与管理的主要内容是什么？
2. 什么是工作生活质量？您如何理解员工的工作生活质量的重要性？
3. 如果您是一位人力资源开发与管理部经理，您将如何提高员工的工作生活质量？
4. 从人力资源角度看，您将如何提高生产率？

本章案例集

第2章 人力资源计划

本章要点

1. 人力资源计划的内涵、模型和意义。
2. 预测人力资源需求的方法以及各种方法的优缺点。
3. 预测人力资源供给的方法以及各种方法的优缺点。
4. 制定和执行人力资源计划的步骤。

本章学习资料

引例

A公司的人力资源规划如何制定？

A公司是一家由国有企业改制转为民营的企业，其主营业务是蓄电池的生产和销售。在经历了体制转变后，经过十多年的发展壮大，其蓄电池业务成为国内同行业领域中的佼佼者，年销售额达40亿元。公司的发展处于销售即将突破50亿元大关、经营模式多元化、下属企业异地化的变革关键期。与此同时，公司在人力资源管理方面还存在一系列问题：（1）员工数量偏少，经常发生人员不足而需要人力资源部门突击招聘的情况；（2）关键岗位人员储备严重不足，一旦员工离职缺乏继任者；（3）管理人员的管理技能不足，外部招聘难以满足企业对管理人员的要求；（4）员工对自己在公司的职业发展前景不明确，出现员工离职的情况；（5）企业人力资源管理的水平较差，无法为公司的发展提供人力资源方面的支持，人力资源管理的工作也无法满足公司发展的需要。

为了解决公司存在的人力资源方面的问题，A公司聘请了专业咨询公司为自己制定未来3年人力资源规划。那么，应该如何来制定人力资源规划呢？

（资料来源：刘俊生主编，欧阳帆，周胜男，谷隶栗副主编，《人力资源管理实务操作与典型案例全书（超级实用版）》，中国法制出版社，2013年版，第115页。作者根据教学需要进行了改编。）

第一节 | 人力资源计划概述

人力资源计划（human resource plan，HRP）是人力资源开发与管理的重要部分。每一位企业家都知道，做事如果没有计划，成功的可能性就很小，即使成功的话也是盲目的。同样道理，要成功地进行人力资源开发与管理，制定适当的人力资源计划是至关重要的。

一、什么是人力资源计划

人力资源计划是指为了达到企业的战略目标与战术目标，根据企业目前的人力资源状况，为了满足未来一段时间内企业的人力资源质量和数量方面的需要，决定引进、保持、提高、流出人力资源所作的预测和相关事项。

（一）人力资源计划的类型

人力资源计划的类型有许多种，其中主要有：人事计划、人力资源计划、战略人力资源计划和战术人力资源计划。

1. 人事计划。又称劳动力计划，主要涉及员工的招聘和解雇，是一种古典式的人力资源计划，由于没有重点考虑人力资源的保留与提高，因此很难达到企业的目标。因此，在现代企业中较少运用。

2. 人力资源计划。又称现代人力资源计划，它的特点是全面考虑企业的需求，同时关注企业人力资源的引进、保留、提高和流出四个环节，因此能较好地达成组织目标。

3. 战略人力资源计划。主要是指三年以上的人力资源计划。企业为了长远发展，较多地考虑宏观的影响因素，主要是为了达到企业的战略目标而制定的人力资源计划，在一个战略人力资源计划中常常包含若干个战术人力资源计划。

4. 战术人力资源计划。主要是指三年以内的人力资源计划。常常又称之为年度人力资源计划。企业为了目前的发展，较多地考虑微观的影响因素，主要是为了达到企业的战术目标而制定的人力资源计划。

（二）谁负责制定人力资源计划

一般认为，人力资源部负责制定人力资源计划。其实不然。制定人力资源计划涉及：高层管理人员、人力资源部人员、其他职能部门管理人员以及相关的管理专家。各种有关人员在制定人力资源计划中的作用请见表2.1。

表2.1　各种有关人员在制定人力资源计划中的作用

制定人力资源计划的项目	高层管理者	其他职能部门经理	人力资源部门人员	相关专家
制定企业战略目标	√			√
制定企业战术目标	√	√		
制定人力资源目标	√	√	√	√
收集信息		√	√	√
预测内部HR需求		√	√	
预测外部HR供应			√	√
预测内部HR供应		√	√	
分析企业HR现状	√		√	√
制定企业战略HRP	√		√	√
制定企业战术HRP		√	√	√
实施HRP	√	√	√	
收集HRP实施反馈信息		√	√	

（三）何时制定人力资源计划

制定战略人力资源计划的时间并不固定，往往在确定了企业战略目标之后，又掌握了足够的信息才开始制定。一般制定后三年修改一次。

年度人力资源计划应年年制定。为了得到足够的反馈并更正确地执行，许多大企业往往在七月就开始启动制定明年的人力资源计划，一般在当年的十月份完成制定任务，后两个月可作沟通与反馈，以利于该人力资源计划的实施。

二、人力资源计划的模型

为了更好地了解人力资源计划的内容与步骤，我们可以先了解两个相关的模型。

（一）人力资源计划的内容模型

从图2.1的人力资源计划的内容模型中，我们可以看出，人力资源计划的制定首先要依赖企业的目标，即人力资源计划的主要任务是为了达到企业的目标。

其次要依赖工作分析。如果工作分析没做好，也不可能制定出一份理想的人力资源计划来。

在人力资源计划的内容模型中，又可以看到，一份完整的人力资源计划应涉及员工招聘、测试与选拔、培训与开发、职业计划、绩效评估、报酬系统、员工问题及其处理等人力资源开发与管理的各个领域。

（二）人力资源计划的步骤模型

人力资源计划的步骤模型（见图2.2）显示，人力资源计划共分为七个步骤：确立目标、收集信息、预测人力资源需求、预测人力资源供应、制定人力资源计划、实施人力资源计划和收集反馈信息。

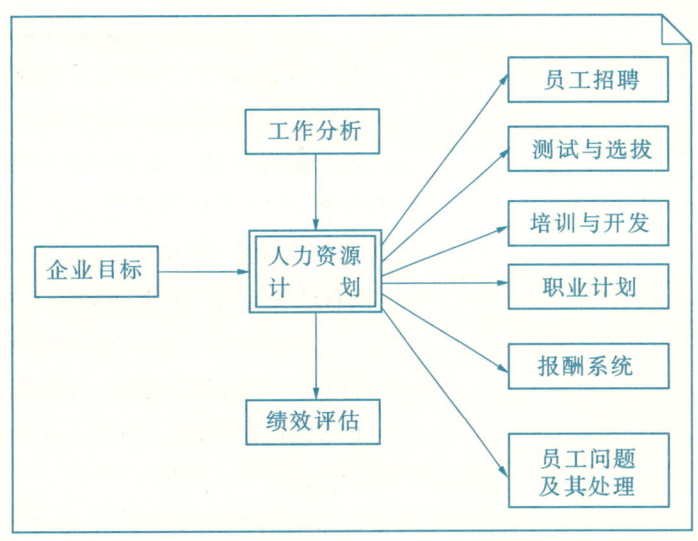

图 2.1
人力资源计划的内容模型

1. 确立目标。这是人力资源计划的第一步，主要根据企业的目标来制定，这一步相当重要，因此，要十分认真地确立目标，使之真正符合企业目标。

2. 收集信息。根据已确立的目标，应该广泛收集外部和内部的各种有关信息。

外部信息主要包括：宏观经济发展趋势，本行业的发展前景，主要竞争对手的动向、相关技术的发展、劳动力市场的趋势，人口趋势、社会发展趋势、政府政策法规、风俗习惯演变，等等。

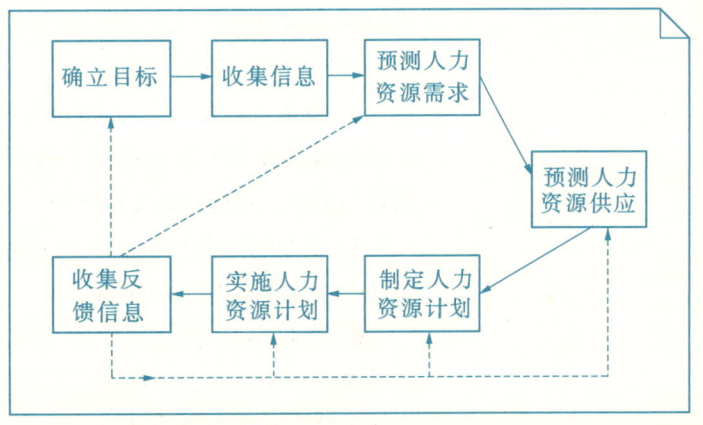

图 2.2
人力资源计划的步骤模型

内部信息主要包括：企业发展计划、企业流动人员的趋势、人力资源成本的现状、工种的演变，等等。

3. 预测人力资源需求。根据收集来的信息，可以预测人力资源的需求。

4. 预测人力资源供应。根据收集来的信息，也可以预测人力资源的供应。

5. 制定人力资源计划。在预测的基础上，制定出具体的适合企业发展的人力资源计划，这是很重要的步骤。

6. 实施人力资源计划。只有通过这一步骤才能实现原先确立的目标。

7. 收集反馈信息。这是最后一个步骤，但又是常被忽视的重要步骤。收集到的信息可以知道在前面的几个步骤中有无出了问题，以利于及时修正。

三、人力资源计划的意义及其影响因素

对于企业的人力资源开发与管理来说，人力资源计划具有十分重要的意义。

（一）人力资源计划的意义

人力资源计划主要有以下一些重要意义：（1）在人力资源方面确保实施企业的目标；（2）具体规定了在人力资源方面需要做哪些事项；（3）对企业需要的人力资源作适当的储备；（4）对企业紧缺的人力资源发出引进与培训的预警；（5）使管理层与员工对要达到的人力资源开发与管理的目标更加清晰。

（二）影响人力资源计划的因素

有许多因素将影响到人力资源计划，其中主要有以下一些：

1. 宏观经济剧变。例如，从计划经济走向市场经济；地区性的金融危机；人口流动迅速增加，等等。

2. 企业管理层变更。企业由于高层管理人员的变化，会使企业的战略目标发生变化，进而影响到企业的人力资源计划。

3. 政府的政策法规。政府由于各种需要，制定、修订或取消一些政策法规，进而影响到企业的人力资源计划，例如：外来人员的用工制度，工资最低限制线、员工的保险制度，等等。

4. 技术创新换代。市场的竞争极大地推动了技术发展，电脑的广泛使用，以及一些新技术的推广会出乎人们的预料，这样会改变企业中原来的人力资源需求与供应，进而影响人力资源计划。

5. 企业的经营状况。一旦企业的经营状况不佳，或者明显好于预想，也可能影响企业的人力资源计划。

6. 企业的人力资源部门人员的素质。一个企业的人力资源计划在一定程度上反映了该企业人力资源部门人员的素质；反之，人力资源部门人员素质的高低当然也会影响人力资源计划。

第二节 人力资源需求与供应预测

要制定一份既具有前瞻性，又具有实用性的人力资源计划，事前进行人力资源需求与供应的预测必不可少。

一、人力资源需求预测

人力资源需求预测必须在收集信息时进行，其实这也是分析信息的一种

方式。

（一）总体需求结构分析预测法

总体需求结构分析预测法可以用下列公式来表示：

$$NHR = P + C - T$$

式中，NHR 是指未来一段时间内需要的人力资源；P 是指现有的人力资源；C 是指未来一段时间内需要增减的人力资源，如果未来一段时间内由于业务发展，C 就是正的，如果未来一段时间内由于业务萎缩，C 就可能是负的；T 是指由于技术提高或设备改进后节省的人力资源。

例[2-1] 某公司目前员工是200人，在三年后由于业务发展需要增加100人，但由于技术提高后可以节省25人。根据公式：$P = 200$；$C = 100$；$T = 25$，即得：

NHR（三年后需要的人力资源）$= 200 + 100 - 25 = 275$（人）

（二）人力资源成本分析预测法

人力资源成本分析预测法是从成本的角度进行预测，其公式如下：

$$NHR = \frac{TB}{(S + BN + W + O) \times (1 + a\% \cdot T)}$$

公式中的 NHR 是指未来一段时间内需要的人力资源；TB 是指未来一段时间内人力资源预算总额；S 是指目前每人的平均工资；BN 是指目前每人的平均奖金；W 是指目前每人的平均福利；O 是指目前每人的平均其他支出；$a\%$ 是指企业计划每年人力资源成本增加的平均百分数；T 是指未来一段时间的年限。

例[2-2] 某公司三年后人力资源预算总额是3 000万元/月，目前每人的平均工资是2 000元/月，每人的平均奖金是1 000元/月，每人的平均福利是1 500元/月，每人的平均其他支出是500元/月。公司计划人力资源成本平均每年增加5%。

根据公式：$TB = 30\,000\,000$；$S = 2\,000$；$BN = 1\,000$；$W = 1\,500$；$O = 500$；$a\% = 5\%$；$T = 3$

NHR（三年后需要的人力资源）

$$= \frac{30\,000\,000}{(2\,000 + 1\,000 + 1\,500 + 500) \times (1 + 5\% \times 3)}$$

$= 5\,218$（人）

（三）人力资源发展趋势分析预测法

人力资源发展趋势分析预测法和人力资源成本分析预测法有相似之处，只是前者着眼于发展趋势分析，后者着眼于人力资源成本分析，人力资源发展趋势分析预测法的公式如下：

$$NHR = a \cdot [1 + (b\% - c\%) \cdot T]$$

公式中，NHR 是指未来一段时间内需要的人力资源；a 是指目前已有的人力资源；b% 是指企业计划平均每年发展的百分比；c% 是指企业计划人力资源发展与企业发展的百分比差异，主要体现企业在未来发展中提高人力资源效率的水平；T 是指未来一段时间的年限。

例[2-3] 某公司目前的人力资源是 500 人，计划平均每年以 15% 的速度发展，计划人力资源发展与企业发展的百分比差异是 10%，三年后需要多少人力资源？

根据公式：$a = 500$；$b\% = 15\%$；$c\% = 10\%$；$T = 3$

$$NHR（三年后需要的人力资源） = 500 \times [1 + (15\% - 10\%) \times 3]$$
$$= 575（人）$$

（四）人力资源学习曲线分析预测法

人力资源学习曲线分析预测法包括两部分内容：生产率预测法和进步指数预测法。

1. 生产率预测法的公式：

$$NHR = TP（生产总量）/ XP（个体平均生产量）$$

例[2-4] 一家销售公司计划明年销量 10 000 000 元的产品，每个推销员平均每年销售 500 000 元产品，那么明年需要多少推销员？

根据公式：

$$NHR = 10\,000\,000 / 500\,000 = 20（人）$$

2. 进步指数预测法。每个人的效率由于各人的经验不同会有变化，因此，加上进步指数而得出一条学习曲线可以更加精确地预测人力资源的需求，见图 2.3。

从图 2.3 中可以看出，如果我们把单位设定为年，那么完成同样工作任务，只有一年推销经验的推销员需要 1 000 小时，而有 16 年推销经验的推销员只需 656 小时，后者的效率与前者的效率相比提高了：$(1\,000 - 656) \div 1\,000 = 34.4\%$。这样我们可以更精确地预测人力资源的需求。工种不同，进步指数也不同。

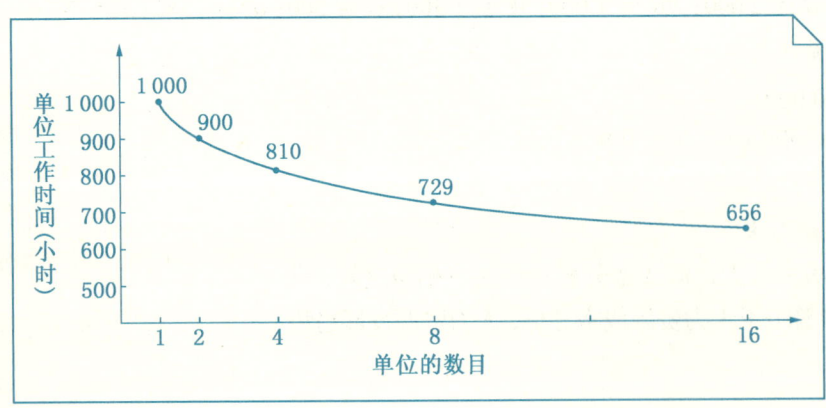

图 2.3
进步指数为 0.90 的学习曲线

二、人力资源内部供应预测

在进行了人力资源需求预测之后，接下来就要进行人力资源供应预测，首先要进行的是人力资源内部供应预测，一般可运用以下一些方法。

（一）内部员工流动可能性矩阵图

企业内部员工每年都在流动，了解了流动的趋势就可以知道人力资源内部可能的供应量，具体方法请见表 2.2。

表 2.2 员工流动可能性矩阵图

工作级别		终 止 时 间									流出	总量
		A	B	C	D	E	F	G	H	I		
起始时间	A	1.00									—	1.00
	B	0.15	0.80								0.05	1.00
	C		0.16	0.76	0.04						0.04	1.00
	D		0.01	0.23	0.73						0.03	1.00
	E					0.85	0.05				0.10	1.00
	F					0.25	0.65	0.05			0.05	1.00
	G					0.40	0.50	0.03			0.07	1.00
	H					0.02	0.15	0.75			0.08	1.00
	I							0.20	0.50		0.30	1.00

表 2.2 中，工作级别从 A 到 I，其中 A 最高，I 最低。起始时间如果是前年，终止时间如果是去年，那么这张矩阵图就是员工流动调查图，如果起始时间是今年，终止时间是后年，其中的数据一般根据调查图而得出。

小框中的数字是百分比，例如：AA 为 1.00 是指在这个时间段内最高工作级别的人员未流动；BB 为 0.80，是指在这个时间段内，这个级别的人员留住 80%，其中 15% 晋升到 A 岗位，5% 流出企业；以此类推。

从矩阵图中，我们可以看出员工流动的趋势。例如，从表 2.2 中可以看出：I 岗位上流走的人最多，占 30%，其次是 E 岗位，占 10%；D 和 H 两岗位只有晋升，没有降级；G 和 F 两岗位晋升比例较大，但有降级；而 E 只有降级，没有晋升的。

（二）马尔可夫分析矩阵图

马尔可夫（Markov）分析矩阵图与流动可能性矩阵图有相似之处，但前者更清楚一点，从表 2.3 可以看出，马尔可夫分析矩阵图的上半部分与流动可能性矩阵图完全相同，只是多了下半部分的现任者应用矩阵。从现任者应用矩阵来看，A 岗位原有员工 62 人，到了 AA 便只有 44 人（62×70%≈44）；到了 AB 便只有 6 人（62×10%≈6）；到了 AC 便只有 3 人（62×5%≈3）；流出人数为 9 人（62×15%≈9），以此类推。

表 2.3 马尔可夫分析矩阵图

终止时间→		流动可能性矩阵				
		A	B	C	D	流出
起始时间	A	0.70	0.10	0.05	0	0.15
	B	0.15	0.60	0.05	0.10	0.10
	C	0	0	0.80	0.05	0.15
	D	0	0	0.05	0.80	0.10
		现任者应用矩阵				
	原有员工人数	A	B	C	D	流出
A	62	44	6	3	0	9
B	75	11	45	4	8	7
C	50	0	0	40	2	8
D	45	0	0	2	38	5
终止期员工人数		52	51	49	48	29

根据马尔可夫分析矩阵图，我们可以很清楚地看出在终止时间时，各工作岗位的人数以及流出的人数。

（三）技术调查法

技术调查法是为了追踪员工的工作经验、受教育程度、特殊技能等与工作有关的信息而设计的一套系统。该系统可以输入电脑，以便在需要人力资源时随时查用。表2.4是一张典型的技术调查表，其中的信息可以根据企业的不同需要而修改。

表 2.4 技术调查表

姓名：刘伟 工号：67089			性别：男 部门：财务部		出生年月：1976年6月 填表日期：2018.2.18	
	关键词			受教育程度		
词	描述		活动	学位	专业	年份
1. 会计	税务会计		监督和分析	1. MBA	工商行政管理	2011
2. 簿记	一般总账		监督	2. ME	经济学	2011
3. 审计	电脑记录		分析	3. BS	数学	1998
	工作经验			受训经历		
2001—2005	在A商店任会计主管			1.《管理技能》		2010
2005—2011	在B工厂任财务经理助理			2.《对卓越的投资》		2011
2011—现在	在C银行任审计部经理			3.《应用电脑》		2013
				4.《团队建设》		2014
学术团体：中国会计协会、中国管理协会				专业证书：中国注册会计师 2012		
外语：英语（流利）、日语（能阅读）。 兴趣爱好：桥牌、乒乓球、保龄球。				曾工作、居住地点：北京、福州、厦门。		
备注：						
员工签名：		直属上级签名：		人力资源部签名：		

运用技术调查法可以知道企业内人力资源供应的状态，主要作用如下：

1. 评价目前不同种类员工的供应状况。
2. 确定晋升和换岗的候选人。
3. 确定员工是否需要进行特定的培训或发展项目。
4. 帮助员工确定职业计划与职业途径。

（四）继任卡法

继任卡法（又称接班人计划）就是运用继任卡来分析和设计管理人才的供应状态。

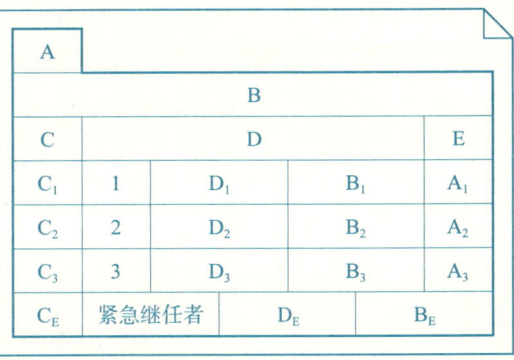

图2.4 继任卡

1. 继任卡。典型的继任卡见图2.4。

图2.4中的继任卡，其中A填入现任者晋升可能性，用不同颜色填入不同等级：甲（红色）表示应该立即晋升；乙（黑色）表示随时可以晋升；丙（绿色）表示在1—3年内可以晋升；丁（黄色）表示在3—5年内可以晋升。

其中B填入现任者的职务；C填入现任者的年龄，只是为了考虑何时退休之用；D填入现任者姓名；E填入现任者任现职的年限。另外，1、2、3分别代表三位继任者。其中C_1、C_2、C_3分别填入三位继任者的年龄；D_1、D_2、D_3分别填入三位继任者的姓名；B_1、B_2、B_3分别填入三位继任者的职务；A_1、A_2、A_3分别填入三位继任者晋升的可能性。

紧急继任者是指在特殊紧急情况下（如现任者突然死亡，现任者突然辞职）谁是继任者。

2. 继任卡的运用。为了更好地满足管理人员，尤其是高级管理人员的供应，

乙（黑）			
销售副总经理			
50岁	吴大伟		5年
45岁	1	周志新	销售部经理	乙（黑）
41岁	2	朱仁明	市场部经理	丙（绿）
36岁	3	陈晓东	销售助理	丙（绿）
45岁	紧急继任者	周志新	销售部经理

乙（黑）					丙（绿）			
销售部经理					市场部经理			
45岁	周志新		7年		41岁	朱仁明		4年
36岁	1	陈晓东	销售助理	乙（黑）	42岁	1	贺春	市场助理	乙（黑）
40岁	2	林明	东区经理	丙（绿）	35岁	2	苏伟国	广告经理	丙（绿）
38岁	3	叶晓萍	西区经理	丙（绿）	32岁	3	季四海	品牌经理	丙（绿）
36岁	紧急继任者	陈晓东	销售助理		42岁	紧急继任者	贺春	市场助理

图2.5 替补图

企业应该运用继任卡，称为替补图（见图2.5）。

3. 继任卡的作用。继任卡的制定使得企业不会由于某个人的离去而使工作受到太大的影响。另外，以组织图为基础的替补图有利于调动员工的积极性。当然，继任卡也可以显示某些职位的员工需要经过一段时间的培训和实践才能晋升，这样既有助于员工的提高，又有助于晋升人员保持高水准。

三、人力资源外部供应预测

人力资源外部供应预测在某些时候对企业制定人力资源计划十分重要。而人力资源外部供应预测受到的影响因素又较广泛，而且不易控制，因此应该引起足够的重视。

（一）一些重要概念

在收集人力资源外部供应的信息时，涉及一些概念，主要有：公民劳动力、劳动力储备、劳动力参与率、失业率等等。

1. 公民劳动力（civil labor force，CLF）是由所有十八岁以上的公民组成。不包括军人，也不包括放弃寻找工作的病残者，当然不包括在押犯人。

2. 劳动力储备（labor reserve，LR）是由十八岁以上，暂时不寻找工作的公民组成，他们主要包括在校学生、全职家庭主妇（或男士）以及退休人士。在紧急情况下，或在适当的鼓励下，这些人员会变成劳动力。

3. 劳动力参与率（labor force participction，LPR）是指目前劳动力占全部工作年龄群的百分比。LPR往往根据不同群体来分别计算。比如：男性、女性、20—30岁的男性，大学本科以上的女性，等等。

4. 失业率（unemployment rate，UR）是指正在寻找工作的人员与正在工作的人员的百分比。UR高即意味着劳动力市场较充裕，企业聘用人力资源将较容易；UR低即意味着劳动力市场较紧张，企业聘用人力资源将较困难。

（二）劳动力市场

劳动力市场是人力资源外部供应预测的一个重要因素。

1. 劳动力市场，又称人才交流市场，是指劳动力供应和劳动力需求相互作用的场所。通俗地讲，劳动力市场就是指员工寻找工作、雇主寻找雇员的场所。

根据地区不同，劳动力市场可以分为：美国劳动力市场、中国劳动力市场、日本劳动力市场、北京劳动力市场、上海劳动力市场、广州劳动力市场，等等。

根据工种不同，劳动力市场可以分为：经理劳动力市场、秘书劳动力市场、医生劳动力市场、教师劳动力市场、推销员劳动力市场、服务员劳动力市场、油漆工劳动力市场，等等。

2. 劳动力市场对预测的影响。劳动力市场对企业的人力资源供应的预测有十分重要的影响，主要涉及以下方面：（1）劳动力供应的数量；（2）劳动力供应的质量；（3）劳动力对职业的选择；（4）当地经济发展的现状与前景；（5）雇主提供的工作岗位数量与层次；（6）雇主提供的工作地点、工资、年薪、福利，等等。

（三）人口发展趋势

人口发展趋势也是影响人力资源供应预测的重要因素，中国人口发展有以下一些趋势：

1. 人口绝对数增加较快。由于中国的人口基数全球第一，目前，已开放二胎政策，因此每年净增的人口绝对数相当可观。

2. 老年人口的比例增加。由于中国的医疗条件的改善和营养状况的提高，中国人均寿命有较明显的延长，许多城市已进入老年化行列。因此，老年人口的比例增加。

3. 男性人口的比例增加。由于种种因素，使我国的男性人口的比例比以往有所提高，如果不改变"传宗接代"的错误观念，这种人口发展趋势还将延续。

4. 沿海地区人口的占比增加。

5. 城市人口的占比增加。

（四）科学技术的发展

科学技术的发展对各行各业需要的人力资源有很大影响，当前，科学技术的发展一日千里。互联网的发展更使人产生一日三秋之感。

科学技术的发展对企业人力资源供应预测主要有以下一些影响因素：

1. 掌握高科技的白领员工需求量增大，以前需要大量蓝领员工的纺织业、冶金业正在不断更新、裁员，而IT行业、生物工程、材料工业等领域则需要大量白领员工。

2. 由于办公室自动化的普及，中层管理人员则大规模削减，有创造力的人员更显得珍贵。

3. 科学技术的发展使人们从事生产的时间越来越少，闲暇时间越来越多，因此服务行业的劳动力需求量越来越大。

（五）政府的政策法规

企业人力资源供应预测千万不要忽视政府的政策法规，各地政府为了本地经济的发展，为了保护本地劳动力的就业机会，都会颁布一些相关的政策法规。

例如：禁止外国劳动力无序进入中国劳动力市场；防止外地劳动力盲目进入本地劳动力市场；不准歧视妇女就业；保护残疾人就业；严禁雇佣童工；员工安全保护法规；从事危险工种保护条例；等等。

（六）工会

工会是代表员工利益的群众组织，一旦员工的利益受到侵犯，工会将出面交涉。因此，企业在进行人力资源供应预测的时候，也要考虑工会的作用。

第三节 人力资源计划的制定与执行

一、人力资源政策的制定

人力资源计划中的一项重要内容是人力资源政策。企业的人力资源政策是根据不同情景而灵活制定的，情景主要有两种：人力资源短缺和人力资源富余。

（一）人力资源短缺时的政策制定

当企业人力资源短缺时，应制定以下政策来弥补人力资源的不足：

（1）把内部一些富余人员安排到一些人员短缺的岗位上去；（2）培训一些内部员工，使他们能胜任人员短缺且很重要的岗位；（3）鼓励员工合法地加班加点；（4）提高员工的效率；（5）聘用一些兼职人员；（6）聘用一些临时的全职人员；（7）聘用一些正式员工；（8）把一部分工作转包给其他公司；（9）减少工作量（或产量、销量等）；（10）添置新设备，用设备来弥补人员的短缺。

以上的政策，其中（1）、（2）、（3）、（4）是内部挖掘潜力。虽然也要增加一些成本，例如增加工资、奖金、福利等，但相对代价较低，有利于企业的长期发展，是企业首选的政策。

其中（5）、（6）、（7）属于中策，当内部挖掘潜力已相当充分时，不妨运用一下，但也要谨慎。

其中（8）、（9）属于较消极的政策，不仅代价大，而且不利于企业的发展，不到万不得已，绝不轻易使用。最后的（10）可以根据企业的发展的情况使用。

（二）人力资源富余时的政策制定

当企业人力资源富余时，应该制定以下政策来克服人力资源的多余：

（1）扩大有效业务量，如提高销量、提高产品质量、改进售后服务等；（2）培训员工，由于人力资源富余，一部分员工可以通过培训来提高自己的素质、技能和知识，以利于他们走上新的工作岗位；（3）鼓励提前退休；（4）降低工资；（5）减少福利；（6）鼓励员工辞职；（7）减少每个人的工作时间；（8）临时下岗；（9）辞退员工；（10）关闭一些子公司。

以上的政策，其中（1）、（2）是相当积极的，但许多企业不一定能做到，这是对企业家的一种挑战，可以把人员富余的危机当作一次企业发展的机会。

其中的（3）、（4）、（5）、（6）、（7）、（8）均属于中策，在企业中运用最多，也较易起作用。

其中的（9）、（10）是十分消极的，但在紧急关头也不得不用，因为这种舍卒保车的措施毕竟可以使企业渡过难关，以利于以后发展。

二、制定人力资源计划

在确立目标、收集信息、预测人力资源需求和预测人力资源供应的基础上，可以制定人力资源计划了。

每个企业的人力资源计划各不相同，但典型的人力资源计划（见表2.5）至少应该包括以下几个方面：计划的时间段、目标、情景分析、具体内容、制定者、制定时间。

表2.5　人力资源计划范本

ABC公司人力资源计划
1. 计划的时间段
2. 计划达到的目标
3. 目前情景分析
4. 未来情景预测
5. 具体内容　　　执行时间　　　负责人　　　检查人　　　检查日期　　　预算
（1）
（2）
（3）
⋮
6. 计划制定者
7. 计划制定时间

（一）计划的时间段

要具体写出从何时开始，至何时结束，如果是一份战略性的人力资源计划，可以长达十年以上；如果是一份年度人力资源计划，则以一年为期限。

（二）计划达到的目标

只有首先明确目标，我们才能指明行动的方向。人力资源计划也要围绕一定的目标展开。目标的制定要从组织的整体战略出发，用人力资源支持组织战略的实现。此外，制定的目标还要清晰具体，且有一定的难度。

明确目标后，围绕该目标，制定人力资源计划要遵循三个原则：

1. 实践原则。人力资源计划要与企业的目标紧密联系起来。因为人力资源计划是一种局部性计划，它一定要为企业的目标服务。

2. 具体原则。人力资源计划应避免泛泛而谈，最好要有具体数据。

3. 简洁原则。人力资源计划不应太繁复，要简明扼要，使人们容易记忆、容易实施。

（三）目前情景分析

这主要在收集信息的基础上，分析企业目前人力资源的供需状况，指出制定该计划的依据。

（四）未来情景预测

这主要在收集信息的基础上，在计划的时间段内，预测企业未来的人力资源供需状况，进一步指出制定该计划的依据。

（五）具体内容

这是人力资源计划的核心，涉及的方面较多，例如工作分析的启动、新的员工绩效评估系统、改进报酬系统、计划中的培训工作、该推行的员工职业计划、招聘方案、促进人员流动方案，等等。每一方面都要写上以下六个内容。

1. 具体内容。要十分具体，不要仅仅写上：招聘人员，要写上：ABC 公司招聘八位部门经理或副经理级人才。

2. 执行时间。写上从启动到完成的日期，例如：2018 年 6 月 1 日至 2018 年 7 月 31 日。

3. 负责人。即负责执行该具体项目的负责人，例如：人力资源部经理赵小舟先生。

4. 检查人。即负责检查该项目的执行情况的人，例如：分管人力资源的副总经理张大卫先生。

5. 检查日期。写上检查的具体日期与时间，例如：2018 年 7 月 31 日上午 9 点。

6. 预算。写上每一项内容的具体预算，例如：人民币贰拾万元整。

（六）计划制定者

计划制定者可以是一个人（如人力资源部经理赵小舟先生），也可以是一个群体（如 ABC 公司董事会），也可以包含个人与群体（如 ABC 公司人力资源部经理赵小舟先生草拟，由董事会通过）。

（七）计划制定时间

主要指该计划正式确定的日期，例如：董事会通过的日期、总经理批准的日期，或总经理工作会议通过的日期。

三、执行人力资源计划

执行人力资源计划是最后的十分重要的一环。如果前面的计划定得十分理想，但是在执行过程中出了问题将前功尽弃。

执行人力资源计划主要包括四个步骤：实施、检查、反馈、修正。

（一）实施

实施是最重要的步骤。在实施过程中要注意以下三点：（1）在实施前要做好准备工作；（2）不折不扣地按计划执行；（3）实施时要全力以赴。

（二）检查

检查是不可缺少的步骤，许多企业在执行人力资源计划时由于缺少检查而产生不少问题。例如：使实施流于形式，使实施缺少必要的压力，不能掌握第一手信息。

检查者最好是实施者的上级，至少是平级，切忌是实施者本人或实施者下级。

检查前，检查者要列出检查提纲，明确检查目的与检查内容。检查时，检查者要根据提纲逐条检查，千万不要随心所欲或敷衍了事。检查后，检查者要及时地真实地与实施者沟通检查结果，以利于激励实施者，使之以后更好地实施项目。

（三）反馈

反馈是执行人力资源计划中的一个重要步骤，通过反馈，我们可以知道原来计划中的内容哪些是正确的，哪些是错误的，哪些不够全面，哪些不符合实际情况，哪些需要加强，哪些需要引起注意，等等重要信息。

反馈中最主要的一点是保持信息的真实性。由于环境和个体的不同，许多信息不一定真实，因此去伪存真、去粗取精显得格外重要。

反馈可以由实施者进行，也可以由检查者进行，也可以由两者共同进行。

（四）修正

修正是最后一个步骤。谁也不能保证人力资源计划一经制定后就完全正确。因此，根据环境的变化，根据实际情况的变化，根据实施中的反馈信息，及时修正原计划中的一些项目十分必要。

一般来说，修正一些小的项目，或修正一些项目中的局部内容，涉及面不会很大。但如果要修正一些大的项目，或对原计划中的许多项目要进行修正，或者对预算要作较大的修正，往往要经过最高管理层的首肯。

本章小结

人力资源计划是指为了达到企业的战略目标与战术目标，根据企业目前的人力资源状况，为了满足未来一段时间内企业的人力资源质量和数量方面的需要，决定引进、保持、提高、流出人力资源的所作的预测和相关事项。人力资源计划是一个对企业人员流动进行动态预测和决策的过程，它在人力资源管理中具有统领与协调作用。

制定人力资源计划要预测企业的人力资源需求和供给，以确保企业在需要的时间和岗位上获得所需的合格人员。在确立了人力资源目标、收集了相关信息、预测了人力资源的需求和供给的基础上，才能制定出为企业的长远发展服务合理的人力资源计划。

人力资源计划是在人力资源战略基础上对企业未来人才的需要、供给，培养与选拔方式进行科学、整体的预测和规划，它是企业人力资源管理其他职能的基础。

关键术语

人力资源计划　　人事计划　　战略人力资源计划　　战术人力资源计划
总体需求结构分析预测法　　人力资源成本分析预测法　　人力资源发展趋势分析预测法
人力资源学习曲线分析预测法　　内部员工流动可能性矩阵图　　马科夫分析矩阵图
技术调查法　　继任卡法　　公民劳动力（CLF）　　劳动力储备（LR）　　劳动力参与率（LPR）
失业率（UR）　　劳动力市场

复习思考题

1. 什么是人力资源计划？
2. 请您谈谈对人力资源的内容模型和步骤模型的看法。
3. 企业中制定人力资源计划有何重要性？
4. 预测人力资源需求有哪几种方法？试分析各种方法的长处和短处。
5. 如何进行人力资源内容供应预测？
6. 如何进行人力资源外部供应预测？
7. 结合您的实际，制定一份明年的人力资源计划。

本章案例集

第3章 工作分析

本章要点

1. 工作分析的内涵和意义。
2. 工作分析的程序。
3. 收集工作信息的几种方法及其适用范围。
4. 工作说明书的编制。

本章学习资料

 引 例

王师傅到底需要什么样的工人?

"王师傅,我一直不明白你究竟需要什么样的操作工人,"A机修公司人力资源部负责人李进说,"我已经给你提供了两位面试人选,他们好像都还满足工作分析中规定的要求,但你一个也没有录用。"

> "什么工作分析？"王师傅答道，"我所关心的是找到一个能胜任那项工作的人，但是你给我提供的人都无法胜任，而且，我从来就没有见过什么工作分析。"
>
> 李进递给王师傅一份工作分析，并逐条解释给他听。他们发现，要么是工作分析与实际工作不相符，要么是规定以后，实际工作又有了很大变化。例如，工作分析中说明了有关老式钻床的使用经验，但实际中使用的是一种新型数字式钻床。为了有效地使用这种新机器，工人们必须掌握更多的数控知识。
>
> 听了王师傅对操作工人必须具备的条件及应当履行的职责的描述后，李进说："我想我们现在可以写一份准确的工作分析，以其为指导，我们就能找到适合这项工作的人。让我们今后加强工作联系，这种状况就再也不会发生了。"
>
> （资料来源：《人力资源管理》，R. 韦恩·蒙迪、罗伯特·M. 诺埃著，葛新权、郑兆红、王斌等译，经济科学出版社，1999年版，第80—81页。文中部分内容有改编。）

一个企业要有效地进行人力资源开发与管理，一个重要的前提就是要了解每一种工作职业的特点以及能胜任各种工作职业的人员的特点，这就是工作分析的主要内容。

工作分析是现代企业人力资源开发与管理的基础，换句话说，一个企业不进行工作分析，或不重视工作分析，那么要有效地进行人力资源开发与管理几乎是不可能的。

第一节　什么是工作分析

一、工作分析中的术语

工作分析有许多专业术语，这些术语在日常工作中常常使用，但其确切含义并非人人都知道。以下简单介绍工作分析中的主要术语。

1. 工作要素。工作中不能再继续分解的最小动作单位。例如：削铅笔、从抽屉中拿出文件、盖上瓶盖等等都是工作要素。

2. 任务。为了达到某种目的所从事的一系列活动。它可以由一至多个工作要素组成。例如：包装工人盖上瓶盖就是一项任务，打字员打字也是一项任务。

3. 责任。个体在工作岗位上需要完成的大部分任务。它可以由一至多个任务组成。例如：打字员的责任包括打字、校对、简单维修机器等一系列任务。

4. 职位。在一定时期内，组织要求个体完成的一至多项责任。一般来说，职位与个体是一一匹配的，也就是有多少职位就有多少人，两者数量相等。例如，市场部经理。

5. 职务。一组重要责任相似的职位，根据组织规模的大小和工作性质，一种职务可以有一至多个职位。例如，副总经理。

6. 职业。在不同组织、在不同时间，从事相似活动的一系列工作的总称。有时与行业混用。例如，教师、工程师、工人、农民等等都是职业。

7. 工作族。又称工作类型，是指两个或两个以上的职业相似一组工作。例如：文字工作、体力工作等都是工作族。

二、工作分析的基本定义

所谓工作分析，是指对某特定的工作职位作出明确规定，并确定完成这一工作需要有什么样的行为的过程。工作分析由工作描述和工作说明书两大部分组成。

（一）工作描述

工作描述具体说明了某一工作职位的物质特点和环境特点，主要包括以下五个方面。

1. 职位名称。指组织对从事一定工作活动所规定的职位名称或职位代号，以便于对各种工作进行识别、登记、分类以及确定组织内外的各种工作关系。

2. 工作活动和工作程序。包括所要完成的工作任务、工作责任、使用的原材料和机器设备、工作流程、与其他人的正式工作关系、接受监督以及进行监督的性质和内容。

3. 工作条件和物理环境。包括工作地点的温度、光线、湿度、噪音、安全条件、地理位置、室内或室外，等等。

4. 社会环境。包括工作群体中的人数、完成工作所要求的人际交往的数量和程度、各部门之间的关系、工作点内外的文化设施、社会习俗，等等。

5. 聘用条件。包括工作时数、工资结构、支付工资的方法、福利待遇、该工作在组织中的正式位置、晋升的机会、工作的季节性、进修的机会，等等。

（二）工作说明书

工作说明书又称职位要求，要求说明从事某项工作职位的人员必须具备的生理要求和心理要求。主要包括以下三个方面。

1. 一般要求。主要包括年龄、性别、学历、工作经验，等等。

2. 生理要求。主要包括健康状况、力量和体力、运动的灵活性、感觉器官的灵敏度，等等。

3. 心理要求。主要包括观察能力、集中能力、记忆能力、理解能力、学习能力、解决问题能力、创造性、数学计算能力、语言表达能力、决策能力、特殊能力、性格、气质、兴趣爱好、态度、事业心、合作性、领导能力，等等。

三、工作分析的意义

1. 为人事决策奠定坚定的基础。全面而深入的工作分析，可以使组织充分了解各工作职位的具体内容，以及对工作人员的身心要求，从而为正确的人事决策提供科学依据。

2. 避免人力资源的浪费。通过工作分析，企业中每个人（从董事长到清洁工）的职责分明，提高了个人和部门的工作效率与和谐性，从而避免工作重叠、劳动重复等等浪费现象。

3. 科学评价员工业绩。通过工作分析，每一种职位的内容都明确界定。员工应该做什么、不应该做什么，应该达到什么要求，都一目了然。这样，以工作分析为根据对员工实绩进行评价就能比较合理，比较公平，从而达到科学评价员工业绩的目的。

4. 人尽其才。工作分析明确地指明哪种工作职位需要什么样的人才，这样可以把"大材小用"或"小材大用"的现象尽量减少。企业在招聘和晋升中可以使最适当的人员得到最适当的职位。

5. 有效地激励员工。工作分析可以在训练、职业开发、安全、工资、奖金、人际关系、员工咨询等方面提供建设性意见，组织可以在工作分析基础上了解到员工工作的各种信息，以便全方位地有效激励员工。

四、工作分析的程序

工作分析是一个全面的评价过程，这个过程可以分为四个阶段：准备阶段、调查阶段、分析阶段和完成阶段，这四个阶段关系十分密切，它们相互联系、相互影响（见图3.1）。

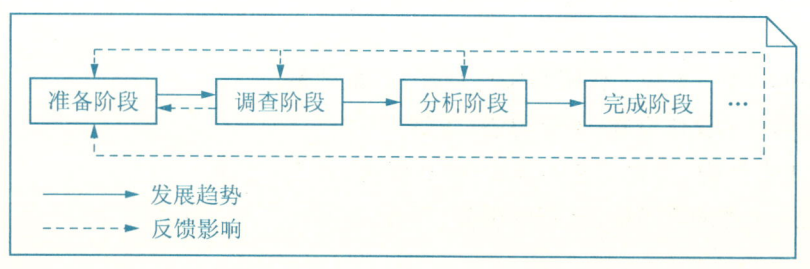

图 3.1
工作分析各阶段关系

（一）准备阶段

准备阶段是工作分析的第一阶段，主要任务是了解情况，确定样本，建立关系，组成工作小组。具体工作如下：（1）明确工作分析的意义、目的、方法、步骤；（2）向有关人员宣传、解释；（3）与工作分析有关工作的员工建立良好的人际关系，并使他们作好良好的心理准备；（4）组成工作小组，以精干、高效为原则；（5）确定调查和分析对象的样本，同时考虑样本的代表性；（6）把各项工作分解成若干工作元素和环节，确定工作的基本难度。

(二)调查阶段

调查阶段是工作分析的第二阶段,主要任务是对整个工作过程、工作环境、工作内容和工作人员等主要方面作一个全面的调查,具体工作如下:(1)编制各种调查问卷和提纲;(2)灵活运用各种调查方法,如面谈法、问卷法、观察法、参与法、实验法、关键事件法,等等;(3)广泛收集有关工作的特征以及需要的各种数据;(4)重点收集工作人员必需的特征信息;(5)要求被调查的员工对各种工作特征和工作人员特征的重要性和发生频率等作出等级评定。

(三)分析阶段

分析阶段是工作分析的第三阶段,主要任务是对有关工作特征和工作人员特征的调查结果进行深入全面的分析。具体工作如下:(1)仔细审核已收集到的各种信息;(2)创造性地分析、发现有关工作和工作人员的关键成分;(3)归纳、总结出工作分析的必需材料和要素。

(四)完成阶段

完成阶段是工作分析的最后阶段,前三个阶段的工作都是为了达到此阶段作为目标的,此阶段的任务就是根据规范和信息编制"工作描述"和"工作说明书"。

1. "工作描述"案例。下面是一个企业销售部经理的工作描述。

案例

职位名称:销售部经理

职位代名:1137—118

别名:销售部主任、销售部主管、销售部总监。

(1)工作活动和工作程序。通过对下级的管理与监督,实施企业产品的销售、计划、组织、指导和控制;指导销售部的各种活动;就全面的销售事务向销售副总经理或上级管理部门作出报告;根据对销售区域、销售渠道、销售定额、销售目标的批准认可,协调销售分配功能;批准对推销员销售区域的分派;评估销售业务报告;批准各种有助于销售的计划,如培训计划、促销计划等。审查市场分析,以确定顾客需求、潜在的消费量、价格一览表、折扣率、竞争活动,以实现企业的目标;亲自与大客户保持联系;可与其他管理部门合作,建议和批准用于研究和开发工作的预算支出和拨款;可与广告机构就制作销售广告事宜进行谈判,并在广告发布之前对广告素材予以认可;可根据销售需要在本部门内成立相应的正式群体;可根据有关规定建议或实施对本部门员工的奖惩;可以调用小汽车两辆、送货车十辆、摩托车十辆。

(2)工作条件和物理环境。75%以上时间在室内工作,一般不受气候影响,但可能受气温影响;湿度适中,无严重噪音,无个人生命或严重受伤危险,无有毒气体。有外出要求,一年中有10%—20%的工作日出差在外;工作地点:本市。

（3）社会环境。有一名副手，销售部工作人员有 25—30 人；直接上级是销售副总经理；需要经常交往的部门是生产部、财务部；可以参加企业家俱乐部、员工乐园各项活动。

（4）聘用条件。每周工作 40 小时，国家法定假日放假；基本工资每月 10 000 元，职务津贴每月 5 000 元，每年完成全年销售指标奖金 50 000 元，超额完成部分再以千分之一提取奖金；本岗位是企业中层岗位，可晋升为销售副总经理或分厂总经理。每年工作以 4—10 月份为忙季，其他时间为闲季；每三年有一次出国进修机会；每年有一次为期半个月的公休假期，可报销 5 000 元的旅游费用；公司按福利标准提供低息贷款购买市区三房二厅（130 m² 以上）住宅一套。

2. "工作说明书"案例。下面是同一个企业销售部经理的工作说明书。

案 例

职位名称：销售部经理。

年龄：26—40 岁。

性别：男女不限。

学历：大学本科以上。

工作经验：从事销售工作四年以上。

生理要求：无严重疾病；无传染病；能胜任办公室工作，举重 5 公斤以上，有时需要走动和站立；平时以说、听、看、写为主。

心理要求标准：A——全体员工中最优秀的 10% 之内。以总经理为 100 分，即 90 分以上，下类同。

　　　　　　　B——70—89 分；

　　　　　　　C——30—69 分；

　　　　　　　D——10—29 分；

　　　　　　　E——9 分以下。

心理要求：

一般智力：	A	性格：	外向
观察能力：	B	气质：	多血质或胆汁质
集中能力：	B	兴趣爱好：	喜欢与人交往，爱好广泛
记忆能力：	A	态度：	积极，乐观
理解能力：	A	事业性：	十分强烈
学习能力：	A	合作性：	优秀
解决问题能力：	A	领导能力：	卓越
创造力：	A		
知识域：	A		
数学计算能力：	A		

> 语言表达能力：　　　　　A
> 决策能力：　　　　　　　A
> 工作描述和工作说明书可以编制在一起，称为"工作分析表"。

第二节 收集工作信息的主要方法

要编制一份完整的工作分析表，必须收集足够的有关工作信息，收集信息的主要方法有：问卷法、观察法、实验法、参与法、面谈法和关键事件法。其中面谈法和关键事件法在第五章有详细阐述，这里就介绍其余四种方法。

一、问卷法

利用已编制的问卷，要求被试者填写，来获取有关工作的信息是一种快速而有效的方法。一般要求被试者对各种工作行为、工作特征和工作人员特征的重要性和频率评定等级。

问卷法主要可以分为两种：一般工作分析问卷法和指定工作分析问卷法。

1. 一般工作分析问卷法。这种方法适合于各种工作，问卷内容具有普遍性，表 3.1 是一个例子。

表 3.1　一般工作分析问卷（部分）

1. 职位名称 _____。
2. 比较适合任此职位的性别是 _____（请选择，下同）。
   A. 男性；　　B. 女性；　　C. 男女均可。
3. 最适合任此职位的年龄是 _____。
   A. 20 岁以下；　B. 21—30 岁；　C. 31—40 岁；
   D. 41—50 岁；　E. 51 岁以上。
4. 能胜任此职的文化程度是 _____。
   A. 初中以下；　B. 高中、中专；　C. 大专；
   D. 本科；　　　E. 研究生以上。
5. 此职位的工作地点在 _____。
   A. 本地市区；　B. 本地郊区；　C. 外地市区；
   D. 外地郊区；　E. 其他。

6. 此职位的工作主要在 _____（指 75% 以上时间）。
   A. 在室内；　B. 在室外；　C. 室内外各一半。
7. 任此职位者的一般智力最好在 _____（见前述）。
   A. 90 分以上；　B. 70—89 分；　C. 30—69 分；
   D. 10—29 分；　E. 9 分以下。
8. 此职位工作信息来源主要是 _____。
   A. 书面材料（文件、报告、书报杂志、各种材料等）；
   B. 数字材料（包含各种数据、图表、财务数据的材料）；
   C. 图片材料（设计草图、照片、X 照片、地图等）；
   D. 模型装置（模型、模式、模板等）；
   E. 视觉显示（数学显示、信号灯、仪器等）；
   F. 测量装置（气压表、气温表等各种表具）。
   G. 人员（消费者、客户、顾客等）。

2. 指定工作分析问卷法。这种方法适合于每一种指定的工作，问卷内容具有特殊性，一张问卷只适用于一种工作。表 3.2 是一个例子。

表 3.2　推销员工作分析问卷（部分）

说明以下职责在你工作中的重要性（最重要的打 10 分，最不重要的打 0 分，标在右侧的横线上）。

1. 和客户保持联系 _____ 。
2. 接待好每一个客户 _____ 。
3. 详细介绍产品的性能 _____ 。
4. 正确记住各种产品的价格 _____ 。
5. 拒绝客户不正当的送礼 _____ 。
6. 掌握必要的销售知识 _____ 。
7. 善于微笑 _____ 。
8. 送产品上门 _____ 。
9. 参加在职培训 _____ 。
10. 把客户有关质量问题反馈给有关部门 _____ 。
11. 准备好各种推销工具 _____ 。
12. 每天拜访预定的客户 _____ 。
13. 在各种场合推销本企业产品 _____ 。
14. 讲话口齿清楚 _____ 。
15. 思路清晰 _____ 。
16. 向经理汇报工作 _____ 。
17. 每天总结自己的工作 _____ 。
18. 每天锻炼身体 _____ 。
19. 和同事保持良好关系 _____ 。
20. 自己设计一些小型促销活动 _____ 。
21. 不怕吃苦 _____ 。

二、观察法

观察法是指在工作现场运用感觉器官或其他工具，观察员工的实际工作运作，用文字或图表形式记录下来，来收集工作信息的一种方法。

（一）观察法的操作原则

1. 观察的工作应相对静止，即在一段时间内，工作内容、工作程序、对工作人员的要求不会发生明显的变化。
2. 适用于大量标准化的、周期短的体力活动为主的工作。
3. 要注意工作行为样本的代表性，有时候，有些行为在观察过程中可能无法表现出来。
4. 观察人员应尽可能避免引起被观察者的注意，至少不应干扰被观察者的工作。
5. 不适用于以智力活动为主的工作。
6. 观察前要有详细的观察提纲和行为标准。

（二）观察法的观察提纲

在运用观察法时，一定要有一份详细的观察提纲，这样在观察时才能及时记录，表 3.3 是观察提纲的一个例子。

三、实验法

实验法是指主试控制一些变量，引起其他相应变量的变化来收集工作信息的一种方法。实验法主要可以分为两种：实验室实验法和现场实验法，其主要区别

表 3.3　工作分析观察提纲（部分）

被观察者姓名：_____　　　　日期_____
观察者姓名：_____　　　　　观察时间_____
工作类型：_____　　　　　　工作部门_____
观察内容：

1. 什么时候开始正式工作？_____。
2. 上午工作多少小时？_____。
3. 上午休息几次？_____。
4. 第一次休息时间从_____到_____。
5. 第二次休息时间从_____到_____。
6. 上午完成产品多少件_____。
7. 平均多少时间完成一件产品_____。
8. 与同事交谈几次_____。
9. 每次交谈约_____分钟。
10. 室内温度_____度。
11. 抽了几支香烟？_____。
12. 喝了几次水？_____。
13. 什么时候开始午休？_____。
14. 出了多少次品？_____。
15. 搬了多少原材料？_____。
16. 噪音分贝是多少？_____。

在于实验的地点是在实验室还是在工作现场。企业中比较常用的是现场实验法。

（一）实验法的操作原则

（1）尽可能获得被试者的配合；

（2）严格控制各种变量；

（3）设计要严密；

（4）变量变化要符合实际情况；

（5）不能伤害被试者。

（二）实验法的具体操作

装卸工装卸货车上的货物，一般是四个人合作，30分钟可以装满一辆十吨的货车。在实验法中，先由两个人合作，再由三个人合作，最后由五个人合作，任务都是装满一辆十吨的货车，看结果各用了多少分钟，其中哪一个组合效率最高。

其中，合作人数的变化是自变量，装货时间的变化是因变量。

四、参与法

参与法是指工作分析人员（即主试）通过直接参与某项工作，从而细致地深入地体验、了解、分析工作的特点和要求。参与法可以克服一些有经验的员工并不总是很了解自己完成任务的方式的缺点，也可以克服有些员工不善于表述的缺点。另外，可以弥补一些观察不到的内容。

但是参与法的缺点也很明显，因为现代企业中的许多工作高度专业化，主试往往不具备从事某项工作的知识和技能，因此就无法参与。

参与法适用于一些比较简单的工作的工作分析，或者与其他方法结合起来运用。

第三节 工作分析中各种信息类型与标准

在工作分析中我们要涉及许多有关工作描述和工作说明书的信息,一旦我们对这些信息的类型和标准了解后,就能科学地进行客观的工作分析。

有关工作分析的信息很多,这里只能介绍一些主要的信息。全部的工作分析信息可扫二维码查看。

一、工作描述中主要信息的类型与标准

1. 工作环境,代号 EC。

(1)工作地点。

①室内(代号 I),指 75% 以上的工作时间在室内,不受气候影响,但并不一定不受温度变化的影响。②室外(代号 O),指 75% 以上的工作时间在室外,无法避免气候影响。③室内外(代号 B),指工作时间在室内与室外的时间大致相等。

(2)严寒与低温变化。

①严寒(代号 C),指温度十分低,工作人员除非有特殊保护,否则将引起明显的身体不适反应。②低温变化(代号 CC),指温度较低,而且变化十分悬殊和突然,不注意保护好,工作人员将引起严重的生理反应。

(3)酷热与高温变化。

①酷热(代号 H),指温度十分高,工作人员除非有特殊保护,否则将引起明显的身体不适反应。②高温变化(代号 HC),指温度较高,而且变化十分悬殊和突然,不注意保护时,工作人员将引起严重的生理反应。

(4)潮湿与湿度。

①潮湿(代号 M),指工作时需接触水或其他液体,足以引起明显的身体不适。②湿度(代号 HV),指工作环境的空气中含有大量水分,足以引起明显的身体不适。

(5)噪音与震动。

①噪音(代号 N),指经常性或间断性的高分贝声音,如果不注意保护,足以损害工作人员的听觉。②震动(代号 Q),指经常性或间断性的强烈震动,如果不注意保护,有可能引起明显的注意力分散和身体不适。

(6)危险(代号 D),指个体在工作时冒着身体受损伤或者生命危险的风险。

(7)空气状况。

①烟(代号 S),指燃烧或化学反应时排出的气体,通常有气味。②毒气(代号 SA),指有毒或有害的气体。③灰尘(代号 D),指空气中充满微粒,如纤维、尘埃、面粉、木屑、皮革、羽毛、石粉等等,不注意保护,易引起身体不适。

2. 工作对象，代号 DPT。有关工作对象的信息主要有三类：数据、人和物。

（1）数据（代号 D）。数据是指通过观察、调查、解释、想象和创造而获得有关人、事、物的信息、知识和概念。数据不是自然界的实物。可以分为两大类：书面数据，以数字、文字或符号形式出现；其他数据，以思想、概念或口头语言形式出现。

①综合。指将数据分析结果加以综合，以便发现事实或/和发展知识、概念、假设或解释。②协调。指根据对数据的分析，确定时间、地点并采取一系列行为。③分析。指检查与估计数据。根据估计一般都提出可供选择的决策方案。④编辑。指汇集、整理数据。通常以物理方法进行编辑，有时也可以以心理方法进行编辑。在编辑中，往往对各种信息加以分类，并根据信息确定一个方案。⑤计算。指进行数学运算，不包含计数。根据运算结果往往确定或/和采取一个方案。⑥复制。指转录、登记、抄写数据。⑦比较。指找出有关数据的相同点与相异点。⑧其他。指以上内容以外的内容。

（2）人（代号 P）。人主要是指人本身，有时也可包括动物。

①指导。指以尊重对方全部人格的态度来对待个体，并给以劝告、咨询，并帮助个体用法律、自然科学、心理学、医学等知识和原理来解决问题。②协商。指与他人交换思想、信息与意见制定政策、计划并共同达成协议、结论或决定。③教授。指给别人讲课，或通过讲解、示范、监督来实施训练他人（包括训练动物），或根据科学原理进行介绍或阐述。④监督。指给一至多人安排工作程序，分配任务，检查他们的工作，并使他们协调一致，提高工作效率。⑤接待。指款待他人。⑥劝说。指使他人对某种产品、某种服务、某种观点、某种建议产生好感。⑦口头指示。指与人交谈或通过表情向对方传达信息。包括给助手分配任务、指明方向，但不包括闲聊。⑧服务。指满足人（或动物）的需要，照顾人们表示的或暗示的愿望。⑨其他。指以上内容以外的内容。

（3）物（代号 T）。物是指区别于人（或动物）的无生命事物。主要涉及物质、材料、机器、工具、设备、产品等。物与数据的主要区别是：物是可以触摸到的，具有形状、大小、式样等物理特性。

①安装。指通过替换或改动工具、夹具、固定装置或附件来调整机器或设备，使其发挥正常功能，或使其改变功能，或在损坏时恢复其原有功能。也包括为他人多操作一部或多部机器，或一个人操作多种机器。②精密劳动。指用身体某一部位和/或用工具、辅助设备转动、移动、放置、管理物体或材料，以便达到规定的标准，需要选择适当的部位、合适的工具、物体或材料，需要按任何调整工具，也需要作出相应的判断。③操作—控制。指启动、关闭电源或开关来控制或调整机器、设备的进度或速度，这些机器和设备一般是为了制造或加工物件、材料而设计制造的，操作机器包括开动机器，在运行中调整机器和材料，

控制设备包括观察仪器、刻度表与其他指标器；转动阀门和其他装置来控制温度、压力、液体流量、泵的速度、材料的反应等。一般来说，调整机器比看管机器更为经常。④驾驶—操作。指启动、关闭、控制机器或设备的运行，使其沿街道或公路行驶。包括观察仪器与刻度表；估计距离并确定其他物体的方位、速度；转动摇把或轮子，扳动离合器和制动闸；推拉排挡或操纵杆。机器设备中除了汽车、火车等交通工具外，还包括起重机、装载机、拖拉机、传递系统、熔炉装料机、铺路机、卷扬机等等。不包括人力推动的机器和电力助动机，如电动自行车、电动小推车等等。⑤技巧—操作。指运用身体的某一部分（一般用手）、手工工具或专用设备转动、移动、放置、管理物件或材料。要求有相当的手工技巧，以及眼、手密切配合。需要对精确度有正确的判断，并要善于选择合适的工具、物体和材料。⑥照管。指启动、关闭并观察机器或设备的运行。包括调整机器的材料或控制，如更换导管、调整定时器或温度计；转动阀门使材料通过；根据指示按开关。进行这些调整时几乎不需要作出什么判断。⑦喂料—产出。指把材料插入、投入、倒入或放入机器和设备中，或者把材料从机器和设备中取出。这些机器和设备往往自动化程度很高，或者是由其他人员看管或操作的。⑧搬动。指用身体某一部位、简单工具和/或专用设备转动、移动或携带物体或材料。一般不需要选择工具也不需对原料作出判断。⑨其他。指以上内容以外的内容。

二、工作说明书中主要信息的类型与标准

1. 体力活动（代号 PA）。体力活动是指该工作对体力的要求，也说明工作人员为了能胜任这项工作应具备的体力。

（1）体力强度。主要指个体在举、提、推、拉时的体力强度。①办公室劳动（代号 S），物体重量 5 公斤以内，是以坐着为主的工作，有时需要走动或站立，或举起、搬动文件、账簿、小工具，等等。②轻体力劳动（代号 L），物体重量 10 公斤以内，经常要举起或/和搬动重 5 公斤的物体。有时物体重量虽不重，但需要长时间走动或站立，或者大部分时间坐着，需用手臂或/和腿来控制推和拉。③中等体力劳动（代号 M），物体重量 25 公斤以内。经常要举起或/和搬动重达 10 公斤的物体。需要长时间走动或站立，或者大部分时间坐着用手臂或/和腿来控制推和拉。④重体力劳动（代号 H），物体重量 50 公斤以内，经常要举起或/和搬动重达 25 公斤的物体。⑤特重体力劳动（代号 VH），物体重量 50 公斤以上，经常要举起或/和搬动重达 25 公斤以上的物体。

（2）爬与平衡。爬主要强调身体的敏捷性；平衡主要强调身体要保持平衡。①爬（代号 C），指用脚或脚和手上下梯子、阶梯、脚手架、斜坡、柱杆、绳索等。②平衡（代号 B），指在狭窄、光滑、不规则活动的表面上行走、站立、下

蹲、起立时保持身体平衡,以免跌倒。

(3) 身体技巧。指自由自在地控制身体各部分的能力。

①弯腰(代号 B)。指用腰椎将身体向下或向前弯曲。②跪倒(代号 K),指双腿在膝部弯曲,用膝部来支撑全身。③蹲伏(代号 S),指双腿弯曲,和脊柱一起把身体向下向前弯曲,重量由双脚支撑。④匍匐(代号 C),指用手和膝盖,或用手或脚来移动身体。

(4) 手动技巧。主要指运用一只手或两只手的各种活动。

①伸手过肩(代号 S),指用双手和双臂向任一方向伸开,并超过肩膀。②伸手不过肩,代号 US),指用双手和双臂向任一方向伸开,但不超过肩膀。③拣拔(代号 P),指主要用手指来做拣、拔、夹等动作。④感觉(代号 PC),指用皮肤,特别是用手指尖的皮肤内的神经末梢来感受物体或材料的物理特性,如大小形状、温度、硬度、光滑度等等。

(5) 说(代号 SP)。指用口头语言表达思想、交流信息。在某些活动中,说是很重要的,如向顾客或公众口头传递信息;向其他员工正确、高声、迅速地传达各种指示。

(6) 听(代号 L)。主要指用耳朵来感知声音并理解声音的含义,在某些活动中,听是十分重要的。在这些活动中,需要具有通过口头交往来获得信息的能力,或者需要精细地辨别声音的能力。

(7) 看(代号 LO)。指用眼睛来感知物体的形状、大小、距离、动作、色彩或其他物理特性。

①远距眼力(代号 LL),视力清晰度达 6 米以上。②近距眼力(代号 SL),视力清晰度在 6 米以下。③知觉深度(代号 PT),又称三维视力,或立体视力。指有判断距离与空间点、线、面的能力,可以看清物体在何处。④视力调节(代号 VR),指在从事离眼较近或距离变化不定的工作时,要调节眼睛中的水晶体,以便看清物体。⑤辨色力(代号 DC),指鉴别颜色的能力。⑥视野(代号 VF),指当眼睛固定在某一点时,向上、下、左、右可以看到的范围。

(8) 控制(代号 C)。指用身体的某一部位与眼、耳配合来控制、操作机器。

①手控制(代号 HC),指只用手和手臂来控制、操作机器。②足控制(代号 FC),指只用足和腿来控制、操作机器。③配合控制(代号 CC),指需要用眼、耳、手、足配合动作来控制、操作机器。

2. 文化程度(代号 GED)。文化程度可分为六个等级;研究生以上、大学本科、大学专科、高中和中专、初中、小学以下。主要从推理能力、数学能力和语言能力三大方面去衡量。

(1) 小学以下(代号 PS)。

①推理能力。能理解一般的常识,执行简单的一两个步骤的指示;处理工作

中很少有变量的问题。②数学能力。会做简单的加减法，能读、抄数字。③语言能力。能通过口头指示学习工作职责；能填写顾客的姓名、地址，产品的重量、数量或型号；能写简单的申请报告。

（2）初中（代号 JM）。

①推理能力。能应用对常识的理解，执行详细但不复杂的书面或口头指示；处理在标准条件下含有少量具体变量的问题。②数学能力。能熟练地进行加、减、乘、除四则运算。③语言能力。比 PS 较强。

（3）高中和中专（代号 SM）。

①推理能力：能熟练地应用对常识的理解；正确地执行书面、口头或图示中的指示；能处理在标准条件下含有若干具体变量的问题。②数学能力。能熟练地进行有分数、小数和百分比的算术运算；能运用代数和几何的方法。③语言能力。能把表格、支票、收据等材料归档、登记和邮寄；能转录数据、填写报告表，根据草稿打印或抄写各种文件；能进行家庭访问，为调查研究提供资料，能作导游，并指出各地的特点。

（4）大学专科（代号 CS）。

①推理能力。能运用理性知识、原理系统地解决实际问题，并能在有限的标准条件下使用各种具体变量，如簿记、护理、轮船驾驶、农村管理、内燃机操作与维修、电路系统安装等；能以书面语言和口头语言阐明各种知识。②数学能力。能熟练地运用代数、几何运算方法。③语言能力。能转述听写，与有关人员约会，并处理各种信件，与想见负责人的来访者会谈，或阻止其见负责人，自己起草书写例行信件；能与求职者会面，能基本了解其能力与适合做的工作，与员工接触并使其对本企业发生兴趣；能阐明技术手册、图纸、蓝图、略表等图表规格。

（5）大学本科（代号 US）。

①推理能力。能运用逻辑原理或科学定义思考问题，收集数据，确立事实，并引出有效结论；能运用书本中的数学公式或图解方式阐明各种技术知识；能使用若干抽象变量和具体变量。②数学能力。能基本运用高等数学的知识来解决问题，如解一些实验方程式或微分方程。③语言能力。比 CS 更强。

（6）研究生（代号 GU）。

①推理能力。能运用逻辑原理或科学思维处理广泛的理论问题与实际问题；在最难的地方能采用非文字的符号，如公式、方程式、图表、音乐符号等；能理解最深奥的概念；能运用各种抽象变量和具体变量。②数学能力。能熟练地运用微积分、因素分解、概率论等高等数学和统计知识以及各种理论数学概念与应用数学方法。③语言能力。能为报纸杂志撰写或编辑文章；能起草契据、租约、遗嘱、抵押单据、合同等重要文件；能就有关政治、经济、教育、科学等问题作专

题演讲；能与学生、诉讼当事人、病人等进行谈话，商谈福利待遇、工作资格、任职、心理健康、婚姻关系等事项；能正确评价建筑设计或工程设计中的工程技术数据等重要内容。

3. 专门职业准备时间（代号SVP）。专门职业准备时间可分为九个等级。

（1）超短期训练。（在一日以内，以在职训练和厂内训练为主）。（2）短期训练。（从二日至一个月，以在职训练和厂内训练为主）。（3）中短期训练。（超过一个月但在三个月之内，厂内训练和学徒式训练为主）。（4）短中期训练。（超过三个月但在半年之内，以厂内训练和学徒式训练为主）。（5）中期训练。（超过半年但在一年之内，以学徒式训练和职业班训练为主）。（6）长中期训练。（一至两年，以学徒式训练和职业班训练为主）。（7）中长期训练。（两至四年，以职业班训练和学校训练为主）。（8）长期训练。（四至十年，以学校训练为主）。（9）超长期训练。（在十年以上，以学校训练为主）。

4. 才能（代号A）。才能是指从事工作的各种能力总和。各种能力的等级以工作总人数的百分比来表示，最高的为100分。如：一等指最高的10%，90分以上；二等指中间偏高的20%，70—89分；三等指中间的40%，30—69分；四等指中间偏低的20%，10—29分；五等指最低的10%，9分以下。才能包括许多能力，以下列举一些重要的能力。

（1）一般智力（代号G）。指一般学习能力。包括抓住要领、理解指示、了解基本原则、推理、判断等能力。（2）语言能力（代号L）。指了解言语的含义及其相关的概念，并且能有效地使用语言的能力。包括能理解语言、字与字之间的关系、整句、整段的能力；能用口头和书面两种形式清晰、正确地提供信息或表达思想的能力。（3）数学能力（代号N）。指能用数字进行迅速、正确运算的能力。（4）空间理解能力（代号S）。指能通过几何图形的观察、思考并理解三维空间物体后，用两维方式来表达的能力。包括认识物体在空间运动所产生关系的能力；阅读工程图纸的能力；解立体几何题的能力，等等。（5）形状理解能力（代号P）。指观察物体、图表内的细节的能力。包括依靠视觉比较、识别物体的能力；能区别人物形状和阴影的能力；能辨别线条长、宽细微差别的能力，等等。（6）办公室工作能力（代号Q）。主要指对口头材料和书面材料能观察其内在细节的能力。包括注意复制时的误差，校对文字和数字，避免算术运算时看错题目，等等。（7）运动协调能力（代号K）。指眼与手或手指配合能迅速、正确作精确而快速运动的能力。包括能快速而正确地作出运动反应的能力。（8）手指活动能力（代号F）。指手指能迅速而正确地操纵小型物体的能力。（9）手活动能力（代号M）。指能自然而熟练地活动手的能力，包括用手准确而快速地移动、旋转物体的能力。（10）眼—手—足协调能力（代号E）。指根据视觉刺激，手足能协调配合活动的能力。（11）颜色分辨能力（代号C）。指能观察、识别相似或相异的色彩，以及相同的色彩在阴影中或其他明暗效果的能力。包括识别特殊色彩，识别饱和色、对比色、补色以及正确配色的能力。

5. 兴趣（代号 I）。所谓兴趣是指个体对某项工作或活动十分关心，向往从事该项工作或活动的倾向性。

这里每一类兴趣都有两个极性——A 极与 B 极，在工作分析时可以选择 A 或 B，如果在中间则以 C 表示。

A 极	C	B 极
事情		物体
与人交往		与事物交往
重复性工作		变化性工作
受指示性工作		指示性工作
为了名声而工作		为了金钱而工作
物质交流		思维交流
理论工作		技术工作
创造性工作		再造性工作
操纵机器的工作		社会性工作
有成就的工作		默默无闻的工作

本章小结

工作分析是指对某特定的工作职位做出明确规定，并确定完成这一工作需要有什么样的行为的过程。换句话说，工作分析就是把员工担任的每个职务的内容加以分析，清楚地确定该职务的固有性质和组织内职务之间的相互关系和特点，并确定操作人员在履行职务时应具备的技术、知识、能力与责任，以及对某一职位工作的内容及有关因素做全面的有系统有组织的描写。即谁做（who）？做什么（what）？什么时候做（when）？哪里做（where）？为什么要做（why）？为谁做（for whom）？如何做（how）？工作分析的结果是形成工作说明书。

工作分析是人力资源管理工作的基础，对其他人力资源管理模块具有举足轻重的影响。工作分析为人员的招聘选拔提供了明确的标准，为制定公平合理的薪酬政策奠定了基础，为科学的绩效管理提供了帮助，还为人员的培训与职业生涯开发提供了明确依据。工作分析是人力资源管理工作的基础，绝不是一项简单的工作，在人力资源管理的各项职能工作中起到了核心的作用。由于工作分析在我国企业刚刚起步，积累的经验少，在实践过程中会遇到很多的困难，更应引起重视。

关键术语

工作分析　　工作要素　　任务　　责任　　职位　　职务　　职业　　工作族　　工作描述
工作说明书　　问卷法　　观察法　　实验法　　参与法

复习思考题

1. 什么是工作分析？工作分析有何重要意义？
2. 请您编制一份企业人力资源部经理的工作描述。
3. 根据实践，工作分析的步骤将作如何调整？
4. 请您编制一份小型玩具公司总经理的工作说明书。

本章案例集

第 4 章

人力资源吸收——员工招聘

本章要点

1. 招聘的基本程序，招聘决策的意义和原则。
2. 招聘的主要形式及其适用情况。
3. 招聘工具的设计原则和主要内容。
4. 招聘评估的内容和评估的作用。

本章学习资料

引例

索尼公司的内部招聘制度

有一天晚上，索尼董事长盛田昭夫按照惯例走进职工餐厅与职工一起就餐、聊天。他多年来一直保持着这个习惯，以培养员工的合作意识和与他们的良好关系。这天，盛田昭夫忽然发现一位年轻职工郁郁寡欢，满腹心事，闷头吃饭，谁也不理。于是，盛田昭夫就主动坐在这名员工对面，与他攀谈。

几杯酒下肚之后，这个员工终于开口了："我毕业于东京大学，有一份待遇十分优厚的工作。但是，进入索尼之前，对索尼公司崇拜得发狂。当时，我认为进入索尼，是我一生的最佳选择。但是，现在才发现，我不是在为索尼工作，而是为科长干活。坦率地说，我这位科长是个无能之辈，更可悲的是，我所有的行动与建议都得科长批准。我自己的一些小发明与改进，科长不仅不支持，不解释，还挖苦我癞蛤蟆想吃天鹅肉，有野心。对我来说，这名科长就是索尼。我十分泄气，心灰意冷。这就是索尼？这就是我崇拜的索尼？我居然放弃了那份优厚的工作来到这种地方！"这番话令盛田昭夫十分震惊，他想，类似的问题在公司内部员工中恐怕不少，管理者应该关心他们的苦恼，了解他们的处境，不能堵塞他们的上进之路，于是产生了改革人事管理制度的想法。

之后，索尼公司开始每周出版一次内部小报，刊登公司各部门的"求人广告"，员工可以自由而秘密地前去应聘，他们的上司无权阻止。

另外，索尼原则上每隔两年就让员工调换一次工作，特别是对于那些精力旺盛、干劲十足的人才，不让他们被动地等待工作，而是主动地给他们施展才能的机会。在索尼公司实行内部招聘制度以后，有能力的人才大多能找到自己较中意的岗位，而且人力资源部门可以发现那些"流出"人才的上司所可能存在的问题。

（资料来源：《36家跨国公司的激励机制》，后东升主编，中国水利水电出版社，2006年版，第192页。）

人力资源吸收在企业中又称为员工招聘，是人力资源开发与管理的重要一环。

广义的员工招聘，是指企业为了发展的需要，为了安置空缺的岗位，向企业内外吸收、挑选、安置人力资源的全过程。

狭义的员工招聘，是指企业为了发展的需要，为了安置空缺的岗位，向企业内外发布有效信息，集合应聘者的全过程。不包括选拔与安置过程。

第一节 招聘的基本程序

员工招聘的基本程序包括：招聘决策、发布信息、收集和分析应聘信息等三大步骤。

一、招聘决策

（一）招聘决策

招聘决策是指企业中的最高管理层关于重要工作岗位的招聘和大量工作岗

位的招聘的决定过程。个别不重要的工作岗位招聘，不需要经过最高管理层的决定，也不需要经过招聘基本程序的三大步骤。

（二）招聘决策的意义

任何企业都需要进行招聘决策，招聘决策的好坏直接影响以后招聘的步骤。

1. 适应企业的需要。企业要发展一定要使人才流动起来，一定要吸引更多的人才来担任新增的工作。

2. 使招聘更趋合理化、科学化，由于招聘决策影响其他步骤，一旦失误，以后的工作就很难开展。

3. 统一认识。招聘是一件涉及企业未来发展的大事，只有最高管理层观点一致，才能顺利地完成招聘全过程。

4. 激励员工。有些大型企业，在人力资源部下分设员工招聘科，从事日常的招聘工作。但是大量的或重要的员工招聘一般均由最高管理层决定，招聘工作会给现职员工带来一种压力。一来新进员工会带来新的竞争，二来招聘的岗位为员工带来了新的挑战。

（三）招聘决策的原则

1. 少而精原则。可招可不招时尽量不招；可少招可多招时尽量少招。招聘来的人一定要充分发挥其作用，企业是创造效益的集合体，不是福利单位。

2. 经济性原则。企业员工招聘是一项商业行为，一定要考虑少投入多产出、尽可能降低成本，但是有时一味地降低成本，反而不能起到良好的招聘效果，得不偿失，因此，把握好度很重要。

3. 公平竞争原则。只有通过公平竞争才能使人才脱颖而出，才能吸引真正的人才，才能起到激励作用。

4. 科学化原则。员工招聘的基础是人力资源计划和工作分析，否则无法决定是否要招聘、招聘什么样的人力资源。

（四）招聘决策的运作

招聘决策的运作可分为以下几步：

1. 用人部门提出申请。需要增加人员的部门负责人向人力资源部提出需要人员的人数、岗位、要求，并解释理由。

2. 人力资源部复核。人力资源部应该到用人部门去复核申请，是否一定要这么多人员，减少一点人行吗？并写出复核意见。

3. 最高管理层决定。根据企业的不同情况，可以由总经理工作会议决定，也可以在部门经理工作会议上决定。决定应该在充分考虑申请和复核意见的基础上产生。

（五）招聘决策的主要内容

企业员工的招聘决策应包括以下一些主要内容：

1. 什么岗位需要招聘？招聘多少人员？每个岗位的具体要求是什么？
2. 何时发布招聘信息？运用什么渠道发布招聘信息？
3. 委托哪个部门进行招聘测试？
4. 招聘预算多少？
5. 何时结束招聘？
6. 新进员工何时到位？

二、发布招聘信息

一旦招聘决策后，就应该迅速发布招聘信息。

（一）发布招聘信息

发布招聘信息就是向可能应聘的人群传递企业将要招聘的信息。

发布招聘信息是一项十分重要的工作，直接关系到招聘的质量。应引起有关方面充分重视。

（二）发布招聘信息的原则

1. 面广原则。发布招聘信息的面越广，接受到该信息的人越多，应聘的人也越多，这样可能招聘到合适人选的概率越大。

2. 及时原则。在条件允许的情况下，招聘信息应该尽量早地向人们发布，这样有利于缩短招聘进程，而且有利于使更多的人获取信息，使应聘人数增加。

3. 层次原则。招聘的人员都处在社会的某一层次，要根据招聘岗位的特点，向特定层次的人员发布招聘信息。例如，招聘科技人员的企业可以在《科技日报》和相关网站上刊登招聘广告。

（三）发布招聘信息的类型

发布招聘信息的类型又可称为发布招聘信息的渠道。信息发布的渠道有网络、报纸、杂志、电视、电台、布告和新闻发布会等。

除以上主要渠道外，还有随意传播的发布形式。这是有关部门或有关人员用口头的、非正式的方式进行发布招聘信息的类型。其主要特点是：费用最低（几乎不用什么费用），可以进行双向交流，速度较快；主要缺点是：覆盖面窄，一般在劳动力市场上明显供大于求，而且招聘层次不是很高时可以选用这种类型。

三、收集与分析应聘信息

收集与分析应聘信息，要遵守以下原则。

1. 合法。要在法律的框架下收集信息。

2. 规定底线。即要在一定的时间内完成收集与分析应聘信息。最后的时间招聘者和应聘者都要知道。

3. 尽可能客观。可以根据工作分析，把一些应聘者的信息进行分类，切忌同时进行选拔工作。

4. 及时通知。一旦收集与分析应聘信息完成后，立即通知应聘，进入选拔阶段，而通知最好是双向通知或双渠道通知，以免一些合适的人才由于没有接到通知而未进入选拔阶段。

第二节 | 招聘的主要形式

企业中的员工的招聘可以有多种形式，其主要形式有三种：内部选拔、收集人际关系网信息和公开招聘。

一、内部选拔

内部选拔是员工招聘的一种特殊形式。严格来说，内部选拔不属于人力资源吸收的范畴，而应该属于人力资源开发的范畴。但它又确实是企业中与员工招聘关系最密切的一部分工作，因此，我们放在这里一起阐述。

内部选拔有以下一些形式：晋升、调用、轮岗、内部公开招聘、选聘和降级使用。其中主要是提升和调用。

（一）晋升

当企业中有些比较重要的岗位需要招聘人员时，让企业内部符合条件的员工从一个较低级的岗位晋升到一个较高级的岗位的过程就是晋升。

晋升的主要优点是：有利于激励员工奋发向上，较易形成企业文化，日本企业运用较多。其主要缺点是：不易吸收优秀人才、选择面较窄、可能使企业缺少活力。

晋升应遵循以下三项原则：（1）唯才是用；（2）晋升有利于调动大部分员工的积极性；（3）晋升有利于提高生产率。

（二）调用

有时，当企业中需要招聘的岗位与员工原来的岗位层次相同，把员工调到同层次岗位上去工作的过程被称为调用。

调用主要优点是：员工对新岗位可能比较熟悉、较易形成企业文化。其主要缺点是：与内部提升的缺点相似，另外可能影响员工的工作积极性。

调用应遵循以下三项原则：（1）尽可能事前征得被调用者的同意；（2）调用后更有利于工作；（3）用人之所长。

（三）内部选拔的评价

在企业中，内部选拔是经常发生的，当一个岗位需要招聘时，管理人员首先想到的是内部选拔是否能解决该问题。由于内部选拔费用低廉、手续简便、人员熟悉，因此，当招聘少数人员时常常采用此方法，而且效果也不错。

但是，当企业内部员工不够，或者没有合适人选时，就应该采取其他的形式进行招聘。

二、收集企业人际关系网信息

每个企业都和不少个人或组织发生许多关系，这些关系总称为企业人际关系网。通过企业人际关系网收集招聘信息，也是企业员工招聘的一个重要形式。

（一）熟人介绍

当一个工作岗位空缺时，可由企业内外的熟人介绍人选，经过测试合格后录用。

1. 熟人介绍的主要优点是：由于熟人的情况较了解，被介绍人的情况也相对较熟悉；一旦聘用，离职率较低，费用较便宜。

2. 熟人介绍的主要缺点是：易形成非正式群体；选用人员的面较狭；易造成任人唯亲的现象。

3. 熟人介绍的运用原则：在运用熟人介绍这种招聘形式时，应遵循以下原则：经过测试后方可聘用；熟人的面要尽可能广泛；被介绍人尽可能不在介绍人领导下工作；请相关专业的熟人介绍；鼓励员工介绍有能力的人应聘。

（二）职业介绍机构

目前，我国的职业介绍机构大多是政府部门中的人事部门或劳动部门负责的。随着市场机制的不断引入，其他类型的职业介绍机构将越来越多。那时，企业在员工招聘时运用职业介绍机构这种形式将越来越普遍。

1. 职业介绍机构的主要优点是：应聘者面广；很难形成裙带关系；时间较短。

2. 职业介绍机构的主要缺点是：需要一定的费用；应聘者的情况不够了解；不一定有需要岗位的合适人选；有些机构鱼龙混杂，应聘人员素质较低。

3. 职业介绍机构的运用原则：在运用职业介绍机构这种招聘形式时，应遵循以下原则，要选择信誉较高的机构；对应聘者尽可能再测试一次；要求机构提供尽可能正确而详细的信息。

（三）职业招聘人员

职业招聘人员即指职业招聘公司，又称"猎头者"。是指一些专门为企业招聘高级人才或特殊人才的人员。这些人员可能隶属于某公司，也可能是自由职业者，主要特点是有针对性地招聘。职业招聘公司又称"猎头公司"，主要负责招聘高层次的人才。

1. 职业招聘人员的主要优点是：针对性强；聘用的人员马上可以上岗并立即发挥重大作用；有时因此而能击败竞争对手；效果立竿见影。

2. 职业招聘人员的主要缺点：费用较高；不利于调动本企业员工的积极性；策划难度较高。

3. 运用职业招聘人员的原则：确定招聘对象的人选要谨慎；要选用高水平的职业招聘人员；在适当时机应向有关人员作出适当的解释；事先尽可能保密，相关措施要跟上。

（四）求职者登记

求职者登记是一种"愿者上钩"式的被动招聘形式，有时也可以招聘到合适的人选。

1. 求职者登记的主要优点是：费用低廉；可以直接进行双向交流。

2. 求职者登记的主要缺点是：随机性较大；时间较长；合适人选不多。

3. 运用求职者登记的原则：有关部门要有一个人兼管这项工作；要有详细的登记表；要尽可能鼓励求职者。

三、公开招聘

公开招聘是指企业向企业内外的人员公开宣布招聘计划，提供一个公平竞争的机会，择优录用合格的人员担任企业内部岗位的过程。这个过程中可分为以下几个步骤：

1. 刊登广告。在公开招聘中，刊登广告是重要而关键的第一步骤，目前越来越多的企业运用网络来发布招聘广告。只有在适当的时机，运用适当的渠道，刊登适当的广告，才能吸引企业所需要的人才来应聘。如果应聘的人素质不高，或人数太少，企业很可能招聘不到合适的人选。

2. 报名。在规定的时间内，要求应聘者到指定地点报名是公开招聘的第二步骤。根据招聘的需要设计相应的报名程序，最简单的报名程序是：领取报名登记表、填写表格，上交表格。有的需交附加材料，为了了解应聘者的某些资格；有的故意使报名程序复杂化，以便了解应聘者的耐心和决心。

3. 发通知。在规定的时间内通知应聘者参加测试，由于公开招聘人数往往较多，因此，要确保每一位应聘者都能收到通知，如果需要应聘者的反馈，更要延长发通知时间。

除了以上招聘形式外，目前较流行的形式还有：校园招聘、网络招聘等，也属于公开招聘，但有其特殊性。

第三节 招聘工具的设计

一、招聘广告的设计

招聘广告是企业员工招聘的重要工具之一,设计的好坏直接影响应聘者的素质。这里主要介绍运用最多的网络发布广告。

(一)网络发布广告的设计原则

(1)准确;(2)吸引人;(3)内容详细;(4)条件清楚;(5)界面友好。

(二)网络发布广告的主要内容

(1)本企业的基本情况;(2)招聘岗位的简单工作分析;(3)招聘人员的基本条件;(4)报名的方式;(5)报名的时间、地点;(6)报名需带的证件、材料;(7)其他注意事项。

(三)网络发布广告范例

下面是一家企业在网络上的一种招聘广告。

上海 xx 管理咨询公司招聘

本公司系民营企业,主要从事企业各项管理咨询业务。因发展需要,向社会公开招聘下列人员:

1. 市场调研部经理 1 名,男,40 岁以下,本科学历以上,具有两年以上相关工作经验者优先。

2. 财务咨询部经理 1 名,男/女,45 岁以下,本科学历以上,具有三年以上从事财务工作或有高级职称者优先。

3. 办公室主任 1 名,男/女,40 岁以下,大专学历以上,具有两年以上行政工作经验者优先。

凡具有本市常住户口的在职职工和待业人员、符合上述条件者均可应聘,请于广告稿出后十天内将本人履历、通讯地址、学历证书复印件及有关证明、一寸近照 2 张,函寄本公司人力资源开发管理部收。一经录用,实行劳动合同制。如未被录用,资料恕不退还。测试时间另行通知,谢绝来电来访。

(四)有关问题探讨

1. 歧视问题。目前广告中的歧视问题还是比较明显的。(1)性别歧视问题,在许多工种中都注明要求应聘者是什么性别,其实绝大部分工种男女均可以胜任。(2)年龄歧视问题,许多广告中都注明几岁以下者可以应聘,这一方面使企业失去一部分有才华的但年龄稍大一点的人才;另一方面,使上了一定年龄的人失去公开竞争的机会。(3)学历歧视,有学历的人不一定能干,没学历的人不一定不能干。另外还有非名牌大学歧视、区域歧视、籍贯歧视等,在设计公司招聘广告时,应该重视这些问题。

2. 报酬问题。目前中国的招聘广告中很少直接提及这个问题,而这个问题恰恰是招聘广告中的一个核心问题,许多人应聘是冲着高工资、高待遇来的,而我们大多数广告却在这个问题上含糊其辞。其后果是：一方面许多优秀人才不知道可能获得多少报酬而不愿意应聘；另一方面，许多应聘者一旦了解了企业的真实报酬后不愿意被录用；同时浪费了企业和应聘者的时间、精力和金钱。至于企业不愿公开其报酬可能有其难言的苦衷，但应该通过合适的途径加以解决。

3. 资料问题。国内大部分报纸招聘广告都注明一条：资料恕不退还。资料本是应聘者的私有物，因为信任应聘企业才寄来的，既然不用则理当退还。如果说，企业需要留底，可以征求应聘者同意后复印留底；如果说，企业没钱支付邮资，似乎更站不住脚。许多有声誉的大企业为了树立企业形象，感谢应聘者的信任和支持，对每一个应聘者都热情款待，或送一点小礼品，怎么会无钱支付邮资呢？再说，这本应该纳入招聘预算之中的；如果企业有关部门人手不够，可以临时聘用一些人员，延长资料退还时间。

二、招聘登记表格的设计

各种登记表格是招聘工作顺利进行下去的重要工具。

（一）设计原则

（1）简明扼要；（2）包括所有想要了解的信息；（3）站在应聘者的立场上考虑某些问题。

（二）报名表

报名表的主要作用是统计报名的人数，了解应聘者的最基本情况（见表4.1）。

报名表主要包括以下一些内容：应聘岗位、报名日期、编号、应聘者姓名、性别、出生年月、最高学历、学位、职称、专业、期望工资、外语水平、兴趣爱好、身高、体重、照片、通讯地址、E-mail、邮政编码、联系电话等。

（三）简历表

简历表有时与报名表可以合为一张表，有时可以单独成为一张表（见表4.2）。简历表主要包括三个方面内容：学历、工作经历和工作成就。

（四）信息反馈表

信息反馈表是为了向应聘者了解对招聘测试形式的意见，以利于今后改进，并可作为本次招聘工作的评定工作的参考意见（见表4.3）。

三、招聘测试图表的设计

在招聘过程中，测试涉及的图表很多，图表设计好坏直接影响招聘效果。这里就有关的测试图表设计作一个简单的介绍，供大家使用时参考。

1. 心理素质测试一览表（见表4.4）。

2. 综合知识考试测试一览表（见表4.5）。

3. 职业能力（人—机对话）测试一览表（见表4.6）。

表 4.1　某公司应聘人员报名表

应聘岗位				
报名日期	年　月　日			照片
姓　名		性别		
出生日期	年　月　日		编号	
最高学历		期望工资		
职　称		专业		
身　高	厘米	体　重	公斤	外语水平
兴趣爱好		健康状况		
E-mail		邮政编码		
通讯地址		联系电话		
备注：				

表 4.2　某公司应聘人员简历表

应聘岗位		姓　名	
主要学历：			
主要工作经历：			
主要工作成就：			
注：如填写不下，请另附纸			

表 4.3　某公司应聘人员信息反馈表

应聘岗位		姓　名	
1. 你认为本次招聘测试中哪种形式最有效？为什么？			
2. 你认为本次招聘中有哪些方面需要改进？			
3. 请你谈谈参加本次招聘测试的主要感受。			

表 4.4　某公司员工招聘心理素质测试成绩一览表

测试日期：　　年　月　日

准考证号	姓名	应聘岗位	智　力				创　造　力				备注
			抽象思维能力	文字掌握能力	分析判断能力	综合能力	快速联想能力	发散思维能力	独特构想能力	综合能力	

表 4.5　某公司员工招聘综合知识测试成绩一览表

测试日期：　　年　月　日

准考证号	姓名	应聘岗位	学科知识										市场营销知识					专业基础知识					总分	备注
			1	2	3	4	5	6	7	8	9	10	1	2	3	4	5	1	2	3	4	5		

表 4.6　某公司员工招聘职业能力（人—机对话）测评结果一览表

测试日期：　　年　月　日

准考证号	姓名	应聘岗位	普通思维力	名次	职业兴趣	职业能力	名次	备注

表 4.7　某公司员工招聘专业技能测评（情景模拟）成绩一览表

测试日期：　　年　月　日

准考证号	姓名	应聘岗位	基础知识（20分）	专业知识（20分）	应变能力（10分）	综合能力（10分）	经历状况（10分）	事业心（10分）	总体印象（20分）	总分（100分）	名次排列	备注

测评单位：　　　　　　　　　　　　　　　　　　　项目负责人 _____

填表日期：　　年　月　日　　　　主考官 _____　　　填表人 _____

4. 岗位技能（情景模拟）测试一览表（见表4.7）。
5. 专业技能（专家面试）测试表（见表4.8）。
6. 候选者各类测评成绩与评价（见表4.9）。
7. 测试优胜者名单（见表4.10）。
8. 各岗位候选者名单（见表4.11）。

表4.8　某公司员工招聘专业技能测评
（专家面试）

测试日期：　　年　月　日

准考证号		姓名		性别		年龄		文化程度	
应聘专业			测评结果				名次排列		
测评阶段	成绩			评　　价					
基础知识（20分）									
专业知识（20分）									
应变能力（10分）									
综合能力（10分）									
经历状况（10分）									
事业心（10分）									
总体印象（20分）									

测评单位：
填表日期：　　年　月　日　　　　　　　　　　　　　　　　　　　主考官 _____

表4.9　某公司员工招聘候选人各类测评
成绩与评价

准考证号		姓　名		应聘岗位	
测评阶段	综合成绩		评　　价		
一　心理测试					
二　综合知识考试					
三　职业能力测试 （人—机对话）					
四　岗位技能测试 （情景模拟）					
五　专业技能测试 （专家面试）					

测评单位：　　　　　　　　　　　　　　　　　　　　　　　　　项目负责人 _____
日期：　　年　月　日　　　　　　　　　　　　　　　　　　　　填　表　人 _____

表 4.10　公司员工招聘第（　）轮测试优胜者名单

准考证号	姓　名	应聘岗位

测评单位：
项目负责人 _____

表 4.11　某公司员工招聘各岗位候选者名单

准考证号	姓　名	应聘岗位	名次排列

日期：　　年　　月　　日
填表人 _____

第四节 招聘中的评估

在广义的招聘过程中，应该有一个评估阶段；而在狭义的招聘过程中，评估属于选拔阶段的工作。

一、招聘成本评估

1. 什么是招聘成本评估？招聘成本评估是指对招聘中的费用进行调查、核实，并对照预算进行评价的过程。

招聘成本评估是鉴定招聘效率的一个重要指标，如果成本低，录用人员质量高，就意味着招聘效率高；反之，则意味着招聘效率低。

另外，成本低，录用人数多，就意味着招聘成本低；反之，则意味着招聘成本高。

$$招聘单价 = \frac{总经费（元）}{录用人数（人）}$$

当企业进行小型招聘时，成本评估工作很简单，如果是一次大型招聘活动，一定要认真做好成本评估工作。

2. 招聘预算。每年的招聘预算应该是全年人力资源开发与管理的总预算的一部分。

招聘预算中主要包括：招聘广告预算、招聘测试预算、体格检查预算和其他预算，其中招聘广告预算占据相当大的比例，一般来说按 4∶3∶2∶1 比例分配预算较为合理。例如：一家企业招聘预算是 5 万元，那么，招聘广告预算是 2 万元；招聘测试预算是 1.5 万元；体格检查等预算是 1 万元；其他预算是 0.5 万元。

当然，每个企业可以根据自己的实际情况来决定招聘预算。

3. 招聘核算。招聘核算是指对招聘的经费使用情况进行度量、审计、计算、记录等的总称。

通过核算可以了解招聘中经费的精确使用情况，是否符合预算以及主要差异出现在哪个环节上。

二、录用人员评估

（一）录用人员评估

录用人员评估是指根据招聘计划对录用人员的质量和数量进行评价的过程。

在大型招聘活动中，录用人员评估显得十分重要。如果录用人员不合格，那么招聘过程中所花的时间、精力、金钱都浪费了；只有全部招聘到合格的人员才能说全面完成了招聘任务。

（二）录用人员的量和质

录用人员的数量可用以下几个数据来表示。

1. 录用比。

公式：

$$录用比 = \frac{录用人数}{应聘人数} \times 100\%$$

2. 招聘完成比。

公式：

$$招聘完成比 = \frac{录用人数}{计划招聘人数} \times 100\%$$

3. 应聘比。

公式：

$$招聘比 = \frac{应聘人数}{计划招聘人数}$$

4. 各种数据的评析。录用比越小，相对来说，录用者的素质越高；反之，则可能录用者的素质较低。

如果招聘完成比等于或大于100%，则说明在数量上全面或超额完成招聘计划。

如果应聘比越大，说明发布招聘信息的效果越好，同时说明录用人员可能素质较高。

5. 录用人员质量的评估。除了运用录用比和应聘比这两个数据来反映录用人员的质量，另外也可以根据招聘的要求或工作分析中的要求对录用人员进行等级排列来确定其质量。

三、撰写招聘小结

（一）撰写招聘小结的原则

撰写招聘小结应遵循以下三个原则：

（1）真实地反映招聘的全过程；（2）由招聘主要负责人撰写；（3）明确指出成功之处和失败（或不足）之处。

（二）招聘小结的主要内容

招聘小结的主要内容有以下五个方面：

（1）招聘计划；（2）招聘进程；（3）招聘结果；（4）招聘经费；（5）招聘评定。

（三）招聘小结范例

案例

××公司春季招聘小结

（一）招聘计划

根据 2018 年 1 月 3 日第二次董事会决议，向社会公开招聘负责国际贸易的副总经理 1 名，生产部经理 1 名，销售部经理 1 名。

本次招聘由人力资源部张一觉经理在分管副总经理周伟的直接领导下具体负责。招聘测试工作全权委托复旦大学企业人力资源管理咨询公司实施。

（二）招聘进程

2 月 1 日，公司网站上刊登招聘广告。

2 月 15—20 日报名登记。

2 月 20—28 日，初步筛选，去掉一些明显不符合要求的应聘者。

3 月 1—31 日，招聘测试。

4 月 1—10 日，最终人事决策。

4 月 15 日，新员工上岗。

（三）招聘结果

1. 副总经理应聘者 38 人，参加招聘测试 25 人，送企业候选人 3 名，录用 0 人。

2. 生产部经理应聘者 19 人，参加招聘测试 14 人，送企业候选人 3 名，录用 1 人。

3. 销售部经理应聘者 35 人，参加招聘测试 29 人，送企业候选人 3 名，录用 1 人。

（四）招聘经费

1. 招聘预算共 30 万元。

2. 招聘销售费 10 万元。

3. 招聘测试费 15 万元。

4. 体格检查费 1 万元。

5. 应聘者纪念品费 1 万元。

6. 接待费 1 万元。

7. 杂费 2 万元。

8. 合计支出 30 万元。

（五）招聘评定

1. 主要成绩。这次由于委托专业机构进行科学测试，录用的两位经理素质十分令人满意。同时测试结果指出了副总经理应聘者中无合适人选，最后没有录用。

另外由于公平竞争，许多落选者都声称受到了一次锻炼，对树立良好的企业形象起到了促进作用。

2. 主要不足之处。由于招聘广告的设计还有些问题，所以没有吸引足够多的高层次应聘者来竞争副总经理岗位，致使副总经理最终没有合适人选录用。

人力资源开发管理部经理　　签名
年　　月　　日

本章小结

人力资源吸收是人力资源开发与管理的重要一环。从广义上讲，员工招聘是指企业为了发展的需要，为了安置空缺的岗位，向企业内外吸收、挑选、安置人力资源的全过程。从狭义上讲，员工招聘是指企业为了发展的需要，为了安置空缺的岗位，向企业内外发布有效信息，集合应聘者的全过程。不包括选拔与安置过程。

员工招聘的有效实施，不仅对人力资源管理本身，而且对整个企业也具有非常重要的意义，这主要表现在：

1. 员工招聘决定了企业能否吸纳到合适的人才。企业需要人力资源的输入，而招聘工作是人才输入的起点，招聘工作的质量直接决定着人才的质量。

2. 员工招聘影响着人员的流动。招聘过程中信息传递的真实与否，会影响应聘者进入企业以后的流动，如果向外部传递的信息不真实，以致展现企业好的一面，隐瞒差的一面，员工进入企业后就会产生较大的失落感，这会降低他们的工作满意度，从而导致人员较高的流动率；相反，如果传递的信息比较真实客观，就会有助于降低人员的流动率。

3. 员工招聘影响着人力资源管理的费用。作为人力资源管理的一项基本职能，招聘活动的成本构成了人力资源管理成本的重要内容。有效的招聘能够降低其成本，从而降低人力资源管理的成本。

4. 员工招聘是企业进行对外宣传的有效途径，尤其是外部招聘，本身就是企业向外部宣传自身的一个过程。

在企业竞争日益激烈的今天，企业拥有的人才直接影响企业的竞争力，能否招聘到优秀的人才已成为关乎企业生存和发展的重要因素，因此，企业应该更加关注员工招聘的效率和质量。

关键术语

内部选拔　　公开招聘　　招聘单价　　招聘预算　　招聘核算　　录用比　　招聘完成比　　应聘比

复习思考题

1. 招聘决策的原则有哪些？招聘决策的内容有哪些？
2. 请简述一下招聘的主要形式，什么情况下运用某种招聘形式较好？
3. 请您设计一份网络广告与人才库入库登记表。
4. 在招聘中如何进行评估？并指出各种评估的作用。

本章案例集

第 5 章

招聘中的测试

本章要点

1. 心理测试的类型、意义和优缺点。
2. 信度和效度。
3. 知识考试的意义和优缺点。
4. 情景模拟和系统仿真的定义、内容、操作和优缺点。
5. 面试的设计程序和优缺点。

本章学习资料

> 引 例

美国电话电报公司的人员测评与选拔

著名的跨国企业美国电话电报公司在全世界率先创立了人员测评与选拔中心，并于1956年采用素质测评技术对几百名初级管理人员进行了评价，然后将其评价结果封存起来。8年后，该公司

> 将当时的报告拆封，与这 8 年里受测人员的实际升迁情况进行核对。结果证明，在被提升到中级管理岗位的人员中，80% 的评选鉴定是正确的，在未被提升人员中，有 90% 在 8 年前就预料到了。
>
> （资料来源：《人员测评与选拔》，萧鸣政主编，复旦大学出版社 2005 年版，第 25 页。文中部分内容有精简。）

在招聘中我们可以用测试的手段，对应聘人员进行全面的考核，以了解应聘者掌握的知识和技能和实际能力，以及真正的潜力。这样企业可以通过测试招聘到符合要求的员工。

第一节 心理测试

心理测试是招聘测试中的一个重要方面，许多企业在招聘中，往往运用心理测试这一手段。

一、什么是心理测试

（一）定义

所谓心理测试，是指通过一系列的心理学方法来测量被试者的智力水平和个性方面差异的一种科学方法。

心理测试是心理学研究的一种方法，现在在许多领域中都得以广泛应用，在企业招聘中应用尤其广泛。因为心理测试是一种科学的测试手段，所以它有一些基本的原则必须遵循。

1. 要对个人隐私加以保护。因为心理测试涉及个人的智力、能力等方面的个人隐私，这些内容严格来说应该只有被试者以及他愿意让人知道的人才能了解，所以，有关测试内容应该严加保密。

2. 心理测试以前，要先做好预备工作。心理测试选择的内容、测试的实施和计分，以及测试结果的解释都有严格顺序。一般来说，主试及测试者要接受过严格的心理测试方面的训练。

3. 主试要事先做好充分的准备，包括要统一地讲出测试指导语；要准备好测试材料；要能够熟练地掌握测试的具体实施手段；要尽可能使每一次测试的条件相同，这样测试结果才可能比较准确。

（二）心理测试的意义

心理测试可以了解一个人的潜力及其心理活动规律。在企业界，心理测试主要用于招聘、人事安排和职业发展咨询方面。当前市场的竞争，归根结底是人才的竞争，而人才的竞争很重要的一点，就是使每个人都尽可能发挥他的潜在能力，而心理测试正是可以了解潜在能力的一种科学方法。因此，心理测试在招聘中运用，可以了解一个人是否符合该企业某一岗位的需要。所谓的人事安排，就是让合适的人担任合适的工作。而心理测试正可以了解一个人的实际能力，这样，决策者可以把适当的人安排在适当的岗位上。

（三）历史的回顾

心理测验史严格来说是一部很悠久的历史。自从人类产生以后，人就想了解自己的心理活动，古代中国许多思想家对心理测试都做了一些探索。但是，科学的心理测试方法，还是在 20 世纪初开始形成的。首先要提到实验心理学家威廉·冯特，他在 1879 年在德国莱比锡建立了世界上第一个心理学实验室，这标志着心理学作为一门独立的学科诞生了。英国心理学家高尔根对人类遗传学深感兴趣，他进而研究了许多双生子的心理测验。美国心理学家卡特创造了"心理测验"这个词，他是第一位展开心理测试活动的心理学家。1904 年，比纳和西蒙编制了第一个儿童智力量表，接着美国斯坦福大学的心理学家克曼教授提出了智力商数，简称智商（IQ）。当时的 IQ 计算的公式是：

$$IQ = \frac{心理年龄}{实际年龄} \times 100\%$$

第二次世界大战期间，心理测量在美国军队中广泛运用，并得到了迅速发展。IQ 的计算方法也主要以常模为主。第二次世界大战以后，许多企业家看到了心理测量表在招聘人员中的积极作用，因此在企业界也广泛运用。二战以后，心理能力测量也得到了普遍发展。美国的维克斯勒和英国的埃森克都对心理测试做出了重要贡献。我国的心理测试主要在 1978 年以后开始广泛运用。在企业招聘中进行心理测试，主要开始于 1980 年代的中后期。随着社会主义市场经济的不断发展，心理测验在企业招聘、人员选拔以及员工职业计划与管理中的运用将越来越广泛。

二、心理测试的主要类型

心理测试有许多类型，它可以从内容和形式上加以划分。

（一）从内容划分

心理测试从内容划分主要有智力测验、个性测验和特殊能力测验三种。

1. 智力测验。智力测验就是对智力的科学测试。但是，什么是智力？现代心理学界有不同的看法。我们认为，所谓智力，就是指人类学习和适应环境的能力。智力包括观察能力、记忆能力、想象能力、思维能力等。智力的高低可能会影响到一个人在社会上是否成功。

智力的高低以智商 IQ 来表示，正常人的 IQ 在 90—109 之间，中间值为 100；110—119 是中上水平；120—139 是优秀水平；140 以上是非常优秀水平（俗称：天才）；而 80—89 是中下水平；60—79 是临界水平；59 以下是智力缺陷。

一般来说，智商比较高的人，学习能力比较强，但这两者之间不一定完全正相关。因为智商还包括社会适应能力，有些人学习能力强，他的社会适应能力并不强。在企业招聘中运用智力测验，可以了解一个人的基本水平，但并不是说智力高的人都适合所有的工作。在实际操作工人中，智商太高并不一定有利于工作。

在一个团体中，所有的人智商都很高，往往容易产生矛盾。管理人员如果智商太高，例如超过 140，有的时候并不适合于担任管理工作，主要原因是与员工沟通容易产生障碍。因此，我们在员工招聘中运用智力测验，可以使 IQ 较高的人担任比较重要、难度比较高的技术工种，而 IQ 较低的员工可以担任一般的操作工作。当然，与此同时我们还要考虑他的个性特点。

2. 个性测验。个性，是指一个人比较稳定的心理活动特点的总和。个性可以包括性格、兴趣、爱好、气质、价值观等。如果说智力可以有高低之分，而个性在许多方面是没有优劣之分的。但是，个性和智力一样，也是企业员工招聘中的一个重要测试方面。由于个性在工作中发挥的作用很大，且个性由多方面内容组成，因此，我们不能希望仅通过一次测试或者一种测试，就把一个人的所有个性都了解清楚，我们往往采取运用一种测试手段来了解一个人个性的一个方面。比如说，需要、动机、兴趣、爱好、情感、性格、气质、人际关系、价值观等，我们可以分别进行测试了解，以准确、全面地了解一个人的整体个性。在招聘中，我们通过个性测验了解一个人个性的某一方面，再结合其他指标，来综合考虑他适合担任哪些工作。

3. 特殊能力测试。特殊能力测试在一般员工招聘中并不常用。所谓的特殊能力，就是指某些人具有他人所不具备的能力。例如，有些人的听觉特别敏锐，有些人的视觉特别敏锐，有些人的嗅觉特别敏锐，而有些人的味觉特别敏锐。再比如说，有些人特别擅长于操作某些很精巧的动作，而有些人的力气特别大，有些人对数学计算特别内行，等等。这就是一些特殊能力。有时由于工种的需要，在企业招聘中需要测试一些特殊能力。特殊能力的测试，有时需要一些心理测试仪器的配合运用，才能了解得比较准确。

（二）从形式划分

根据形式的不同，也可以把心理测试划分为各种类型，主要有纸笔测试、投射测试、实验测试和仪器测试四种方法。

1. 纸笔测试。纸笔测试简称笔试，就是要求被试者根据项目的内容把答案写在纸上，以便了解被试者心理活动的一种方法。笔试形式主要有七种：多种选择题、是非题、匹配题、填空题、简答题、回答题、小论文,每一种笔试形式都有它的优缺点。纸笔测试在员工招聘中有相当大的作用,尤其是在大规模的员工招聘中,它可以一下子把员工的基本活动了解清楚,然后可以划分出一个基本符合需要的界限。

2. 投射法。所谓投射法就是让被试者通过一定的媒介,建立起自己的想象世界,在无拘束的情景中,显露出其个性特征的一种测试方法。测试中的媒介,可以是一些没有规则的线条;也可以是一些没有一定意义的图片;也可以是一些只有头没有尾的句子;也可以是一个故事的开头,让被试者来编故事的结尾。最著名的投射法是罗夏墨迹测试和主题理解测试,简称 TAT。投射法的最大优点是主试的意图目的藏而不露,这样创造了一个比较客观的外界条件,使测试的结果比较真实。但是,它的缺点是分析比较困难,需要有经过专门培训的主试。因此,在员工招聘中运用投射测试一般比较少,只有在招聘高层次的管理人员中才考虑运用。

3. 心理实验法。心理实验法就是指有目的严格控制,或者创造一定条件来引起个体某种心理活动的产生,以进行测量的一种科学方法。实验法可以分为两种:一种实验室实验法,另一种叫情景实验法。实验法的基本原则是,在其他若干变量被妥善控制的情景下,主试有系统地操纵某一变量 A,使其他变量有所改变,然后观察变量 A 的改变对另一变量 B 的影响。这里变量 A 通常称为实验变量,而其他被控制的变量称为控制变量,B 称为因变量。在实验法中还有种变量叫机体变量,就是指个体机体本身对反应有影响的特征。例如,被试者的年龄、性别、身心健康、动机、目的、性格等。机体变量如果不是我们所要了解的,在实验中应该严格控制,否则会对实验结果产生影响。用实验法来测量个体的心理活动,通常应该只有一个实验变量,也就是说针对某种心理状态。如果同时采用两个或两个以上的实验变量时,那么在研究每一个实验变量对反应变量及因变量的影响外,要考虑许多实验变量对反应变量所产生的互相影响。

4. 仪器测量法。仪器测量法就是指通过科学的仪器对被试者进行测试,以了解被试者心理活动的一种科学方法。随着科学技术的发展,测量心理活动的仪器越来越多,例如,脑电波仪、皮肤测量仪、动作稳定仪、测谎仪等,都是心理测量的仪器。目前,用得比较多的是计算机,计算机由于它的特殊功能,它可以和其他各种测验结合起来运用,使测验更加科学、更加准确、迅速。现在一些大中型企业和中外合资企业,许多企业家考虑到计算机在员工招聘中的作用,开始广泛运用计算机对心理活动进行测量。现在许多科研单位也研制出了不同的、适合于我国国情的心理测试的软件,以供计算机应用。

(三)各种心理测试的优缺点

1. 纸笔法。纸笔法的优点主要是适用面广,费用较少,可以大规模地运用。

但是它的分析结果需要较多的人力，有时，被试者会投其所好，尤其是在个性测试中显得更加明显。

2. 投射法。投射法的优点主要是真实性强，比较客观，心理活动了解得比较深入，但是投射法分析比较困难，需要有经过专门训练的专家，不可能大规模运用。

3. 实验法。实验法的优点是比较客观，目的针对性强，想了解什么心理活动就可以针对进行设计，但是它设计困难，费用相对比较高。

4. 仪器法。这里主要指的是计算机测试法。它的优点是适用面广，可以较大规模运用，分析的结果准确而快速。但是它必须有计算机和相应的测评软件。

综上所述，在企业员工招聘中，如果大规模招聘，用纸笔法比较好，如果对高层次管理人员进行测评，可以考虑用投射法或实验法。那么在各种招聘中都可以运用计算机测评法，这样结合起来运用，可以使企业员工的招聘工作更有效、更精确。

三、心理测试工具中的技术指标

一种好的心理测试工具，应该是而且必须是可信的、有效的以及可以比较的，这就涉及心理测试工具中的一系列技术指标。

（一）信度

又叫稳定性或可靠性，指一个人在同一心理测量中，几次测量结果的一致性，也就是指两次测量结果的相关系数。例如，某一员工在某种心理测验中，第一次得分是 69 分，间隔了一段时间后，又进行了第二次同样的心理测试时，得了 68 分，这证明这种心理测试的信度很高。心理测试的信度最高可以达到 1。当然要求心理测试的信度达到 1，这是一种理想的状态，在实际中是办不到的。一般的智力测验的信度系数在 0.9 以上，就可以认为该测验信度相当好。至于个性测验的信度系数通常在 0.8 以上就认为该心理测试信度相当高。

1. 信度的种类。信度可以分为以下几类：

（1）再次信度。这种信度是检验时间间隔对测试分数的影响，也就是说同一个测验对同一个被试者进行前后两次测试，求其两次测试结果之间的相关，所得的相关系数就是再次信度。这个时间间隔，一般在两个月以上，这样比较准确。

（2）副本信度，又叫等值信度。就是指一种心理测试的结果与另外副本的心理测试结果进行相关性分析而得出的信度。该信度的缺点在于，副本有的时候比较难找到。

（3）分半信度。就是说题目分成对等的两半，根据两半测验所得的分数，计算其相关系数，评为信度指标，其意义与等值信度一样解释。所不同的是，一个心理测验里边包括两个独立的副本，这样，一次测验以后就可以找到测试信度。

2. 影响信度的因素。信度的准确与否与误差，特别是随机误差的关系十分密切，这种误差是各种各样的。比如，被试者的身心健康，参加测试的动机、态度、主试的专业水平，空气的温度，测试场地的环境，指导语的差异，题意的明确与否，项目的多少，等等，都会影响到测试的信度。因此，为了使心理测试获得有意义的信度，必须严格控制可能影响测试结果的各种主观变量。

（二）效度

效度就是指一个测验在测量中要测的行为特征所具有的准确度，也就是说这个测验的测量结果与想要测量的内容的相关系数。例如，我们要测量被试者的管理能力，但是我们测量的内容却是要他去操作一台车床，那么我们可以说，用这项测试来测试被试者的管理能力，效度是不高的。效度是科学测量工具的最重要的必备条件，一个心理测试如果没有效度，那么无论它具有其他任何条件都是无意义的。因此在选用心理测量时，首先要考虑其效度，效度最高是 1，这是理想状态，在实际的测量中效度是达不到 1 的。一般认为 0.6 以上效度的测试工具就是合格的。当然，我们在实践中还是应该选用效度比较高的心理测量工具。

信度和效度有关系。信度不高的量表，效度肯定不会高，但是信度高的量表并不等于效度也一定高。比如说，用一把皮尺去测量一个人的头的周长，虽然多次测量的结果都是相同的，也就是说有很高的信度，但是如果用这种方法来了解一个人的智力的高低，它的效度却是很低的。

1. 效度的种类。根据问题的不同侧重，可以把效度主要分为两大类，即内容效度和效标关联效度。

（1）内容效度。内容效度主要就是指测量所选的项目是否符合有关的内容。例如，要测试某一个被试者的销售能力，那么测试的项目就必须与销售的知识、销售的能力有关，如果测试的项目是和销售完全无关的化学方面的知识，我们说该测试的效度不高。要确定一个测试方法的内容效度是高还是低，最常用的方法就是请有关专家对测量的有关项目进行全面的考核，看其是否代表所要测试的内容，这样来确定它的内容效度。

（2）效标关联效度。心理测量的运用，往往是为了预测将来的行为。如果在招聘中，某一个被试者在通过某一项心理测试时显示他的管理才能很高，但是在以后实践中发现他的管理能力并不高，这样就可说该心理测试的效度不高。效标关联效度的确定是由心理测量的结果与有关人员对被试的有关心理活动进行评价的相关系数来决定的。

2. 影响效度的因素。影响效度的因素很多，但主要有两个因素。

（1）测试的长度。如果测试的项目比较多，得到的分数比较大，相关系数可能增加。

（2）被试者的选择。如果被试者的选择在该团体中不是很典型的，那么该测试所得出的效度也可能不准确。

3. 常模。常模就是指心理测量中的比较标准。也就是说在心理测量中常用的标准化样本的分数。如果没有常模，心理测量的结果就会变得毫无意义。

比如说，在一次心理测量中，某一个管理人员所得的管理能力的分数是80分，我们不知道这个80分是代表该被试者水平高还是低。因为他没有和其他的人员进行比较。如果该组人员平均水平是90分，那么该被试者的结果是属于比较低的；如果该组被试者平均成绩是70分，那么该被试者的成绩是高于平均数的。因此在心理测量中一定要有常模，才能够决定心理测量的结果的意义。心理测量中最常用的常模是年龄常模，即根据某一个年龄组被试者所得出的平均数。

四、心理测试的评定

所谓科学测试，就是按某种规则对事物指定一个数字，以表示该事物某些特征的数量，这些规则就是测量。心理活动是不能直接观测的，只能通过对行为的观察，根据人们对测试项目的反应，来推断他们的心理活动。因此，我们的目的虽然是准确地科学地了解、把握心理活动，但一般的心理测试实际上测量的却是反应行为，因此，心理测试会产生种种问题和困惑。但是心理测量在员工招聘中的优势是不容忽视的。

（一）心理测量的优点

心理测量在员工招聘中有许多优点，主要有以下四点。

1. 迅速。心理测量可以在较短的时间内迅速了解一个人的心理素质、潜在能力和他的各种指标。这可为招聘工作带来许多方便。

2. 比较科学。世界上目前还没有一种完全科学的方法，可以在短期内全面了解一个人的心理素质和潜在能力。心理测试能比较科学地了解一个人的基本素质。这种优势已经被国内外许多企业的招聘工作所证实。

3. 比较公平。员工招聘中往往会出现不公平竞争的倾向，但心理测试在一定程度上可以避免这种不公平性。因为通过心理测试，心理素质比较高的员工可以脱颖而出，而心理素质较低的应聘者，落选也感到心平气和，因为他们知道自己心理测试的成绩比较低。

4. 有可比性。员工智商高低通过智力测试以后，他们的测试结果可以比较，因为用同一种心理测量的方法得出的结果有可比性，而其他的方法往往在不同的场合、不同的地点，没有可比性。

（二）心理测量的缺点

心理测量也有以下几个缺点：

1. 可能被滥用。心理测量虽然是一种科学的测量手段，但是也可能被滥用。例如，有些人在员工招聘中滥用不合格的量表，反复使用某一种量表，这样得出的结论就不能令人满意。

2. 可能被曲解。心理测量的结果如何解释，是一项严肃的工作。如果不能够准确地解释心理测量的结果，反而对心理测量有很大的危害性。因为有的时候，你测量了某一结果，你曲解以后，对某人的心理活动和以后的行为都可能产生不良结果。比如，有些人认为智商高就一定能成功，那么看到智商低的人，他就会产生一种鄙视感。其他人也会对智商低者的能力产生一种消极的影响，这样曲解了心理测量的结果，就会产生一些不良的后果。

（三）运用心理测试时的对策

我们要充分发挥心理测试在员工招聘中的作用，尽量克服和防止可能产生的不良影响，我们应采取以下措施：

1. 标准化。我们在员工招聘中进行心理测试，一定要尽量运用标准化的量表、标准化的指导语、标准化的环境、标准化的程序，这样才能够得出一个比较准确的测试结果。

2. 严格化。我们在进行心理测试时，应该由经过专门训练的心理学专家指导。另外，测试量表应尽量保密，不要让无关的人员接触到量表，尤其是量表的标准答案。再有，我们在进行心理测试时，评价一定要谨慎，这样才能够全面地、合乎逻辑地、科学地来评价一个人的心理素质及其潜在能力。

第二节　知识考试

在企业员工招聘中，知识考试历来被广泛地应用。

一、什么是知识考试

（一）定义

知识考试简称考试，主要指通过纸笔测验的形式对被试者的知识广度、知识深度和知识结构了解的一种方法。根据招聘的需要，有的时候对被试者的知识广度作全面的了解，有的时候可能对知识的深度作深入的了解，但有的时候又可能对被试者的知识结构作必要的了解，以全面了解被试者掌握知识的水平。

（二）知识考试的意义

1. 许多岗位需要特定的知识。我们知道在企业中许多岗位都需要有必要的知识，缺乏某种必要的知识，上岗的员工会发生困难。企业如果招聘了缺乏某种知识的员工，就可能增加额外培训费用。

2. 一般来说，知识面广的人掌握知识比较快。在科学技术不断发展的今天，企业中各种岗位的职工都需要掌握新的知识、新的技能，来适应新形势的需要，来适应市场的需要，这就迫使每一个员工都需要学习较多的科学知识。

3. 考试可以比较迅速地筛选掉一些不合格的应聘者。有些应聘者对必要的知识一无所知，这些应聘者对企业来说是不合格的，勉强聘用可能是对人力资源的浪费。因此，通过知识考试可以把一部分明显不合格的应聘者筛选掉。

（三）知识考试的种类

知识考试种类许许多多，但归纳起来，主要有以下三种：

1. 百科知识考试，又称广度考试或者综合考试。考试内容很广泛，可以包括天文地理、自然常识、社会常识、数理化、外语、体育、文艺等。百科知识考试的目的主要是了解被试者对基本知识的了解程度，以及他掌握知识的水平。

2. 专业知识考试，又称深度考试。主要考试内容是指和应聘岗位有直接关系的专业知识。例如，招聘化学工程师，专业知识考试内容可以包括普通化学、有机化学、无机化学、分析化学、物理化学等，以了解该应聘者化学知识掌握的程度、掌握的深度以及掌握的水平等。

3. 相关知识考试，又称结构考试。主要是了解应聘者对应聘岗位有关知识的考试。例如，应聘公关人员，相关知识考试内容可以有社会学知识、心理学知识、人文知识、历史知识、管理知识、人际关系技巧，以及公关学等各方面的知识。

二、知识考试的操作

（一）试卷的设计

试卷的设计直接影响到知识考试的质量，因此每一个主试一定要对知识考试的试卷设计予以充分重视。在设计试卷时，我们要注意以下一些原则：

1. 自始至终符合目标。知识考试的目标是什么，在设计试卷时要从头到尾贯彻执行，也就是说每一张试卷从头到尾都要符合目标，不要远离目标，这样才能得到应有的效果。

2. 各种知识考试类型可以结合起来运用。比如，在一张试卷上既可以有百科知识的内容，又可以有专业知识的内容，也可以有相关知识的内容。这样可以节省时间，在较短时间内全面了解一个应试者各方面的水平。

3. 充分重视知识的实际运用能力。企业员工招聘中的知识考试，和学校中的知识考试有所不同，因此知识考试中，不要过分强调背诵记忆，而主要考虑知识的运用能力。因此设计试卷时，要尽量多用案例以及讨论等方式。

（二）考场的安排

（1）事先要确定好适合考试的教室；（2）在每一张桌子上贴上准考证号码；（3）每位应聘者一张桌子，或者间隔一个人以上空位；（4）在考场中禁止吸烟。

（三）监考教师

1. 每个考场应该有两到四个监考教师，根据教室的大小、应聘人员的多少，至少应配备两名以上的教师进行监考。

2. 监考教师应当有相当的监考经验，遇到特殊情况，能够进行适当的处理。

3. 教师应该严格地执行考场纪律，如果有违反纪律者，应该严肃处理，这样才能够使知识考试顺利进行，并体现公平原则。

（四）阅卷的要求

（1）要有标准答案；（2）要防止先松后紧或者先紧后松的现象；（3）先试阅几张卷子，对应试者的水平有个初步的了解；（4）如果有数位教师阅卷，可以由每位教师只阅其中的一题或几题，这样掌握标准比较准确。

三、知识考试的评价

虽然在企业员工招聘中经常运用知识考试，但是知识考试并不是只有长处而毫无短处的首选测评手段。它有优点，也有缺点，因此我们要对知识考试正确地认识。

（一）知识考试的优点

1. 公平。知识考试对应聘者来说，相对是比较公平的一种测试手段。每个应聘者通过知识考试，可以了解自己掌握知识的多少，知识较多的录选，知识较少的筛选掉，使被试者感觉到比较公平。

2. 费用较低。和其他各种测试手段相比，知识考试的费用是比较低廉的。测试单位往往请一些人编制一些试卷，组织一些人员，再找几间教室，就可以对应聘者进行测试。

3. 迅速。知识考试，出题、阅卷都比较迅速。

4. 简便。知识考试一般不需要特殊的仪器、特殊的专业人才，因此测试的时候比较简便，任何一个企业需要招聘员工时，都可以运用知识考试。

（二）知识考试的缺点

1. 试题可能不科学。知识考试的试题有可能出的是怪题、难题，对应聘者来说是毫无意义的题目，这样虽然有些人考得比较好，但是并不说明他掌握了必要的知识，而有些人考得比较差，也并不代表他的水平比较低。

2. 过分强调记忆能力。有些试题往往是靠记忆、背诵来获取的，这样招聘的员工有可能是记忆能力比较强，而其他能力，比如思维能力、动手能力比较差等。

3. 阅卷不统一。有的时候因为没有标准的答案，或者是阅卷的人员素质比较低，所以阅卷时可能出现偏差，这样测试的结果也就不准确了。

4. 没有可比性。因为知识考试试卷都是针对某一项招聘内容而设计的，所以两次考试的结果是不可比较的。

（三）应用知识考试的对策

由于知识考试有其长处，也有其短处，因此我们在员工招聘中运用知识考试，要有适当的对策。

1. 有条件的企业应该建立自己的题库。所谓的题库，也就是有关的、大量的知识的积累，这样在每一次考试时，抽出有关试题进行组合，这样的测试就比较科学。但入库的题目一定要经过科学的测定，否则这个题库作用也不大。

2. 尽量请有关的专家出题。在请有关的专家出题时，一定要向他们详细地讲述这次招聘的目的，使专家们了解测试的目的，然后根据要求进行出题，这样出的题相对来说比较科学一点。

3. 一定要严格执行考试操作中的各项原则，尽量防止各种不科学、不公平、不严格的现象出现，这样可以使知识考试在员工招聘中发挥较大的作用。

第三节 情景模拟和系统仿真

有许多人把情景模拟和评价中心等同起来，其实这两者的概念是不一样的。评价中心的特点是多种评价方法、多名评价人员和情景模拟结合起来，运用观察、判断、预测管理行为的一系列特殊的程序。但是情景模拟是评价中心的主要内容，在员工招聘中，情景模拟可以发挥很大的作用。

一、什么是情景模拟

（一）定义

所谓情景模拟，就是指根据被试者可能担任的职务，编制一套与该职务实际情况相似的测试项目，将被试者安排在模拟的、逼真的工作环境中，要求被试者处理可能出现的各种问题，用多种方法来测评其心理素质、潜在能力的一系列方法。

情景模拟假设解决方法往往有一种以上的方法，而且测评主要是针对被试者明显的行为以及实际的操作，另外还包括两个以上的人之间相互影响的作用。由于情景模拟设计复杂，准备工作时间长，费用比较高，正确度比较高，因此，在员工招聘中往往在招聘高级管理人员或特殊人才时运用情景模拟。

(二) 系统仿真

系统仿真称为商业游戏,或者称为商业竞争法、仿真游戏法。这是在纸上或在计算机上进行经营管理的操作,被试者可以及时得到反馈信息,以便了解自己的经营效果,最后以企业的经济效益来反映被试者的心理素质和潜在能力的一种方法。一般来说,系统仿真是情景模拟的一种主要形式,仿真系统往往把情景模拟的许多可以数量化的内容搬到计算机上来操作。

系统仿真可以只有一个被试者进行,也可以多个被试者同时进行,当有多个被试者同时进行时,市场竞争将会显得特别激烈,这样反映被试者心理素质和潜在能力的准确性也就越高。但是多个被试者同时测试的计算机软件编制比较复杂。系统仿真可以仿真各种企业,例如,可以仿真一个工厂,从计划开始,采购原料、贷款、奖惩职工、加工生产、市场营销。也可以仿真一家商场从进货开始,一直到售出为止。系统仿真规定的经营管理时间可长可短,一般为三到五年,被试者的身份一般是总经理或厂长。通过系统仿真可以在较短的时间内了解被试者在三到五年中的实际管理业绩。为了充分发挥系统仿真的长处,克服其短处,我们在组织系统仿真时要注意以下几点:

1. 精心编制好反馈系统,否则系统仿真的效果就不理想。
2. 应该尽可能计算机化,否则时间太长,工作量太大。
3. 事先向被试者提供有关的背景材料,否则被试者无从入手。
4. 要规定操作时间,根据难度可以安排在 1—3 小时之内完成。
5. 详细编制指导语,使每个被试者都知道系统仿真的基本规则和怎样操作计算机。

系统仿真最困难的一点就是编制计算机软件,一般企业在员工招聘中运用系统仿真,不需要自己编制软件,可以去市场上购买现成的软件。

(三) 情景模拟的主要意义

企业在员工招聘中运用情景模拟,有许多现实意义。

1. 可以为企业选到最佳人选。由于情景模拟只由一种方法组成,而是由多种测评方法组成,因此可以全面地、多角度地观察、分析、判断、评价一个应聘者,这样企业就可能选到最佳人选。

2. 为企业节省了培训费用。情景模拟是模拟了即将上任的工作岗位的实际环境,而且考察了应聘者的实际工作能力和潜在能力,这样选拔的人员,一般可以直接上岗,不需要再经过培训,这样大量的培训费用就节省了。

3. 使被试者得到一次实际的锻炼。有时应聘者是本企业的员工,在这种情况下,企业为被试者组织一次情景模拟,客观上就起到了一次有效的培训作用,使被试者在情景模拟的测试中得到一次锻炼,使他们的实际能力有所提高。

4. 使企业获得更大的经济效益。由于以上三点原因，企业如果通过情景模拟来招聘员工，从招聘前期准备来说，可能投入的费用比较高，但是，从实际效果来说，因为他选择的人员符合本企业的需要，另外，招聘的人员素质比较高，这样从长期来看企业会获得更高的经济效益。

（四）情景模拟的内容

情景模拟可以包括许多内容，但它主要的内容有公文处理、与人谈话、无领导小组讨论、角色扮演和即席发言等。

1. 公文处理。公文处理是情景模拟的一种主要形式。公文一般由邮件、文件、备忘录、电话记录、上级指示、调查报告、请示报告等组成。在被试者受试前，应该向他介绍有关企业的背景材料，然后告诉被试者，他现在就是这家企业的负责人，全权处理各种文件。要使被试者意识到他既不是在演戏，也不是在代理职务，而是一位真正的手握实权的负责人，要他根据自己的经验、知识、能力、性格、风格去处理各种问题。公文可多可少，一般不少于 5 份，不多于 30 份，每个被试者要批阅的公文可以一样，也可以不一样，但难度要相似。根据公文的数目和难度，规定完成的时间。

2. 与人谈话。与人谈话主要分为三种类型：电话谈话、接待来访者和拜访有关人士。与人谈话可以和公文处理在同一时间内交叉进行，这样更增添了工作情景的真实性。

（1）电话谈话。在现代社会中，电话是一种很有效的交往工具，也是企业管理者最常用的交往工具。被试者在电话谈话中，可以反映出他的心理素质、文秘修养、口头表达能力、处理问题能力等。电话谈话可以分为接电话、打电话两种，接电话往往是被动的，打电话往往是主动的。

（2）接待来访者。来访者可以有各种各样，根据需要，有的是来谈生意的，有的是来推销产品的，也有的可能是来叙旧的，或者是来纠缠的，这些来访者都由主试的助手们扮演。在被试者接待来访者时，可以观察他在接待时的态度怎样，驾驭谈话的能力如何，快速处理难题的能力如何，如何处理公事和私事的关系等各方面的能力。

（3）拜访有关人士。在企业管理中主动找某些人谈话是管理活动的一项重要内容。这些有关人士可以包括上级、同事、下级、重要客户、司法人员、新闻界人员等，这些人员由主试的助手们扮演。主要观察被试者以下几个方面的能力：待人接物的技巧，语言表达能力，热情真诚的程度，应付各种困难的能力，有关的知识，等等。

3. 无领导小组讨论。所谓无领导小组讨论，就是指一组被试者开会讨论一个实际经营中存在的问题，讨论前并不指定谁主持会议，在讨论中观察每一个被试者的发言，以便了解被试者心理素质和潜在能力的一种测评方法。在一般情况下,每个小组会有一名被试者以组长的身份出来负责解决这些问题,出来主持会议,这样这个人的领导能力相对较强。根据每一个被试者在讨论中的表现,可以从以下几个方面进行评价:领导欲望、主动性、说服能力、口头表达能力、自信程度、抵抗压力的能力、经历、人际交往能力等,也可以要求被试者讨论完以后,写一份讨论记录,从中分析被试者的归纳能力、决策能力、分析能力、综合能力、民主意识等等。

4. 角色扮演。角色扮演就是要求被试者扮演一个特定的管理角色来处理日常的管理事务,以此来观察被试者的多种表现,以便了解其心理素质和潜在能力的一种测试方法。例如,要求被试者扮演一名高级管理人员,由他来向主试扮演的下级作指示,下命令;或者要求被试者扮演一名销售人员,实际地去向零销单位销售产品;或者要求被试者扮演一名车间主任,请他在车间里直接指挥生产。在测评中要强调了解被试者的心理素质,而不要根据他临时的工作意见作出评价,因为临时工作的随机因素很多,不足以反映一个人的真才实学。有时可以由主试主动给被试者施加压力,如工作时不合作,或故意破坏,以了解该被试者的各种心理活动以及反映出来的个性特点。

5. 即席发言。即席发言是指主试给被试者出一个题目,让被试者稍作准备后按题目要求进行发言,以便了解其有关的心理素质和潜在能力的一种测评方法。即席发言主要了解被试者快速思维反映能力、理解能力、思维的发散性、语言的表达能力、言谈举止、风度气质等方面的心理素质。即席发言的题目往往是做一次动员报告、开一次新闻发布会、在职工联欢会上的祝词等。在即席发言以前应该向被试者提供有关的背景材料。

(五)情景模拟的简史

在第一次世界大战期间,心理测试已经在德国的军队里广泛应用。但是情景模拟的出现却是在第二次世界大战期间,当时,英国和美国参考了德国部队里的心理测试,设计了一整套情景模拟的方法,用于培训间谍和军官。当情景模拟在部队中收到了明显的效果以后,战争结束了。第二次世界大战以后,企业界醒悟到情景模拟对企业的重大作用,因此他们开始将其引入到企业中的招聘、提拔、培训等方面。最早在企业界运用情景模拟的是美国的电报电话公司,他们利用情景模拟的原则,制定了一系列的情景模拟的方法来招聘、培训他们的管理人员,收到了明显的效果。这样情景模拟开始在企业界风靡起来了。我们中国企业界大概在 1980 年代初开始运用。如复旦大学管理学院在上海的企业内组织了几次大型的情景模拟,为中外企业服务,收到了良好的效果。可以预测,随着市场经济的不断深入,随着我国与国际经济的接轨,情景模拟在员工招聘中的作用将越来越大。

二、情景模拟的设计

（一）基本原则

我们在设计情景模拟时，应该考虑以下一些原则：

1. 应该在明确管理行为要素的定义的基础上进行评价。
2. 应该采用各种各样的评价方法。
3. 应该采用各种类型的工作的选样方法。
4. 主试应该知道成功的要诀是什么，他们应该对该工作和该公司有比较深刻的了解，如果可能的话最好能够从事过该工作。
5. 主试应该在情景模拟前得到充分的培训。
6. 观察到的行为数据应该在主试小组里进行记录和交流。
7. 应该有主试小组讨论的过程，汇总观察的结果，评价要素并作出预测。
8. 评价过程应该分解一个一个阶段，以推断总体形象，评价总体评分或最终预测的形成。
9. 评价对象应该在一个确切含义的标准下接受评价，而不应该相互作为参照标准，也就是说事先最好要有一个常模。
10. 预测管理的成功必须是判断性的。

（二）调查研究

对情景模拟来说，调查研究有两个主要的目的。调查研究用来确定组成管理工作重要方面的各项子工作，这些子工作包括管理人员在工作中实际上所做的事情，而且应该包括所有的重要任务、职责，工作中的人际关系等等。能够保证评价任务与工作相关的唯一方法，就是了解工作需要什么要素，通过这个目的的实现，可以确定每种工作对于一个管理人员来说的相对重要性，以及每种活动出现的频率。例如，多少时间要在会场中作一次公开的口头演讲，这项工作的重要性的指标是多少，它在评价中应该具有多大的权数，占用总经理大部分时间的最重要的活动是什么，应该得到最彻底的评价。总的来说，评价活动与占用时间的比例，应该与管理人员实际工作占用的时间比例相匹配。如果情景模拟练习包括具有代表性的工作样本，则主要精力应放在提高内容效度上。情景模拟进行调查研究的第二个目的，是为了确定那些高效率完成任务所需要的要素。确定这些要素的过程也就是要根据对工作以及工作成败的关键事件进行仔细研究所作出的一种合理的推理。

1. 分析要素。

（1）首先我们要通过各种方法鉴别出对管理工作有重要影响作用的各种要素。

（2）要素的相对重要性。每种要素对各种工作的相对重要性是不同的，有的管理工作需要口头表达能力这个要素比较多，而有的管理工作需要相互理解、建立感情的能力这个要素比较多。

（3）要素在工作中的可观察性。要素有些是可观察到的，有些是很难观察到的，因此在调查研究的时候，要确认要素在工作中的可观察性，然后再进行设计。

（4）要素的可训练性。有些要素是需要在长期内才能获得的，如心理素质中的智力，而有些要素可以在较短时间内获得，因此要把它区别开来，这样在设计情景模拟时，可以充分考虑要素的可训练性。

2. 调查研究的方法。调查研究有许多方法，比如，观察、面谈、工作清单、活动简介、调查表、日记、书面材料、报告、训练手册、内部报刊等，在此主要介绍以下两种方法：

（1）在职面谈。这种方法的优点是显而易见的，因为一个经理如何安排时间，什么事情对工作最重要，必须对哪些问题作出决策，等等，只有这位经理最清楚。通过对经理的面谈，可以了解到管理人员应该具备哪些素质，或者说管理工作应该有哪些要素。在面谈中，取样是极其重要的，因为有的人谈得比较好，而有的人谈得比较差；有的善于表达，有的不善于表达；有的主动合作，有的被动，这样获得的信息也就大有区别。

（2）关键事件法。这是工业心理学研究的一种基本方法，它主要应用在工作分析研究、行为鉴定、建立评分等级、人员选拔和训练、领导等。关键事件法是由一组程序组成的，用于收集操作人员行为的直接观察结果，从而提高他们解决问题以及确立心理原则的潜在能力。关键事件法概括了收集事件的程序，这些事件具有特殊的重要性，而且符合系统定义的标准，一个事件就是一个可以观察的人类活动，这些活动本身是完整的，可以进行对主体的推测和预测。要称得上关键，这个事件必须发生在行为目的或意图相当清楚展现在观察员眼前之时，它的后果必须是确定的，从而对它的影响不存在任何怀疑。有时直接观察关键事件可能会有困难，这时可以利用另外一种方式，如回想关键事件的方法，即请几位经理人员坐在桌旁交流，采取回忆的方法，运用头脑分析法来对某一个事件进行回忆，而一个经理的回忆会引起另外一个经理的回忆，这样来分析找出管理工作的要素，以及能够胜任管理工作的要素。

3. 设计评定标准。可以根据评定目的、评定对象、评定内容来确定相应的评定标准，一般评定标准可以分为六级：最低的 0 分，说明要素根本没有显示；1 分，远远低于可接受的标准，明显不适合于从事该项工作；2 分，低于可接受的标准，基本上没有达到所需行为的质量、数量标准；3 分，可以接受，基本达到所需行为的质量、数量标准；4 分，高出可接受的水平，基本超过所需行为的质量、数量标准；5 分，远远高出可接受的水平，明显高于成功的工作绩效所需要的各项标准。分数也可以转化为百分制，有的时候在设计评分标准时，要有参考组的常模，这样评定的标准比较可靠。

三、情景模拟的操作

情景模拟是一项科学的测评方法，因此它的操作也需要有科学的方法。

（一）准备工作

各种内容的情景模拟，准备工作是不一样的。

1. 公文处理的准备工作。

（1）事先要编制好评分标准。（2）公文要与测评目的紧密结合。（3）要规定一个适当的时间，不要太紧，也不要太松。（4）安排一个尽可能和真实环境相似的环境。（5）指导语要清楚、详细。（6）准备好足够的办公用具。

2. 与人谈话的准备工作。

（1）事先要明确通过与人谈话要测试被试者哪些心理素质和潜在能力。（2）每一次测试的被试者不能太多，否则主试及其助手会因为疲倦而评分标准不一。（3）评分要及时，过后会影响评分的准确性。（4）根据需要可以选用与人谈话的三种方法中的一种、两种或三种。（5）扮演者扮演要真实，要有一定的实践经验。（6）要让被试者事先知道将应付某些情景的必要的材料和数据。

3. 无领导小组讨论的准备工作。

（1）每小组的成员以5—7名为佳，不要少于3名，也不要多于10名。（2）讨论的时间要根据人数多少而事先规定，平均每个人安排5—10分钟。（3）讨论时用的桌子最好是圆桌，或者干脆不用桌子，大家围坐在一起，尽可能不用长桌，因为长桌有上级和下级之分，要使每个人都认为自己与他人是平等的。（4）讨论前应该向被试提供必要的背景材料，否则讨论会泛泛而谈，流于形式，这样就不能够显示被试者必要的素质和潜在能力。（5）讨论的内容一般是一个案例。（6）讨论前要规定每个被试者必须最少发言一次，多发言不限制，但每个被试者累计发言时间最多不能超过15分钟。（7）准备好评分标准，每个主试人手一份。（8）主试的人数3—5人为佳，每项指标以5分制评分，以平均数作为该被试者的成绩。

4. 角色扮演的准备工作。

（1）事先要做好周密的计划，每个细节都要设计好，不要忙中出错，或乱中出错。（2）助手事先训练好，讲什么话，作什么反应，都要规范化，在每个被试者面前要做到基本统一。（3）编制好评分标准，主要看其心理素质和实际能力，而不要看其扮演的角色像不像，是不是有演戏的能力。

5. 即席发言的准备工作。

（1）题目可以是一个，也可以是几个，应该是每个被试者准备的时间一样多，准备时间以5—10分钟为宜。（2）事先编制好评分标准，每一种因素都要可以评分。(3)评分要抓住主要的心理素质,但也不要忽视一些细节问题,因为这些细节问题,往往反映出一个人的潜在的心理活动和潜在的能力。

(二)实施评估

情景模拟的评估,其实就是一个收集信息、汇总信息、分析信息,最后确定被试者基本心理素质和潜在能力的过程。它的实施程序各不一样,但一般常用的有下面一些程序。

1. 观察行为。每一位主试要仔细观察,并及时记录一位或两位被试者的行为,记录语气要客观,记录的内容要详细,不要进行不成熟的评论,主要进行客观的观察。被试者在各项练习中应该有不同的主试进行观察。例如,被试者甲在第一组练习中由主试 A 进行观察,那么在后一组练习中,就应该由主试 B 对他进行观察,这样观察就可能比较全面。

2. 归纳行为。观察以后,主试要马上整理观察后的行为结果,并把它归纳为情景模拟设计的目标要素之中,如果有些行为和要素没有关系,就应该剔除。

3. 为行为打分。对要素有关的所有行为进行观察、归纳以后,主试就要根据规定的标准答案对要素进行打分。

4. 制定报告。给行为打分以后,每一位主试对所有的信息都应该汇总,形成报告,然后才考虑下一位参加者。每位主试要宣读事先写好的报告,报告对被试者在测评中的行为做一个简单的介绍,以及对要素的评分和有关的各项行为。在报告时其他的主试可以提出问题,进行讨论。

5. 重新评分。当每一位主试都报告完毕,大家进行了初步讨论以后,每一位主试可以根据讨论的内容、评分的客观标准,以及自己观察到的行为,重新给被试者打分。

6. 初步要素评分。等每一位主试独立重新评分以后,然后再把所有的主试的评分进行简单的平均,确定被试者的得分。

7. 制定要素评分表。把初步评分写在一张表上,左边列出各种要素,上边一栏列出主试的名字,中间列出主试给各要素打的成绩,通过这张图表,可以清楚地看出主试对要素的评分是否一致。

8. 主试讨论。根据上述的这张表,主试再进行一次讨论,对每一种要素的评分,大家发表意见。

9. 总体评分。通过讨论以后,每一位主试再独立地给该被试评出一个总体得分,然后公布结果,由小组讨论,直到达成一致的意见,这个得分就是该被试者在情景模拟的总得分。

10. 其他评论。可以根据情景模拟的要求目的和招聘企业的需要,对被试者在情景模拟中表现出来的其他内容,作一些文字上的描述,以补充某些信息的不足,这样情景模拟通过这十个步骤就全部完成了它的操作过程。

（三）主试的培训

这里的主试有时又可以称为评价员，主试素质的高低、业务水平的高低，直接影响情景模拟的效果。主试一般由两方面的人员组成，一种是企业中有实际经验的管理人员，另外一种是有关的学者。主试培训主要包括以下一些内容：

1. 给出某种行为的定义。
2. 主试参加一些特别设计的练习，来提高他们区分行为表现好坏的能力。
3. 向主试展示一个例子，说明应该怎样来记录行为，必须做哪些笔记。
4. 主试在一个练习中学习如何观察行为，并如何得到观察的反馈意见。
5. 主试练习如何交流观察到的行为的信息，如何得到完整的信息，以及如何收集有意义的反馈意见。
6. 在第四和第五步，在模拟中的每一项练习中都要进行。
7. 主试参加一次主试模拟讨论，使他们认识到行为数据在最后讨论过程中的重要性，使他们充分认识到每一次评分对于情景模拟都是十分重要的。在主试训练中，最好用摄像机把主试训练的内容录下来，然后放给主试看，接受培训的主试或许会大吃一惊，他们在观察时可能忽略了重要行为，遗漏了大量重要的信息，这样可以使他们的观察能力有明显提高。观察是主试的一个重要的能力，因此在培训中应该重点培训观察能力，并介绍观察的各种方法。

四、情景模拟的评价

（一）情景模拟的优点

情景模拟在企业员工招聘中的应用前景十分光明，它具有很明显的优点：

1. 信度高。情景模拟测试的信度，比其他测评的方法更高，一般在 0.74—0.95。
2. 效度高。情景模拟有较高的效度，这也是它明显优于其他测评方法的一个长处，它的效度一般在 0.45—0.65。
3. 预测性强。根据有关企业进行情景模拟以后，发现一年以后自信性的预测性 $R=0.64$，半年以后自信性 $R=0.69$，这说明情景模拟的预测能力是很强的。
4. 使被试者进行了一次系统的模拟练习，提高了管理水平。

（二）情景模拟的缺点

情景模拟虽然有其明显的优点，但是它也有一定的缺点，主要有以下几点：

1. 时间较长。情景模拟的设计工作一般在一个月以上，主试培训一般在 3—5 天，有时达到两个星期左右。情景模拟的实施一般是 1—3 天，因此它的一个明显的缺点是测试时间比较长。
2. 费用比较高，情景模拟的工作量比较大，需要的准备工作比较多，它的道具需要比较多，因此它的总的费用和其他测评相比要明显地高。

3. 要有专家指导。企业中自己进行情景模拟，由于不规范、缺乏科学性，因此它的信度和效度都会降低，只有在专家的指导下进行情景模拟才能得到比较好的效果，而有关的专家有的时候并不容易请到，因此给情景模拟的推广造成一定的困难。

4. 由于以上缺点，情景模拟不可能大规模地推广，或者说不能大面积地使用，在员工招聘中它一般都局限于高层次的管理人员或特殊的专门人员，如果要进行大面积的情景模拟，它的信度、效度都会明显下降，会由于费用的提高而得不偿失。

（三）运用情景模拟的对策

情景模拟的优点是显而易见的，因此我们还是应该尽量发挥它的优点，克服它的缺点，在员工招聘时积极地运用。

1. 在员工招聘中先用其他方法筛选掉大部分不合格的应聘者，在最后阶段才用情景模拟方法测评，这样既可以节省时间，又可以降低费用。

2. 请专业公司或专业机构来主持情景模拟。企业自己不要轻易主持情景模拟，否则费用太高，而且效果不好，除非是大公司有足够的人力物力来支持情景模拟，一般应该请专业公司来主持，这样比较经济实惠。

第四节 面　试

几乎所有企业在员工招聘中都会运用面试这种测试方法，尤其是在招聘高级管理人员中，面试是一种必不可少的测试手段。

一、什么是面试

（一）定义

面试又称为面试测评，或者叫专家面试。这是一类要求被试者用口头语言来回答主试提问，以便了解被试者心理素质和潜在能力的测评方法。面试是企业员工招聘中常用的一种方法，也是争议最多的一种方法。有的时候用面试效果佳，有的时候用面试毫无效果。面试的基础是面对面进行口头信息沟通，主要效度取决于主试面试的经验，如果主试的经验比较缺乏，信度和效度就会很低。

（二）面试的意义

面试在员工招聘中有重要的意义，主要表现在：

（1）为主试提供机会来观察应聘者；（2）给双方提供了解工作信息的机会；

(3)可以了解应聘者的知识、技巧、能力等;(4)可以观察到被试者的生理特点;(5)可以了解被试者非语言的行为;(6)可以了解被试者其他的信息。

(三)面试的分类

面试主要可以分为四种类型:平时面谈、正式面试、随机问答和论文答辩。

1. 平时面谈。平时面谈又叫聊天,是一种非正式的面试。主试可以在不同的场合向被试者提问,要求被试者用口头语言回答,以便了解被试者的心理素质和潜在能力的一种测评方法。平时面谈简单易行,不拘场合、时间、内容,应用简单灵活,被试者防御心理比较弱,了解的内容比较直接,反馈迅速。但是平时面谈容易走样,重点不突出,而且难以数量化,有时会转移目标。

2. 正式面试。正式面试是指在规定时间和规定地点,主试围绕某一个中心向一个被试者提出一系列问题,要求该被试者当场以口头语言回答,来了解被试者心理素质及潜在能力的一种测评方法。正式面试一般有两种形式:一名主试对一名被试者和数名主试对一名被试者。正式面试可以了解被试者在压力情景下的心理素质,评分相对比较客观,在某些需要了解的地方,可以深入询问。但是正式面试时的被试者很可能伪装,而且少数被试者在压力下不能发挥正常水平,这样影响面试的效果。

3. 随机问答。随机问答是一种比较复杂的面试方法。它由主试事先编制若干道题目,分别写在每一张纸上,一张纸上可以有一道题目,也可以有几道题目,应该尽可能使每一张纸上的题目难度相似,然后主试把纸条密封起来,让被试者随机抽取其中的一张纸条,并根据纸条上的题目来回答,其间主试可以根据需要提出一些问题,以此来了解被试者的心理素质和潜在能力。随机问答要求被试者心理素质比较全面,可以了解一个群体的许多信息,但每个个体的成绩有一定的偶然性,被试者受到的心理压力也比较大。

4. 论文答辩。论文答辩是一种最复杂的面试方法,一般在招聘高级管理人员时选用这种方法。论文答辩要求被试先完成一篇测试委员会指定的论文,论文提交后,由测试委员会指定专门时间和地点,请被试者报告论文的主要内容,然后由主试提各种有关论文的问题,要求被试者当场回答。论文答辩可以全面了解被试者的心理素质和实际工作能力,以及工作经验。但是组织工作量大,时间较长,费用较昂贵。

(四)面试设计的程序

面试只有经过科学的方法,严格地设计程序,并按程序进行面试,才能提高信度和效度,才能充分发挥它在员工招聘中的重要作用。

1. 工作分析。首先应该对应聘岗位的工作进行仔细的分析,该工作具体做什么事情,需要什么人员,需要什么素质才能胜任这项工作。

2. 确定目标。每一次面试,都应该有明确的目标,要明确通过这次面试应该了解到什么信息，应该达到什么目的。

3. 在工作分析的基础上，编制各种问题。这些问题可以包括有关工作环境的问题、有关工作知识的问题，有关工作经验的问题，有关工作技巧的问题，有关对工作的要求的问题以及工作人员及应聘者本身要求的问题，等等。

4. 决定如何去评价被试者的回答，也就是说要制定标准答案，被试者怎样回答算正确的，或者怎样回答是有效的，怎样回答是不正确的或无效的，要有一个明确的标准。

5. 要使用面试控制板，也就是说要把面试的目的、面试的问题写在一块板上，或者写在一张纸上，在面试时可以经常提醒主试，始终围绕目标进行面试。

二、提高面试效果应注意的事项

1. 紧紧围绕面试的目的，这一点十分重要。有的主试在面试时，往往会叉开主题，这样就达不到目标，有的时候被试者也会主动或无意识地把目标引开。

2. 制造和谐的气氛。一般来说面试的气氛较和谐，了解的信息比较准确。除非你为了了解在压力状态下被试者的心理素质，这时可以利用一些压力气氛。在一般情况下，在面试刚开始时，尽可能和被试者聊聊家常，缓解面试的紧张气氛，使被试者在从容不迫的情况下，表现出其真实的心理素质和实际能力。

3. 避免重复谈话。面试应该规定一个基本的时间界限，不要有的时候一开无轨电车就没完没了，一次面试拖了好几个小时，这样既影响了以后的面试，又使面试的内容不易集中。

4. 对每一个被试者前后要一致。也就是说不能先紧后松，或者后紧先松，这种现象在面试时经常会出现。刚开始时由于主试精力较旺盛，思想较集中，提问较仔细，对被试者测评比较准确，到了傍晚，由于长时间的工作，主试有可能疲倦所致，就草草了事，这样面试的结果就不够理想。

5. 问题尽量要与工作有直接的关系，不要问与工作无关的问题，这样才能够紧紧围绕面试的目标。

6. 对被试者要充分重视。有时主试在面试中会表现出对被试者一种漫不经心的态度，这样使被试者感觉到自己受冷落，就会不积极地反应，这样就不能了解被试者真正的心理素质和潜在能力。

7. 避免过于自信。有些主试过分自信，思想上已经有个定式，不管被试者反应如何，他都根据自己事先已经考虑好的东西去判断，这样就造成失误。

8. 避免刻板印象。刻板就是指有时对某个人产生一种固定的印象。例如，一听到老年人，马上就认为这是一种保守的人，认为穿牛仔裤的人一定是思想开放的人。这种刻板印象往往会影响主试客观、准确地评价被试者。

9. 注意非语言行为。人们的语言行为往往是通过大脑的深思熟虑才讲出来的，尤其是面试的时候，被试者往往事先做过充分准备，他讲话的时候往往把最好的一面反映出来，但是要真正了解被试者的心理素质，有时应该很仔细地观察被试者的非语言行为，包括他的表情、动作、语调等。

10. 防止不必要的误差。有时因为主试进行面试不熟练，或者没有面试经验，往往会造成不必要的误差。例如，对第一个被试者的态度与第三个被试者的态度不一致，这样就会造成一种误差。

11. 注意第一印象。第一印象就是指两个陌生人在第一次交往之初给对方留下的印象。一般来说，被试者在参加面试时都进行刻意打扮和充分准备，所以给主试留下的第一印象都比较好。但是，第一印象可能是正确的，也可能是不正确的，而面试时产生的第一印象常常是不正确的，因此要防止第一印象的影响，这样才能比较客观地判断、评价一个人。

12. 要防止"与我相似"的心理因素。"与我相似"这种心理因素就是指当听到被试者某种背景和自己相似，就会对他产生好感，产生同情的一种心理活动。例如，听到被试者是上海人，主试一想是老乡，就产生一种"与我相似"的感觉；如果被试者是某某大学毕业的，主试马上想到原来是老校友，又产生一种"与我相似"的感觉，因此主试在面试时要尽量防止"与我相似"的因素影响。

三、面试的评定

（一）面试的优点

面试，它能够在员工招聘中占很重要的地位，就在于它有许多其他测试方法没有的优点，主要如下：

1. 适应性强。面试可以在许多方面收集有用的信息，主试可以根据不同的要求，对被试者提各种各样的问题，有时在某一个方面可以连续提多种问题，全面深入地了解被试者。

2. 可以进行双向沟通。在面试时，主试可以向被试者提问，被试者也可以向主试提问，主试在了解被试者的同时，有时被试者也在了解主试，这样对于招聘工作有比较积极的作用。

3. 有人情味。因为面试往往是面对面地进行心理沟通，所以比较容易产生一种良好的心理气氛，使被试者感觉到主试对他的各种关心、同情等。

4. 可以多渠道地获得被试者的有关信息。面试不但可以通过提问来了解有效的信息，还可以通过观察，包括看、听、问等各方面的渠道来获取有关被试者的信息，以便正确地了解被试者的心理素质。

（二）面试的缺点

面试虽然有上述优点，但是它也存在一些不容忽视的缺点。

1. 时间较长。面试往往是一个被试者要由一个主试来进行测试。一次面试短则十几分钟，长则半天，因此如果大面积的人员招聘运用面试，效果不理想。如果面试时间太短，则不容易了解到足够的信息，面试也就失去了意义。

2. 费用比较高，因为面试需要聘请专家，而且时间比较长，这样面试的费用就不得不增加。

3. 可能存在各种偏见。不管面试的专家如何高明，但他毕竟是人，总有一定的偏见，因此偏见在面试中是不可能完全排除的障碍。

4. 不容易数量化。面试数据往往可以定性，但不容易定量，因此在统计的时候比较困难。

（三）应用面试的对策

面试是一种员工招聘的有效的测评方法，虽然它有一定的缺点，但是只要我们注意克服缺点，严格地运用科学的程序来进行面试，还是可以使面试发挥更大的作用。

1. 避免大规模地运用面试，也就是说面试的人数不要太多，否则会使主试感到疲倦，而使面试的测评结果前后不一致。可以运用其他测评方法的时候，就应运用其他的测评方法。只有当被试人员较少的时候，运用面试效果才比较好。

2. 在面试前避免让主试了解太多有关被试者的资料，因为这样会使主试造成种种偏见，不利于面试的进行。

3. 要运用一个有程序的结构形式，而不要运用一个没有程序的散漫形式，这样才能够自始至终比较一致地对每一个被试者进行面试。

4. 在面试时要尽量提问与工作有关的问题，主要包括工作的知识、人际关系、心理素质等。

5. 运用标准的评分表。在面试以前，首先应该制定好客观的标准答案，在面试时就要运用标准的评分表来给每个被试者进行评分。

6. 要及时记录每一位被试者的表现。有的主试认为应当在面试结束以后，再对每个被试者进行评分。其实这时已经遗忘了很多信息，因此只有一边面试的时候，一边记录才能够把全部信息尽可能多地记录下来。

7. 运用一块面试控制板，把有关要点、目标、要求、程序、需要提的问题写在一块板上或者写在一张纸上，这样就能够保证面试规范化。

8. 培训主试。主试一般是企业中的高级管理人员，或者是有关的专家，但是也应该抽出一定的时间对主试进行培训，主要是提高主试接受信息的能力、评价信息的能力、观察行为的能力、综合分析的能力、运用标准答案的能力等。只要我们正确地运用面试，面试在企业员工招聘中的作用会越来越大。

本章小结

招聘中的测试是对应聘人员进行全面的考核,以了解应聘者真正的潜力和掌握的知识技能,并全面了解应聘者的实际能力,以确保企业通过测试招聘到符合要求的员工。招聘中的测试包括心理测试、知识考试、情景模拟和系统仿真以及面试。

招聘中的测试之所以重要,是因为人都是有差异的,同时工作岗位也是有差异的。由于不同岗位上工作、责任的不同,就会对完成这些工作的人员素质有着不同的要求。不同的工作就要拥有相应素质的人来承担,所以就有了人员测评的必要。通过测试了解应聘者的素质、知识和技能,并将其安排到合适的岗位,能提高不同岗位上的工作效率。

招聘测试是人力资源管理的一种基本技术,在人力资源管理与开发事件中的作用日趋突出。为了确保企业招聘到符合要求的员工,掌握人员测评与选拔的基本理论与方法,成为现代企事业组织管理人员不可缺少的基本功。

关键术语

心理测试　　信度　　效度　　知识考试　　情景模拟　　系统仿真　　面试

复习思考题

1. 心理测试的主要优点是什么?您认为在招聘中是否一定要用心理测试?为什么?
2. 进行知识考试时要注意哪些问题?如何克服这些问题?
3. 请您设计一份招聘公关部经理的情景模拟试卷提纲。
4. 在实践中如何有效地运用面试?

— 本章案例集 —

第 6 章 员工培训与开发

本章要点

1. 培训与开发的区别及作用模型。
2. 培训与开发的意义和误区。
3. 培训与开发的实施模型。
4. 培训与开发的各个方法的效果比较。
5. 培训效果的测定与反馈。

本章学习资料

引例

别具一格的杜邦培训

作为化工界老大的杜邦公司在很多方面都独具特色。其中,公司为每位员工提供独特的培训尤为突出。因而杜邦的"人员流动率"一直保持在很低的水平,在杜邦总部连续工作 30 年以上的员工随处可见，这在"人才流动成灾"的美国是十分难得的。

杜邦公司拥有一套系统的培训体系。虽然公司的培训协调员只有几个人，但他们却把培训工作开展得有声有色。每年，他们会根据杜邦公司员工的素质、各部门的业务发展需求等拟出一份培训大纲。上面清楚地列出该年度培训课程的题目、培训内容、培训教员、授课时间及地点等。并在年底前将大纲分发给杜邦各业务主管。根据员工的工作范围，结合员工的需求，参照培训大纲为每个员工制定一份培训计划，员工会按此计划参加培训。

杜邦公司还给员工提供平等的、多元化的培训机会。每位员工都有机会接受像公司概况、商务英语写作、有效的办公室工作等内容的基本培训。公司还一直很重视对员工的潜能开发，会根据员工不同的教育背景、工作经验、职位需求提供不同的培训。培训范围从前台接待员的"电话英语"到高级管理人员的"危机处理"。此外，如果员工认为社会上的某些课程会对自己的工作有所帮助，就可以向主管提出，公司就会合理地安排人员进行培训。

为了保证员工的整体素质，提高员工参加培训的积极性，杜邦公司实行了特殊教员制。公司的培训教员一部分是公司从社会上聘请的专业培训公司的教师或大学的教授、技术专家等，而更多的则是杜邦公司内部的资深员工。在杜邦公司，任何一位有业务或技术专长的员工，小到普通职员，大到资深经理都可作为知识教师给员工们讲授相关的业务知识。

（资料来源：《100个成功的人力资源管理》，李小勇编著，机械工业出版社，2004年版，第125页。）

第一节 员工培训与开发概述

一、什么是员工培训与开发

（一）培训与开发的区别

培训与开发（又称发展）在定义上很难划分，许多时候常常混为一谈。如果一定要把培训与开发区别开来，可以参照下列几方面：

（1）培训时间较短，开发时间较长；（2）培训阶段性较清晰，开发阶段性较模糊；（3）培训的内涵较小，开发的内涵较大。

本书中不对培训与开发作严格区分，两个概念可以混用。

（二）培训与开发的定义

企业员工的培训与开发（简称培训）是指企业为了使员工获得或改进与工作有关的知识、技能、动机、态度和行为，以利于提高员工的绩效以及员工对企业目标的贡献，企业所作的有计划的、有系统的各种努力。

从以上定义中，我们可以看出培训的一些特点：

1. 培训的主要目的是提高员工的绩效和有利于实现企业的目标。
2. 培训的直接任务是获得或改进与工作有关的知识、技能、动机、态度和行为。
3. 培训主要包括有计划的、有系统的各种努力。

（三）培训与开发的角色分析

企业中参与培训与开发的角色主要有以下四种：最高管理层、人力资源部、职能部门和员工。培训与开发中的四种角色在培训活动中的作用是有明显差异的（见表6.1）。

表6.1　不同角色在培训中的作用

培训活动	最高管理层	职能部门	人力资源部	员　工
确定培训需要和目的	部分参与	参与	负责	参与
决定培训标准	—	参与	负责	—
选择培训师	—	参与	负责	—
确定培训教材	—	参与	负责	—
计划培训项目	部分参与	参与	负责	—
实施培训项目	—	偶尔负责	主要负责	参与
评价培训项目	部分参与	参与	负责	参与
确定培训预算	负责	参与	参与	—

从表6.1可以看出，有关培训的主要工作由人力资源部负责，但职能部门几乎参与各项培训活动。而最高管理层主要负责培训预算，以及一些重要培训项目的计划与评价工作。员工主要是在确定培训的需要和目的、实施培训项目和评价培训项目等方面参与。

（四）培训与开发的作用模型

根据我们对培训与开发的基本定义，我们可以制定出培训与开发的作用模型（见图6.1）。

从图6.1中，我们可以看出员工的绩效是由员工的行为引起的，而员工的行为又是由员工的动机引起的，而员工的动机主要由知识、技能和态度决定的，其中态度影响动机的作用特别强烈。因此，培训的内容主要是增加知识、提高技能、建立正确的态度。其中主要以建立正确的态度为突破口，这样才能激发员工正确又强

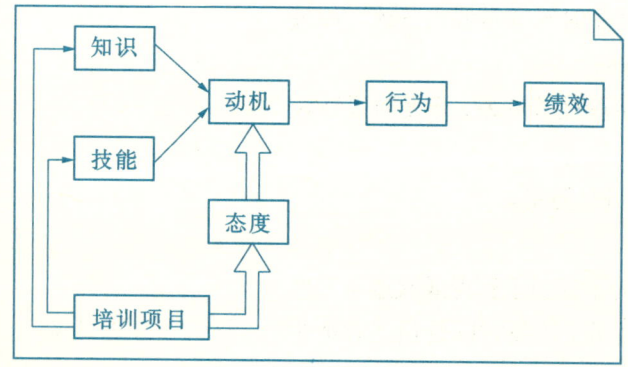

图6.1
培训与开发的作用模型

烈的动机，进而产生积极的持久的行为，最终引发组织希望的绩效。

目前一些企业在选择培训项目时，往往比较偏重员工知识与技能的提高，甚至有的片面追求证书和学历，这样结果是企业投资不少，但绩效并不理想，这属于投资失误之列。

二、员工培训与开发的重要意义

（一）员工培训与开发的重要性

员工培训与开发有许多重要意义，其中主要有以下几点：

1. 适应环境的变化。企业所处的环境在急剧地变化，电脑芯片每18个月更换一代，十年前的知识90%已老化。原来合格的员工，如果不经常培训，成为不合格的员工几乎是不可避免的事。

2. 满足市场竞争的需要。市场的竞争在不断升级，从产品竞争到销售竞争到资本竞争，都离不开人力资源的竞争，不重视员工培训的企业在激烈的市场竞争中很难逃脱灭顶的厄运。

3. 满足员工自身发展的需要。每个员工都有一种追求自身发展的欲望，这种欲望如不满足，员工会觉得工作没劲、生活乏味，最终导致员工流失，尤其是优秀的员工，其自身发展的需要更加强烈。

4. 提高企业的效益。培训不但可以提高企业的短期效益，也可以提高企业的长期效益。在培训中下工夫，通过提高员工的素质来提高企业的效益是一种十分明智的事，许多成功企业的经验反复证明了这一点。

（二）影响员工培训的因素

影响员工培训的因素主要有两大类：外部因素和内部因素。

1. 外部因素。主要有以下几个方面。

（1）政府。在任何一个国家内，政府对企业员工培训都有重大影响，例如，有些国家规定企业的员工必须经过某些培训，或规定每个员工每年最低培训时间，或规定什么岗位上的员工必须经过某种培训等等。

（2）政策法规。各国、各地区的政策法规各不一样，这会影响到企业的员工培训，例如：劳工法、职工安全条例、少数民族保护法、不得歧视妇女条例、外来人口劳动就业条例、严禁使用童工条例等等。

（3）经济发展水平。一般来说，一个地区的经济发展水平较高，其使用的人力资源要求也较高，往往培训也较多，进而更推动其经济发展，成为一种良性循环，而在经济发展水平较低的地区，情景正好相反。这是一些地区经济发展水平拉大的一个重要原因。

（4）科学技术发展水平。一般来说，科学技术发展水平越高，企业员工培训将进行得越多。人们越重视科学技术的作用，人们也越愿意进行培训。

（5）工会。工会的一项主要任务是保护员工的利益，而培训既可以提高员工的素质，满足员工自身发展的需要，又可以提高员工的技能，增加员工的收入，改善员工的生活。工会促进培训是理所当然的事，尤其当员工下岗或失业时，工会在促进培训方面的作用将更大。

（6）劳动力市场。劳动力市场影响企业员工培训的作用是巨大的，当劳动力市场有大量符合企业需求的人力资源时，企业会自然而然地忽视培训，而当劳动力市场缺乏企业需求的人力资源时，企业又不得不重视培训。

2. 内部因素。主要有以下几个方面。

（1）企业的愿景与战略。一般来说，企业的愿景与战略较远大，就较重视员工的培训。反之，一些企业没什么愿景与战略，也较容易忽视员工的培训。

（2）企业的发展阶段。企业的发展阶段主要可以分为启动期、成长期、成熟期、保持期、衰退期、退出期（或再创业期）。在每个时期员工培训的内容与数量都会有变化。

（3）企业的行业特点。不同行业的企业对培训也有一定的影响。一般来说，第三产业和高新技术的企业进行培训较多，因为人力资源的好坏更加直接影响到企业的发展。

（4）员工的素质水平。研究表明，企业中员工素质水平较高，更渴望得到培训，而员工素质水平较低，反而更加排斥培训。

（5）管理人员的发展水平。这是影响员工培训最主要的因素。一般来说，管理人员的发展水平与重视员工培训的程度成正比。许多公司的管理人员发展水平较高，他们十分重视员工培训，结果在市场竞争中立于不败之地。

三、员工培训与开发中的五大误区

既然员工培训与开发对企业来讲是如此重要，为何许多企业的管理者并不十分重视培训，主要是他们陷入了一些认识上的误区。其主要误区有以下五种。

（一）新进员工自然而然会胜任工作

一些管理者错误地认为：新进员工只要随着时间推延，会逐渐适应环境而胜任工作的。因此，一些企业忽视对新进员工进行培训。据笔者统计，约有80%的企业没有对新进员工进行有效的培训，就立即分配到正式工作岗位上去。以后新员工的成功与否，基本上取决于员工本身的适应能力以及其所处的小环境了。企业不进行新进员工培训，或只进行敷衍了事的培训，往往会使新进员工在较长时间内无法提高绩效。同时，往往会使员工缺勤率、离职率居高不下。

（二）流行什么就培训什么

据调查，一些企业的管理者喜欢赶浪头，市面在推广整体营销，就马上办一期"整体营销培训班"；报纸上在宣传知识经济，就立即组织"知识经济研讨会"。于是，资产重组培训班、精益生产培训班、ISO9000 研讨会、平衡计分卡短训班、办公室自动化培训班等办了一期又一期。从表面上看，企业培训工作开展得轰轰烈烈，其实是无的放矢，效果并不一定理想。

国际著名心理学家班杜拉教授一针见血地指出：人是不会让自己去做自己认为做不到的事情的。因此，改变员工的内心愿望、目标、抱负和标准，进而使员工的素质得到提高。这需要企业有目的、有步骤、系统地进行培训。而东一榔头西一棒子地组织低效率的培训，结果只能是浪费人力、物力、财力。

（三）高层管理人员不需要培训

一些企业的最高领导人错误地认为：培训只是针对基层的管理人员和员工的，而高层管理人员不需要培训，其理由是：他们都很忙；他们经验丰富；他们本来就是人才。

这种认识危害极大。应该说，一个企业高层管理人员的素质高低对企业的发展影响最大。而素质提高是一项终生的任务，因此，上述的理由均不成为理由。许多成功的企业都规定：越是高层管理者，参加的培训越是多。

（四）培训是一项花钱的工作

一种错误的观点认为：培训是一种成本，作为成本，当然应该尽量降低，因此，能省则省，一些企业在培训方面投入的金钱几乎接近零。

现代人力资源开发与管理的理论与实践反复向人们指出：培训是一项回报率极高的投资。美国布兰卡德训练中心总裁布兰卡德明确指出：培训是一项回报率极高的投资，他举例说，一家汽车公司经过一年培训，花去培训费 20 万美元，但当年就节省成本支出 200 万美元，第二年，又节省成本 300 万美元。

可以这样说，任何设备的功能都是有限的，而人的潜力是无限的。在同样条件下，通过培训，改善人力资源使企业效益成倍增长是可望可及的事情。

（五）培训时重知识、轻技能、忽视态度

一些管理者在培训时往往片面地强调立竿见影，而知识的获得相对较容易，因此出现了"重知识"的误区。但是知识的遗忘也相对较快。而技能的获得较慢，且一旦掌握了技能就不易失去。其实最重要的是建立正确的态度。一旦态度正确，员工就会自觉地去学习知识、掌握技能，并在工作中运用。

正确的观点应该是：在培训中以建立正确的态度为主，重点放在提高技能方面。美国太平洋研究院根据现代认知心理学和社会心理学理论，开发的一套培训课程：《对卓越的投资》，对建立员工正确的态度、积极的思维模式有明显的效果，国际上许多成功企业都引进了该培训课程，并取得了良好的效果。

企业中的管理人员还有许多误区，例如：有什么就培训什么；效益好时无需培训；效益差时无钱培训；忙人无暇培训；闲人正好去培训；人才用不到培训；庸才培训也无用；人多的是，不行就换人，不用培训；培训后员工流失不合算，等等。

企业中的管理人员如果不消除对培训的各种认识误区，就不可能对培训引起足够的重视，结果将会导致员工素质下降，进而在市场竞争中败北。

第二节 培训与开发的实施模型

我们可以从培训与开发的实施模型来了解如何全面、正确地实施培训与发展。

一、实施模型简介

从实施模型（图6.2）中，我们可以看出整个实施模型由三个阶段组成：前期准备阶段、培训实施阶段和评价培训阶段。

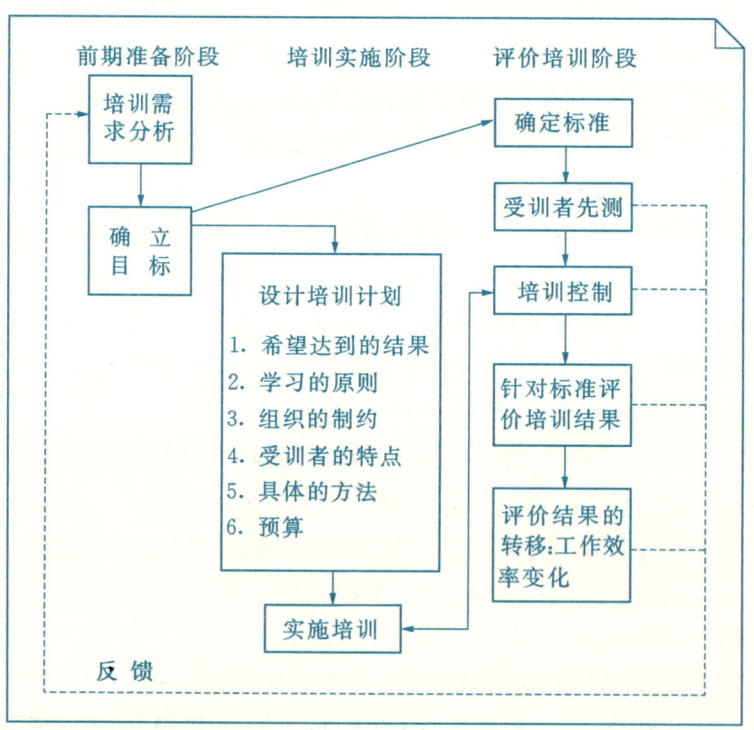

图 6.2 培训与开发的实施模型

在整个培训过程，从培训需求分析开始，至评价结果的转移结束，通过评价培训阶段的不同步骤进行反馈，这样整个过程才是完整的一个实施过程，下面分三个阶段来阐述。

二、前期准备阶段

前期准备阶段主要分为两个步骤：培训需求分析和确立目标。

（一）培训需求分析

培训需求分析是指了解员工需要参加何种培训的过程，这里的需要包括企业的需要和员工本人的需要，一般以前者为主，但也要引发后者才能使培训有效。

1. 培训需求分析的参与者。在企业中，培训需求分析的参与者有以下一些人：人力资源部工作人员、员工本人，上级、同事、下属、有关项目专家、客户以及其他相关人员。

2. 现有记录分析。这是获取培训需求信息的重要方面。这些现有记录主要包括：产品数量、产品质量、废品率、缺勤率、客户投诉率、事故率、绩效评估、设备运作年报、生产年报、工作描述、聘用标准、个人档案等。

3. 培训需求分析的方法。主要有以下几种：个人面谈、小组面谈、问卷、操作测试、评价中心、观察法、关键事件、工作分析、任务分析等等。

4. 解决员工绩效问题的流动模型。从流动模型（图6.3）中可以看出，从员工绩效问题中也可以分析出培训的需求，进而为确定培训目标做好准备。

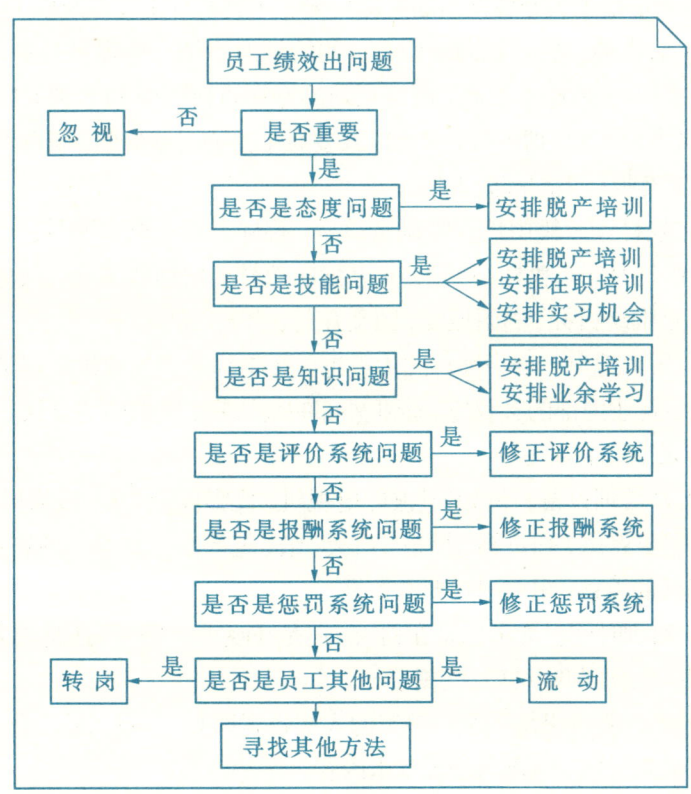

图 6.3　解决员工绩效问题的流动模型

(二) 确立目标

确立目标是指确立培训目标。可以根据培训需求分析来确立目标，确立目标时应注意以下三点：(1) 要和组织长远目标相吻合；(2) 一次培训的目标不要太多；(3) 目标应订得具体，可操作性强。

三、培训实施阶段

培训实施阶段主要可以分为两个步骤：设计培训计划和实施培训。

(一) 设计培训计划

培训计划可以是长期的计划，例如年度培训计划，但这里主要指一次具体的培训计划，其主要包括以下六个方面：(1) 希望达到的结果；(2) 学习的原则，例如脱产、不脱产等；(3) 组织的制约，例如部门经理必须参加等；(4) 受训者的特点，例如新进员工、大学刚毕业、年龄在 30 岁以下等；(5) 具体的方法，这主要包括：时间、地点、培训教材、培训的方法（讲授、个案讨论、角色扮演等）；(6) 预算，要根据培训的种类、内容等各方面因素，每人每天的预算可从 200—10 000 元不等。

(二) 实施培训

实施培训是整个实施模型中的关键步骤。实施培训主要涉及以下六个方面。

1. 确定培训师。要寻找到一位合适的培训师不是一件容易的事，企业要培养一位合格的培训师成本很高，而培训师的好坏直接影响到培训的效果。一位优秀的培训师既要有广博的理论知识，又要有丰富的实践经验，既要有扎实的培训技能，又要有吸引人的高尚人格。

2. 确定教材。一般由培训师确定教材，教材来源主要有四种：外面公开出售的教材、企业内部的教材、培训公司开发的教材和培训师编写的教材。一套好的教材应该是围绕目标、简明扼要、图文并茂、引人入胜。

3. 确定培训地点。培训地点的优劣也会影响到培训的效果。培训地点一般有以下几种：企业内部的会议室、企业外部的会议室、宾馆内的会议室。要根据培训的内容来布置培训场所。

4. 准备好培训设备。例如：电脑、电视机、投影仪、屏幕、放像机、摄像机、幻灯机、微型麦克风、翻页器、黑板、白板、纸、笔等。尤其是一些特殊的培训，需要一些特殊的设备，事前一定要准备好。

5. 决定培训时间。要考虑是在白天，还是在晚上，工作日还是周末，旺季还是淡季，何时开始，何时结束，等等。

6. 发通知。要确保每一个应该来的人都收到通知，因此，最后有一次追踪，使每个人都确知时间、地点与培训基本内容。

四、评价培训阶段

评价培训阶段主要可以分为五个步骤：确定标准、受训者测试、培训控制、针对标准评价培训结果和评价结果的转移。

（一）确定标准

标准和目标是息息相关的，只有确立了目标才能确立标准，标准又是为目标服务的，有了标准才能使目标具体化。确定标准的原则如下：（1）要以目标为基础；（2）要与培训计划相匹配；（3）要具体、可操作。

（二）受训者先测

受训者先测是指让受训者在培训之前先进行一次相关的测试，以了解受训者原有的水平，包括原有的知识、技能和态度。

受训者先测可以用纸—笔测试，也可以用操作测试，还可以用情景测试，或用案例测试。受训者先测的主要作用如下：（1）有利于引导培训的侧重点；（2）为正确评价培训效果打下基础；（3）使受训者在培训之前就受到一次培训。

（三）培训控制

培训控制是指在培训过程中不断根据目标、标准和受训者的特点，矫正培训方法、进程的种种努力。因此，培训控制是与实施培训连在一起的。

培训控制要注意以下五点：（1）要注意观察，要善于观察；（2）要与培训师进行沟通；（3）要抓住培训目标的大方向；（4）与受训者及时交流，了解真实反映；（5）要运用适当的方式。

（四）针对标准评价培训结果

评价培训结果经常用的方法是请受训者在培训结束后填写一份培训评价表。而设计出一份优秀的培训评价表则是这一步骤的关键。

一份优秀的培训评价表应该具有以下特点：（1）与培训目标紧密联系；（2）以标准为基础；（3）与受训者先测内容有关；（4）包括培训的一些主要因素，如培训师、培训场地、培训教材等；（5）包括培训的一些主要环节，如第一单元、客户服务部分、案例讨论方面等；（6）评价结果容易数量化；（7）鼓励受训者真实反映结果。

（五）评价结果的转移

评价结果的转移是最重要的步骤，也是许多培训项目忽视的步骤。

结果的转移是指把培训的效果转移到工作实践中去，即工作效率提高多少，这和培训目标息息相关，因此，正确评价结果的转移是最终衡量一次培训是否有效果的关键。

评价结果的转移要注意以下五点：（1）要取得其他职能部门的支持；（2）评价工具要有效性高；（3）评价内容要具有可测量性，如销量、产品合格率、事故次数、出勤率、产量、耗油量、客户满意率等；（4）要有时间性，有的培训效果立竿见影,有的培训效果要在一段时间后才能见效,有的培训效果过了一段时间后会失效;(5)要真实,即使有的培训结果无转移,也要真实反映,这样才能吸取教训,以利于以后的改进。

第三节 培训与开发的方法与类型

员工的培训与开发的方法与类型是否恰当与最终结果有极大的关系。

一、培训与开发的方法

员工培训的方法都要与成人学习的原则联系起来。

(一)成人学习的原则

由于成人的生理状态与心理状态与非成年人不同,因此,成人学习的原则也与非成年人不同。企业中的员工都是成人。我们掌握了成人学习的原则,就可以更好地运用各种培训方法,来达到培训的目标。

成人学习的原则主要有以下六点:(1)逻辑记忆能力较强,机械记忆能力较弱;(2)有学习欲望的才能学习,没有学习欲望时几乎不能学习;(3)联系过去、现在的经验较易学习;(4)通过实践活动较易学习;(5)联系未来情景,较易学习有指导意义的内容;(6)在一种非正式的、无威胁的环境中学习,效果较佳。

(二)各种培训方法的效果

培训方法有许多种,例如:授课、研讨会、电影、录像、计划性指导、计算机辅助教育、师带徒、工作轮换、案例研究、游戏、角色扮演、T小组(敏感性小组)、行为造型、角色扮演、读书等。

在企业中较常用的方法有八种:案例研究、研讨会、授课、游戏、电影、计划性指导、角色扮演、T小组。

1. 各种培训方法的学习效果比较。从表6.2中可以看出,授课的效果最差,但是费用也最低;计划性指导的费用最高,但是效果并非最好;效果最好的是研讨会,其费用仅为中偏低,似乎是企业培训的首选方法。

2. 各种培训方法与内容的效果比较,从表6.3中可以看出:如果要使员工获得知识,可以选用研讨会、角色扮演、计划性指导等方法;如果要使员工转变态度,可以选用T小组、角色扮演、研讨会等方法;如果要使员工掌握解决问题技能,可以选用案例研究、游戏、角色扮演等方法;如果要使员工掌握人际关系技能,可以选用角色扮演、T小组、游戏等方法;如果要使员工保持知识,可以选用计划性指导、研讨会、授课等方法。而参与者接受性以案例研究为最佳，以计划性指导为最差。

表 6.2　各种培训方法学习效果比较

培训方法	反馈	强化	实践	激励	转移	适应个体	费用
案例研究	中	中	良	中	中	差	低
研讨会	优	良	良	优	良	中	中偏低
授课	差	差	差	差	差	差	低
游戏	优	中	差	良	中	差	中偏高
电影	差	差	差	差	差	差	中
计划性指导	优	中	良	良	差	中偏良	高
角色扮演	良	良	良	中	良	中	中偏低
T 小组	中	中	良	中	中	中	中偏高
网络	优	良	差	中	中	差	低

表 6.3　各种培训方法与内容的效果比较

效果等级＼内容＼方法	获得知识	转变态度	解决问题技能	人际关系技能	参与者接受性	保持知识
案例研究	4	5	1	5	1	4
研讨会	1	3	4	4	6	2
授课	9	8	7	8	8	3
游戏	5	4	2	3	2	8
电影	7	7	9	6	5	6
计划性指导	3	9	6	7	9	1
角色扮演	2	2	3	1	3	7
T 小组	8	1	5	2	7	9
网络	6	5	8	☆9 或 3	4	5

☆取决于软件或平台的质量。

（三）主要培训方法介绍

企业中有许多培训方法可以运用，目前常用的有以下一些方法。

1. 案例研究。这是一种培训员工作决策和解决问题的经典方法之一。这种方法的步骤是：首先让受训者阅读一则描述完整的经营问题或组织问题，然后要求受训者找出一个适当的解决方法。

案例研究的目的是培训受训者如何来分析信息、如何来产生一些方法，以及如何来评价这些方法。案例研究通过口头讨论或书面作业来进行反馈和强化。

通过案例分析，受训者学习如何把一些原则转移到现实的问题中去。由于费用较低，因此在企业培训和 MBA 教学中广泛运用。

2. 研讨会。研讨会分两种：一种是以受训者感兴趣的题目为主，作一些有特色的演讲，并分发一些材料，引导受训者讨论；另一种除了上述内容外还加上一些其他方法，如案例研究、电影、游戏、角色扮演等。

研讨会一般在宾馆或会议中心举行，对人数有一定的控制。研讨会的效果好坏与培训师的水平关系密切。较差的研讨会效果只相当于授课，但较成功的研讨会由于结合了其他方法的长处，因此效果十分理想。

3. 授课。授课是学校常用的方法，主要由培训者讲述知识，由受训者记忆知识，中间会穿插一些提问，由受训者来回答。

授课的效果完全取决于培训师的演讲水平，即使培训师的演讲水平很高，但培训效果仍不理想，主要原因是这种方法不太符合成人学习原则。另外又是一种单向沟通，而且只用了视觉和听觉两种感知通道。

在企业培训中，授课只能作为一种辅助方法。

4. 游戏。游戏可以分为两种：普通游戏和商业游戏。

普通游戏是指一些经过精心设计，表面上与其他游戏相差无几的活动，其实内含许多与管理或员工工作有密切关系的一类活动。普通游戏很受受训者的欢迎，他们很愿意参与，对其结果的分析，涉及工作的延伸，培训内容与技能较易掌握，是培训的一种较好方法，但设计要求较高。

商业游戏需要受训者作出一系列决策，每次作出决策不同，下一个情景也将变化，可以看作是案例研究的动态化，商业游戏可以是按一个市场划分，也可以按一家企业划分，也可以按一个职能部门划分。目前往往运用电脑来记录信息，计算出结果，时间跨度可以是半年，也可以是三年，实际操作时间只是在半小时至两小时之间。商业游戏效果良好，受训者参与性高，实用性也强，但是由于设计费用昂贵，企业租用费用也相对较高，因此限制了商业游戏的推广。

5. 电影。电影与录像培训相似。是一种事先制作好的视觉教材，受训者通过看电影而获得培训。片源可以购买或租赁，也可以为某一家企业的特定需要而摄制。

电影的优点有以下一些：直观、能观察到许多过程细节、活动的物体容易记忆、容易引起视觉想象、可以重播。电影也有一些缺点：受训者处在消极的地位、受训者无机会反馈或强化或实际操作、制作成本大或者不符合受训者实际情景。

6. 计划性指导。是指一种以书面材料或电脑屏幕提供阶段性信息的培训方法，在学习了每一阶段的材料后，受训者必须回答这一阶段的有关问题，每一回答后，会提供正确答案作为反馈。受训者只有通过前一阶段的所有问题，才能进入下一阶段的学习。

计划性指导的优点有以下一些：受训者可以根据自己的速度进行学习、反馈程度高又及时、对答对题的受训者提供激励、有很多机会做练习，不受时间与地点的限制。计划性指导也有一些缺点：开发成本很高、学到的知识较难转移到工作情景中去。

7. 角色扮演。这种方法往往在一个模拟真实的情景中，由两个以上的受训者相互作用，使其掌握必要的技能。这种方法比较适用于培训人际关系技能。受训者要扮演的角色常常是工作情景中经常碰到的人。例如：上司、下属、客户、其他职能部门经理、同事等。

角色扮演的效果较好，但主要取决于培训师的水平，如果培训师能作及时、适当的反馈和强化，则效果相当理想，而且学习效果转移到工作情景中去的程度也高。但是角色扮演的培训费用较高，主要原因是这种培训只能以小组进行，人均费用会提高。

8. T小组。又叫敏感性小组。这种培训方法在20世纪六七十年代十分流行。它的主要方法是由受训者组成，人数在12人以下，每个组配一位积极观察组员行为的培训师。培训时没有固定的日程安排，讨论的问题往往涉及小组形成中"现时、现地"的问题，主要集中在"为何参与者的行为会如此？人们是怎样察觉他人的情感的？人们的情感是如何相互作用的？"这类问题上。

T小组可以明显提高人际关系技能，并能促进受训者的成长与发展。T小组的效果在很大程度上依赖于培训师的水平，否则很难把培训效果转移到工作情景中去。

9. 网络。这种培训方法在本世纪初开始大行其道，主要优点是：价格低廉，培训时间可由受训者自己控制。

培训的效果主要取决于软件的设计和平台的质量。

二、培训与开发的类型

（一）培训与开发的主要项目

在企业中，员工培训与发展的项目有无数种，有些是企业内部培训的项目，有些是请外部培训公司培训的项目，有些则是两者均可进行的培训项目。

1. 五十种培训项目。目前在企业中最流行的五十种培训项目如下：新进员工定向培训、领导技能、业绩评估、人际关系技能、培训培训师、团队建设、聆听技能、个人电脑实务、招聘与选择、时间管理、解决问题技能、决策技能、新设备操作、开会技能、信息沟通、授权、防止性骚扰、管理变化、安全常识、产品知识、全面质量管理、公共演讲技能、演示技能、压力管理、目标管理、信息管理系统、计算机编程、多元化管理、激励员工、书写技能、谈判技巧、计划、战略管理、市场营销、开发创造力、财务管理、防止浪费、戒烟、职业道德、退休计划、采购流程、阅读技巧、企业再造、外语、推销技能、组织发展、人力资源管理、生产管理、大众心理学、追求卓越心态等等。

2. 企业内部培训的项目。目前企业中常常由自己内部进行培训的项目有以下十种：新进员工定向培训、业绩评估、产品知识、招聘与选择、新设备操作、防止性骚扰、开会技能、安全常识、聆听技能与生产管理。

3. 请外部培训公司培训的项目。目前企业中常常请外部培训公司培训的项目有以下十种：追求卓越心态、计算机编程、信息管理系统、戒烟、培训培训师、时间管理、公共演讲技能、谈判技巧、财务管理和演示技能。

4. 内外结合的培训项目。目前企业中常常内外结合的培训项目有以下十种：领导技能、人际关系技能、追求卓越心态、团队建设、个人电脑实务、解决问题技能、安全知识、决策技能、激励员工和管理变化。

5. 企业进行最频繁的十大培训项目。目前在企业中进行最频繁的十大培训项目是：新进员工定向培训、推销技能、领导技能、业绩评估、人际关系技能、培训培训师、团队建设、聆听技能、个人电脑实务、外语、市场营销。

（二）新进员工定向培训

新进员工定向培训，简称定向培训，是指向新聘用的员工介绍组织、介绍工作任务、介绍上级和同事为主的一种培训。大约有 80% 的企业进行这类培训，但并不一定规范，效果欠佳。

1. 定向培训的目的。

定向培训的目的主要有以下几点：（1）降低启动费用；（2）减少新进员工的焦虑与困惑；（3）减少新进员工的"跳槽"；（4）为主管和同事节省时间；（5）确立真实的工作期望；（6）培养积极的态度、价值观；（7）使新进员工养成良好习惯；（8）树立正确的工作满意感。

2. 定向培训的内容。

定向培训主要涉及以下内容：（1）企业概况；（2）企业文化与经营理念；（3）企业主要政策和组织结构；（4）员工规范与行为守则；（5）企业报酬系统；（6）安全与事故预防；（7）员工权力和工会；（8）职能部门介绍；（9）具体工作责任与权力；（10）企业规章制度；（11）工作场所与工作时间；（12）新进员工的上级、同事、下级。

3. 定向培训的方法。定向培训时间从半天到三个月不等，主要根据企业的实际需要，一般以二至三天为佳。

定向培训常用的方法如下：（1）授课；（2）研讨会；（3）户外训练；（4）电影。

（三）管理人员培训

管理人员培训是目前企业中进行最多的一大类培训，主要对象是管理人员，有时也会让一些有可能成为管理人员的非管理人员参加。

1. 管理人员培训的目的。

管理人员培训的主要目的有以下几点：（1）让未受过正规管理学习的管理人员掌握必要的管理技能；（2）让管理人员学习新的管理知识和先进的管理技能；（3）帮助管理人员树立正确的心态，以利于更好地领导、管理下级；（4）建立积极向上的企业文化；（5）提高企业的效益。

2. 管理人员培训的项目。管理人员培训的内容相当多，一些职能部门特定的培训项目之外，主要有以下一些项目：追求卓越心态、领导技能、人际关系技能、聆听技能、团队建设、时间管理、解决问题技能、决策技能、开会技能、信息沟通、授权、管理变化、员工指导、员工激励、公共演讲技能、目标管理、多元化管理、谈判技巧、计划、战略管理、憧憬策划、职工道德、阅读技巧、组织发展、企业再造等。

3. 管理人员培训的方法。

管理人员培训的方法主要有以下几种：（1）研讨会；（2）案例研究；（3）角色扮演；（4）T小组（敏感性培训）；（5）游戏。

（四）科技人员培训

科技人员培训目前主要集中在专业领域的学习，其实应该涉及其他方面的培训，才能更大程度地发挥科技人员的潜力。

1. 科技人员培训的目的。

企业中科技人员培训的主要目的有以下几点：（1）开发出适合市场需求的产品；（2）主动为企业的战略目标作出贡献；（3）更加善于指导员工操作；（4）完成企业各项科技任务。

2. 科技人员培训的项目。目前，越来越多的企业重视科技人员综合素质的提高。因此，除了一些特定的专业培训之外，还进行以下一些培训项目：追求卓越心态、创造性思维训练、非财务人员的财务培训、非营销人员的营销培训、时间管理、沟通、职业道德、团队建设、员工指导、大众心理学、外语等等。

3. 科技人员培训的方法。

科技人员培训的方法主要有以下几种：（1）研讨会；（2）授课；（3）计划性指导；（4）案例研究；（5）电影。

（五）操作人员培训

操作人员培训又称为工人培训。是指对第一线员工的培训。

1. 操作人员培训的目的。

操作人员培训的主要目的有以下几点：（1）培养员工积极的心态；（2）全面完成各项任务；（3）掌握正确做事情的原则；（4）掌握正确做事情的方法；（5）提高工作效率。

2. 操作人员培训的项目。每个企业的操作人员由于工种不同，其需要的知识和技能也不同，因此，每个企业都应该对操作人员特定的知识和技能进行培训。除此之外，还可以进行以下一些培训项目：追求卓越心态、安全与事故防止、减少浪费、全员质量控制、企业文化、团队建设、新设备操作、压力管理、人际关系技能、时间管理、个人电脑实务等。

3. 操作人员培训的方法。

操作人员培训的方法主要有以下几种：（1）研讨会；（2）游戏；（3）电影；（4）户外训练；（5）授课。

第四节　培训与开发中的主要问题及其应对策略

企业中员工的培训与开发既然如此重要，为何不少企业还是对培训不够重视？究其原因，一方面由于最高管理层的错误认识所致，另一方面由于培训效果不佳所致。

培训的效果固然与许多因素有关，但是主要与三个因素关系最为密切。它们是：培训师的选择与培养、培训预算及其使用、培训效果的测定与反馈。

一、培训师的选择与培养

在员工培训与开发中，培训师的优劣在某种程度上决定培训效果。因此，应该充分重视培训师的选择与培养。

（一）培训师的类型

决定培训师水平高低有三个维度：知识和经验、培训技能、个人魅力。根据三个维度，培训师可以分为八种类型。

1. 卓越型培训师。这类培训师既有丰富的理论知识，又有丰富的实践经验。他们熟练掌握各种培训技能，又富有个人魅力，因此培训效果极佳。

2. 专业型培训师。这类培训师也拥有扎实的理论功底和丰富的实践经验，他们熟练掌握各种培训技能，但是缺乏个人魅力，因此培训效果较佳。

3. 技巧型培训师。这类培训师富有个人魅力，也掌握各种培训技能，但缺乏相关知识和经验，因此在培训过程中受训者一直很接受，当时感觉不错，但实际效果不一定最佳。

4. 演讲型培训师。这类培训师极富个人魅力，又有相当丰富的知识和经验。但是缺乏培训技能。他们往往口若悬河、妙趣横生，但只会运用授课技能，结果是掌声雷动，但培训效果欠佳。

5. 肤浅型培训师。这类培训师熟练掌握培训技能，但既缺乏个人魅力，又缺乏必要的知识和经验，因此在培训中可能故事不断，笑话连篇，也可能不断引导，多讨论而无结果，最终使培训走过场，不能获得应有的效果。

6. 讲师型培训师。这类培训师以大学教师为多，他们有丰富的知识和经验，但没有受过培训方面的训练，又缺乏个人魅力，结果使受训者一直处在催眠状态，前听后忘，培训效果可想而知。

7. 敏感型培训师，这类培训师富有个人魅力，但是既缺乏培训技能，又缺乏相关知识和经验。他们的特点是培训过程中不断提问，请受训者回答，但又不作指导，结果使受训者不知所云，培训效果也不理想。

8. 弱型培训师。这类培训师是最差的一类培训师，他们在个人魅力、培训技能、知识和经验三个维度都处于低水平，他们不是对着黑板读讲稿，就是叫受训者轮流读教材，结果使受训者浪费时间、浪费精力，培训效果极差。

企业在培训时，最好聘请卓越型培训师，万一请不到也可以聘请专业型培训师、技巧型培训师和演讲型培训师；要防止聘请肤浅型培训师、讲师型培训师和敏感型培训师；千万别聘请弱型培训师。

（二）了解培训师的途径

知道了培训师主要有八种类型后，企业如何来了解培训师呢？主要途径有以下四种。

1. "试了再买"，可以尝试让培训师作一次培训，全面了解其知识、经验、培训技能和个人魅力。

2. 要一份培训师简历。通过简历，我们可以知道其受过什么教育、有什么经验，从事过什么工作，主持过什么培训。

3. 提一些问题。如对培训方法的熟悉程度，是否了解企业职能部门的运作，是否知道培训与一般教育的区别，怎样达到本次培训的目的等等。以了解他的实际水平。

4. 要求制定一份培训大纲。从大纲中，我们可以知道其是否熟悉培训，是否知道培训技能，是否善于通过培训达到企业目标。

（三）寻找卓越型培训师

优秀人才一定是紧缺人才，同样，卓越型培训师在市场上也不多见。寻找卓越型培训师主要可以通过以下途径：

1. 参加各种培训班。通过培训班，可以直接与各种培训师接触，可以观察到各位培训师的风格，从而可以寻找到企业需要的卓越型培训师。

2. 去高校旁听。在目前，高校还是一个藏龙卧虎之地。可以去高校旁听各门相关课程，从中发掘出一些卓越型培训师。

3. 熟人介绍。通过亲朋好友，或者通过同事，相互介绍后可以知道各位培训师的水平，从而选择到合适本企业的培训师。

4. 专业协会介绍。可以多参加专业协会的活动，尤其是专业协会组织的培训或演讲会，从中也可以寻找到一些优秀的培训师。

5. 与培训公司保持接触。应该说，培训公司是卓越型培训师最集中的地方，而许多培训公司为了拓展市场，经常会主动与企业接触，因此，企业也应该与多个培训公司保持接触，为我所用，寻找卓越型培训师，达到良好的培训效果。

（四）培养企业内部培训师

企业内，经常要进行的一些培训项目，如：追求卓越心态、领导技能、推销技能、新进员工定向培训等，可以通过培养企业自己的培训师来达到组织目标。

1. 寻找培训师候选人。

培训师候选人应该具备以下一些基本条件：（1）喜欢培训工作；（2）有一定的相关知识；（3）有一定的实践经验；（4）善于进行信息沟通；（5）心态较积极；（6）善于学习；（7）善于语言表达。

2. 培养培训师。

可以通过以下方法来培养培训师：（1）参加"培训培训师"的研讨会；（2）请企业内部已有的培训师辅导；（3）让培训师候选人在适当场合实践。

二、培训预算及其使用

企业的培训预算多寡，以及如何正确使用，直接关系到培训的效果。

（一）企业培训的总预算及其使用

1. 企业培训的总预算。各企业培训的总预算多少不一，这是正常的。但应该有一个适当的比例。国际大公司的培训总预算一般占上一年的总销售额的 1%—3%，最高的达 7%，平均达 1.5%，而我国的许多企业都低于 0.5%。甚至不少企业在 0.1% 以下。

2. 企业培训总预算的使用。如果包括企业内部人员的费用在内，一些企业的总预算是这样安排的：30% 为内部有关人员的工资、福利及其他费用、30% 为企业内部培训、30% 为派遣员工参加外部培训，10% 作为机动。如果不包括企业内部人员的费用在内，一些企业的总预算是这样安排的：50% 为企业内部培训，40% 为派遣员工参加外部培训，10% 作为机动。

（二）派遣员工参加外部培训

1. 培训公司的成本分割。培训公司一般来说是一种微利行业，许多培训公司目前在中国都处于负债经营状态，一些国际培训公司由于看中大陆市场，往往由母公司出钱支持在中国的子公司运作。

培训公司的成本分割大致如下：20% 为培训师费用、20% 为开发教材或支付版税、20% 为市场营销费用、20% 为交税和管理费用、10% 为操作费用、10% 为利润。一旦培训师的差旅费及市场营销费用突破后，利润就所存无几了。

2. 参加外部培训的费用。国内培训公司目前的费用在每人每天 1 000 元至 10 000 元之间，国际培训公司目前的费用在每人每天 500 美元至 3 000 美元之间。而且以每年 10% 的速度递增。

（三）企业内部培训

企业内部培训简称内训，其费用由于形式不同而差异较大。

1. 企业自己培训。即由企业内部的培训师培训，这类培训费用最低，如果不涉及教材的版税，只要支付内部员工的工资等费用，再加上一些设备、材料的损耗费。由于企业内部培养、贮存卓越型培训师的费用过大，再加上不少课程无法自己培训，因此，不少企业，尤其是一些中小企业，并无能力胜任自己培训。

2. 聘请培训师内训，目前国内的培训师市场价大约在每天 3 000 元至 30 000 元之间，国际培训师市场价大约在每天 2 000 美元至 30 000 美元之间。聘请培训师进行内训相对费用较低，但是服务往往跟不上，企业还要做很多配合工作，尤其是教材开发方面也存在不足。因此使某些内训效果受到影响。

3. 聘请培训公司内训。这种形式效果最好，但费用也最高，但与派遣相同人数的员工参加外部培训的费用相比，又便宜不少。目前聘请培训公司内训的费用大约在每天 10 000 元至 100 000 元之间，一些国际培训公司收费还会高一点。由于操作规范、服务精良、培训师一流，不少企业还是愿意聘请培训公司进行内训。

三、培训效果的测定与反馈

培训效果的测定与反馈对于企业员工培训与开发十分重要。通过测定与反馈，既可以了解培训产生的效益，又可以为未来的培训打好基础，以利于进一步开发人力资源。

（一）培训效果测定的四个层次

1. 反应层次。这是培训效果测定的最低层次。主要利用问卷来进行测定，可以问以下一些问题：受训者是否喜欢这次培训？是否认为培训师很出色？是否认为这次培训对自己很有帮助？有哪些地方可以进一步改进？

2. 学习层次：这是培训效果测定的第二层次，可以运用书面测试、操作测试、等级情景模拟等方法来测定。主要测定受训者与受训前相比，受训后是否掌握了较多的知识、较多的技能，是否改善了态度。

3. 行为层次。这是培训效果测定的第三层次，可以通过上级、同事、下级、客户等相关人员对受训者的业绩进行评估来测定，主要测定受训者在受训后行为是否有改善，是否运用了培训中的知识、技能，是否在交往中态度更正确了，等等。

4. 结果层次。这是培训效果测定的最高层次，可以通过事故率、产品合格率、产量、销售量、成本、利润、离职率、迟到率等指标进行测定，主要测定内容是个体、群体、组织在受训后是否有改善，这是最重要的一种测定层次。

（二）培训效果的量化测定

培训效果的量化测定方法较多，其中运用较广泛的是下列公式：

$$TE=(E_2-E_1)\times TS \times T - C$$

其中：TE = 培训效益；

E_1 = 培训前每个受训者一年产生的效益；

E_2 = 培训后每个受训者一年产生的效益；

TS = 培训的人数；

T = 培训效益可持续的年限；

C = 培训成本

举例：

某公司进行了一次推销员推销技能培训班，受训的推销员有 20 人，为期三天，培训费 10 万元，受训前每位推销员一年的销售净利为 10 万元，受训后每位推销员一年的销售净利为 11 万元，培训的效果可持续 3 年。

根据上述公式，可得：

$$TE=(11-10)\times 20 \times 3 - 10 = 50（万元）$$

即通过这次推销技能培训，某公司的培训效益为 50 万元，投资回报率 = 50÷10 = 500%。

（三）培训效果测定方案的设计

根据需要，可以设计出许多培训效果测定方案，其中主要有以下四种（见图 6.4）。

1. 简单测定。这是一种最简单的测定方案，即在培训后进行一次测定，简单易行，但效果欠佳。不应该常用。

2. 前后测定。这是一种较常用的方法，即在培训前后各进行一次测定，两者的差距即培训的效果、测定方法的有效性

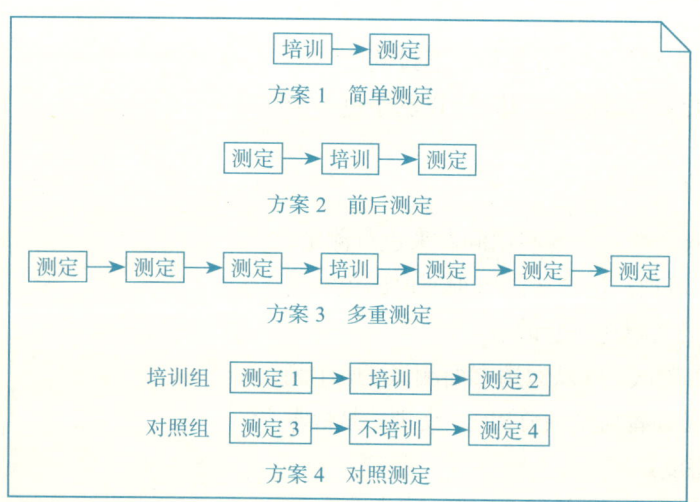

图 6.4
培训效果测定方案

是关键。

3. 多重测定。这是一种较为精确的测定方案，即在培训前测定多次，取其平均值，再在培训后测定多次，取其平均值，两个平均值之间的差距即为培训效果，这种方案较多运用在一些较难量化的培训效果上。例如士气、态度、价值观等等。如果测定方法是多重的，正确性会提高，但操作难度会增加。

4. 对照测定。这是一种最为科学的测定方案，如果测定者和被测定者都不知道测定的目的，测定效果极为理想。方法是首先选择好培训组，接着用相同方法选择对照组，然后分别进行测定，这两个测定结果应该是相似的。接着对培训组进行培训，而在同一时期内对照组照常工作而不进行培训，最后在同一时间内对培训组和对照组分别进行测定 2 和测定 4。测定 2 和测定 4 的差距就是培训的效果。对照测定虽然比较复杂，但是由于它的正确性较高，较有说服力，因此值得推广。

本章小结

企业员工的培训与开发是指企业为了使员工获得或改进与工作有关的知识、技能、动机、态度和行为，以利于提高员工的绩效以及员工对企业目标的贡献，企业所作的有计划的、有系统的各种努力。

根据培训与开发的实施模型，培训与开发可以分为前期准备、培训实施和评价培训三个阶段。培训与开发有众多方法，这些方法在内容和效果上各有优劣，企业应该根据自身具体情况选择合适的培训方法。

拥有高素质的人才是企业在高度竞争的市场经济中获胜的重要条件，员工的培训与开发能让企业适应环境的变化、满足市场竞争的需要，也能满足员工自身发展的需要、提高企业的效益，员工培训与开发的力度与效果是预测企业未来竞争力的重要指标。然而，虽然员工培训与开发如此重要，很多企业的管理者却并不十分重视，他们陷入了一些认识上的误区，这也应引起重视并采取相应策略。

关键术语

培训　　案例研究　　计划性指导　　角色扮演　　T 小组　　新员工定向培训

复习思考题

1. 请您结合实践，说说如何克服员工培训与开发中的误区。
2. 请您制定一家公司的一次培训实施方案。
3. 您认为在企业中培训应该如何选用各种培训方案？
4. 如果要求您实施一次新进员工定向培训，您将如何操作？
5. 通过学习与实践，您将如何选择培训公司与培训师？

本章案例集

第 7 章 职业计划与职业管理

本章要点

1. 职业计划和职业管理的含义、内容和重要性。
2. 职业发展阶段理论和职业锚理论。
3. 职业路径的含义和内容。
4. 员工个人置业计划活动的步骤。

本章学习资料

引例

海尔的个人生涯培训

海尔集团自创立以来一直将培训工作放在首位,上至集团领导,下至车间一线操作工人,集团根据每个人的职业生涯设计为每个人制定了个性化的培训计划,搭建了个性化发展的平台,提供了充分的培训机会,并实行培训与上岗资格相结合。

海尔的人力资源开发思路是："人人是人才"和"赛马不相马"。在具体实施上给员工作了三种职业生涯设计：一种是对着管理人员的，一种是对着专业人员的，一种是对着工人的。每一种都有一个升迁的方向，只要是符合升迁条件的即可升迁入后备人才库，参加下一轮的竞争，跟随而至的就是相应的个性化培训。

1. "海豚式升迁"，是海尔培训的一大特色，海豚是海洋中最聪明最有智慧的动物，它下潜得越深，则跳得越高。如一个员工进厂以后工作比较好，但他是从班组长到分厂长干起来的，主要是生产系统，如果现在让他干一个事业部的部长，那么他对市场系统的经验可能就非常缺乏，就需要到市场上去，到市场去之后他必须到下边从事最基层的工作，然后从这个最基层岗位再一步步干上来，如果能干上来，就上岗，如果干不上来，则就地免职。

有的经理已经到达很高的职位，但如果缺乏某方面的经验，也要派他下去，有的各方面经验都有了，但处事综合协调的能力较低，也要派他到这些部门来锻炼，这样对一个干部来说压力可能较大，但也培养锻炼了干部。

2. "届满要轮流"，是海尔培训技能人才的一大措施。一个人长久地干一样工作，久而久之形成了固化的思维方式及知识结构，这在海尔这样以"创新"为核心的企业来说是难以想象的，目前海尔已制定明确的制度，规定了每个岗位最长的工作年限。

3. 实战方式，也是海尔培训的一大特点。比如海尔集团常务副总裁柴永林，是1980年代中期在企业发展急需人才的时候入厂的。一进厂，企业没有给他出校门进厂门的适应机会，因为时间不允许，一上岗，在他稚嫩的肩上就压上了重担，从国产化、引进办，后又到进出口公司的一把手，领导们看得出来他很累，甚至压得他喘不过气来。有一阶段工作也上不去了，但领导发现，他的潜力还很大，只是缺少了一些知识，需要补课。为此就安排他去补质量管理和生产管理的课，到一线去锻炼（检验处长，分厂厂长岗位），边干边学，拓宽知识面，积累工作经验。在较短的时间内他成熟了，担起了一个大型企业副总经理的重任。由于业绩突出，1995年又委以重任，接收了一个被兼并的大企业，这个企业的主要症结是：亏损、困难较大、离市场差距较远。他不畏困难，一年后就使这个企业扭亏为盈，企业两年走过了同行业二十年的发展路程，成为同行业的领头雁，也因此成为海尔吃"休克鱼"的典型，被美国哈佛大学收入其工商管理案例库，之后他不停地创造奇迹，被《海尔人》誉为"你给他一块沙漠，他还给你一座花园"的好干部。

（资料来源：《100个成功的人力资源管理》，李小勇编著，机械工业出版社，2004年版，第128页。文中部分内容有改编。）

第一节 职业计划与职业管理的基本含义

一、职业计划与职业管理概述

(一) 职业计划的含义及内容

职业计划,又称职业生涯计划,是指个体确立自己的职业目标并采取行动实现职业目标的过程。要正确理解职业计划的含义,要从以下四个方面入手:

1. 制订和执行职业计划的主体是个体,而不是组织,严格来说是企业中的员工个体。企业或组织可能对员工个人的职业计划产生重要影响,但这是通过影响员工对自身、环境、目标的认知间接产生的,并非必然。而且,许多个人职业计划的实现是在唯一组织内工作时无法实现的,这种情况下,个别组织对职业计划的约束、影响力更小了。

2. 职业计划包含制定和实施的整个过程。职业计划是个体在职业生涯中有意识地确立目标并追求目标实现的过程。确立目标要基于对内外条件的认识分析之上。目标确立后要通过职业活动去实现。随着内外条件的不断变化和职业活动的成果出现,职业目标可能会更加明晰,或是需要在反馈后加以修正。职业目标的确定、实现、明晰和修正,都离不开组织,甚至需要组织的主动参与和帮助。

3. 职业计划中的职业目标同工作目标有很大差异,同时又密切联系。工作目标是个人在目前的岗位上想要完成的任务目标,可以是自设的,也可以是给定的。工作目标一般较具体,是同本职工作紧密相关,随时间而变化的短期目标。职业目标相对来说较为抽象,涉及长期。而且不一定完全同现时工作有关。但是,职业目标的达成,尤其是在单一专业或组织内部提升的目标,同工作目标的选择及完成情况关系密切。可以说,选择适当的工作目标并很好地实现这些目标是最终达成职业目标的最佳途径。

4. 组织应了解员工的职业计划,并通过相应的人力资源政策使之有助于组织目标的达成。组织是员工个体职业生涯的重要场所。在对自身和环境进行分析、确定职业目标的过程中,许多员工需要来自外界的指导帮助。借助组织的聘用、培训、评估、晋升等有效手段,组织可对员工的职业计划产生巨大影响。组织既有责任帮助员工发展和实现自己的职业计划,又有必要加以引导,使员工职业计划的发展同组织整体发展目标相和谐。

(二) 职业计划的内容

职业计划的内容包括自我定位、目标设定、目标实现、反馈与修正四个方面。

1. 自我定位是指客观、全面、深入地了解自己。察明自己为人处世所遵循信奉的价值观念,明确为人的基本原则和追求的价值目标。要熟悉自己掌握的技能，此外还应剖析、了解自己的优势和弱点。在这几个层次完成自我观察之后，对自己形成一个客观、全面的定位。

2. 目标设定是基于正确的自我定位的基础上，设立更加具体、明确的职业目标。举例来说，如："在四十岁之前要成为某大型金融集团财务部门主管"可以称是一个较为明确的目标设定。就整个个人职业生涯来说，目标设定可以是多层次、分阶段的。越来越多的人为了追求挑战，愿意在职业生涯中从事不止一个行业。当然，有时环境迫使我们放弃原有的职业。一个多层次的目标设定可以使我们更快地摆脱窘境，保持开放、灵活的心境。一个远大雄伟的目标很少能够一气呵成，必须分解成若干易于达到的阶段性目标。由于职业生涯跨越个人的青年、中年和中老年，人在各时期的体能精力、技能经验、为人处世的特点有明显差别，所以有针对性地制订阶段性目标将更为可行。

3. 目标实现是通过各种积极的具体行动去争取目标达成。撰写求职简历、面试应聘、商议工资待遇、制订和完成工作目标、参加公司培训和发展计划、构建人际关系网、谋求晋升、参加业余时间的课程学习以及跳槽换工作等等，都可以看成是目标实现的具体努力。目标实现的主要内容是个人在工作中的表现及业绩，同时仅有工作表现又是不完整的。目标实现还包括超出现时工作之外的一些前瞻性的准备，包括参加业余的付费进修班学习，掌握一些额外的技能或专业知识（如进修第二外语，攻读 MBA 学位等）。此外，目标实现还包括为平衡职业目标和其他目标（如生活目标、家庭目标）而做出的种种努力。如果忽略了其他目标的努力，要想长期保持工作中出色的表现几乎是不可能的，职业目标的实现也会遇到许多牵扯精力的障碍。

4. 回馈与修正是指在达成职业目标的过程中自觉地总结经验和教训，修正对自我的认知和最终的职业目标。自我认知想一下子达到客观、清晰、全面是很困难的。就算有较透彻的自我认知和定位，大多数人也不能一下子就看清自己喜爱并适合于从事什么职业。因此，对于职业目标的描述界定，在刚开始时大多数是模糊、抽象的，有的甚至是错误的。在一段时间的工作努力之后，有意识地回顾自身的言行得失，可以检查验证自我定位的结论是否贴切，更可以证明自己对职业目标的设想方向对不对，是太高还是太低。调查表明，不少人是在一段时间的尝试和寻找之后，才了解自己到底适合于哪个领域哪个层面的工作，这段时间在缺乏反馈和修正的情况下可能长达十几年。在自我定位和目标设定正确时，反馈和修正同样可以纠正分阶段目标中出现的偏差，同时极大地增强实现目标的信心。

（三）职业活动

职业计划的四方面内容主要体现在个人的职业活动之中。职业活动主要包括八个方面内容：(1)个人简历准备；(2)工作种类设想；(3)面试；(4)工资谈判；(5)争取最佳业绩；(6)培训与开发；(7)晋升；(8)管理上级；等等。

(四) 职业管理的含义及内容

职业管理，是指组织提供的用于帮助组织内正从事某类职业员工完成职业计划的行为过程。职业管理的主体是组织。职业管理是企业人力资源管理的重要内容之一。了解职业管理要从三个方面入手：

1. 职业管理是组织为其员工设计的职业发展、援助计划，有别于员工个人制定的职业计划。职业计划是以个体的价值实现和增值为目的，个人价值的实现和增值并不局限在特定组织内部。职业管理则是从组织角度出发，将员工视为可开发增值而非固定不变的资本。通过员工职业目标上的努力，谋求组织的持续发展。职业管理带有一定的引导性和功利性。它帮助员工完成自我定位，克服完成工作目标中遇到的困难与挫折，鼓励将职业目标同组织发展目标紧密相连的个人，尽可能多地给予他们机会。对于其他员工，职业管理也同样给予必要的帮助。由于职业管理是由组织发起的，通常由人力资源部门负责，所以具有较强的专业性、系统性。与之相比，职业计划没有那么正规和系统。或者我们可以说，只有在科学的职业管理之下，才可能形成规范的、系统的职业计划。

2. 职业管理必须满足个人和组织的双重需要。与组织内部一般的奖惩制度不同，职业管理着眼于帮助员工实现职业计划，即力求满足职工的职业发展需要。因此，要实行有效的职业管理，必须了解员工在实现职业目标的过程中会在哪些方面碰到问题？如何解决这些问题？员工的漫长职业生涯是否可以分为有明显特征的若干阶段？每个阶段的典型矛盾和困难是什么？如何加以解决和克服？组织在掌握这些知识之后，才可能制订相应的政策和措施来帮助员工找到自己的答案，向他们提供相应的机会。同样，只有满足了员工的职业需求，才可能满足组织自身人力资源内部增值的需要。

一方面，全体员工的职业技能的提高带动组织整体人力资源水平的提升；另一方面，在职业管理中的有意引导可使同组织目标方向一致的员工个人脱颖而出，为培养组织高层经营、管理或技术人员提供人才储备。提高人员整体竞争力和储备人才是组织的需要。对职业管理的精力、财力投入和政策注入可以看成是组织为达到以上目的而进行的较长期投资。组织需要是职业管理的动力源泉，无法满足组织需要将导致职业管理失去动力源而中止。员工个体职业需要是职业管理活动的基础，无法满足员工个体基本职业需要将导致职业管理活动失败。

3. 职业管理形式多样、涉及面广。凡是组织对员工职业活动的帮助，均可列入职业管理之中。其中既包括针对员工个人的，如各类培训、咨询、面谈、讲座以及为员工自发的扩充技能，提高学历的学习给予便利等等；同时也包括针对组织的诸多人事政策和措施，如规范职业评议制度，建立和执行有效的内部升迁制度等等。职业管理自招聘新员工进入组织开始，直至员工流向其他组织或退休而离开组织的全过程中一直存在。职业管理同时涉及职业活动的各个方面。因此,建立一套系统的、有效的职业管理是有相当难度的。

(五) 职业管理的具体内容

职业管理的主要内容有以下八点:(1)职业路径设计;(2)职业评议;(3)员工培训和发展计划;(4)知识技能更新方案;(5)工作—家庭平衡计划;(6)职业咨询;(7)退休计划;(8)其他。

这些内容将在第三节中加以详细的介绍。

二、运用职业计划和职业管理的重要性

职业生涯跨越人生中精力最充沛、知识经验日臻丰富的四十余年,工作成为现代大多数人生活的重要组成部分。工作不仅提供了谋生手段,而且创造了迎接挑战、实现价值的大好机会和广阔空间。企业也越来越认识到,人才是最本质最重要的资源。企业一方面想要保持员工的稳定性和积极性,不断提高员工的业务技能以创造更好的经济效益;另一方面,企业又希望能维持不同程度的人员、知识、观念的更新替代以适应外界环境的变化,保持活力和竞争力。

对员工个人而言,运用职业计划,参与职业管理的重要性体现在三个方面。

1. 对于增强对工作环境的把握能力和对工作困难的控制能力十分重要。职业计划和职业管理既可以使员工个人了解自身长处和短处,养成对环境和工作目标进行分析的习惯,又可以使员工合理计划、分配时间与精力来完成任务、提高技能。这都有利于强化环境把握和困难控制能力。

2. 利于个人过好职业生活,处理好职业生活同生活其他部分的关系。良好的职业计划和职业管理可以帮助个人从更高的角度看待工作中的各种问题和选择,将各分离的事件相联系,服务于职业目标,使职业生活更加充实和富有成效。它更能考虑职业生活同个人追求、家庭目标等其他生活目标的平衡,避免顾此失彼、两面为难的窘境。

3. 可以实现自我价值的不断提升和超越。工作的最初目的可能仅仅是找一份可以养家糊口的差事,进而追求的可能是财富、地位和名望。职业计划和职业管理对职业目标的多次提炼可以使工作目的超越财富和地位之上,追求更高层次的自我价值实现的成就感和满足感。它可以发掘出促使人们努力工作的最本质的动力,升华成功的意义。

对组织而言,了解职业计划,进行职业管理也具有深远的意义。

1. 可以了解组织内部员工的需要、能力及目标,调和它们同存在于现实和未来的机会与挑战的矛盾。职业管理的主要任务就是了解员工的职业方面的需要和技能,帮助员工克服困难,实现目标。

2. 可以更加有效地利用人力资源。合理的组织结构、组织目标和激励机制

都有利于人力资源的开发与利用。同薪水、奖金、待遇、地位和荣誉的单纯激励相比，切实针对员工深层次职业需要的职业管理具有更有效的激励作用，同时能进一步开发人力资源的职业价值。而且，职业管理由于针对组织和员工的特点"度身定制"，同一般奖惩激励措施相比具有较强的独特性和排他性。

3. 提供平等就业机会，对持续发展十分重要。职业管理考虑了员工不同的特点和需要，并据此设计不同的职业发展途径以利于不同类型员工在职业生活中扬长避短。年龄、学历、性别差异带来的不是歧视，而是不同的发展方向和途径，这在组织中提供了更为平等的就业和发展机会。职业计划和职业管理的深入实施，有利于组织人力资源水平的稳定和提高。尽管人员可以流动，但是全体人员的技能水平和创造性、主动性可以保持稳定，甚至提升。这对于组织的持续发展是至关重要的。

第二节 职业发展

在每个人设计自己的职业蓝图前，尤其是在组织为帮助其员工建立职业管理之前，有必要先了解一些问题，例如：人的职业生活是怎样度过的？在什么时候会碰到什么样的问题？我们怎样才能知道自己适合于做什么工作？等等。职业发展理论试图解答上述问题并成为职业管理和职业计划的理论指导。关于职业发展有许多角度不同的理论，这里介绍的是职业发展阶段理论和"职业锚"理论。

一、职业发展阶段理论

职业发展阶段理论认为，人在职业生活的不同时期会有不同的需要，根据人在职业生活中普遍遇到的典型问题和经历的不同，可以将职业生活划分为若干不同的阶段。根据职业发展阶段理论，职业生活可以简单地分为五个阶段：（1）工作准备阶段；（2）进入组织阶段；（3）职业早期阶段；（4）职业中期阶段；（5）职业晚期阶段。各人经历这五个阶段的时间可能不尽相同，但是在各阶段中面临的主要任务和问题带有很大的共性。

（一）工作准备阶段（0—25岁）

工作准备阶段包含自出生至大约25岁的年龄段。在这一阶段中，人们一般还没有正式参加工作，而是通过各种方式接受教育、确定职业取向和为实际工作做准备。这一阶段的主要任务有三项：首先是确定最初的职业取向；其次是接受一套系统的教育以利贯彻职业取向；最后，也是最重要的是，在经历少年期、青春期和成年期的早期之后，形成适合自己的发展职业观念。

最初的职业取向由于内外条件的众多不确定性很可能是笼统的。接受系统教育则显得十分实际，在就业竞争日益激烈的今天，良好的教育几乎成为未来职业发展的必要条件。很早就显露无遗的天赋可以使人较早地越过这个时段而迈入工作（如出色的运动员和天才的艺术家），但是发展职业的观念并不能同样地迅速定型和扎根，这需要时间。而正确的发展职业观念对未来职业发展中的潜力、后劲以及适应职业变化能力十分重要。职业观念的形成标志着工作准备阶段的真正结束。

（二）进入组织阶段（18—25 岁）

这一阶段同工作准备阶段有所交叠，因为事实上大多数接受高等教育的人同时也开始通过多种非正式的工作接触社会了，没有机会接受高等教育的人更是如此。这一阶段的焦点是对工作和组织的选择，这可能影响整个职业生活。学会适应和融入一个组织是十分重要的，学会如何去尽快适应比适应的结果本身更加重要。这对未来到若干不同的公司工作（常常会是这样）非常有用。

这一阶段的最主要问题是"现实的震荡"。"现实的震荡"一方面表现在教育环境中养成的简单的、理想的、明确的观念同社会工作环境中复杂的、多样的现实会形成鲜明对照；另一方面，刚进入组织开始工作中易抱有不切实际的过高期望，不久发现实际上初始层次的工作并非富有挑战性，而且很难得到预期的指导、帮助和评价，从而又产生失望。两方面矛盾形成的"现实的震荡"，是很普遍又必须解决的问题。

"现实的震荡"会造成员工丧失信心，工作成效不高，甚至会打击积极性，使人员的自发流动增加，影响组织效益和用人计划。组织可以用工作实际展示和推行自我管理帮助员工克服"现实的震荡"，尽快投入到工作中去。

1. 工作实际展示指对工作和组织中积极和消极的方面加以客观的展示和介绍。新员工不切实际的期望不仅源于教育过程，而且可以出自严格的招聘筛选过程或是对组织各种规章制度的认识中。工作实际展示使新员工在进入工作之前有机会看到工作的本来面目，对可能面临的矛盾、挫折、困难做好心理准备。当问题出现时他们就不会感到突兀和震惊，反而会觉得很自然。这样他们就能更从容自信地适应工作，不会轻言放弃了。

2. 自我管理旨在指导人们正确地评估自己的抱负，制定具体的目标、讨论预测环境中的障碍，制订解决的办法。另一方面，自我管理教会员工善于观察自我行为，比较行动成果和目标的距离，从而加强自我支配力，最终有利于目标承诺的保持和目标完成。在权利同责任高度下放的企业中，教会员工自我管理的技巧格外重要，就员工个人而言，学会进行自我管理可使其在整个职业生活中受益匪浅。

（三）职业早期阶段（25—40 岁）

这一阶段的基本任务是在组织和职业中塑造自我。胜任现时的工作、力求在选定的具体领域获得成功是重要任务之一。这影响到组织和自己对自我工作能力的评价和看法，对个人以后的职业发展起着切实的基础作用。另一项重要任务超出工作本身，即对成人世界的适应。这一阶段的个体离开了家长、学校的庇护，结束了青少年时期的集体生活，开始步入成人世界。他们开始面对真正的挑战，学会承担责任，尝试应对多方面的问题，自己寻求解决方法。同时他们又处于组建新的家庭、体会做家庭重要成员感受的年龄。这一阶段中的人需要时间适应成人世界的规则，寻找到适于自己的角色。

组织可以对员工给予咨询等形式的帮助，提供机会协助处于这一时期的员工找到新的良师益友，指导他们顺利度过适应期。给予他们足够的时间也是必要的。大量事实证明，在职业早期得到组织真诚帮助的员工对组织显示出很高的忠诚度。

（四）职业中期阶段（40—55 岁）

职业中期从中年过渡期——成年期早期向中期的过渡——开始。职业中期的特征是对支配职业早期的生活方式进行重新确认，提炼出新的生活结构。新的生活结构同原先的相比可能保持一致，也可能不同。员工在这一阶段回顾已经实现的目标，并且决定今后还可以争取什么目标。职业中期面临的问题有两个：中年危机和职业停滞。

1. 中年危机常发生于 40 岁至 55 岁之间。这一年龄段的员工大多对最初职业目标及与之相关的工作业绩加以重新的认识和检查。体力、精力都不复以往，他们常感到难以跟上工作变化节奏，疲于奔命。普遍有过时感，缺乏安全感。变老的征兆加之开始有亲友故去，这一年龄的人开始意识到年龄、家庭的变化和死亡的接近。所有这些因素都造成压力，产生中年危机。组织可通过一些方式帮助员工克服中年危机。比如鼓励他们发展新技能、安排他们辅助年轻人，设计自我评估活动等等。克服中年危机的自我评估，其重点应放在对中年的感受和确定工作、家庭、休闲和自我发展等的相关优先次序上。

2. 职业停滞指在工作中晋升缓慢而且继续升迁的希望明显减小的情况。职业停滞的问题在企业中相当普遍，而且常被个人看成是失败的象征。停滞的原因可能是个人性的，也可能是组织性的。员工个人拒绝组织中的晋升机会就是个人原因。组织忽视了员工晋升需要，或无法提供足够的机会则是组织原因。因为在公司中级别越高，晋升机会越少，大多数人迟早会遇到职业停滞问题。认识到这一点就可以避免挫折感。最应引起重视的职业停滞是知识过时造成的停滞。技术的改进，或竞争的激烈程度使工作的方式方法本身也变化了。忽视这些原因，无法完成新形势下工作的员工就"过时"了。他们有真正的失败感，组织应该帮助他们。避免职业停滞的办法在于保持弹性和适应性。组织可以强调持续变化的现实和对持续学习的需要，督促员工不断更新知识。频繁的工作轮换和委派重要业务可以培养高度适应性的技能和态度。企业应该注意的是：虽然不能保证员工终生留在企业里，但是不断提高员工的聘用价值仍是更为有益的。

（五）职业晚期阶段（55岁—退休）

职业晚期是职业生涯的最后一个阶段。在这个阶段里，一方面要对抗衰老，保持工作中的创造性；另一方面又要做好从工作中解脱出来的准备。尽管对职业晚期的研究很少，但职业晚期处理好坏被许多研究者看成是步入老年能否对抗衰老的重要因素。

老年人常被看作非一专多能的、没有创造力的、故步自封的和缺乏适应性的。这些偏见会使员工在职业晚期保持高效工作变得很难。只要员工能像以往一样对待工作，再辅以成功的晚期职业管理，这些偏见是完全可以被打破的。准备退休对资深员工来说似乎更加重要，这意味着要结束几十年的工作生涯而过完全不同的生活。退休生活可能带来恐惧感、失落感或不适感，所以特别需要组织的关心和帮助。

组织可通过以下五种方式帮助处于职业晚期的员工：（1）认真审视人力资源政策中对资深员工会产生影响的各种传统做法；（2）调查资深员工的需要；（3）提供模拟退休的中长期休假；（4）发展退休计划；（5）提供多种弹性工作方式以供选择。

二、"职业锚"理论

"职业锚"是从MIT的斯隆管理学院毕业生的纵向研究中形成的一种理论。简而言之，"职业锚"指的是"自省的才干、动机和价值观的模式"。具体说，职业锚是指新员工在早期工作中逐渐对自我加以认识而发展出的更加清晰全面的职业自我观。

（一）自我观的内容

自我观主要包含三部分内容，共同组成"职业锚"。

1. 自省的才干和能力——以多种作业环境中的实际成功为基础；
2. 自省的动机和需要——以实际情境中的自我测试和自我诊断的机会，以及他人的反馈为基础；
3. 自省的态度和价值观——以自我与雇用组织和工作环境的准则和价值观之间的实际遭遇为基础。

（二）"职业锚"的特点

要明确"职业锚"的概念，还要了解以下五个特点：

1. "职业锚"定义比工作价值观和工作动机的概念更具体、更明确。"职业锚"产生于最初的工作价值观和工作动机之上，但又受到了实践工作经验和自我认识的具体强化。

2. 由于实践工作成果的偶然性，"职业锚"不可能凭各种测试来预测。"职业锚"是个人同工作环境互动作用的产物，在学校中表现出的潜在才干和能力，在经过实际工作的多次确认和强化之前，并不能成为"职业锚"的一部分。个体的一系列职业选择的偶然性，体现出从不适应、无法满足需要的工作环境向更和谐环境移动的必然性。在实践中选择、认知和强化，这就是"锚"的比喻。

3. "职业锚"强调了能力、动机和价值观的互动作用。我们可能喜欢某类职业，不断提高能力，对此职业的擅长又使我们更喜欢它。或者我们可能先发现自己擅长于某职业，渐渐培养起兴趣和感情，后来就越发精通了。职业取向中单独的动机、能力、价值观概念是意义不大的，重要的是突出三者相互作用的整合。

4. "职业锚"要在正式工作若干年后才可能被发现。换言之，"职业锚"的确定需要各种情境下实践工作的反复检证方可确认。职业取向的必然性需要一定时间内变化偶然性的累积方可突显。

5. "职业锚"概念倾向于寻求个人稳定的成长区域，它并不意味着个人停止变化或成长。

"职业锚"本身会发生变化。

（三）"职业锚"的五种类型

斯隆管理学院的 E.H. 施恩教授总结出五种类型的"职业锚"，在此我们加以简要介绍。

1. 技术/职能能力型"职业锚"。这一类型的人在作出职业选择和决策时的主要精力放在自己正在干的实际技术内容或职业内容上。他们认为自己的职业成长只有在特定的技术或职能领域才意味着持续的进步。这些领域包括工程技术、财务分析、营销、系统分析等各种领域。比如说，一个技术/职能型锚型的财务分析员希望成为公司的会计或审计员，最高理想是某公司的财务副总裁。他们只对同自己的区域有关的管理任务加以接受，对全面管理则抱有强烈的抵触。在传统的由职能型向全面管理型职业发展通道上，这一锚型的个体常经历严重的冲突。为了不损害职业，他们常无法拒绝一些全面管理工作，可是这使他们感到害怕或是心烦，无法胜任。

2. 管理能力型"职业锚"。这一类型的个体在职业实践中培养出、也相信自己具备胜任管理所必不可少的技能和价值观。他们根据需要在一个或多个职能区展现能力，但他们的最终目标是管理本身。他们具有三种能力的强强组合：分析能力——在信息不全或不确定情况下识别、分析和解决问题；人际能力——能影响、监督、领导和操纵组织各级人员更有效地完成组织目标；感情能力——能够为感情危机和人际危机所激励,而不是被打倒,能承担高水平的责任,而不是变得软弱无力,能使用权力而不感觉内疚或羞怯。其他类型的人可能拥有一两项更强的单项能力,但是管理锚型的人拥有最完善的三项能力的组合。

3. 安全／稳定型"职业锚"。安全锚的人追求稳定、安全的前途,比如工作的安全、体面的收入、有效的退休方案和津贴等等。安全锚的人仰赖组织或社区对他们能力和需要的识别和安排。为此他们会冒险,也愿意高度服从组织价值观和准则作为交换。安全锚的人也可以区分出两种类型的取向。有些人的安全感和稳定感来自给定组织中稳定的成员资格;而另一些人的安全、稳定源则是以地区为基础,包括一种定居、使家庭稳定和使自己同化某一社团的感情。

4. 创造型职业锚。创造锚的个体时时追求建立或创造完全属于自己的成就。他们要求有自主权、管理能力,能施展自己的特殊才华,但创造是他们自我扩充的核心。他们对创建新的组织,团结最初的人员,为克服初创期难以应付的困难废寝忘食而又乐此不疲。而一旦建成,他们就会厌倦或不适应正规的工作而退出领导层,自愿或不自愿地让位于总经理。成功的企业家大多出自这种锚型,而他们大多无法成为出色的总经理。

5. 自主／独立型职业锚。自主锚型的个体追求的主要目标是随心所欲地制订自己的步调、时间表、生活方式和工作习惯,尽可能少地受组织的限制和制约。他们可能是自主性较强的教授,自由职业者,或是小资产所有者、小型组织的成员。技术／职能锚的个体也可以是从事这些职业,但是他们很少为了自由的需要而放弃晋升的机会,为了更高的地位、收入,他们可以自由的个人生活方式做交换。创造锚型的个体同样会拥有很多自主权,但他们关心的不是自由本身,而是全力以赴地建立自主的职业目标。

"职业锚"的五种类型不一定能涵盖所有职业类型,在测试职业早期以外的人员中也没有显示出完全的可分性。在职业实践的客观因素之外,是否还有影响职业取向的其他重要因素呢?"职业锚"的理论距离成熟和完善还有一定差距,但它提供了一个独特的视角,在职业计划和职业管理实践方面提供了新的理论基础。

第三节 职业管理

一、职业路径设计

职业路径设计是组织为内部员工设计的自我认知、成长和晋升的管理方案。

职业路径设计在帮助员工了解自我的同时使组织掌握员工职业需要，以便排除障碍，帮助员工满足需要。另外，职业路径设计通过帮助员工胜任工作，确立组织内晋升的不同条件和程序对员工职业发展施加影响，使员工的职业目标和计划有利于满足组织的需要。职业路径设计的主要内容有三个：职业梯、职业策划和工作进展辅助。

（一）职业梯

职业梯是决定组织内部人员晋升的不同条件、方式和程序的政策组合。职业梯可以显示出晋升机会的多少，如何去争取，从而为那些渴望获得内部晋升的员工指明努力方向，提供平等竞争的机制。

并非所有组织都有必要，或认为需要建立职业梯。在决定建立职业梯前，组织需要先考虑两个问题：(1)组织是否需要一个从内部提拔人才的长久机制？(2)组织是否有必要建立一套培训发展方案，以便提供更多的后备人才以供提拔选用？当组织可以随时自由从外部招聘到需要的各类人才，或者内部晋升只是偶然发生，或内部晋升只是涉及极少数员工，那大可不必建立复杂的职业梯。只有对两个问题的回答都是"是"时，才有必要构建职业梯。

1. 职业梯的宽度。根据组织和工作需要不同，职业梯可宽可窄。要求员工在多个职能部门、多个工作环境轮换工作的职业梯是宽职业梯，它适应对员工高度综合能力的要求。要求员工在有限个职能部门和工作环境中工作的职业梯是窄职业梯，它适应只要求员工具备有限专业经验和能力的需要。

2. 职业梯的速度。根据员工能力和成绩的不同，职业梯的设置可以有快慢之分，即快速梯和慢速梯。正规晋升和破格提升都应做到有政策依据。设置快速梯的前提是公司不会长久地将具备较高素质和能力的员工安排在同其条件不相称的工作岗位上。事实上大量的大学毕业生的第一份工作都是基础性工作。显然组织有意日后安排更复杂、困难的工作给他们，可是由于不理解前提，新进大学毕业生的流动率比别的职业人群要高。因此，职业梯的建立有可能导致招聘和晋升中的差别对待的障碍。

（二）职业策划

职业策划是指在员工进行个人评估和自我评估中给予他们有效的援助，帮助员工确认自身的能力、价值、目标和优劣势的过程。

职业策划同职业计划既有联系又有区别。职业计划中涉及的员工自我评估无须同特定组织相联系。另外，形式和准确性也各有差异，时间上也很难趋于一致。职业策划由组织中有专业知识的人力资源部门提供正规的帮助服务，可以确保员工评估在形式、时间、内容范围上的一致性和一定的准确度。职业策划后，组织可以利用搜集到的评估结果，因此，职业策划与组织的需要密切相关。

职业策划的指导表格见表7.1。

表7.1 组织职业策划指导表

1. 我对现职工作的满意程度是（圈出）　　很低　较低　中等　较高　很高
2. 我想在工作中通过_____取得进一步的提高
   A. 在现任工作岗位上争取进一步的业绩成果。
   B. 努力争取达到胜任比现任工作岗位更高一级工作的资格。
   C. 努力达到胜任组织内另一部门另类工作的资格。
   D. 争取能够胜任高于现任工作的若干职务。
3. 我认为自己最适合于做_____工作
   A. 监督管理
   B. 参谋（提供信息）
   C. 生产操作管理
   D. 技术
   E. 其他
4. 目标
   对我而言，一个切实可行的工作目标是_____。
5. 限制条件（资格、合格性）
   立足于现有工作评价自身的限制条件和要达到工作目标需要什么。*
6. 我的全面平衡发展计划
   A. 我的优势在于_____
   B. 我喜欢做诸如此类的工作_____
   C. 我的局限因素在于_____
   D. 我不喜欢做诸如此类的工作_____
7. 发展
   如果我想在现有工作或别的工作方面取得发展，我需要：
   A. 在_____方面更多的工作知识。
   B. 我想从事_____工作。
   C. 对_____更为完善的态度和视野。
8. 行动起来去实现工作目标
   列出为实现职业目标，你如何提高知识水平、工作技能水平和个人能力。
   A. 某专业的正规学习（列出是大学研究班课程、公司培训计划还是函授课程）
   _____
   B. 非正规学习（列出校外或业余时间的学习计划和方案）
   _____

注：* 如若在公司内部使用此表格，则要提供更多的空白以便写下全部答案。（5至8题同）

（三）工作进展辅助

工作进展辅助是组织为帮助员工胜任现时工作，顺利完成各项工作任务而提供的各种辅助行为。工作进展辅助的方式灵活多样，视组织内工作性质、条件不同而不同。总体来说，工作进展辅助是以协助员工在工作中成功累积工作经验为目的的。工作进展辅助的主要途径有三个：（1）满足员工特定的价值或目标；（2）激发员工的某些能力和优势；（3）改善或弥补员工在职业策划中反映出来的弱点。

科学、清晰的职业路径可以满足高层次工作的清晰化与专业化的需要。组织的招聘政策可以借此吸引和留用更多高素质的人才，而且可以更好地得到法律的保护。

二、工作—家庭平衡计划

（一）工作—家庭平衡计划的重要性

1. 组织中的员工除了过职业生活外同时还在经历家庭生活。家庭对员工有重大意义，也会给职业生活带来许多影响。婚姻和父母身份施加于个人的压力有时远远超出一项工作或职业的压力。工作与家庭间的潜在冲突对职业生活的影响甚至超过个人发展目标对职业的影响。工作—家庭平衡计划是组织帮助员工认识和正确看待家庭同工作间的关系，调和职业和家庭的矛盾，缓解由于工作—家庭关系失衡而给员工造成压力的计划。

2. 工作—家庭计划的目的在于帮助员工找到工作和家庭需要中的平衡点。要达到这一目的，组织必须了解家庭各阶段的需要、工作情境对家庭生活的影响，然后给予员工适当的帮助。

3. 对家庭需要的了解可以参考家庭发展周期理论。一般来说，单身成人的主要问题是寻找配偶和决定是否结婚组建家庭。婚后初期，适应两人生活、决定是否生育，做出家庭形式和财务要求的长期承诺变为当务之急。子女出生后，体验为人父母的经验，担负起抚养和教育子女的责任成为首要任务。子女成人时他们不仅要适应空巢生活，而且又要开始为自己的父母提供衣食和财务上的照顾。这些需要形成的压力有的会影响员工的工作情绪和精力分配，有的则形成强烈的职业方面的需要和工作动机，最终影响员工对工作的参与程度。

（二）工作对家庭生活的影响

工作对家庭生活主要有以下五方面的影响。

1. 职业性质和家庭的相关性。有些职业，如种植、手工业等允许家庭同职业同步发展，而办公室工作、管理工作等，家庭对工作参与很少。采矿、远洋作业等工作和家庭无法兼顾，家庭只能成为休养、恢复体力的场所。

2. 一次工作占用的时间和时间如何分配对夫妻何时相聚，如何参与孩子抚养等具有明显影响。

3. 工作地理位置和行程，或由此带来的迁居是工作—家庭紧张的第二个潜在源。

4. 从事职业、担任职务的职业声望、地位和收入对家庭会形成直接的影响。

5. 工作中的压力和满意程度和工种的感情气氛会直接影响家庭生活。

（三）工作—家庭平衡计划的实施

了解工作和家庭的相互作用，才可能制订出有效的工作—家庭平衡计划。家庭—工作平衡计划的主要措施包括：向员工提供家庭问题和压力排解的咨询服务、创造参观或联谊等机会促进家庭和工作的相互理解和认识、将部分福利扩展到员工家庭范围以分担员工家庭压力，把家庭因素列入考虑晋升或工作转换的制约条件之中，设计适应家庭需要的弹性工作制以供选择等。

非全日制工作制是最易行、最普遍的措施。在西方国家，针对才能出众，又要承担养育子女任务的女性员工采用弹性工作制越来越流行。装备手机、电脑、传真等现代化设备使家庭办公成为现实，不过更加常见的是半日工作制或是每周三日工作制。女性员工大多愿意以部分业绩和薪金为代价留出更多的时间给家庭和子女。

三、职业咨询

（一）职业咨询

职业咨询主要是指帮助被解职的员工找到合适的工作，或是重新选择职业，同时向他们提供一部分资助以帮助他们渡过职业转换期的各项工作的总和。

（二）企业中职业咨询的重要性

职业咨询的工作常常被忽视，因为组织通常认为解除合同后员工就同企业没有关系了。事实上职业咨询工作是十分必要的。

1. 由于各种原因，组织内部裁员或员工解职的情况越来越普遍。解职在组织中已经不是一个偶然发生的情况了。因此，需要建立针对这种情况的人力资源管理政策。

2. 无论出于何种原因，解职都会给员工带来自尊心的伤害和失业的威胁。组织在出于一定目的的裁员之后，有责任对被解职的员工给以相应的物质、精神帮助。

3. 切实而富有人情味的职业咨询，可以维持组织同员工的感情直至双方契约关系解除以后。解职后的善待会增加留在组织中员工的忠诚度，使解职带来的组织内部震荡的消极作用减至最小。

（三）职业咨询的实施

1. 职业咨询提供援助的多少通常与员工在组织中的级别相对应。对组织的贡献越大、级别越高、工作时间越长的员工，能享受的帮助也越多。在迫不得已情况下裁员时待遇又可能相反：级别低的员工因为工作经验少，再谋职业取向狭窄，因此可能得到更多的培训、咨询类服务。

2. 由于解职情况出现相对于组织其他人力资源业务而言总是少数，所以为此安排出专门人员随时服务既不必要也不合理。职业咨询的服务通常由组织以外的职业中介机构提供，组织本身则提供联系的渠道和支付一定的费用。

3. 退职费是为帮助员工克服职业转换期的财务困难而准备的。退职费的金额一般可达员工一至两年的薪金。在组织中长期工作的员工还可能得到公司若干年利润的分红部分。

四、退休计划

（一）退休计划

退休计划是组织向职业晚期的员工提供的，帮助他们准备结束工作，适应退休生活的计划。退休是组织保持更新与活力、员工职业生活的必然需要。良好的退休计划，可以使员工尽快顺利地适应退休生活，维持正常的退休秩序，最终达到稳定组织从业人员心理，保持组织员工年龄结构的正常新陈代谢，提供更多的工作和晋升机会的目的。

（二）退休计划中的主要方法和措施

即将退休的员工会面临财务、住房、家庭等各方面的实际问题，同时又要应付结束工作、开始休闲生活的角色转换和心理转换。研究显示，退休者同时面对社会和心理方面的调节。在此，我们列举出一些为某些组织采用的、在退休计划中协助解决退休人员情绪和发展方面问题的方法和措施：

1. 退休计划讨论会——向即将和已经退休的人提供财务、住房、搬迁、家庭和法律等各方面的咨询和帮助。

2. 余热团体——提供方便，使虽已退休但仍有心有力的员工组织起来，通过团队内部的交流和鼓励他们为组织和社区服务来满足他们的特殊情感需要和社会需要。

3. 试退休——安排即将达到退休年龄的员工离开工作一段时间去体验退休的感受，然后决定是继续工作还是退休。

4. 递减工作量——对即将退休的员工，逐渐减少其工作量。例如逐渐减少其日工作时、周工作日或年工作周，使其逐渐适应没有工作的退休生活。

5. 退休培训——使即将退休的人员知道如何适应退休生活。

第四节 ｜ 员工职业活动

员工如果可以能动地管理自己的职业，会比没有自我管理时更为出色。职业中的"出色"可以用各种标准去衡量，比如安全感、自尊、成长、舒适、攀升至组织高层的成就感或是工资待遇等。通过计划和管理，可以提升选择判断能力，确认什么是当前环境中最重要的事物。图 7.1 列出了计划和管理自我职业活动的步骤和次序。这一基本策略的基础是个人评估（或自我职业评估），其重点是确认个人的优劣势。

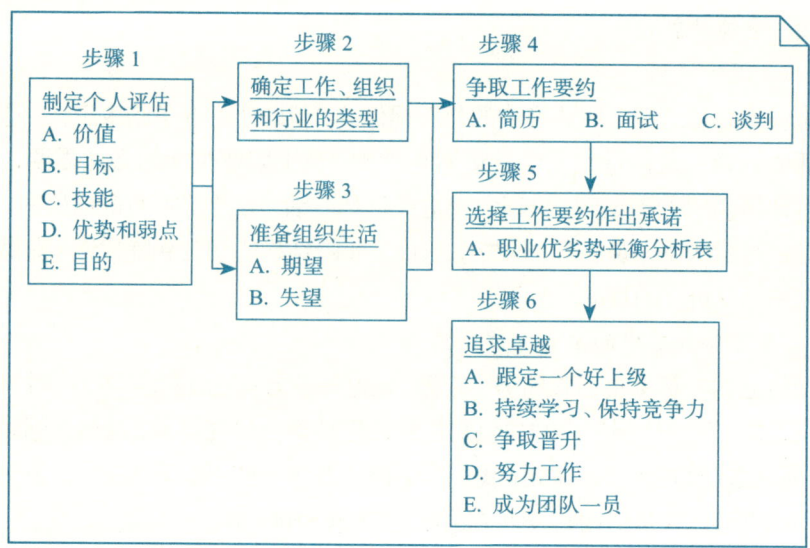

图 7.1　个人职业计划活动

一、制定个人评估

制定个人评估是个人职业活动的起点,也是个人职业活动的基础。制定个人评估不仅在开始职业活动之前必要,在职业生活中同样十分重要。它可以加深自我认识和明确定位,体察在工作中自己的发展、进步和变化。具体见表 7.2。

个人评估要求写出五个方面的内容:(1)自己的价值取向和职业方面的表现;(2)职业、个人满足和人际关系方面的具体目标和重要程度;(3)已经拥有和想要掌握的技能;(4)自身的优势和弱点;(5)最终的目的和量度。

表 7.2 列出了一种自我职业评估方法,个体可以通过完成这一表格尝试个人评估,扫描表 7.2 旁的二维码可见完整表格。

二、确定工作、组织和行业类型

一个人从事的工作(很可能不止一项)会对其一生产生巨大影响。万事开头难,头一份工作和进入的第一个组织影响是最大的。因此,有必要认真分析想从这"两个第一"中学到什么,这对今后的职业取向十分重要。

(一)确定工作行业

首先应当确定工作行业。视自己的优劣势不同,可以选择技术性行业,也可以选择服务性行业,对行业的稳健性和风险性也应加以辨析和选择。行业选择的重大前提是该行业是否具有巨大的潜力。目前,具有巨大潜力的行业大多具有高科技背景或知识密集的特征,如电子通讯、电脑软硬件开发、生物工程、企业咨询、人工智能、大数据等。

完整表格：

表 7.2　职业自我评估

1. 在三个领域中各列举出你的五个目标（职业、人际关系和个人满足）。
2. 回过头去列出这五个目标的重要性顺序（1 的重要性最低，5 最为重要）哪项中评 4 和 5 最多？
3. 将三表合并，排列全部 15 个目标的重要性。
4. 将你列出的最重要目标放在第二部分表格之首，然后描述它，接着按如下次序讨论之：
    a. 个人优势和弱点
    b. 完成目标的障碍
    c. 克服障碍的策略和方法
    d. 目标是否现实，可以实现，可以测量？
    e. 达到目标后的回报是什么？
    f. 达到目标的步骤？（所有的目标均要列出）

职业目标	例：45 岁之前成为总裁，35 岁之前成为副总裁等	目标重要性
1.	_____	_____
2.	_____	_____

人际关系目标	例：关于家庭、朋友、俱乐部、团队成员等	
1.	_____	_____
2.	_____	_____

个人满足目标	例：学会弹钢琴、跑马拉松，取得工商管理硕士学位等	
1.	_____	_____
2.	_____	_____

目标重要性排列	（按由重要到次重要的顺序）	
1.	_____	_____
2.	_____	_____
⋮		

选取一个重要目标，抄写在下，通过讨论个人优势和弱点来继续下去

目标描述
_____

达到目标的个人优势	与完成目标相关的个人弱点
1. _____	1. _____
2. _____	2. _____

达到目标的障碍	克服障碍的策略方法
1. _____	1. _____
2. _____	2. _____

完成目标的回报（按价值大小顺序）	完成目标的标志（短期和长期的）	达到目标的步骤（从现在开始）	截至时间
1. _____	1. _____	1. _____	
2. _____	2. _____	2. _____	

（二）搜集有关企业的信息

确定目标行业后，要搜集若干典型企业的信息。暑期实习工作或兼职工作有助于获得直接信息。这是深入了解企业组织的有效方法，同时还可以积累工作经验，更好地了解自己。搜集信息的其他渠道包括：报纸和专业杂志、图书

馆、学校就业指导办公室、职业中介公司、家庭和亲友等。互联网也可以用来搜集组织信息。

（三）寻找工作机会

工作的类型可以有许多种，如各种自由职业或是在较大的组织中任职。从一个大型组织的基层做起是传统的进入组织、迈向高级管理工作的第一步。要做到高级主管需要一系列的晋升。传统的晋升途径在各职能部门中都有，如人力资源管理、财务、市场营销和制造部门。目前，接受出国任职的委派往往意味着更多的机会。

（四）权衡利弊得失

在考虑工作、组织和行业类型时，要权衡各种利弊得失。比如说选择高分红低工资的酬劳方式，或是放弃早期的实际收入的增加和晋升机会而选择更多额外培训，以备职业转换时有更加宽泛的职业取向选择。

三、准备组织生活

（一）进入组织前的准备工作

迈进职业生涯后初步的成功应归功于进入组织前充分的准备，以下的准备会有助于迅速适应组织生活，取得良好开端。

1. 发展自我意识，应培养分析自我和分析环境的能力，习惯于在重要行动之前先做自我评估和工作环境分析，这将大大降低行动的盲目性。可以借助表7.2进行自我职业评估。

2. 积累面试经验，把握面试机会。面试是需要高度技巧的"自我推销"，其对象是理想的组织，具体说是招聘者甚至高层管理者本人。面试是留下良好印象的好机会，应突出成绩，介绍业余活动的经历和表现以使对方了解自己的领导能力和工作自主能力。通过面试交流得到关于公司的更多信息也是成功面试的目的之一。

3. 描述预期的组织。列举出究竟想从组织和工作中得到什么，并加以描述。运用各种渠道了解感兴趣的企业、公司，将实际得到的信息同预期目标相对照。

4. 组织选择。挑选最佳职业是一门艺术，切实而有效的方法是借助职业分析表。给每个可能获得的职业列表，表中列举每个职业的积极方面和消极方面。借助职业分析表，我们可以认识职业各方面能在多大程度上影响自己以及配偶、朋友、家庭等相关的人，通过系统组织起来的信息比较帮助决定。

（二）了解正确的组织期望

进入组织后我们很快会发现，现实情况同预想的情境并不一致，迅速调整观念才可能尽快适应组织生活。预先知晓组织对员工抱有的期望以及组织给员工带来的失望有助于缩短观念调整期。

组织期望——大多数组织对新员工具备的品质有很高的期望。这些期望可能包括：（1）思想正直、品德高尚、意志坚强有力；（2）胜任工作的能力；（3）接受组织现实情况的能力；（4）学习能力；（5）成为组织团队一员的愿望。

（三）组织失望分析

组织失望——组织中现实的情况和最初在组织中受到的待遇很可能令人失望，这实际上是"现实的震荡"的一部分。组织失望主要有以下七种：

1. 初期工作缺乏挑战。大量事实证明，一开始就从事一份复杂的富有挑战的工作对新入者和组织都没有好处。但组织因此而提供的单调工作和简单培训常让新员工感到十分乏味。

2. 缺乏独立工作机会，成长缓慢。重复的程式型工作和过分的呵护，或是不信任会导致新员工很少有机会在独立状态下进步和成长。这将影响新员工自我意识和竞争意识的发展，自主能力难以提高。

3. 无法感知和确认业绩评估标准。组织中的评价大多没有教育环境中那样明晰，除了文字确定的标准之外，还有许多需要理解破译的不成文约定。新成员大多难以确切地掌握反馈，因而对工作成果没有把握。

4. 抱负过高，不切实际。新员工通常掌握比实际工作需要更多的技能，他们大多希望更多地发挥专长，但上级常认为他们没有能力承担相应的责任。

5. 对上级构成潜在威胁。新成员总会让他们的上级感到技能、威信等方面的考验。"下马威"式的见面礼是很常见的，如果上级感到权威和前途受到威胁，很可能采用批评压制甚至制定不公平的规则。

6. 内部冲突和不确定性。组织各项规章、程序、工作指南和正式交流在新成员眼中应是简洁、清晰、合理，没有相互冲突的，可现实的许多情况恰好相反。

7. 不公平的政策和惯例。许多不公平的政策和惯例依然存在，如男性员工比女性员工更容易受到重视、褒扬和提拔，还有重学历而轻能力等。

四、争取工作要约

确定了最初职业取向并做了充分准备之后，接下来就是争取工作要约了。争取要约的努力要在三个细节上下工夫：简历、面试、谈判。

（一）准备简历

一份标准的简历应该包括以下内容。

1. 自然情况：包括姓名、性别、出生年月日、出生地点、身高、体重，健康状况和家庭状况等；

2. 学历和工作经历：包括学位、研究专业、就读学校、学习时间、其他技能、原工作单位名称、曾任职务、任职时间、主要业绩和获奖等；

3. 学历和其他专业技能的证明文件复印件；

4. 专业成果简介或推荐信的复印件;

5. 致求职单位的信,内容包括对该组织的认识与了解,所要求的职位,对此工作的概要看法;

6. 联络方式。

简历的投送面如果很广,则可以设计得精练一些,各类复印的证明和推荐材料可有针对性地加入。简历的投送形式日趋多样,除了传统的上门投送和邮寄投送外,还可以运用传真、电子信箱等渠道。有条件的话可以在网络上设置个人资料主页,方便用人单位查询、挑选。

(二)面试

如果用人企业对简历内容感到满意,又通过了可能有的各种笔试,接下来就是面试。对自己的透彻了解和充分的自信对于成功推销自己十分重要。关于面试有以下一些建议:

1. 设想产品和服务的推销策略,以类似的方法推销自己。面试的过程是短暂的,但如果能利用短暂的面试,给招聘人留下形象、表达、思维和经验等方面良好的印象,面试可能起到决定性的影响作用。

2. 了解、熟悉面试企业背景资料。了解该企业做什么、提供何种产品或服务。问中肯的问题,并说明自己的专业技能和特长如何能给企业创造价值。

3. 适当引用学术成果,尤其是招聘者谈及你感兴趣又有一定研究的工作领域时。招聘者大多会事先浏览简历中业绩成果摘要,适当引用成果既可以证明简历的真实性,又可以作为达成中长期目标、有能力取得成绩的证据。

4. 提及能够证明自己领导能力和首创能力的专业活动和业余活动的内容。

5. 尽可能多地尝试别的渠道的面试机会,积累面试经验。面试需要演练,不要放弃那些你不想参加的面试机会,可以利用这些机会积累经验。

6. 提高表达能力和交流能力。但注意在面试中不要滔滔不绝,表现得过火有时会适得其反。

(三)谈判

争取工作要约中一个不可避免要谈及的实际问题是工资待遇问题。这个话题很可能在面试中涉及,因此谈判会影响到应聘者处理今后的人际关系、能否得到工作、工作后收入的高低等一系列问题。

对工资待遇谈判的提示是:不要过早地提出工资问题。在企业有意或决定聘用之前,应聘者对企业来说是没有实质价值的。为了在工资谈判中以尽可能高的收入成交,应该先仔细聆听、发问,确认企业需要所在。接下来要做的是展示能力,使对方明白你可以帮助他们满足这些需要。所以,工资待遇谈判最好放在面试的后期。在了解了应聘者长处和优势之后,在企业眼中,应聘者会比面试前更具有实质性的价值。

五、选择工作要约作出承诺

在现今的就业市场上,个人应锻炼足够的耐心。工作要约一般不会马上出现,因此,除非你是一位抢手的超级人才。工作机会需要个人更加努力争取,工作要约最终会降临的。是否会有更好的要约出现呢?必要的等待和挑选是精明之举。列出各职业优劣势分析表有助于最终的决定。但是当机立断还是有所期待呢?选择最佳的就业机会只能说更像艺术而非技术了。

六、追求卓越

追求卓越意味着在组织中通过自己的努力而得到自己想要的东西。不仅仅是勤奋工作,而且事情应该向自己预期的方向发展。晋升是卓越工作的结果之一,但绝不是唯一结果。赢得赏识和重用,博得他人尊敬的根本原因是组织需要你,你在组织中作用很大,对组织来说你具有很高的价值。追求卓越要做到四个方面的工作。

(一)跟定一个好上级

如果一个上级本人有过人的知识和胆识,行动效率高,能很好团结下属,把事情办成,那么作为他的下属更有可能培养起高度的领导能力。在成功团队中的经历是毕生受益的宝贵财富。作为代价,在一个强有力的领导者指挥下工作,下级可能会缺乏独立性和确定性,但这也是值得的。而且,优秀的上级在组织中也极有可能获得迅速的提拔,成为他们的得力干将有时就如同搭上顺风车一般。如果遇到这样的上级,应该用杰出的业绩和没有威胁的姿态争取成为极为关键的下属之一,这会增加获得领导工作的机会。

(二)持续学习、保持竞争力

持续不断地学习同坚持不懈的勤奋工作同等重要。或者说,如果不能保持渴望竞争、需要新学习的精神状态,成就卓越的可能性是很小的。持续学习既包括不断吸收新的知识,而且包括敢于寻求新的竞争和挑战。保持开放、好奇的心态是持续学习的关键。

(三)争取晋升

晋升是组织内成功的明显标志,争取晋升是追求卓越有效的近似目标,要争取晋升,应该做到:

1. 赢得主要管理人员的接受和信任。得到信任的人可以冒更大的风险,犯更大的错误也可以得到原谅。上级知道他们的潜在价值,他们的成绩更容易被上级觉察,因为这证明了上级的判断正确。一个项目负责人如果没有最高层的信任和支持,那很难相信他能领导下级做出好业绩;没有良好的关系,很难有足够的影响力,就算是好创意也难以实施,威信也难以树立。

2. 成为组织内某方面的专家。专家会赢得他人的尊重,有时甚至比职位更有影响力：他人在处理涉及其专长方面的问题时会倾向于他认定的专家。如果你发现组织内其他人对你的专业知识只是一知半解，那么在适当的时候显露自己的专业知识和技能，这样会赢得"专家"的名声。

3. 成为"第一"。达到一个新的程度，成为某个领域的"第一"常常会带来更多的回报和关注。出色的常规工作会有常规的价值，而冒着空前风险第一次成功突破常规的人可以得到更多的回报，这是对创新的奖励。

4. 了解和运用人际关系网。人际关系网是朋友、亲戚、同学、同事和各种熟人的集合，包括工作环境以内和以外的部分。人际关系网可以提供意想不到的信息、服务、支持或便利等各式各样的帮助。它使人变得"神通广大"，这对工作成功是很关键的。

（四）努力工作

有了第一次晋升的经历，再要不折不扣地在以上四个方面努力就不会显得那么困难了。可要想平步青云、快速升迁就需要机遇和额外的努力，应鞭策自己做到：（1）尽可能多地经历各种环境中各种方式的工作；（2）保持弹性和开放的思想；（3）同他人合作，做团队一员；（4）在工作中追求突出业绩；（5）继续学业上的深造，尤其在专业和管理方面。

（五）成为团队一员

个人英雄主义在现今的企业中已经很少有市场了，理解、包容、合作的团队精神越来越体现出强大的力量。独自克服困难和独自享受成功一样，是越来越不现实了。同他人合作，工作会更有效率，在工作中也更有可能成功。成为团队的一名成员已是当今企业中追求卓越的必备条件。

本章小结

职业计划是指确立职业目标并采取行动实现职业目标的过程。职业管理是指组织提供的用于帮助组织内正从事某类职业员工完成职业计划的行为过程。职业管理是企业人力资源管理的重要内容之一。

职业计划是以个体的价值实现和增值为目的，个人价值的实现和增值并不局限在特定组织内部。职业管理则是从组织的角度出发，将员工视为可开发增值而非固定不变的资本，通过引导员工在职业目标上的努力，来谋求组织的持续发展。

关于职业发展有职业发展阶段理论和"职业锚理论"等，员工职业管理的内容主要有职业路径、职业评议、员工培训和发展计划、知识技能更新方案、工作、家庭联系、职业咨询和退休计划。

职业计划对员工个人职业发展和组织持续发展都有十分重要的意义，不论是个人层面的职业计划还是组织层面的职业管理，它们都是互相联系和互相依赖的，成功来自两方面的契合。

关键术语

职业计划　　职业管理　　职业发展阶段理论　　职业锚　　职业路径　　职业梯　　职业策划　　工作进展辅助　　工作—家庭平衡计划　　职业咨询　　退休计划

复习思考题

1. 什么是职业计划？什么是职业管理？企业中为何要运用职业计划和职业管理？
2. 根据企业的实际情况来运用职业发展阶段理论。
3. 根据企业的实际情况来运用"职业锚"理论。
4. 在企业中如何设立职业梯？如何进行职业策划？如何进行工作进展辅助？如何制定工作—家庭平衡计划？
5. 如何指导员工进行员工职业活动？

本章案例集

第 8 章

绩效评估

本章要点

1. 绩效评估的作用与意义。
2. 绩效评估的常见工具与实施方法。
3. 绩效评估系统的设计与操作。

本章学习资料

引 例

为什么？怎么办？

在一次公司中层干部会议的休息期间，几个人聊起工作难做。生产部经理方志说："我最不痛快的事，就是安排任务和发放奖金。平时安排任务时，每个人都显得高深莫测、深谋远虑，没个痛快劲。可到涨工资和发奖金时，你再看吧，大家都自信得多、也爽快多了：'凭什么他涨我不涨？''凭什么他的奖金比我高？'凭什么？当然是凭你们的工作情况，可每个人都觉得自己不比别人差，我能说得过几十张嘴吗？"

财务部经理于海亮深表同情："确实是这样，不仅你，我也有同感。一到涨工资、提职称的时候，我最打怵的是向人们解释'为什么'。为什么？只能说名额少，人数多，上边卡得严。可是，名额再多，也不能全员都上，那还有什么激励先进的意义呢？可他们不这么想，就像都不想努力工作一样，大家都认为自己是涨资晋升的必然人选。"

这时人力资源部主管孙国庆插嘴说："你们俩太片面了，这不是员工的错。你们说人家不努力工作，有证据吗？没有。实际上他们没有偷懒。你们也知道，现实工作多么枯燥、多么辛苦。员工在选择工作时的慎重，不过是希望在有限范围内使付出与回报尽量合理一点，其实挑来挑去，还不都是那么些事。事情的关键不在这里，而在于绩效评估，我们没有一套科学的绩效评估体系。无法准确地说明究竟谁干得最好，谁干得不太好。"

思考题：
1. 案例中出现的问题，你认为应该如何解决？
2. 你认为绩效考评在一个企业的人力资源管理中扮演着什么样的角色？

（资料来源：网络《人力资源管理案例库》）

第一节 | 绩效评估概述

一、什么是绩效评估

绩效评估（performance appraisal，PA），又称人事评估、绩效考核、员工考核等。这里，我们把绩效评估定义为一种衡量、评价、影响员工工作表现的正式系统。绩效评估可以揭示员工工作的有效性及其未来工作的潜能，从而使员工本身、组织乃至社会都受益。

对大部分企业来说，如果要有效地评估员工绩效，则不仅要掌握个别员工对公司的贡献或不足，更要为人力资源的管理在整体上提供决定性的评估资料。由于这个评估体系是非孤立的、完全固定的，而是受到多种因素影响、与多种因素相互作用的，因此我们称之为"绩效评估系统"（performance appraisal system，PAS）。

二、绩效评估的重要性

几乎每一个现代企业都会考虑如何提高本组织的生产率，尤其在外部竞争日趋激烈和内部生产率增长的速度日趋减缓的情况下。一般说来，现代企业产生效益不仅要靠技术和资金，而且要靠人力资源，但许多企业往往侧重于前两者而忽视人力资源。在大多数企业内，人力资源管理相当薄弱，绩效评估作为人力资源管理的重要环节，得不到有效实施。我们应该看到，不论形态为正式或非正式，绩效评估都是重要的人力资源管理工具。涉及员工的调任、升迁、加薪等重大决定，都必须依据精确的评估结果。大体而言，绩效评估的重要性主要体现在三个方面。

（一）影响企业的生产率和竞争力

员工的表现对企业的生产率和竞争力的影响是非常重要的，它可以通过出勤率和工作绩效来衡量，其中，出勤率仅能说明员工是否在其工作岗位上从事工作，而工作绩效才说明员工究竟在其工作岗位上干得怎么样，是否达到预定目标。对于管理人员来说，后者尤其重要。工作表现可以从以下三个方面来衡量。

1. 工作成果。指工作一段时间后最终的产出。对一个搬运工来说，一个月的工作成果是他一个月搬运的货物箱的总数；对一个销售员来说，本季度的工作成果是他完成的销售额及达成交易的价格水平；对一个销售经理来说，工作成果则更多，既包括整个部门的总销售额，又包括客户开拓情况、对销售员的管理和激励状况等。

2. 工作中的行为。指达到目的所需采取的各种行为。一般来说，每项行为都是工作的一部分，不同岗位的工作所需要实施的行为是不同的。例如，一个工程师是否能在工程小组与他人很好协作，一个高层管理者是否能在形成决策前广泛听取民意，都是他们工作中的行为表现。不同的工作行为，会直接导致不同的工作成果。

3. 工作态度。指工作者在实施工作行为时所带的主观感情色彩以及所处的心理状态。不同的工作态度导致不同的工作行为，从而导致不同的工作成果。如果一个流水线操作工厌烦自己所从事的工作，工作时常常心不在焉，他就很可能将本应插在 A 位的零部件插到 B 位或 C 位，导致产品不合格率明显上升。

现在，西方许多企业已经清醒认识到员工的工作绩效对公司的生产力和竞争力水平所产生的重大影响，纷纷加强了员工绩效管理，并把通过减少缺勤率和提高员工工作绩效来增强各部门的产出效率看作增强本公司生产力和竞争力的重要途径。

（二）作为人事决策的指标

绩效评估是做人事决策时重要的参考指标，诸如升迁、任免、调任、加薪等人事决策，都涉及绩效的评估。例如，有一家生物制药公司，高薪招聘了一位生物工程研究方面的留美博士担任该公司产品部经理（公司实行产品经理制），结果发现该产品的销售业绩非但没有起色，还有严重滑坡迹象，经调查，该经理虽然对生物医药知识比较内行，但是对产品运作其他方面的经验十分缺乏，加之该经理性格不是很善于处理部门中的员工关系，导致部门管理不力，效率下降。因此人事部决定将其调到公司的产品研究开发中心，不久这位博士就在新岗位上取得了出色的成绩。同样，在升迁和加薪之前，如果不进行绩效评估，就失去了选择的标准。在一群年龄、学历都相似的员工里面，究竟应该选拔哪一位当经理呢？当然应该选择有管理能力的、工作业绩出色的。否则，很难令其他员工信服这是一次公平的选拔。有了绩效评估，就使选拔标准的透明度增强了，而且对员工有正面的引导作用，使他们明确自己的努力方向。

（三）有助于更好地进行员工管理

评价和帮助员工发展是员工管理的两个重要方面。

1. 评价方面包括：(1)绩效衡量。绩效大小反映了个人对组织所作贡献的大小，由此为任免、提升等人事决策提供依据。(2)补偿。由评估工作绩效大小从而决定多少薪水和奖金可以对其付出的劳动作出合理的、对等的补偿。(3)激励。这是一个有效的评估体系的伴生物。只要评估合理、奖罚分明，自然会产生激励的效果。

从表8.1中，我们可以看出员工对成功和不成功的绩效评估完全不同的心理感受：

表8.1　员工对不同的绩效评估的看法

成功的绩效评估	不成功的绩效评估
• 主管和我都做了充分的准备。 • 主管重视我所有的反馈意见，不管是正面的还是负面的……令我感到他真正理解我的工作和付出。 • 主管能结合组织目标评估我的工作。 • 主管往往提出帮助我提高的意见。 • 主管给我提出不同意见的自由。 • 绩效评估提供了真正开放的沟通机会。 • 主管和我交流工作中的经验教训。 • 主管通过评估活动使我对自己的工作有了更明确的认识。	• 主管工作繁忙，没有做好事先准备。 • 主管甚至没有仔细看过我的评估表格，主管对我平时的工作也没什么印象，只是漫不经心地写一些空话、套话。 • 主管对我的工作似乎没有明确的期望。 • 主管对我的批评很主观臆断，缺乏事实依据。 • 主管看来并不愿意和我沟通和交谈。 • 主管对他的多数下属的评估都差不多。 • 我看不出这样的评估对我来说有什么意义。

2. 帮助员工发展的方面包括：(1)加强员工的自我管理。由于绩效评估给员工强化了明确的工作要求，使员工责任心增强，明确自己应该怎样做才能符合期望。(2)发掘员工的潜能。通过绩效评估可以发掘员工的潜能，可以将其调到更有挑战性或更能发挥其潜能的工作岗位，可能会取得意想不到的工作成效。(3)实现员工与上级更好的沟通。绩效评估提供了上下级之间交流的一个契机，有助于上级更好地了解下级的想法，也有助于下级更好地了解上级对他的工作期望。这样的沟通过程可以促使上下级之间更加目标一致、配合默契。(4)提高员工的工作绩效。通过绩效评估，使员工明确自己工作中的成绩与不足，可以促

使他在以后的工作中发挥长处，努力改善不足，使整体工作绩效进一步提高。

三、绩效评估的阻力与对策

尽管绩效评估对企业有着十分重要的意义，但在实际运用中，我们仍然发现大多数企业由于种种的原因，在绩效评估方面执行得很不到位。

（一）绩效评估的阻力

绩效评估的阻力主要可以归纳为下述三个方面：

1. 主管方面。在绩效评估过程中，主管有时难免有主观上的判断失误和偏见，这样影响了绩效评估的正确性。另外，组织常运用评估结果作多方面的用途，如奖励或惩戒员工，主管基于这些顾虑，往往措施委婉，不愿真实评估。通常一项评估的曝光频率越高，主管所遭受的压力也越大，困扰也越多。

2. 员工方面。主管的偏见可使员工成为牺牲品。由于主管的主观成见或员工无意间造成的小差错，都可能产生绩效评估的错误。就员工本身而言，多数认为绩效评估过程不够周密，往往自己好的一面难以被主管发现。因此，他们常认为中等评估，如"普通""尚可""合乎要求"等，只不过是应付了事、令人泄气的评语。

3. 绩效评估标准本身的问题。

（1）绩效评估很难评估创意的价值。举例来说，一家销售女性服饰的公司，最近改变了货架陈设格局，并且新增了店头广告（POP 广告），这一项创意性的工作由分管销售的副经理负责；同时，该店新聘了一批营业员并由人力资源部对她们进行了培训，结果本月销售额大幅上升。你很难评价，这一绩效哪些源自销售副经理的创意性工作，哪些源自营业员服务水平的提高。

（2）绩效评估很难评估团队工作中的个人价值。在一个相互协作的团队中，一项工作成果的取得是团队共同努力的结果，比如一则成功的产品推广，需要有构思文案的文案撰写人，绘制版面的美工人员，以及设计版面的版面设计人员，你怎样评价他们哪一个人贡献更大一点呢？

（3）绩效评估的标准往往忽略了不可抗力的因素。在两个员工同样努力工作的情况下，也会由于种种不可抗力因素的影响导致绩效截然不同。对机床操作工来说，绩效评估的标准往往是他生产产品的数量和合格率，水平相似的两个工人，如果一人的机床经常出现故障，则两人的工作绩效会有较大差别。

此外，绩效评估本身还存在种种问题，导致组织内人员对绩效评估的排斥。由于绩效评估在实施过程中遭受着种种阻力，我们急需一套能突破阻力的对策，使绩效评估过程少走弯路，顺利达到预定目标。

（二）克服阻力的对策

1. 克服对绩效评估的"先天性心理障碍"。这种"先天性心理障碍"可能是因为不恰当使用的经验，使企业的管理者对实施绩效考核的一些前提认识不清所致。要消除这些负面后遗症，就应针对评估的动机和目的、效益与风险重新予以厘清，甚至有关实施绩效评估的一些先天限制也要提出来，避免错估与不当期望，能够有正确的心理准备，执行的失败率势必大为降低。

2. 重视绩效标准的建立与事前沟通，以强化员工工作界定。许多绩效评估之所以未能落实，其原因之一即在于未能确定绩效标准的正确定义，以及未能明确地将绩效评估标准事前与员工沟通。标准建立得"恰当"与"实际"，对强化员工工作界定将大有裨益，否则绩效评估效果注定要大打折扣。事前沟通十分必要，否则员工将无所适从。

3. 设定绩效评估适用可行的实施程序。整个评估过程应包括收集情报、比较评估结果与所设定的标准的差异，此外，更重要的是，员工要能接受并认为评估是公平的，并因而能进一步制定一套绩效改进计划。

4. 强调绩效评估面谈的重要及主管与员工的事前准备，增强与员工的沟通效果。绩效评估面谈，在我国许多企业里都不被采用。其实，绩效评估面谈不仅能让主管和员工之间就工作表现达成共识，也提供了建立彼此感情和默契的大好机会。面谈前适当的准备是不可缺少的，而面谈时掌握原则与技巧则可以更好地达到目标。

5. 考虑我国社会的文化习惯，获取全体员工的支持。中国人一向爱面子、讲人情，的确给绩效评估的有效实施带来了不小的阻力，但这并不形成是否可实施绩效评估的原则性问题，而是如何恰当实施的技术性问题。在考虑我国文化习惯的基础上，在绩效评估实施前进行适当宣传，晓之利弊，争取员工与主管的全面支持与配合。

6. 请员工进行自我评估，以减少与主管的摩擦。以明确的工作分析为基础进行绩效评估的组织，员工的绩效目标与绩效标准的达成，均应以"员工参与"为前提。自我评估是相当好的一种方法。因为员工的参与，就是一种承诺；有了承诺，员工自然会有更多的投入。到绩效评估时，员工如能根据原先参与设定的绩效标准自我评估，就能更客观与体谅地接受评估的结果，减少主管的压力。

第二节 | 绩效评估的标准与主要方法

在建立一个绩效评估系统时，评估标准、评估方法应尽早确立。一个有效的绩效评估系统来自于对企业目标的分析和个人工作职责的分析，绩效评估标准也是基于这一基础。绩效标准包括员工工作若干有评估价值的方面，它是员工被期望达到的绩效水平。从合理的角度来看，绩效标准应使员工有机会得以超过标准并实现组织的目标，也表明未达到此标准的绩效是无法让人满意的。

一、绩效评估的标准

绩效评估的标准包括绝对标准、相对标准两种。

1. 绝对标准，就是指把员工工作的行为特质作为一种标准，然后将达到该项标准列入评估范围内，而不在员工相互间作比较。绝对标准的评估重点，在于以固定标准衡量员工，而不是与其他员工的表现作比较。

2. 相对标准，就是指员工间的绩效表现相互比较而产生的一种标准。也就是以相互比较来评定个人工作的好坏，将被评估者按某种向度作顺序排名，或将被评估者归入先前决定的等级内，再加以排名。

（一）绩效评估标准的总原则：工作成果和组织效率

依据组织的战略，就可制定个人或群体的工作行为和工作成果标准。标准尽管可有多项，每一项也有很明细的要求，但衡量绩效的总的原则只有两条：是否使工作成果最大化；是否有助于提高组织效率。例如，评估一名银行信贷员的工作。这项工作的行为标准可能包括"及时为客户准备好各种信贷文件"，而从工作成果的角度看，绩效标准可能是："每月贷出低风险贷款 5 000 万元"。这两条标准相比较，显然真正重要的是后者，如果该信贷员每月能贷出 5 000 万元的低风险贷款，他的工作仍然会受到上级的赏识；如果该信贷员每次都能"及时为客户准备好各种信贷文件"而完不成工作成果的要求，则他的工作仍然是不能令人满意的。个人的工作成果最大化一般有助于提高组织效率。组织效率的含义非常广，组织的盈利能力强、产品质量好、客户服务满意度高，都是组织效率高的表现。个人的工作成果评价，必须以有助于提高组织效率为前提。否则就谈不上好的工作绩效。

（二）绩效评估标准的特征

一般而言，一项有效的绩效评估标准必须具有下列八项特征。

1. 标准是基于工作而非基于工作者。绩效评估标准应该根据工作本身来建立，而不管谁在做这项工作。而每项工作的绩效评估标准应该就只有一套，而非针对每个工作的人各制定一套。绩效评估标准和目标不同。目标应该是为个人而定，而不是为工作而定的。目标的典型特征是必须具有挑战性。

2. 标准是可能达到的。绩效评估的项目是在部门或员工个人的控制范围内，而且是通过部门或个人的努力可能达成的。

3. 标准是为人所知的。绩效评估标准对主管及员工而言，都应该是清楚明了的。如果员工对绩效评估标准概念不清，则事先不能确定努力方向；如果主管不清楚绩效评估标准，则无从衡量员工表现之优劣。

4. 标准是经过协商而制定的。主管与员工都应同意该标准确属公平合理，这在激励员工时非常重要。员工认为这是自己参与制定的标准，自己有责任遵循该标准工作，达不到标准而受相应的惩戒时也不会有诸多抱怨。

5. 标准要尽可能具体且可衡量。绩效评估的项目最好能用数据表示，一般属于现象或态度的部分，因为抽象而不够具体，就无法衡量比较。有句管理名言说："凡是无法衡量的，就无法控制。"

6. 标准有时间的限制。绩效评估资料必须定期、迅速且方便取得，否则某些评估将失去时效性，而没有多大的价值了。

7. 标准必须有意义。绩效评估项目是配合企业的目标来制定的，所采用的资料也应该是一般例行工作中可以取得的，而不应该是特别准备的。

8. 标准是可以改变的。因为绩效评估标准必须经同意并且可行，有必要时就应定期评估并予以改变。也就是说，绩效评估标准可以因新方法之引进，或因新设备的添置，或因其他工作要素有了变化而变动。

（三）建立单项或多项标准

绩效评估在整个管理程序里是不可缺少的一环，它要和组织的目标及每一个部门在功能上一致配合。然而，绩效标准的项目到底要有多少，并没有一个肯定的数字可作为标准答案。如果工作职责简单明确，如一名流水线操作工的工作，则只需设立单项绩效标准；如果工作内容复杂，则需设立多项绩效标准。单项还是多项绩效标准，从有效性来说并没有优劣之分。对于员工素质普遍较高的岗位，绩效标准可以更有弹性一些，因为学识丰富、创造力强的员工自己能够处理好各种细节问题，只需为他们制定一些总的绩效标准就足够了；而对员工素质较低的岗位，就应设立比较刚性的、详尽的绩效标准，这样不仅给员工提供了详尽的工作指导，而且也便于主管能够从多方面来评估其员工，同时也能指出员工工作的长处及应予改进的地方。

总之，绩效评估的标准可以是单项的，也可以是多项的。就评估本身而言，必须具备相当的信度和效度。"恰当"和"实际"，可以说是决定绩效评估时必须把握的原则。

二、绩效评估的主要方法

绩效评估方法直接影响评估计划的成效和评估结果的正确与否。评估方法应有代表性，必须具备信度和效度，并能为人所接受。信度，是指评估结果必须相当可靠；效度，是指评估达到所期望目标的程度。一项好的评估方法还应具备普遍性，并可鉴别出员工的行为差异，使评估者以最客观的意见作评估。目前组织采用的绩效评估方法差异很大，但基本方法有以下几类。

(一) 常规方法

对很多人力资源决策来说，最基本的问题通常是："假如我们必须裁员，那么我想知道在我们这个群体里谁是工作绩效最差的人，谁是工作绩效最好的人，谁应该重新培训，谁应该被分配特殊任务。"对此类决策来讲，运用常规方法是恰当的，其最终产生的结果是按工作绩效由高到低排序的员工名单，据此可以做出精简组织、人事调整的决策。

1. 排序法。在直接排序法中，主管按绩效表现从好到坏的顺序依次给员工排序，这种绩效表现既可以是整体绩效，也可以是某项特定工作的绩效。这种绩效排序仅适用于小企业。当企业员工的数量比较多时，以这种方法区分员工绩效就比较困难，尤其是对那些绩效中等的员工。这时，主管可采用趋中排序法：第一步是把最好的员工列在名单开首，表现最差的员工列在名单末尾；然后在剩下的员工中挑选最好的列在名单开首第二位，把表现最差的列在名单倒数第二位……这样依次进行，主管不断挑选出最好的和最差的员工，直到排序完成，排序名单上中间的位置是最后被填入的，参见表 8.2。

表 8.2　排序法用表

岗位 _____　评估特征 _____　评估时间 _____

根据你所要测量的特征，列出所有需评估的员工名单，把表现最好的员工列在名单第一个，最差的列在名单的第二十个，然后在剩下的名单中排选最好的放在名单的第二个，最差的放在第十九个，依次类推，直到列出所有员工的名单：

表现最好的

1 _____　　　　11 _____
2 _____　　　　12 _____
3 _____　　　　13 _____
4 _____　　　　14 _____
5 _____　　　　15 _____
6 _____　　　　16 _____
7 _____　　　　17 _____
8 _____　　　　18 _____
9 _____　　　　19 _____
10 _____　　　20 _____

表现最差的

评估人 _____　　职务 _____

2. 两两比较法。两两比较法指在某一绩效标准的基础上把每一个员工都与其他员工相比较来判断谁"更好"，记录每一个员工与任何其他员工比较时被认为"更好"的次数，根据次数的高低给员工排序。这种方法较之排序法的优点在于：考虑了每一个员工与其他员工绩效的比较，更加客观，参见表 8.3。

两两比较法存在的问题是：

（1）如果需要评价的人数很多，则需要的比较次数将会非常多，工作量很大

表 8.3　两两比较法用表

评估者 _____　　　　　　　职务 _____　　　　　　　评估日期 _____

"工作质量"评价						"创造性"评价					
相互比较	A:张	B:李	C:赵	D:杨	E:周	相互比较	A:张	B:李	C:赵	D:杨	E:周
A:张	/	+	+	−	−	A:张	/	−	−	−	−
B:李	−	/	−	−	−	B:李	+	/	−	+	+
C:赵	−	+	/	+	−	C:赵	+	+	/	−	+
D:杨	+	+	−	/	+	D:杨	+	−	+	/	−
E:周	+	+	+	−	/	E:周	+	−	−	+	/

[若需评价的人数为 N，则需要的比较次数为 N(N−1)/2]。

（2）若评价出甲比乙表现好，乙比丙表现好，丙比甲表现好，则无法自圆其说。

排序法与两两比较法有一个共同的问题：在排序中每个人的位置唯一。这意味着任何两个员工的表现必能分出先后，但事实上则是不可能的。通常发生的情况是：某些员工的表现差不多，难分伯仲。

3. 等级分配法。等级分配法能够克服上述两种方法的弊病。这种方法由评估小组或主管先拟定有关的评估项目，按评估项目对员工的绩效作出粗略的排序。设立一个绩效等级并在各等级设立固定的比例分配，如"优"10%，"较优"20%，"中"40%，"较差"20%，"差"10%，按每个人的绩效排序分配进绩效等级。采用这种方法，绩效评估结果不再着重于具体排序，而着重于每个人的绩效等级。

这种方法的问题在于：员工的绩效可能不适于分配进设定的等级。如果大部分员工的绩效都比较好，一定要把 30% 的员工归入"较差"或"差"等就不尽合理。这是等级分配法的缺陷所在。

（二）行为评估法

对于上述三种常规方法来说，主管在运用时不得不把每一个员工的绩效与其他员工相比较，若整体绩效较差，这种评估就失去了客观的参照系，失去了准确性。而行为评估法使主管能够独立于其他员工，仅依据客观的行为标准来评估每一个员工。

1. 量表评估法。量表评估法是应用最广泛的绩效评估法。评估量表通常包括几项有关的评估项目，如，评估中级管理人员的工作实绩时，一般制定的评估项目有：心态、责任心、决策能力、组织能力、协调能力、应变能力和社交能力等方面，对每项设立评分标准，最后把各项得分加权相加，即得出每个人的绩效评分。需要注意的是，每项评估项目都不应是对员工个性的评价，而应是对员工的行为方式的评价，参见表 8.4。

表 8.4　绩效评估表

| 被评员工姓名 _____ | 职　　务 _____ | 评估日期 _____ |
| 部　　门 _____ | 职务编号 _____ | 评 估 者 _____ |

因素	评分（1—5）					
	优异（5）	优秀（4）	良好（3）	尚可以（2）	不满意（1）
	明显优秀，一贯是优秀的	肯定高于标准的基本要求	符合留用的基本要求	勉强可留用但需培训	肯定不行、应予免职或调离
质量： 　成果的精确性、彻底性、外观比较等					
数量： 　成果的数量及贡献					
需要的监督： 　对于建议、指导及纠正的需要程度					
勤奋： 　一致性、独立性、敏捷性					
维护： 　防止浪费和损失设备保护					

复　核　者 _____
员 工 意 见 _____
被评者签字 _____　　　　　　　　　　　　　　　　评估者签字 _____

2. 关键事件法。从这一次评估到下一次评估之间，主管应该搜集情报使评估尽可能公平正确。如果未能做到这一点，评估就可能依据模糊的记忆来判断。

J. C. 费兰根曾发展出一种客观的方法来收集评估资料，称之为"关键事件法"。此法所收集的事件资料，都是明确易观察且对绩效好坏有直接关联的。"关键事件法"共有三个步骤：当有关键性事件发生时，填在特殊设计的考核表上；摘要评分；与员工进行评估面谈。

评估的记录并非一种标准，而是收集员工工作上重要事迹。收集的事实需要以能对主管及管理阶层发挥作用为前提，也就是更能协助员工了解工作需要，也兼能发挥员工潜能，以担当更重的职责。

如果采用这种方法，主管必须就正、反两面的事实着眼评估；否则，评估会有偏差，员工也无法接受公正的评价，参见表 8.5。

表 8.5　关键事件法用表

被评员工姓名 ＿＿＿＿＿	职　务 ＿产品经理助理＿	
评估日期 ＿＿＿＿＿	评估者 ＿＿＿＿＿	职　务 ＿＿＿＿＿

应负责任	应达到的目标	关键事件
制定控制产品生产的时间表	充分利用物力、人力，保证订单按时完成	制定出新的生产时间表；上个月订单延误的记录减少了 10%，机器的使用率提高了 20%
控制原材料的供应及成本	减少投入成本，同时保持充足的原材料供应	储备投入成本增长了 15%，原材料 A、B 供应超过了 20%，而原材料 C 的供应则少了 30%
保证机器的正常运行	没有因为机器的故障产生的效率低下	制定新的产品稳定生产流程系统；及时发现机器的故障而避免了机器的瘫痪

3. 行为评估法。行为评估法是关键事件法的深化和突破，它主要通过行为事实方面的依据来评估员工，这些行为事实，就是平时记录下来的关键事件。但行为评估法作为一种员工评估的方法，比关键事件法更系统、更完善。

行为评估法首先要进行工作分析，收集描述是否胜任该工作岗位的行为事实，把这些行为事实细分为多个方面（如管理能力、人际关系等），每个方面都设立具体的标准，并对每个方面的重要性进行量化，即分配权数。根据这些基于行为事实的等级标准和权重，可以形成一张含义明晰、衡量公正、易于使用的表格。主管可以利用这张行为评估表格进行员工评估。但行为评估法也有一定的局限性。因为大多数表格只能涵括有限几种行为方式和标准，而员工在工作中发生的行为更加多样化，未必能归入表格中的评价体系。即使设计表格时已考虑到的某种行为方式，在实际发生时值得评价的方面也可能跟原始设计时大相径庭。此外，另一问题是某一员工在工作中采用的正面的行为方式很可能仍表现出负面绩效，如一个贷款员尽管能及时准备好贷款文件，但由于服务态度不好而仍受到客户指责，这与一个不能及时准备好贷款文件但服务态度较好的信贷员工相比，很难说孰优孰劣，若单单用行为评估法评估可能得出不合理的结论。

4. 混合标准评估法。混合标准评估法综合了关键事件法和行为评估法的长处，尽量避免了两者的弊端。作为一种实践发展的产物，它有较大优越性。混合标准评估法使用混合标准量表，此表在设计的系统性方面与行为评估法很相似，但它不同于行为评估法对每一行为表现的精确量化，它是就某项工作的几个特定方面分别作出三种行为描述表示绩效的高、中、低三档,而没有明确的分值,参见表 8.6。

混合标准评估法的优点在于使评估者的注意力不会过度集中在分值上,而同时也会注重被评估者的行为模式。因为,对某一特定的工作来说,并非整体分值越高的员工越能胜任。此外,它还克服了关键事件法的缺点,即收集和分析员工行为表现时的随机性和不确定性,而在评估表格设计时就体现了高度的系统性。

5. 行为观察评估法。行为观察评估法是行为评估法的另一种发展。它亦是基于关键事件法,但与上述几种方法不同之处在于:行为观察评估法并非评估被评估者做某项工作的水平或优劣程度,而是观察被评估者做某项特定行为的频度,设定与频度相关的分值。例如,一名营业员在一月之内与顾客发生 0 次争执得 5 分;发生 1—2 次争执得 3 分;发生 3—4 次争执得 2 分;发生 5 次争执得 1 分;发生 5 次以上争执得 0 分。这样,在每项行为方面评定分值的基础上,我们可根据实际需要将各个方面设定不同的权数,从而得出综合分,参见表 8.7 与表 8.8。

行为观察评估法的突出优点是直接、可靠,被评估者更易接受反馈、提高自身绩效。但这种方法的缺点也是显而易见的,工作量很大,若观察的目标较多,则会出现较大的失误。就这一点来说,这种方法还是不成熟的。

(三)工作成果评估法

1. 目标管理法。目标管理是为引导每位员工完成组织使命来达到组织的有效性而设计的管理系统。在一个目标管理系统中,企业的最高管理层首先要为公司确定未来的战略目标。接着这些目标会被传达到下一级管理层,这一层级上的管理者就需要明确,为了帮助组织达到这些目标他们自己应该实现哪些目标。这种目标确定过程会一直延续下去,直到公司中的所有管理者都确定了能够帮助公司实现总目标的个人目标为止。而这些目标就成为对每一个员工个人的工作绩效进行评价的标准。

目标管理系统有四个共通性的主要特点。(1)它要求确定具体的、有一定难度的、客观的目标。(2)目标管理系统中所使用的目标通常不是管理层单方面确定的,而是由管理者及其下属人员共同参与制定的。(3)管理者在整个评价期间通过提供客观反馈的方式来监控员工达成目标的进展过程。目标管理的过程包括目标设定、规划和评价。(4)目标管理将评价重点放在工作成效上,按员工的实际贡献大小如实地评价一个人,使评价更具有建设性。

目标管理的具体做法分三个阶段:第一阶段为目标的设置;第二阶段为实现目标过程的管理;第三阶段为测定与评价所取得的成果。

(1)目标的设置。这是目标管理最重要的阶段,可以细分为四个步骤:

表 8.6　混合标准评估表

部　门		被评估员工姓名		职务（工种）		评估总分	评估者
项　目		分　数				评估情况说明	
出　勤		30	上	30			
			中	24			
			下	18			
能　力		20	上	20			
			中	17			
			下	14			
绩　效		30	上	30			
			中	25			
			下	17			
心　态		20	上	20			
			中	17			
			下	15			
班(组)长意见							
部门意见							
评估小组意见							
公司意见							

表 8.7　某医院医生的行为观察评估表

被评员工姓名_____　　职　务_____　　部　门_____
评 估 日 期_____　　评 估 者_____　　职　务_____

根据职工表现下列行为的频率来对员工进行绩效评估，请按下列的评分标准填写：
5＝一直（每月 16 次以上）　　4＝经常（每月 9—15 次）　　3＝有时（每月 4—8 次）　　2＝偶尔（每月 2—3 次）　　1＝很少或从不（每月 1 次以下）

职位知识
　　_____对所有的病人及工作伙伴表现出无条件的积极态度和同情；
　　_____为每个病人提供详细的记录和反馈；
　　_____拥有医疗经验并熟练运用；

分析能力
　　_____能迅速地衡量病人的精神状况，并能作出相应的反应；

沟通能力
　　_____能与所有医院的员工交流医疗信息；
　　_____能利用有效的渠道进行沟通。

表 8.8　××公司员工行为观察评估表

被观察员工姓名 _____ 部门 _____ 职务 _____ 日期 _____
本公司为改善组织内各员工服务绩效及未来发展，下列六组问题备作分析与评估的指标，请在每行各条认为最合该员工处，用√记号表示正确答案。不必过于严格亦不宜过于宽松，但求公平合理。

1. 有无安全观念？				
☐ 经常违反安全守则，危害本人及同仁	☐ 工作疏忽，喜好投机取巧	☐ 经常注意安全，偶作安全建议	☐ 符合安全准则，建议改善安全	☐ 极端注意安全，努力推进安全措施
2. 如何执行工作？				
☐ 服务不理想 质　量 技　术	☐ 服务勉强可以 质　量 技　术	☐ 服务尚合标准 质　量 技　术	☐ 服务超出要求 质　量 技　术	☐ 成绩远胜要求 质　量 技　术
3. 是否可靠？				
☐ 懒惰，浪费时间	☐ 凡事不留神，需要密切监督	☐ 工作认真，只需普通监督	☐ 工作稳当，通常只需最低度监督	☐ 最佳工作态度，保证完善达到目标
4. 有无主动进取能力？				
☐ 需要再三监督，显然无法自己动脑筋	☐ 只是依令工作，还待他人协助	☐ 尚能应付份内工作，有时偶提建议	☐ 有才智，不放过改善工作的机会	☐ 自发自动，从不放弃该做的事情
5. 如何与他人共同工作？				
☐ 与人相处不睦，态度经常敌对	☐ 有时与人过不去，有时还拒绝命令	☐ 与人相处尚佳，负责完成所受工作命令	☐ 必要时肯额外帮助他人工作	☐ 与人合作愉快，自动协助他人
6. 对于本身工作知识如何？				
☐ 对于本身工作的知识不足胜任	☐ 工作知识欠丰富，普通工作尚嫌不足	☐ 工作知识足可应付本身工作有余	☐ 对于本职及有关工作知识丰富	☐ 本职及相关工作知识非常丰富
评语：有无特殊优秀条件或缺点： 列等：（1）_____ （2）_____ （3）_____ （4）_____ 部门主管（评估者）_____ 签名_____ 评估日期：_____

① 高层管理预定目标，这是一个暂时的、可以改变的目标预案。既可以上级提出，再同下级讨论；也可以由下级提出，上级批准。无论哪种方式，必须共同商量决定；领导必须根据企业的使命和长远战略，估计客观环境带来的机会和挑战，对该企业的优劣有清醒的认识。对组织应该和能够完成的目标心中有数。

② 重新审议组织结构和职责分工。目标管理要求每一个分目标都有确定的责任主体。因此，预定目标之后，需要重新审查现有组织结构，根据新的目标分解要求进行调整，明确目标责任者和协调关系。

③ 确立下级的目标。首先下级明确组织的规划和目标，然后商定下级的分目标。在讨论中上级要尊重下级，平等待人，耐心倾听下级意见，帮助下级发展一致性和支持性目标。分目标要具体量化，便于考核；分清轻重缓急，以免顾此失彼；既要有挑战性，又要有实现可能。每个员工和部门的分目标要和其他的分目标协调一致，支持本单位和组织目标的实现。

④ 上级和下级就实现各项目标所需的条件以及实现目标后的奖惩事宜达成协议。分目标制定后，要授予下级相应的资源配置的权力，实现权责利的统一。由下级写成书面协议，编制目标记录卡片，整个组织汇总所有资料后，绘制出目标图。

（2）实现目标过程的管理。目标管理重视结果，强调自主、自治和自觉，并不等于领导可以放手不管，相反由于形成了目标体系，一环失误，就会牵动全局。因此领导在目标实施过程中的管理是不可缺少的。首先，进行定期检查，利用双方经常接触的机会和信息反馈渠道自然地进行；其次，要向下级通报进度，便于互相协调；再次，要帮助下级解决工作中出现的困难问题，当出现意外、不可测事件并严重影响组织目标实现时，也可以通过一定的手续，修改原定的目标。

（3）总结和评估。达到预定的期限后，下级首先进行自我评估，提交书面报告；然后上下级一起考核目标完成情况，决定奖惩；同时讨论下一阶段目标，开始新循环。如果目标没有完成，应分析原因、总结教训，切忌相互指责，以保持相互信任的气氛。

2. 绩效目标评估法。绩效目标评估法与目标管理相似，评估绩效更有针对性。绩效目标通常是特定的、有时限的、有条件的、与组织目标完全一致的。绩效目标不仅有总目标，还有很多项目目标，在评估时每一项都按员工达到目标的程度独立评估，最后再加权平均，参见表8.9。

表8.9　工作成果评估表

被评估者＿＿＿＿　　职务＿＿＿＿　　评估日期＿＿＿＿　　评估者＿＿＿＿　　职务＿＿＿＿

目标（注明）	完成结果的测定	业绩考评标准	目标完成日期
1			
2			
3			

这种评估法的最大优点在于为员工的工作成果树立了明确的目标,能激励员工尽量向目标靠拢。研究表明,绩效标准越细致,员工绩效评估中的偏见和误差就越小。这种方法的缺点在于需要较多的时间和精力去制定一套完整的绩效评估标准。此外,绩效目标尽管可能成为激励员工努力工作的强大动力,但也可能导致员工之间不必要的激烈竞争,使内耗增加,整体绩效下降。

3. 指数评估法。指数评估法不同于绩效目标评估法之处在于绩效衡量的方式不同,指数法通过更客观的标准(如生产率、出勤率、跳槽率等)来评估绩效。

一般来说,指数评估法分为定性评估和定量评估两个方面。举例来说,定性评估包括产品质量状况、顾客满意度、原材料使用情况和能耗水平等等,定量评估包括每小时产出数量、新增用户订单数和销售总额等等。在指数评估法中,定性评估只作参考,而定量评估才是真正的主角,当员工的工作成果完全量化为指数时,评价孰优孰劣就有了依据。

(四)有效运用绩效评估方法的原则

以上介绍了诸多绩效评估的方法,各有优点,也各有不足,企业应该根据自身的情况选择一种较为合适的评估方法。总的说来,良好而适用的评估方法应符合以下五个原则:(1)最能体现组织目标和评估目的;(2)对员工的工作起到正面引导和激励作用;(3)能比较客观地评价员工工作;(4)评估方法相对比较节约成本;(5)评估方法实用性强,易于执行。

第三节 | 绩效评估的系统设计与具体操作

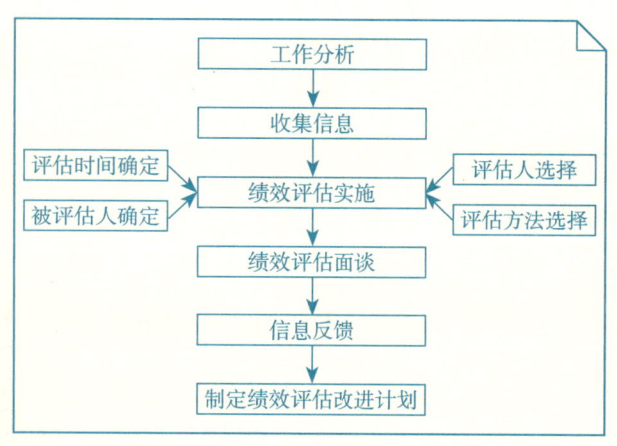

图 8.1
绩效评估系统图

一、绩效评估系统设计

在本章一开始介绍绩效评估定义时我们就谈到了绩效评估系统(performance appraisal system, PAS),了解绩效评估系统对绩效评估的实际操作有着重要的作用。因为绩效评估本身不是一个孤立的评估体系,它是与许多方面结合在一起的,只有从各方面配合进行,才能保证绩效评估的成功进行(见图 8.1)。

要建立良好的绩效评估系统,组织必须做到:
(1)确立组织的事业目标及其对人力资源管理的要求。(2)进行工作分析,确定各项工作的职责和责任，以此为基础发展相应的绩效评估标准。（3）选择恰当有效的绩效评估方法来评估员工的工作表现和工作成果。（4）在评估之前对员工传达对其工作成果的期望。（5）建立与工作绩效相关的反馈机制。（6）评价 PAS 对于达到既定目标的有效程度，在此基础上对 PAS 作必要的修正。

二、绩效评估的操作

（一）收集情报

收集情报指在前一次评估至下一次评估间隔内观察员工的行为表现或听取组织内其他人观察到的该员工的行为表现。这是绩效评估的基础工作。若不注重这一基础工作，评估就失去了客观事实的依据。收集情报最常见的是——"关键事件法"。此法所收集的事件资料，都是明确而易于观察且对绩效好坏有直接关联的。事件收集到手并加以整理后，填在特殊设计的考核表上，并用标题将资料加以分类。这种考核记录另备有使用手册，将记录上所列多项具关键性的要求详细说明。主管把收集的资料分别登录在考核记录上，该记录分为蓝、红两色且各占半页。如资料属有效益者则记在蓝色区，如为无效益行为则记在红色区域。手册要求主管所登录的必须是直接观察所得，而且，要能清晰显示出该行为表现对组织来说是正面的还是负面的。

在收集评估"关键事件"时，主管可以从两个主要来源获取的资料：

1. 工作表现的记录。例如生产产品质量、工作中的努力程度、是否按时完工、是否安全操作、预算成本和实际成本的比较、出勤情况，以及顾客、同事抱怨的次数。

2. 经由其他与被评估者有来往的人，包括直接主管、同事或该员工服务的对象。如果公司实行项目小组制且有该员工的参与，则与小组负责人联络，方式上应力求客观，并尽量避免诸如"您认为小李怎么样？"此类的询问方式，而使用"小李帮您做过哪方面的事？"或"关于这方面，您对他的评价如何？"等询问方式。

简言之，资料的来源越多越好，但应慎加选取，以保持其客观性。所以资料应再加分析并以绩效标准修正，以获得较正确的评估结果。

（二）设定评估的间隔时间

设定绩效评估的间隔时间对评估操作过程来说，也是必不可少的一环。设定的间隔时间因工作性质而异，应充分讲求科学性。若间隔时间太短，则投入大量的人力、物力、财力，得出评估结果的成本太高，如对流水线操作工进行绩效评估就没有必要间隔时间太短；若评估的间隔时间太长，一则失去了绩效评估对员工工作应有的监督作用和威慑力，二则不能让员工对自己的工作及时获得反馈信息，影响员工修正工作方法、提高工作绩效。

就评估的科学性而言，不同的工作应设定不同的评估间隔期。一般的评估间隔期为六个月至一年，对大多数工作，如熟练的流水线操作工或组织中常规的管理人员，这一评估间隔期是比较合理的。但对于项目制工作而言，一般在一个项目结束后进行绩效评估或在期中、期末进行两次评估。对于培训期的员工，绩效评估的间隔时间设定应比较短，以使员工及时获得反馈和指导。

此外，绩效评估的间隔期因评估目的不同也应有所不同。若评估目的是为了更好沟通上下级意图，提高工作效率，则间隔期应适当短一些；若评估目的是为了人事调动或晋升，则应观察一个相对较长时间内的员工工作绩效，以免为某些员工投机取巧的行为所蒙蔽。若员工的长期工作绩效一贯良好且不断上升，则应考虑给他加薪或升职；若员工的长期工作绩效一贯低下，则应考虑其他人替代其工作岗位。

（三）360°绩效评估

360°绩效评估又称全方位绩效评估，即评估人选择上司、同事、下属、自己、客户和专家等中的四个方面的代表，每个评估者站在自己的角度对被评估者进行评估。多方位评估可以避免一方评估的主管武断，可增强绩效评估的信度和效度，每位评估者的评估权重可以不同。

1. 上司评估（90°）。上司是指被评估员工的直接主管，也通常是绩效评估中最主要的评估者，好的主管比其他任何人更了解下属的工作和行为表现，因此他在绩效评估中最有发言权，当然权重也最大。

（1）上司评估的优点在于：评估可与加薪、奖惩等直接结合；有机会与下属更好地沟通，了解下属的想法，发现下属的潜力。

（2）上司评估的弊端在于：由于上司掌握着切实的奖惩权，评估时下属往往感到受威胁，心理负担较重；上司的评估常沦为说教——单项沟通；上司可能缺乏评估的训练和技能；上司可能有偏见，不能保证评估的公平公正性，会挫伤下属的积极性。

尽管上司评估有诸多不足之处，但实际工作中，上司评估往往是权重最大、最普遍、最不可缺少的。

2. 同事评估（90°）。同事往往是与被评估者朝夕相处的人，观察最深入，了解最透彻，也最熟悉被评估者的业务、方法和成果。若同事是同一项目小组的，则被评估者对项目小组的工作贡献大小同事了解得最清楚。因此，同事评估的最大优势在于了解全面、真实。若同事评估能采用实事求是的态度，则同事反映的情况最为可信。

但同事评估也有弊端，这一弊端是其优势的伴生物，即正因为同事之间易于沟通、了解较深，致使同事评估往往顾及"个人交情"，使评估结果脱离实际情况。另外，在大多数组织结构中，竞争式的奖惩制度普遍被采用，在竞争之下，同事之间出现了利益之争，也会导致评估结果脱离实际情况。

在不同的企业，同事之间的合作关系也有所不同。若合作形式是项目小组，则同事之间的相互作用非常密切，如果其中一名成员做事拖沓，就会打乱其他人的时间安排，导致小组整体绩效下降。这种情况下，同事评估对揭露问题、鞭策落后起着积极作用。一般说来，适合同事评估的方面有如下五种：（1）参与性。指被评估人是否积极参与小组的讨论及其他活动。（2）时间观念。指被评估人参加活动和完成任务是否及时。（3）人际交往技巧。指被评估人是否能与同事保持融洽的关系。（4）对小组的贡献。指被评估人在小组中是否能经常提出好的意见、建议及有创意的想法。（5）计划和协调能力。指被评估人能否计划好自己的工作任务，能否协调好自己和同事之间的工作分配，以取得整个项目较快的进展。

3. 下属评估（90°）。下属评估上级一般不常用，它在开放的西方企业中亦是近年来的新生事物。尽管是新生事物，但对企业民主作风的培养、企业员工之间凝聚力的提高等方面起着重要作用。在美国，AT&T、通用电气、杜邦等大型跨国公司纷纷引入了下属评估上级的评估体系，取得了良好效果。

（1）下属评估的优点。①能够帮助上司发展领导管理的才能。下属评估把上级工作中的不足之处——尤其是处理上下级关系中的不足之处揭示出来，可以促使上司完善领导指挥方式，使工作更有效。②能够达到权力制衡的目的。下属评估使上司在工作中也受到有效监控，不至于有独裁武断的倾向。

（2）下属评估由于目前尚未发展完善，仍存在不少弊端。①下属在评估中往往不敢实事求是地表达意见。为了避免上司报复，他们会夸大上司的优点，隐匿对上司的不满。②上司并不真正重视下属的意见，即使承诺改错，也只是口头说说而已，并没有真正付诸行动。③下属对上司的工作，不可能有全面的了解，因此在评估时往往侧重于个别方面，易产生片面看法。

4. 自我评估（90°）。自我评估，尤其是设立目标时鼓励员工参与的项目。自我评估通常是努力对于达到目标的作用，这样，员工在工作中就会有更多的主人翁态度，许多企业采用自我评估方法。

（1）自我评估有如下优点：①自我评估在诸多评估方式中是最轻松的，对评估人和被评估人均不具有威胁性，不会感到压力很大。②自我评估能够增强员工的参与意识。③自我评估的结果较具建设性，工作绩效较可能改善。

（2）自我评估的弊端在于：①自我评估倾向于把自己的绩效高估，与上司或同事的评估的结果往往不同；②当评估结果用于行政管理时，自我评估会受到系统化的误差；③只适用于协助员工自我改善绩效，在其他方面（如加薪、晋升等）不足以做评判标准。

5. 客户评估（90°）。客户评估是另一评估信息来源。客户是企业外部人员，不受企业内部利益机制所左右，因此评估会更加真实、公正。但客户评估又是一种较难操作的评估方式，且只适用于评价企业内与客户接触较密切的员工，如销售员、售后服务部人员等。

（1）客户评估有如下优点：①客户评估是公司重视在公众心目中的形象的象征，这一形象通过每一个员工反映出来。②客户评估较为客观公正。③客户评估使每一位受评估者强化要以消费者满意度为导向的观念。

（2）客户评估的弊端在于：①难以操作。由于每个企业员工接触的客户可能是不同的，不同客户的评估标准又有所不同，故对企业员工来说，客户评估没有统一标准。②比较费时费力。由于客户不是企业内部人员，不能用行政命令规定其限时完成评估任务。说服客户配合本公司的业绩评估活动，无疑是一项费时费力的工作。

6. 专家评估（90°）。专家评估也是一种评估信息来源。专家是指在绩效评估方面有专业知识的专业人员。专家往往是企业外部人员，不受企业内部利益机制所左右，因此相对比较公正。但同时专家评估的难度也比较大，要求比较高，只有在评估企业高级人才时才运用。

（1）专家评估有如下优点：①专家在这方面是最具权威的发言人，易信服。②易在公众中建立良好的形象，统一评估，没有偏误。

（2）专家评估的弊端在于：①较难以操作。专家的选择较难进行，针对不同的企业的评估有较大的差异，难以达到统一，专家的评估有时太过于笼统。②费时费力，时间难以控制，同时需要较多的经费支持。

（四）绩效评估面谈

绩效评估面谈在绩效评估操作过程中是十分重要的一环，是关系到绩效评估成功的关键。绩效评估面谈是指在绩效评估表格填好后，对被评估者有一定的认识的时候与被评估者就评估内容的面对面的交流。

1. 绩效评估面谈的内容：（1）对这次绩效评估的看法。（2）关于评估内容的意见，有没有需要改正的地方。（3）针对评估内容有什么建议，对日后工作目标有什么看法。（4）改进方案的探讨，什么才是适合被评估者的最优方法，等等。

2. 绩效评估面谈的作用：（1）有助于评估者更好地了解被评估者的思想。（2）有助于完善评估内容。（3）有助于更好地实现评估目标，使绩效评估的作用充分发挥。（4）为绩效改进计划的实施打下坚实的基础。

（五）评估误差的克服

尽管绩效评估体系已被现代企业广泛采用，但人们在应用过程中发现，评估中总是不可避免地存在这样或那样的误差，影响绩效评估的公正性、客观性。

1. 评估过程的信息不足。绩效评估过程涉及大量信息的浓缩和分析，故工作量较大，因此常常存在信息不足的问题。

（1）记忆误差。评估必须仔细观察被评估者的行为和工作成果，一次次存入评估者的短期记忆库。由于评估是一个相对较长的阶段性工作，短期记忆必须被浓缩存入长期记忆库或付诸文字记录。当需要作出判断时，相关信息从记忆库中被调出来，然后将它与绩效标准做比较，这中间往往会产生误差。

（2）绩效评估的完成是建立在从记忆库调出的汇总信息和评估者有意或无意附加上的其他信息的基础上的。这样，我们就能发现绩效评估过程的先天缺失：人的记忆往往是不客观的、靠不住的，尤其是一段相当长的时间内的记忆。即使有文字记录的信息，信息也可能早被扭曲，评估中的偏差是很难避免的。

2. 评估者的主观失误。

（1）晕轮效应误差。评估人在对被评估人进行绩效评估时，把绩效中的某一方面甚至与工作绩效无关的某一方面看得过重，而影响了整体绩效的评估。晕轮效应会导致过高评价或过低评价。例如，小秦比较会处理人际关系，谈吐彬彬有礼，评估人对她有好感，就认为她各方面能力都强；相反，小何平时不修边幅，上班经常迟到，评估人就会对他产生工作极不负责的强烈印象。其实，小何在工作中创造力很强，工作实际成效并不比小秦差。

（2）对比误差。对比误差发生在我们将一个人与另外一个人进行对比，而不是将这个人与客观的标准去进行对比的时候。比如说，假定一位很有能力的员工是在与一群非常出色的同事一起工作。那么，如果这位员工的绩效因为其同事的出色而被评到低于其应得的水平，就容易出现了对比误差。

（3）分布误差。分布误差是指在评价者倾向于仅仅使用评价尺度中的一部分来进行评价的时候所导致的误差。宽大误差发生在评价者对所有员工都给予很高（宽松）评价的时候。而严格误差则出现在评价者对所有的员工给出的绩效评价等级都偏低的情况下，也就是说，将所有的员工都去与不合理的高标准相比。居中趋势误差所反映的是一位管理者将所有员工的评价尺度都集中在中间水平上而导致的误差。上述误差带来了两个方面的问题：一是使同一位管理者评价的不同员工进行绩效区分的工作变得非常困难；二是使得对接受不同管理者评价的不同员工之间的绩效很难进行比较。

（4）近因误差。一般说来，人们对近期发生的事情印象比较深刻，而对远期发生的事情印象比较淡薄。当评估人对被评估人某一阶段的工作绩效进行评估时，以近期印象来代替被评估人在整个评估期间的绩效表现情况，因而造成评估误差。有的被评估人往往会利用这种近因误差效应。例如，在一年中的前半年工作马马虎虎，等到最后的几个月才开始表现较好，照样能够得到较好的评价。

（5）感情效应误差。人是有感情的，而且不可避免地把感情带入他所从事的任何一种活动中，绩效评估也不例外。评估人可能随着他对被评估人的感情好坏程度自觉或不自觉地对被评估人的绩效评估偏高或偏低。为了避免感情效应造成被评估人绩效评估的误差，评估人一定要克服绩效评估中的个人情感因素，努力站在客观的立场上，力求公正。

（6）暗示效应误差。暗示是人们一种特殊的心理现象，是人们通过言语、行为或某种事物提示别人，使其接受或照办而引起的迅速的心理反应。评估人在领导者或权威人士的暗示下，很容易接受他们的看法，而改变自己原来的看法，这样就可能造成绩效评估的暗示效应。例如，在企业评选"先进工作者"时，企业领导往往会有意无意地提到："大家工作都很努力，尤其是老刘，特别具有敬业精神……"这样，似乎不再需要选举，老刘就被"评"为"先进工作者"了。为了防止这种误差，在评估中领导者或权威人士的发言放在最后，这样就避免暗示效应误差了。

（7）偏见误差。由于评估人员对被评估者的某种偏见而影响对其工作实绩的评估而造成的误差就被称为偏见误差。在一个企业里，如果评估人是技术工程出身的，往往不自觉地认为文科出身的销售人员只会"耍耍嘴皮子"而已，因此对文科出身的销售员的评价就不会太高；而公司要提拔公关经理时，也会倾向于选拔文科出身的员工，认为他们往往有较强的沟通能力，而认为理科出身的员工笨嘴拙舌、不善辞令，这样，他们就忽视了考察员工本身。事实上，理科出身的某位员工可能比文科出身的候选人更能言善辩，善于融洽和协调各种关系，但由于人事部门的偏见，使他错失了这一职位。这就是惯性思维——偏见——造成的误差。

（8）同类人误差。同类人误差是指评价者在评价与自己属于相同类型的人的时候，往往会比那些与自己不是同一类型的人所作出的评价要高。现实中大多数人倾向于认为自己是有效的，因此如果别人与自己很相像，如在种族、性别、背景、态度或信仰方面相似，那么评价者总会假定他们也是有效的。

3. 减少评估误差的措施。

由于受评估中各种因素的影响，信度和效度再高的评估体系也会大打折扣。因此，我们要采取有效措施减少误差，使评估有效性最大化。可采取的措施如下：（1）对工作中的每一方面进行评估，而不是只作笼统评估。（2）评估人的观察重点应放在被评估人的工作上，而不是太过注重其他方面。（3）在评估表上不要使用概念界定不清的措词，以防不同的评估者对这些用词有不同的理解。（4）一个评估人不要一次评估太多员工，以免评估先松后紧或前紧后松，有失公允。（5）对评估人和被评估人都进行必要的培训。（6）对评估人的评估优劣进行合理奖惩。

（六）制定绩效改进计划

评估之后，对被评估人进行评估意见的反馈是很重要的，因为进行绩效评估的一个主要目的就是：改进绩效。所以，主管和员工应合力安排绩效改进计划。

1. 绩效改进方面的原则。

（1）重审绩效不足的方面。主管的评估是否都合乎事实？也许主管没有真正觉察员工发生问题的缺点；也许主管认为的缺点事实上却是员工的优点。（2）从员工愿意改进之处着手改进。这可能激发员工改进工作的动机。（3）从易出成效的方面开始改进。立竿见影的经验总使人较有成就感，也有助于再继续其他方面的改进。（4）以所花的时间、精力和金钱而言，选择最合适的方面进行改进。

2. 绩效改进的实施。为了拟定一套完善的绩效改进计划，应符合下列要求：（1）计划内容要实际。拟定的计划内容须与待改进的绩效相关。只是泛泛地学习一些理论知识的现实意义不大。（2）计划要有时间性。计划的拟定必须有截止日期，而且应该有分阶段执行的时间进度表。（3）计划要获得认同。主管和员工都应该接受这个计划并致力实行，以保证计划的实现，而不是做做表面文章。

3. 绩效改进的四个要点。绩效改进计划设计的目的在于使员工改变其行为。为了要使改变能实现，必须符合四个要点。（1）意愿。员工自己想改变的愿望。（2）知识和技术。员工必须知道要做什么，并知道应如何去做。（3）气氛。员工必须在一种鼓励其改进绩效的环境里工作。而造就这种工作的气氛，最重要的因素就是主管。（4）奖励。如果员工知道行为改变后会获得奖赏，那么他较容易去改变行为。奖励的方式可分为物质和精神两方面：物质方面包括加薪、奖金，或其他福利；精神方面则包括自我的满足、表扬、加重责任、更多的自由与授权。

本章小结

本章主要介绍了员工绩效评估的相关知识和主要内容。主要内容包括：一、员工绩效评估的重要性、主要内涵，以及绩效评估的阻力和对策。二、绩效评估的标准和主要方法，建立在相应的评估标准基础上，绩效评估的主要方法包括常规方法、行为评估法、工作成果评价法。三、介绍了绩效评估的系统设计与具体操作流程，其中尤其重点介绍了360°绩效评估、如何做好绩效评估面谈、绩效评估可能出现的主要误差与克服方法。

关键术语

绩效评估　　绩效标准　　常规方法　　行为评估法　　工作成果评估法　　绩效评估面谈
绩效评估误差

复习思考题

1. 什么是绩效评估？企业内为何要进行绩效评估？
2. 绩效评估有哪些阻力？应该如何克服之？
3. 绩效评估的标准有哪些特征？企业应该如何运用？
4. 简述绩效评估的主要方法，并列出各种方法的评估表。
5. 如何在企业中实施绩效评估？如何实施360°评估？
6. 如何使企业中的绩效评估更有效？

本章案例集

第 9 章

报酬系统

本章要点

1. 薪酬的定义与薪酬系统的结构。
2. 影响薪酬的各种因素。
3. 工资与奖金制定的常用方法。
4. 福利的常见形式及其选择。
5. 薪酬设计的环节与实施方法。

本章学习资料

引 例

失败的高薪

F 公司是一家生产电信产品的公司。在创业初期,依靠一批志同道合的朋友,大家不怕苦不怕累,从早到晚拼命干。公司发展迅速,几年之后,员工由原来的十几人发展到几百人,业务收入由原来的每月十来万发展到每月上千万。企业大了，人也多了，但公司领导明显感觉到，大家的工作积极性越来越低，也越来越计较。

F公司的老总黄明裁一贯注重思考和学习，为此特别到书店买了一些有关成功企业经营管理方面的书籍来研究，他在介绍松下幸之助的用人之道一文中看到这样一段话："经营的原则自然是希望能做到'高效率、高薪资'。效率提高了，公司才可能支付高薪资。但松下先生提倡'高薪资、高效率'时，却不把高效率摆在第一个努力的目标，而是借着提高薪资，来提高员工的工作意愿，然后再达到高效率。"他想，公司发展了，确实应该考虑提高员工的待遇，一方面是对老员工为公司辛勤工作的回报，另一方面是吸引高素质人才加盟公司的需要。为此，F公司重新制定了报酬制度，大幅度提高了员工的工资，并且对办公环境进行了重新装修。

高薪的效果立竿见影，F公司很快就聚集了一大批有才华有能力的人。所有的员工都很满意，大家的热情高，工作十分卖力，公司的精神面貌也焕然一新。但这种好势头不到两个月，大家又慢慢回复到懒洋洋、慢吞吞的状态。这是怎么啦？

F公司的高工资没有换来员工工作的高效率，公司领导陷入两难的困惑境地，既苦恼又彷徨，不知所措。那么症结在哪儿呢？

思考题：
1. 为什么F公司的高薪没有换来高效率？
2. 你们公司存在这种问题吗？

（资料来源：姚凯：《企业薪酬系统设计与制定》，四川人民出版社，2008年版）

报酬是把双刃剑。一方面，报酬是激励员工卓有成效地工作、达成企业目标的主要手段；另一方面，报酬又是企业运作的主要成本之一，一旦运用不当，后果极为严重。

第一节 报酬管理

报酬管理是人力资源开发与管理的重要一环。我们知道，人力资源开发与管理的主要任务是：吸引人才，留住人才，使人才努力地为实现组织目标而工作，而报酬管理与完成上述任务息息相关。

一、报酬概述

（一）一些术语介绍

1. 报酬。在企业中，报酬是指员工用时间、努力与劳动来追求的，企业愿意用来交换的一切事物。

2. 工资。是企业支付给员工的较为稳定的金钱，是报酬系统的一个主要组成部分。工资主要可以分为固定工资、计时工资和计件工资三种。（1）固定工资。是指企业每周、每月、每季度或每年的固定日期支付给员工相对固定数量的金钱。（2）计时工资。是指企业根据员工工作时间（一般以小时为单位）支付给员工较为稳定比例的金钱。（3）计件工资。是指企业根据员工完成的任务多少支付给员工较为稳定比例的金钱。

3. 奖金。是指由于员工杰出的表现或卓越的贡献，企业支付给员工工资以外的金钱。

4. 佣金。是指由于员工完成某项任务（常常以金钱作为基数单位）而获得的一定比例的金钱，可以认为是奖金的一种形式。

5. 福利。是指企业为员工提供的除金钱之外的一切物质待遇。

6. 激励因素。是指企业为员工提供的、能激励员工为达成组织目标努力工作的一切事物，激励因素包括物质激励因素和精神激励因素两种。

7. 报酬管理。是指为了达成组织的目标，主要由人力资源部负责、由其他职能部门参与的、涉及报酬系统的一切管理工作。

（二）报酬系统模型

从报酬系统模型（见图9.1）中可以看出，报酬系统主要分为两大部分：金钱报酬和非金钱奖励。其中非金钱奖励又可以分为两部分：职业性奖励和社会性奖励。金钱报酬可以分为两部分：直接报酬和非直接报酬。直接报酬主要可以分为两部分：工资与奖金；非直接报酬主要可以分为四个部分：公共福利、个人福利、有偿假期和生活福利。

（三）报酬系统的重要性

企业中的报酬系统对于企业的正常运作十分重要。可以这样说，一旦报酬系统失灵，企业的运作也会立即失灵，一旦报酬系统出了故障，也会给企业带来不少麻烦。

报酬系统的重要性主要有以下四点。

1. 吸引人才。在目前市场经济中，报酬无疑是吸引人才的有效工具，但并不是说，工资越高越能吸引人才，但是报酬系统的完备与优秀一定能吸引更多的人才。

2. 留住人才。一个优秀的报酬系统能够为企业留住人才，使员工认识到，在该企业中工作时间越长，工作越努力，绩效越好，越有回报。

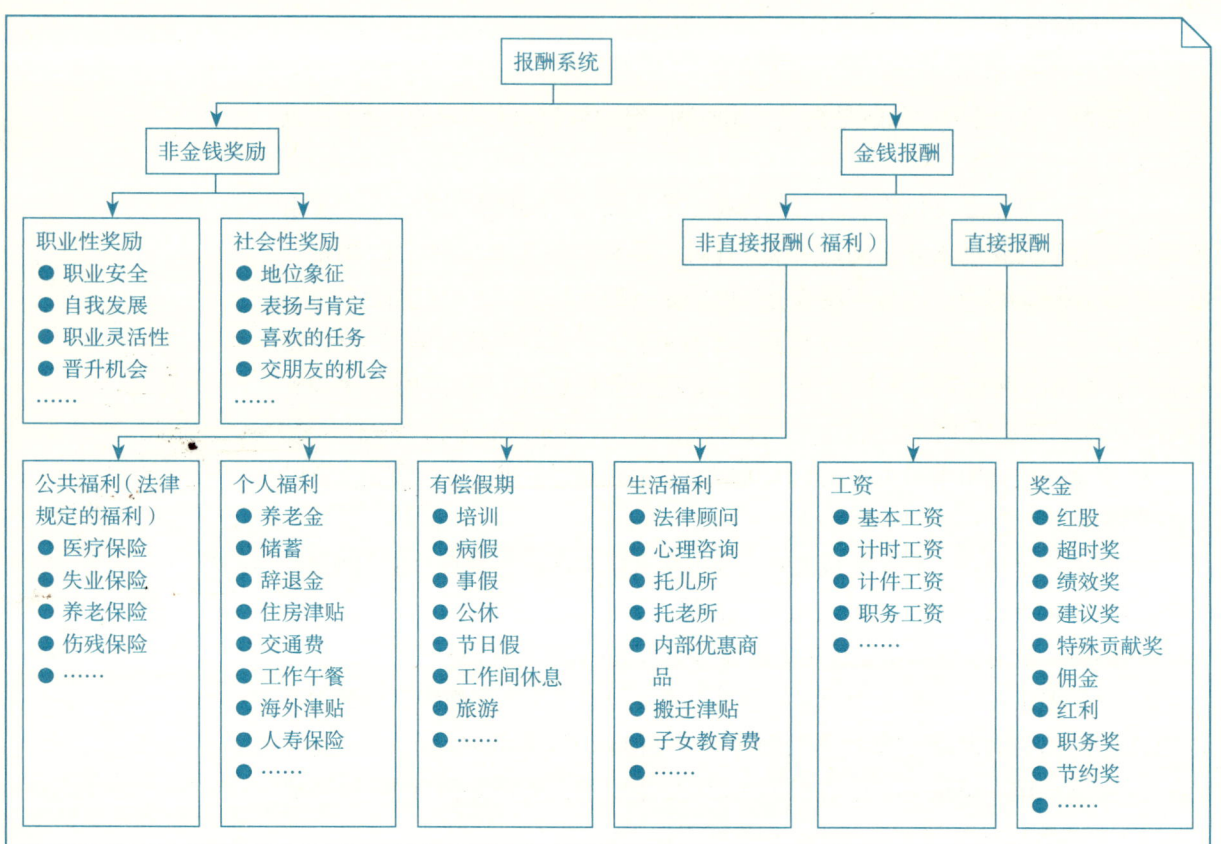

图 9.1　报酬系统模型

3. 激励人才。使人才为实现企业目标努力工作是报酬系统有效运作的主要标准。优秀的报酬系统应该促使每个员工都能自觉地为企业目标努力工作。

4. 满足组织的需要。企业的一项基本目标是以较低的成本来获取合理的利润，一个优秀的报酬系统应该既满足员工的需要，又满足企业的需要。

（四）报酬系统作用模型

报酬的高低与员工的工作满意感有关，但与工作价值也有关。从报酬系统作用模型（图9.2）中可以看出，为了使员工工作满意感提高，一方面可以加大报酬的力度；另一方面，要使员工认为工作有价值。如果只加大报酬的力度，而忽视了工作价值，员工工作满意感程度就不会很高。

图 9.2　报酬系统作用模型

二、报酬管理的原则与政策

要进行有效的报酬管理，一定要制定出相应的原则与政策。

（一）报酬管理的原则

报酬管理有以下一些主要原则：

1. 公平性。报酬系统要公平，这是最主要的原则。要使员工认识到：人人平等。只要在相同岗位上，作出相同的业绩，都将获得相同的报酬。

2. 适度性。是指报酬系统要有上限和下限，在一个适当的区间内运行。

3. 安全性。是指报酬系统要使员工感到安全，要使企业感到安全，不能经常变动，一些重要内容的变动更要慎重。

4. 认可性。报酬系统是由企业管理层制定的，但应该使大多数员工认可，这样会起到更好的激励作用。当然，更要符合法律。

5. 成本控制性。一般来说，报酬系统应该接受成本控制，也就是在成本许可的范围内制定报酬系统。

6. 平衡性。指报酬系统的各个方面要平衡，不能只注重直接报酬，而忽视非直接报酬；也不能只注重金钱报酬而忽视非金钱奖励。

7. 刺激性。指报酬系统对员工要有强烈的激励作用。

8. 交换性。是指一个企业的报酬系统与外部市场有可交换的内容，不能自行一套，我行我素。

（二）报酬管理的政策

每家企业中报酬管理的政策都不相同，这些政策涉及以下一些方面：

1. 业绩优先与表现优先。业绩优先是指企业主要根据员工业绩的优劣来支付报酬；而表现优先是指企业主要根据员工努力程度来支付报酬。

2. 工龄优先与能力优先。在企业中，如果工龄在报酬系统中的权重比能力大，则称为工龄优先，反之则称为能力优先。相似的还有学历优先与能力优先、性别优先与能力优先，等等。

3. 工资优先与福利优先。如果一个企业中工资很优厚，而福利较差的，则称为工资优先；而福利相当好，工资一般的，则称为福利优先。

4. 需要优先与成本优先。在企业制定报酬系统时，主要考虑企业的需要，而忽视成本控制的，则称为需要优先。反之，如果主要考虑成本控制，而忽视企业需要的，则称为成本优先。

5. 物质优先与精神优先。在报酬系统中强调金钱报酬，而忽视非金钱奖励的，则称为物质优先；在报酬系统中较重视非金钱奖励，不强调金钱报酬的，则称为精神优先。

6. 公开化与隐蔽化。员工之间相互知道报酬多少的，则称为公开化；反之，员工之间不提倡相互了解报酬多少的，则称为隐蔽化。

三、薪酬体系的分类

薪酬有五种主要依据，相应地形成当前的五种主流薪酬体系：基于岗位的薪酬体系、基于绩效的薪酬体系、基于技能的薪酬体系、基于市场的薪酬体系、基于年功的薪酬体系。

（一）基于岗位的薪酬体系

基于岗位的薪酬体系，是以岗位的价值作为支付工资的基础和依据。在岗位价值基础上构建的支付薪酬的方法和依据，即在确定员工的基本工资前，先对岗位本身的价值作出客观的评价，然后再根据评价结果赋予承担这一岗位工作的人与该岗位价值相当的基本工资。通俗地讲，就是在什么岗拿什么钱，对岗不对人。对于员工而言，岗位更为客观、稳定。

优点：和传统按资历和行政级别的付酬模式相比，真正实现了同岗同酬，内部公平性比较强。职位晋升，薪级也晋级，调动了员工努力工作以争取晋升机会的积极性。

不足：如果一个员工长期得不到晋升，尽管本岗工作越来越出色，但其收入水平很难有较大的提高，也就影响了其工作的积极性。由于岗位导向的薪酬制度更看重内部岗位价值的公平性，因此吸引不到急需的人才。

（二）基于绩效的薪酬体系

基于绩效的薪酬体系是以员工的工作业绩为基础支付工资，支付的唯一根据或主要根据是工作成绩或劳动效率。将员工的绩效同制定的标准相比较以确定其绩效工资的额度，形式有计件（工时）工资制、佣金制、年薪制等。绩效工资制适用于生产工人、管理人员、销售人员等。

优点：员工的收入和工作目标的完成情况直接挂钩，让员工感觉很公平，激励效果明显。员工的工作目标明确，通过层层目标分解，组织战略容易实现。企业不用事先支付过高的人工成本，在整体绩效不好时能够节省人工成本。

不足：员工收入在考虑个人绩效时，会造成部门或者团队内部成员的不良竞争，为取得好的个人绩效，员工可能会减少合作。因此，在需要团队协作制胜时，不应过分强调个人绩效对收入的作用。绩效评估往往很难做到客观、准确。对大多数中国企业来说，少有企业的绩效考核系统很完善，如果在这种情况下就将收入和绩效挂钩，势必造成新的不公平，也就起不到绩效付酬的激励作用。绩效付酬假设金钱对员工的刺激作用大，长期使用后会产生不良的导向，在企业增长缓慢时，员工拿不到高的物质方面的报酬，对员工的激励力度下降，在企业困难时，很难做到"共渡难关"，而可能会选择离职或消极工作。

（三）基于技能的薪酬体系

基于技能的薪酬体系是以员工所具备的能力或技能作为工资支付的根本基础，即以人的能力要素作为工资支付的直接对象。这种模式认为，员工获得报酬的差异主要来自人本身能力水平的差异，而非职位等级的高低、职位价值的高低。基于技能的薪酬体系用通俗的说法就是有好的能力就有好的结果，这种薪酬体系适用于企业中的技术工人、技师、科技研发人员、专业管理者等。

优点：员工注重能力的提升，就容易转换岗位，也就增加了发展机会，将来即使不在这个企业也会有竞争力。不愿意在行政管理岗位上发展的员工可以在专业领域深入下去，同样获得好的待遇，对企业来说留住了专业技术人才。员工能力的不断提升，使企业能够适应环境的多变，企业的灵活性增强。

不足：做同样的工作，但由于两个人的技能不同而收入不同，容易造成不公平感。高技能的员工未必有高的产出，即技能工资的假设未必成立，这就要看员工是否投入工作。界定和评价技能不是一件容易做到的事情，管理成本高。员工着眼于提高自身技能，可能会忽视组织的整体需要和当前工作目标的完成。已达技能顶端的人才如何进一步激励，这也是其弱点之一。

（四）基于市场的薪酬体系

基于市场的薪酬体系是根据市场价格确定企业薪酬水平，根据地区及行业人才市场的薪酬调查结果，来确定岗位的具体薪酬水平。至于采取高于、等于或是低于市场水平，要考虑企业的赢利状况及人力资源策略。供求关系决定价格的市场经济基本规律也适用于员工的工资模式，人才资源的稀缺程度在很大程度上决定了薪酬的水平。一般适用于企业的核心人员。

优点：企业可以通过薪酬策略吸引和留住关键人才。企业也可以通过调整那些替代性强的人才的薪酬水平，从而节省人工成本，提高企业竞争力。参照市场定工资，容易让员工接受，降低员工在企业内部的矛盾。

不足：市场导向的工资制度要求企业具备良好的发展能力和赢利水平，否则难以支付与市场接轨的工资水平。员工要非常了解市场薪酬水平，才能认同市场工资体系。因此，这种薪酬体系对薪酬市场数据的客观性提出了很高的要求，同时，对员工的职业化素质也提出了要求。完全按市场付酬，企业内部薪酬差距会很大，会影响组织内部的公平性。

（五）基于年功的薪酬体系

基于年功的薪酬体系是一种简单而传统的薪酬制度，它是按照员工为企业服务期的长短而支付或增加薪酬的一种管理制度，往往与终生雇佣制相关联。其基本特点是员工的企业工龄越长，工资越高。

优点：培养员工的忠诚度，员工的安全感强。

不足：工资刚性太强，弹性太弱，不容易调整。容易形成论资排辈的氛围，不利于有才能的人才成长。不利于吸引年轻人，即使进入企业也会因漫长的等待而失去信心。

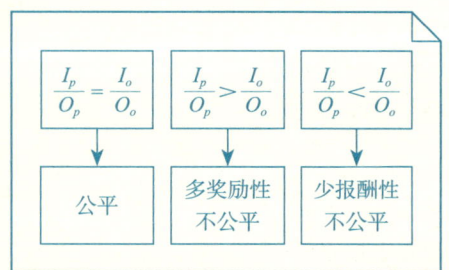

图 9.3 公平公式的三种状态

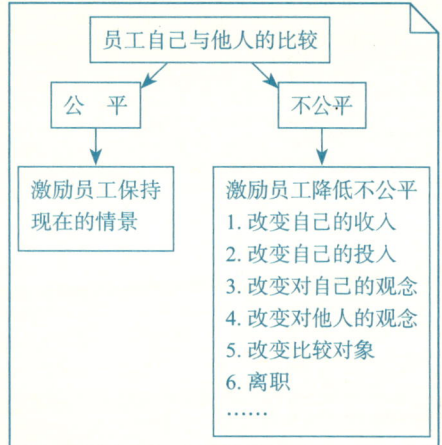

图 9.4 员工的反应

在企业的管理实践中，以上的五种薪酬体系往往是混合运用，但有可能是以某一种为主的。

四、影响报酬系统的因素

(一) 公平理论

公平是报酬系统的基础，一般来说，员工认为报酬系统是公平的，才会产生满意感，才能起到激励作用。

1. 公平理论的公式：

$$I_p/O_p = I_o/O_o$$

式中，I_p 指个体对自己收入的感受；O_p 指个体对自己投入的感受；I_o 指个体对比较对象收入的感受；O_o 指个体对比较对象投入的感受。

2. 公平公式的运用：

从图 9.3 中可以看出：只有当公式相等时，员工才会觉得公平，否则，均会产生不公平感。

3. 投入与收入的含义。公平公式中的投入包括经验、受教育程度、专业技能、努力程度、工作时间等；公平公式中的收入包括工资、奖金、福利、成就、认可、表扬等。

4. 员工对公平或不公平的反应。从图 9.4 中可以看出，当员工通过比较感到公平时，就会起到激励作用，而当员工通过比较感到不公平时，经常会采取一些措施来降低不公平。

5. 对公平的理解。公平是相对的，在制定报酬系统时，应该尽可能做到相对公平一点，这对于激励员工有相当重要的作用。

(二) 影响报酬系统的外部因素

影响报酬系统的外部因素很多，主要有以下几种：

1. 法规政策。政府的许多法规政策影响报酬系统，例如：对员工最低工资的规定；员工的所得税比例；工厂安全卫生规定；女职工的特殊保护；员工的退休、养老、医疗保险，等等。

2. 当地的经济发展状况。一般来说，当地的经济发展处在一个较高水平时，企业员工的报酬会较高；反之，企业员工的报酬会较低。目前中国的各地区经济发展不平衡，沿海地区经济发展水平较高，大城市经济发展水平较高，因此，这些地区企业员工的报酬较高。

3. 劳动力市场。劳动力市场和企业的报酬系统关系十分密切：当劳动力充沛时，企业的报酬相应会降低；当劳动力匮乏时，企业的报酬相应会提高。

4. 行业行情。由于历史原因和现实需要，各行业的员工对报酬的期望是不同的，因此，也影响了企业的报酬系统。例如：金融行业、信息行业等员工对报酬的期望较高；而纺织行业、环卫行业等员工对报酬的期望较低。

5. 企业所有制。由于各种原因，一般来说，企业所有制对企业的报酬系统也有一定的影响。例如：民营企业的员工工资会相对高一点，而福利会相对低一点；国有企业的员工工资会相对低一点，而福利会相对高一点，外资企业的报酬系统相对健全一些。

6. 当地的生活指数。由于报酬系统与员工的生活息息相关，因此，当地的生活指数较高时，企业内员工的报酬也会相应提高；反之，当地的生活指数较低时，企业内员工的报酬也会相应降低。

（三）影响报酬系统的内部因素

影响报酬系统的内部因素也很多，主要有以下几种：

1. 企业的发展阶段。企业的发展阶段不同，企业的战略也不同，企业的赢利能力也不同，因此，企业的报酬系统也会受到影响。例如：企业在启动阶段，往往采用低工资、高奖金、低福利的报酬系统；企业在稳定阶段，往往采用高工资、低奖励、高福利的报酬系统。

2. 企业的文化。企业的文化与企业的价值观紧密相连，因此影响报酬系统。例如：有的企业推崇个人英雄主义，因此报酬差别很大；有的企业提倡集体主义，因此报酬差别较小；有的企业鼓吹冒险性，因此，工资很高，福利较差；有的企业提倡安全性，因此，工资较低，但福利较好。

3. 员工的学历。一般来说，员工的学历较高时，工资也较高，主要因为学历越高，员工自身的投资也越大。另外，学历高的员工相对潜力也大些。

4. 员工的工龄。一般来说，员工的工龄越长，工资也越高，福利也越好，主要因为工龄长意味着对企业的贡献多。

5. 员工的能力。员工的能力主要从绩效中反映出来，因此，员工的能力越强，员工的绩效也越好，其报酬也应该越高。

6. 工种。工种与企业内部的人力资源市场有关，不同工种，其报酬系统也是不同的。例如：推销员往往工资低，但奖金高；财务经理往往工资高，但奖金低；工人可能是计件工资；秘书则常常是固定工资。

7. 工会。企业中的工会的一项主要工作是保护工人的权益。因此工会的强弱也影响报酬系统，因为报酬毕竟是工人的主要利益之一。

五、现代薪酬管理的四大目标

（一）吸引人才

合理的高报酬不仅能为员工提升工作的热情，还能为组织的未来发展吸引更多的优秀人才。

（二）提高效益

薪酬效率目标的制定其本质就在于要用适当的薪酬花费给组织带来最大的收益。主要包括两个方面：第一要站在产出的角度分析，即薪酬能为组织绩效带来最大价值利益；第二要站在投入角度分析，即要实现薪酬成本的优化控制，用最合适的花费为组织谋取最大的利益。

（三）激励员工

薪酬发放的本质即在于对员工努力工作的付出提供等值的报酬。只有在员工的付出能够在得到相应的让其满意的报酬时，员工才能更有工作的积极性以及对未来的憧憬。

（四）公平公正

薪酬公平要做到分配、过程、机会三方面的公平。分配公平即组织在进行人事决策与奖励措施时符合公平的要求；过程公平即组织多依据的标准方法要符合公平性，程序过程要公开、公正；机会公平即组织要提供给员工相同的发展机会，不搞内部认定制等潜规则。

科学有效的激励机制能够让员工发挥出最佳的潜能，为企业创造更大的价值。激励的方法很多，但是薪酬是一种非常重要的、最易运用的方法。受现阶段的经济结构和经济发展水平所限，劳动密集型的加工贸易企业很多，再加上我国的劳动人口相对过剩，这就必然导致一线员工的工资薪酬低下，同时还伴有一线员工和高层管理人员的差距太大。

员工的"收入"除了工资收入之外，还包含培训、晋升机会、发展机会、心理收入、生活质量等非物质回报。通过对这些概念的明确，让员工在衡量自己的贡献与回报的时候有一个科学的认识，从而减少员工的不公平感。

最后，通过薪酬激励，将短期、中期、长期经济利益相结合，促进企业的利益和员工的利益、企业的发展目标与员工的发展目标相一致，从而促进员工与企业结成利益共同体关系，最终达到双赢。

第二节 | 工资与奖金

工资与奖金是员工收入的主要部分，也是报酬系统的主要内容，与激励员工有重要关系。

一、工资调查

工资调查是企业制定工资系统的必要准备工作。工资定得太低，吸引不了企业必需的人才；工资定得太高，增加了企业人力资源成本。

一般来说，工资调查并不是针对所有的岗位来进行的，而是针对关键性岗位来进行的。奖金调查与工资调查很相似。

（一）关键性岗位

关键性岗位是工资调查的主要对象。关键性岗位有以下特点：

1. 在企业的报酬系统中具有代表性的岗位，例如：总经理、销售部经理，等等。

2. 在企业中该岗位有众多员工，例如：流水线上的工人、办公室秘书，等等。

3. 在企业中相对流动性较强的岗位，例如：推销员、服务员，等等。

（二）工资调查的方法

工资调查有许多方法，企业可以根据需要选用，工资调查主要有以下一些方法。

1. 委托调查公司。这种方法的主要优点是：简单易行、结果较客观公正、范围可大可小；其主要缺点是：费用较昂贵。

2. 企业自己调查。这种方法的主要优点是：目标清楚、信息较可靠；其主要缺点是：专业化程度不够、样本较小。

3. 企业间互相交流信息。这种方法有时在同业工会中进行，有时在人力资源经理俱乐部内进行。这种方法的主要优点是：成本较低、信息沟通较快；其主要缺点是：信息正确性可能较差，有些信息不易采集到。

（三）工资调查的步骤

企业的工资调查一般可分为六个步骤。

1. 确定调查的具体目标。例如：通过对 50 家同行业的中外合资企业的工资调查，使本公司的工资水平处在领导者地位。

2. 确定调查的具体工作岗位。例如：总经理、财务总监、电脑部主任，等等。

3. 选择调查的企业。在选择时要多一些，因为很可能有些企业出于某种原因不愿合作。另外，也可以选择某些企业的员工进行调查。不管是调查企业或个人，都要使对方从中受益，否则阻力很大，而且信息往往不可靠。

4. 设计问卷。要根据需要设计出简单明了的问卷，这是一项专业性较强的工作，可以请相关的专家帮助。

5. 实施调查。主要工作是联系企业或个体，指导填写问卷等。

6. 分析数据。这是最后一个步骤，也是十分重要的一个步骤。分析数据要科学、公正,不要有任何偏见,否则结果会走样。

(四)工资调查的内容

工资调查的内容主要包括以下三个方面。

1. 报酬政策。例如,是业绩优先还是努力优先?是工龄优先还是学历优先?是需要优先还是成本优先?是公开化还是隐蔽化?

2. 报酬结构。例如:报酬中工资占多少比例?奖金占多少比例?福利占多少比例?工资中有哪些工资?奖金中有哪些奖金?福利中有哪些福利?具体金额各占多少?每年增减多少?

3. 工资标准。例如:运用什么方法来制定工资体系?最高工资多少?最低工资多少?各职务工资多少?主要人员工资多少?工资级数有多少?工资每一级的级距多少?级范围有多少?

二、工资制定与实施

工资制定与实施涉及许多方面,例如:企业文化、企业结构、企业战略、企业发展阶段、企业规模、外部公平、内部公平、企业所有制性质、政府政策法规等方面。

这里介绍一些主要的方法。

(一)岗位等级法

这种方法主要用在科层制企业中,或是小企业中,工资多少主要取决于在哪一个等级的岗位上。例如某公司工资分四个等级:第一级为高级管理层,主要是指总经理和副总经理;第二级为中级管理层,主要是指各部门经理;第三级为低级管理层,主要是指各部门的主管;第四级为操作工人层,主要是指直接在第一线运作的工人。该公司规定:第一级工资为 5 000 元,第二级工资为 3 000 元,第三级工资为 1 500 元,第四级工资为 800 元。岗位等级法的优点是简单易行,只要把企业内的所有岗位分成几个等级就行了。其缺点是不能有效地激励员工,尤其是当许多岗位不能简单地划分等级时更加明显。

(二)岗位分类法

岗位分类法与岗位等级法很相似,只是岗位分类法把岗位分成若干类型,例如:管理类岗位、技术类岗位、操作类岗位。根据岗位分类法,制定工资也较简单。

岗位分类法可以与岗位等级法结合起来,这样适用性将更广泛。

从表9.1中,我们可以看出,如果分类有三种,等级有三个,那么可以有九种不同的工资,如果分类再多一点,等级也再多一点,那么工资的种类会更多。虽然这种方法可以解决工资种类太少的矛盾,但由于确定等级和分类缺乏一定的科学依据,容易形成内部不公平,因此,运用这种方法以小企业为主。

表 9.1　岗位分类法与岗位等级法结合的工资结构

等级＼分类	管理类岗位	技术类岗位	操作类岗位
第一级	16 000 元	10 000 元	6 000 元
第二级	9 000 元	7 000 元	4 000 元
第三级	4 500 元	3 500 元	2 000 元

（三）因素比较法

因素比较法是运用可比较的因素来打乱工作岗位的界线，并以这些因素来决定岗位的价值。这种方法的特点是运用与工作有关的因素来作为制定工资的基础，能较好地解决外部公平与内部公平问题。

因素比较法的具体步骤有以下六个。

1. 选择可比较的因素。严格来说，任何因素都可以被选择。但企业中常选择以下一些因素：心理素质、技能知识、生理状态、工作条件等。

2. 联系工作分析。一旦选择好可比较因素后，就把这些因素与工作分析的工作描述和工作说明书联系起来进行评估。

3. 找出基准岗位。基准岗位是指其他岗位能与其比较而确定相对价值的一些岗位。基准岗位是一种参照点，应谨慎选择，最好选择有以下一些特点的岗位：较稳定、大家熟悉、在外部人力资源市场上工资有可比性、可参照的范围广。

4. 根据因素确定基准岗位工资。应该成立一个工资委员会，根据每一个可比较因素来确定基准岗位工资，以及相关的工资范围。确定工资的依据主要是市场价格。

5. 确定非基准岗位工资。最后，根据基准岗位工资，价值高一点的岗位工资也高一点，价值低一点的岗位工资也低一点，把全部岗位的工资都确定下来。

6. 因素比较表。从表 9.2 中，我们可以知道每一种岗位四种因素的分别工资，然后可以分别求出各岗位的小时工资数。我们也可以算出岗位 X 的小时工资数是：48 + 24 + 18 + 21 = 111 元 / 小时。

（四）点排列法

点排列法把各种因素都以点数来数量化，然后根据每个工作岗位上获得的点数来决定其相对价值，从而确定每个工作岗位的工资。

点排列法的运作步骤如下：

1. 确定关键因素。根据企业的要求，找出最关键的若干因素。例如技能、努力、责任、工作条件等等。

2. 确定关键因素内的子因素。例如"技能"中的子因素为受教育程度、经验和知识；"努力"中的子因素为生理要求和心理要求；"责任"中的子因素为对

表 9.2　因素比较表

每小时工资（元） \ 因素	技能	努力	责任	工作条件
¥ 3				岗位 3
6		岗位 1		岗位 4
9		岗位 2	岗位 1	
12	岗位 1	岗位 4		
15	岗位 2			岗位 2
18		岗位 3	（岗位 ×）	
21				（岗位 ×）
24		（岗位 ×）	岗位 3	
27				
30			岗位 2	岗位 1
33				
36				
39	岗位 4		岗位 4	
42				
45				
48	岗位 3（岗位 ×）			
51				
54				
57				
60				

每小时工资
岗位 1　12 + 6 + 9 + 30 = 57 元
岗位 2　15 + 9 + 30 + 15 = 69 元
岗位 3　48 + 18 + 24 + 3 = 93 元
岗位 4　39 + 12 + 39 + 6 = 96 元

设备和过程的责任、对材料和产品的责任、对他人安全的责任、对他人工作的责任；"工作条件"中的子因素为工作场所条件和危险性。

3. 确定每个子因素的等级。例如把每个子因素分为五个等级，分别为：1 级、2 级、3 级、4 级、5 级。

4. 具体规定每一等级的标准。例如：受教育程度 5 级为硕士研究生以上，受教育程度 4 级为大学本科生，受教育程度 3 级为大学专科生，受教育程度 2 级为中专生或高中生，受教育程度 1 级为初中生及初中以下。

5. 规定每一子因素的权重。根据各企业的要求，可以定出每一子因素的权数，在计算时可以加权计算。

表 9.3 是一个典型的总数计算表。从表中我们可以看出，共有四种关键因素、11 种子因素，每一子因素分为 5 级，权重从 5 至 20，最少点数为 115 点，最高点数为 575 点。

表 9.3　典型的点数计算表

关键因素	子因素	权重	1 级	2 级	3 级	4 级	5 级
一、技能							
	1. 受教育程度	15	15	30	45	60	75
	2. 经验	20	20	40	60	80	100
	3. 知识	10	10	20	30	40	50
二、努力							
	4. 生理要求	10	10	20	30	40	50
	5. 心理要求	15	15	30	45	60	75
三、责任							
	6. 对设备和过程的	5	5	10	15	20	25
	7. 对材料和产品的	5	5	10	15	20	25
	8. 对他人安全的	10	10	20	30	40	50
	9. 对他人工作的	10	10	20	30	40	50
四、工作条件							
	10. 工作场所条件	10	10	20	30	40	50
	11. 危险性	5	5	10	15	20	25
总点数		115	115	230	345	460	575

6. 计算出每一岗位的点数。根据以上步骤，可以计算出每一岗位的点数（见表 9.4）。

表 9.4　两种岗位的点数

子因素	搬运工 等级	搬运工 点数	电脑工程师 等级	电脑工程师 点数
受教育程度	1	15	5	75
经验	1	20	4	80
知识	1	10	5	50
生理要求	5	50	2	20
心理要求	1	15	4	60
对设备和过程的责任	2	10	5	25
对材料和产品的责任	2	10	1	5
对他人安全的责任	1	10	1	10
对他人工作的责任	1	10	1	10
工作场所条件	4	40	1	10
危险性	4	20	2	10
总分		210		355

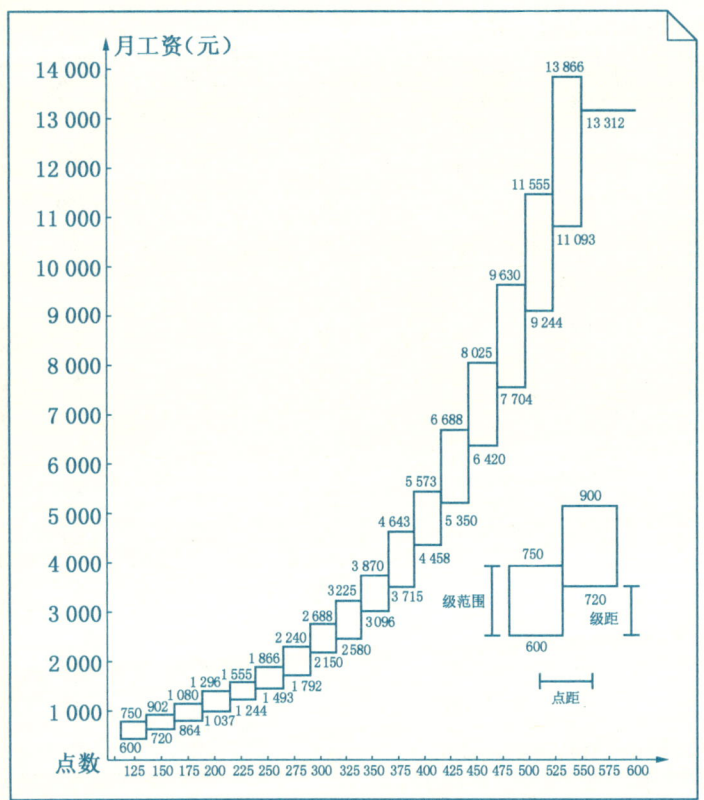

图 9.5
点排列法工资结构图

7. 确定点距、级距、级范围和最低工资。例如：点距为 25，级距为 20%，级范围为 25%，最低工资为 600 元。

8. 画出工资结构图，见图 9.5。

（五）黑点法

目前在企业中广泛运用的黑点法（Hay Point Method），结合了点排列法和因素比较法的优点，重点放在三种因素上：解决问题的能力、应知应会和责任性。然后根据这三种因素来决定点数。

1. 解决问题的能力。又称心理活动，是指对准目标，进行分析、评价、创新、推理等工作所需要的创造性的自发性的思维总和。

解决问题的能力有两个维度。（1）自由度。是指要完成目标的思维过程是自由的，没有来自他人的标准、程序、方向方面的指导。（2）心理活动的种类。是指需要的思维的复杂性、抽象性和创造性。

2. 应知应会。是指能完成工作任务所需的知识和技能的总和。

应知应会有三个维度：（1）需要的实践知识、专业知识和技术知识的总和。（2）管理的幅度，即指使许多人的活动与职能部门在一起良好运作的能力。例如公司总裁的工作与部门经理相比，前者的管理幅度更大。（3）需要的激励员工的技能。

3. 责任性。是指所据企业目标，工作的有效性。

责任性有三个维度：（1）行为的自由度。即对人员的控制、程序的控制以及指导有相对的自主权。一般通过回答下列问题来确定："完成该工作的行为独立性有多大？"例如，厂长与车间主任相比，前者的行为自由度更大。（2）金钱的多少。即销售量的大小、预算的数量、生意的金额、与工作相关的任何其他重要的金钱指标。（3）在金钱方面的工作影响力。工作对最终结果是有主要的影响力，还是部分影响力，还是毫无影响力。

三、奖金的种类与制定

奖金是工资的重要补充，是激励员工的重要手段。在企业中，奖金的种类很多，企业可以根据自身的需要设立各种奖金，现介绍一些主要的奖金。

（一）佣金

从严格意义上讲，佣金并不是奖金，是指由于员工完成某项任务而获得的一定比例的金钱。但它和奖金有相似之处，因此可以作为奖金的一种特殊类型。

佣金用得较多的岗位是推销员。根据推销员在一定时间内的销量提取一定比例的金额给推销员作为奖励。

在制定佣金时要注意以下事项：（1）比例要适当。比例太低，员工没有积极性；比例太高，企业承受不起这个负担。（2）不要轻易改变比例。在决定比例时要很慎重，要作调查研究，除非有重大原因，否则不要改变佣金比例，切忌看到员工佣金太多而就想把比例降下来。（3）兑付要及时。可以每个月结一次账，也可以规定完成任务两周内兑付，千万别拖，否则不利于调动员工积极性。

（二）超时奖

超时奖是指由于员工在规定时间之外工作，企业为了鼓励员工这种行为而支付的奖金。在节假日加班的加班费也属于超时奖的一种，一般以固定工资为主要收入的第一线员工有超时奖，以计时工资或计件工资为主要收入的员工以及管理人员往往都没有超时奖。中国现行的劳动制度规定：每周劳动五天，每天劳动八小时。

在制定超时奖时要注意以下事项：（1）尽量鼓励员工在规定时间内完成任务。（2）明确规定何时算超时，何时不算超时。（3）明确规定哪一类岗位有超时奖，哪一类岗位没有超时奖。（4）允许在某一段时间内，由于特殊的任务而支付超时奖。如果员工劳动一直超时，应考虑增加员工。（5）不得超过《劳动法》规定的小时数。

（三）绩效奖

绩效奖是指由于员工达到某一绩效，企业为了激励员工这种行为而支付的奖金。

在制定绩效奖时要注意以下事项：（1）绩效标准要明确、合理。（2）达到某一绩效标准后的奖金要一致，即任何人达到这一绩效标准后均应该获得相同的奖金。（3）以递增方法设立奖金，鼓励员工不断提高绩效。例如：完成绩效120%，绩效奖金为多余部分（即20%）的1%，完成绩效150%，绩效奖金为多余部分（即50%）的2%。

（四）职务奖

职务奖又称职务工资，是指员工担任了某一特定职务后，由于该职务的特殊性，企业支付的奖金。

职务奖往往支付给管理人员。由于担任了管理职务，工作责任更重了，而且往往没有佣金和超时奖，因此，为了鼓励适当的人选担任重要职务而支付必要的奖金。

在制定职务奖时要注意以下事项：（1）奖金金额要适当，既要鼓励人们担任该职务，又要防止与他人的收入距离太大。（2）具体规定什么职务有职务奖，什么职务没有职务奖。（3）一旦确定后，只要这个职务有职务奖的，不管是谁担任这个职务的都应该获得相应的职务奖。

（五）建议奖

建议奖是指由于员工提了建议，企业为了鼓励员工多提建议而支付的奖金。

在制定建议奖时要注意以下事项：（1）只要是出于达成组织目标的动机，均应该获奖。（2）奖金的金额应该较低，而获奖的面要较宽。（3）如果建议重复，原则上只奖第一个提此建议者。（4）如果建议被采纳了，除了建议奖之外，还可以给予其他奖金。

（六）特殊贡献奖

特殊贡献奖是指由于员工为企业作出了特殊贡献，企业为了鼓励员工这种行为而支付的奖金。

特殊贡献奖的奖金金额一般较高。特殊贡献有许多种，例如：提了一项合理化建议，一下子为企业节省了大量成本；由于提供了某一信息，或某一销售渠道，为企业增加了许多销量，等等。

在制定特殊贡献奖时要注意以下事项：（1）制定标准时要有可操作性，即可以测量的内容。（2）为企业增加的金额（或减少损失的金额）越多奖励也越多。（3）要明确规定只有在他人或在平时无法完成的情况下，而该员工却完成时才能获奖。（4）受奖人数较少，金额较大。（5）受奖时要大力宣传，使受奖人和其他人均受到鼓励。

（七）节约奖

节约奖又称降低成本奖，如果降低成本的金额很大时，可以获特殊贡献奖。如果降低成本的金额较小时，可以获节约奖。节约奖是指由于员工降低了成本，企业为了鼓励员工这种行为而支付的奖金。一般以第一线的操作员工为奖励的主要对象。

在制定节约奖时要注意以下事项：（1）要奖励真节约，而非假节约，两者的区别在于是否保证质量，即在保证产品质量的前提下的节约是真节约，反之则是假节约。假节约不但无奖，反而要受罚。（2）明确规定指标来确定是否降低了成本。（3）降低的成本可以通过累计而获奖。

（八）超利润奖

超利润奖是指员工全面超额完成利润指标后，企业给有关员工的奖金，有时又称为红利。

在制定超利润奖时要注意以下事项：（1）只奖励对超额完成利润指标有关的人员。（2）根据每个员工对超额完成利润指标的贡献大小发放奖金，切忌平均主义。（3）明确规定超出部分多少百分比作为奖金，一旦决定后，不要轻易改变，否则易挫伤员工的积极性。

（九）红股

红股是指企业为了激励员工长期有效地为企业工作，允许让员工持有本公司的股票而获得相应的利润。红股有以下一些主要类型：干股，即员工以技术或管理岗位的相应技能入股，员工不直接投入资产；优先股，即员工以优惠价购入本企业股票，在一般情况下可以优先分得红利；长期股，即员工分得或购买股票后，在近期内不能享受红利，要在若干年之后（一般是5—10年）才能享受红利或出卖股权的股票。

第三节 福　利

福利是指企业为员工提供的除金钱之外的一切物质待遇，据一项调查指出，在跨国大公司中，在过去的50年中工资增加了40倍，而福利增加了500倍。

一、福利的重要性及其影响因素

（一）福利的重要性

为什么企业愿意花费这么多金钱来支持福利项目，原因是福利对企业的发展具有许多重要意义，主要有以下六点。

1. 吸引优秀员工。优秀员工是企业发展的顶梁柱，以前一直认为，企业主要靠高工资来吸引优秀员工，现在许多企业家认识到，良好的福利有时比高工资更能吸引优秀员工。

2. 提高员工的士气。良好的福利使员工无后顾之忧，使员工有与企业共荣辱之感，士气必然会高涨。

3. 降低流动率。流动率过高必然会使企业的工作受到一定损失，而良好的福利会使许多可能流动的员工打消流动的念头。

4. 激励员工。良好的福利会使员工产生由衷的工作满意感，进而激发员工自觉为企业目标而奋斗的动力。

5. 凝聚员工。企业的凝聚力由许多因素组成，但良好的福利无疑是一个重要的因素，因为良好的福利体现了企业的高层管理者以人为本的经营思想。

6. 更好地利用金钱。良好的福利一方面可以使员工得到更多的实惠，另一方面用在员工身上的投资会产生更多的回报。

（二）影响福利的因素

影响企业中员工福利的因素很多，主要有以下六种因素：

1. 高层管理者的经营理念。有的管理者认为员工福利能省则省，有的管理者认为员工福利只要合法就行，有的管理者认为员工福利应该尽可能好。这都反映了他们的经营理念。

2. 政府的政策法规。许多国家和地区的政府都明文规定，企业员工应该享受哪些福利。一旦企业不为员工提供相应的福利则算犯法。

3. 工资的控制。由于所得税等原因，一般企业为了控制成本，不能提供很高的工资，但可以提供良好的福利，这也是政府所提倡的措施。

4. 医疗费的急剧增加。由于种种原因，近年来世界各地的医疗费都大幅度增加。员工一旦没有相应的福利支持，如果患病，尤其是危重病人，往往会造成生活困难。

5. 竞争性。由于同行业的类似企业都提供了某种福利，迫于竞争的压力，企业不得不为员工提供该种福利，否则会影响员工的积极性。

6. 工会的压力。工会经常会为员工福利问题与企业资方谈判，有时资方为了缓解与劳方的冲突，不得不提供某些福利。

二、福利的类型

企业中的福利不胜枚举。每个企业除了法律政策规定的福利以外，可以提供任何有利于企业和员工发展的福利项目。下面是企业中经常选用的一些福利项目。

（一）公共福利

公共福利是指法律规定的一些福利项目。主要有以下四种。

1. 医疗保险。这是公共福利中最主要的一种福利，企业必须为每一位正式员工购买相应的医疗保险，确保员工患病时能得到一定的经济补偿。

2. 失业保险。失业是市场经济的必然产物，也是经济发展的必然副产品。为了使员工在失业时有一定的经济支持，企业应该为每一位正式员工购买规定的失业保险。

3. 养老保险。员工年老时，将失去劳动能力，因此企业应该按规定为每一位正式员工购买养老保险。

4. 伤残保险。员工由于种种意外事故，受伤致残，为了使员工在受伤致残失去劳动力时得到相应的经济补偿，企业应该按规定为每一位正式员工购买伤残保险。

（二）个人福利

个人福利是指企业根据自身的发展需要和员工的需要选择提供的福利项目，主要有以下几种。

1. 养老金。又称退休金，是指员工为企业工作了一定年限后，到了一定年龄后（中国男性为60岁，女性为50—55岁），企业按规章制度及企业效益提供给员工的金钱，可以每月提取，也可以每季度或每年提取。根据各地的生活指数，有最低限度。如果企业已为员工购买了养老保险，养老金可以相应减少。

2. 储蓄。又称互助会，是指由企业组织、员工自愿参加的一种民间经济互助组织，员工每月储蓄若干金钱，当员工经济发生暂时困难时，可以申请借贷以渡过难关。

3. 辞退金。是指企业由于种种原因辞退员工时，支付给员工一定数额的金钱。一般来说，辞退金的多少主要根据员工在本企业工作时间长短来决定，聘用合同中应该明确规定。

4. 住房津贴。是指企业为了使员工有一个较好的居住环境而提供给员工的一种福利，主要包括以下几种：根据岗位不同每月提供住房公积金；企业购买或建造住房后免费或低价租给或卖给员工居住；为员工的住所提供免费或低价装修；为员工购买住房提供免息或低息贷款，全额或部分报销员工租房费用。

5. 交通费。主要指上下班为员工提供交通方便，主要包括以下几种：企业派专车到员工家接送上下班；企业派专车按一定的路线行驶，上下班员工到一些集中点去等候车子；企业按规定为员工报销上下班交通费。

6. 工作午餐。是指企业为员工提供的免费或低价的午餐。有的企业虽然不直接提供工作午餐，但可以报销一定数额的用餐发票。

7. 海外津贴。是指一些跨国公司为了鼓励员工到海外去工作而提供的经济补偿。海外津贴的标准一般根据以下条件制定：职务高低、派往国家的类别、派往时间的长短、家属是否可以陪同、工作时期回国度假的机会多少、愿意去该国的人数多少，等等。

8. 人寿保险。是指企业全额资助或部分资助的一种保险，员工一旦死亡后，其家属可以获得相应的经济补偿。

（三）有偿假期

有偿假期是指员工在有报酬的前提下，不来上班工作时的一类福利项目。主要有以下几种：

1. 脱产培训。脱产培训既是企业对人力资源投资的一种商业行为，又是一种福利，尤其是该培训项目对员工有明显的直接好处时，更显示出福利的特点。

2. 病假。有的企业要求员工出示医生证明，有的企业只要上级管理者同意即可。但一般较长的病假需出示医生证明。

3. 事假。各企业的事假规定不一，主要包括以下几种：婚假、丧偶假、父母丧假、男性员工的太太产假、搬迁假等等。有时员工为了个人私事而调休不作为事假。

4. 公休。是指员工根据企业的规章制度，经有关管理人员同意，在一段时间内不来上班工作的一种福利。探亲假也可以看作是一种公休。企业一般根据种种条件，规定员工每年有一周至一月的公休。

5. 节日假。我国规定的法定节日假外，有些企业还有一些节日假，例如：青年节、妇女节、元宵节等。

6. 工作间休息。是指员工在工作中间的休息，一般上下午各一次，每次10分钟至30分钟不等。

7. 旅游。是指企业全额资助或部分资助的一种福利，企业可以根据自己的实际情况制定旅游时间与旅游地点。

（四）生活福利

生活福利是指企业为员工的生活提供的其他各类福利项目，主要有以下几点：

1. 法律顾问。企业可以聘用长期法律顾问，为员工提供法律服务，也可以为员工聘请律师而支付费用。

2. 心理咨询。现代企业中员工的心理问题日益严重，企业可以为员工提供各种形式的心理咨询服务，例如：设立心理咨询站；长期聘用心理顾问；请心理专家作心理健康讲座等。

3. 贷款担保。员工由于个人的原因需要银行贷款时，企业出具担保书，使员工能顺利贷到款。企业可以根据不同情况，规定担保贷款的数额。

4. 托儿所。往往在两种情况下企业建立托儿所会深受员工的欢迎，一是有幼儿的员工多，又很难解决托儿问题时；二是暑假期间。

5. 托老所，由于城市老龄化的不断发展，员工父母年老体弱，需要人照顾的现象将越来越严重，因此，有些企业根据自身的需要开始设立托老所，以帮助员工更安心地工作。

6. 内部优惠商品。某些生产日用品的企业，为了激励员工，会以成本价向员工出售一定数量的产品，也有些企业会购买一些员工需要的商品，以折扣价或免费向员工提供。

7. 搬迁津贴。是指企业为员工搬迁住所而提供一定数额的经济支持。但企业会规定：多少年以上搬迁才有此津贴，或规定何种岗位有多少津贴等等。

8. 子女教育费。现代员工越来越重视子女的教育，为了使员工子女能接受良好的教育，企业提供的子女教育费成为一项吸引优秀人才的重要福利。企业可根据自身的情况制定相关的政策。

三、福利的管理

企业提供的福利反映了企业的目标、战略和文化，因此，福利的有效管理对企业的发展至关重要。有些企业由于不善于管理福利，即便在福利方面投入了大量金钱，效果也不理想，许多优秀人才纷纷离职，企业效益明显下降。福利的管理涉及以下几个方面：福利的目标，福利的成本核算，福利的沟通，福利的调查，福利的实施。

（一）福利的目标

每个企业的福利目标各不相同，但是有些内容是相似的。主要包括：（1）必须符合企业长远目标；（2）满足员工的需求；（3）符合企业的报酬政策；（4）要考虑到员工眼前需要和长远需要；（5）能激励大部分员工；（6）企业能担负得起；（7）符合当地政府法规政策。

（二）福利的成本核算

这是福利管理中的重要部分，管理者必须花较多的时间与精力投入福利的成本核算。主要涉及以下一些方面：（1）通过销量或利润计算出公司最高的可能支出的福利总费用；（2）与外部福利标准进行比较，尤其是与竞争对手的福利标准进行比较；（3）作出主要福利项目的预算；（4）确定每一个员工福利项目的成本；（5）制定相应的福利项目成本计划；（6）尽可能在满足福利目标的前提下降低成本。

（三）福利的沟通

要使福利项目最大限度地满足员工的需要，福利的沟通相当重要。研究显示：并不是福利投入的金额越多，员工越满意，员工对福利的满意程度与对工作的满意程度呈正相关。

福利的沟通可以采用以下方法：（1）用问卷法了解员工对福利的需求；（2）用录像带介绍有关的福利项目；（3）找一些典型的员工面谈了解某一层次或某一类型员工的福利需求；（4）公布一些福利项目让员工自己挑选；（5）利用各种内部刊物或其他场合介绍有关的福利项目；（6）收集员工对各种福利项目的反馈。

（四）福利的调查

福利的调查对于福利管理来说十分必要，主要涉及三种调查。

1. 制定福利项目前的调查，主要了解员工对某一福利项目的态度、看法与需求。

2. 员工年度福利调查，主要了解员工在一个财政年度内享受了哪些福利项目，各占比例多少，满意程度如何。

3. 福利反馈调查，主要调查员工对某一福利项目实施的反应如何，是否需要进一步改进？是否要取消？

（五）福利的实施

福利的实施是福利管理最具体的一个方面，在福利实施中应注意以下几点：（1）根据目标去实施；（2）预算要落实；（3）按照各个福利项目的计划有步骤地实施；（4）有一定的灵活性；（5）防止漏洞产生；（6）定时检查实施情况。

第四节 薪酬设计

一、薪酬设计环节

薪酬设计是一个系统工程，每个环节都很重要，主要包括以下五个环节。

（一）体现岗位价值，做好岗位价值评估

这一环节有两项工作要做好：工作分析与岗位设计和岗位价值评估。工作分析是确定完成各项工作所需知识、技能和责任的系统过程的一个定位。它是一种重要的人力资源管理工具，是薪酬设计不可或缺的基础。在完成了工作分析之后要进行组织设计、层级关系设计和岗位设计并编写岗位说明书。岗位说明书对有关岗位在组织中的定位、工作使命、工作职责、能力素质要求、关键业绩指标以及相关工作信息进行书面描述。岗位价值评估是确保薪酬系统达成公平性的重要手段，其目的有两个：一是比较企业内部各个职位的相对重要性，得出职位等级序列；二是为外部薪酬调查建立统一的职位评估标准。常见的岗位评价方法有因素法和点数法，如：国际标准职位评价系统(ISPES)、海氏职位评估系统、美式职位评估系统等，无论运用哪一套标准都能得出职位等级序列。

（二）体现个人价值，做好员工能力评估与定位

理论上用能力素质模型比较专业，它从胜任岗位工作的角度出发，全面界定了完成某一岗位职责所需要的能力素质要求。但企业要建立自己的能力素质模型有一定的难度，在实际操作上可以简化，采用显性的因素评定法，如学历、专业、工作经验、技能、素质等，企业可以根据实际情况确定相关因素。这一环节有三个目的：一是判断某一员工是否胜任该岗位；二是判断该员工对该岗位的胜任程度；三是完成对该员工的薪酬定位。

（三）体现外部竞争性，做好市场薪酬调查工作

通过各种正常的手段获取相关企业相关职务的薪资水平及相关信息后，进行统计和分析，为企业的薪酬决策提供有效依据。薪酬调查的对象，要选择与本企业有竞争关系的公司或同行业的类似公司，重点考虑员工的流失去向和招聘来源。调查的数据包括上年度的薪资增长状况、不同薪酬结构对比、不同职位和

不同级别的职位薪酬数据、奖金和福利状况、长期激励措施以及未来薪酬走势分析等。

（四）企业人力成本分析，确定企业的年度薪酬总额和市场薪酬定位

任何企业都会关心"到底按什么样的比例来给付是比较合理的？"，通过历史数据推算法、损益临界推算法、劳动分配率推算法等工具可以帮助企业确定年度薪酬总额，进而确定在市场薪酬中的定位，是采用领先策略还是采用跟随策略。

（五）薪酬结构设计，体现企业的薪酬价值观

一般情况下企业往往要综合考虑四个方面的因素：层级、个人的技能和资历、个人绩效、津贴福利。在薪酬结构上分别设计为岗位工资（含基本工资、绩效工资）与薪酬福利。岗位工资由岗位等级（岗位价值评估）决定，它是一个员工工资高低的主要决定因素。岗位工资是一个区间，而不是一个点。相同职位的不同员工由于在技能、经验、资源占有、工作效率、历史贡献等方面存在差异，导致他们对公司的贡献并不相同，因此在岗位工资的设置上应保持差异，即职位相同，岗位工资未必相同。这就增加了工资变动的灵活性，使员工在不变动职位的情况下，随着技能的提升、经验的增加而在同一职位等级内逐步提升工资等级。绩效工资占岗位工资的一定比例，至于比例的多少企业可以根据实际情况确定，追求弹性绩效工资的比例可以高些，追求稳定性绩效工资的比例可以低些。这部分工资和员工的绩效完成情况挂钩。绩效工资的形式多样化，可以体现为月度绩效、季度绩效、年度绩效等。此外，还可设置非属岗位工资的绩效工资，如年终奖励、股份期权等。绩效工资的确定与公司的绩效评估制度密切相关。津贴福利可以根据国家规定和企业自身情况确定。

在整个薪酬设计过程中，要清楚组织的利益所在，抓住关键的动力要素，了解员工心理上接受的薪酬分配方案，在方案设计前企业可以做一次员工利益心理调查。

二、薪酬设计方法

（一）对企业的工作分析

确定企业需要什么样的岗位，并建立相关岗位的工作描述，这是薪酬体系设计的基础。

（二）建立一套科学的岗位评价方法

评价各个岗位的重要性或"相对价值"，并将所有的岗位都纳入到一个工资级档系统中，以形成企业的工资级别。比如将整个企业的工资体系设计为 10 级，秘书这个岗位的工资定为 5 级，而董事长这个岗位的工资就是 10 级。通过这样的办法，可以解决薪酬确定中内部公平性的问题。

（三）展开薪酬调查

由企业根据自己的薪酬政策确定每个工资级别的薪酬定位，比如确定应该是按照市场上的 25P、50P 还是 75P 来定位。这样做的目的是保证薪酬的外部吸引力。

（四）确定薪酬结构

这里既包括确定固定工资和浮动工资的比例，也包括确定岗位工资和技能工资的关系等。比较常见的办法是把工资级别设计为一个区间，并在这个区间中划分出不同的档次。同一岗位的不同员工将根据他们的技能、经验、学历的不同，对应于不同的工资级档。

三、薪酬设计目标

现代薪酬管理中最重要的一项工作是薪酬体系设计。薪酬体系设计的目标是：以公司发展目标为指导，建立合理的薪酬结构和薪酬制度，帮助企业吸引人才、发展人才、激励人才和保护人才，从而最终实现企业的发展目标。

为了达到这一目标，薪酬体系的设计就需要达到以下基本要求：

1. 在国家和地区相关劳动法律、法规允许的范围内进行。
2. 对内保持和体现责任大小、能力高低和贡献大小的相关和价值差异性，从而具有激励性。
3. 在企业实际支付能力下，对外要尽量保持在行业中薪资福利的竞争性。
4. 制度及实施方法要具有可操作性。
5. 具有调节机制，以适应环境的变化和企业发展的战略调整。

本章小结

本章系统地介绍了报酬系统的主要构成因素、制定方法和操作流程。主要内容如下：一、报酬管理。包括报酬管理的内涵、报酬管理的系统模型、报酬管理的重要性，报酬管理的原则和政策，影响报酬系统的内部和外部因素。二、工资与奖金。包括工资调查、工资制定与实施的主要方法，奖金的种类与制定。三、福利。包括福利的重要性及影响因素，福利的主要类型如法定福利、个人福利、生活福利有偿假期，福利的管理。

关键术语

报酬系统　　报酬系统模型　　报酬管理　　工资　　奖金　　福利　　福利管理

复习思考题

1. 什么是报酬、工资、奖金、福利？请您根据一家企业的实际情况画出该企业的报酬系统图。
2. 您认为应该如何来制定报酬管理的政策？为什么？
3. 请您设计一份企业工资调查方案，并注明实施要点。
4. 一家跨国公司有一万名员工，其中最高工资为20万元/月，最低工资为1 000元/月。请用点排列法为其制定工资系统。
5. 请您列出五种奖金的优缺点，并说明如何在企业中运用这些奖金。
6. 请您为一家现代企业制定一份福利计划，并详细阐述理由。

本章案例集

第10章 员工问题及其处理

本章要点

1. 常见的压力源以及压力的正面和负面作用。
2. 正确认识心理咨询。
3. 科学有效地运用惩罚手段管理员工。
4. 改善员工交往的途径与建议。

本章学习资料

引例

天价违约金能否震慑跳槽者？

2005年11月22日，东方航空公司10名机长集体辞职事件被媒体曝光。消息一出，舆论哗然。"公司把他们从东南大学和南京航空航天大学招进来，有好几个人还是贫困生，我们花了很多资金送他们去培训，他们应该知恩图报。如果他们执意要辞职，放不放人，我们也要看情况。"东航江苏公司飞行部负责人如是说。

其中一位机长的代理律师崔武公开对媒体表示:《劳动法》是保护人才流动的。如果劳动者有过错而提前解除劳动合同,赔偿用人单位的损失就是。但任何单位都无权"冻结"劳动者的辞职权。

无独有偶。2005 年 5 月 20 日,四川谭氏官府菜餐饮公司成都店的厨师长吴华,收到了法院的一审判决书。这个在不到三年时间就从学徒跃升为厨师长的年轻人,必须为自己的提前离职埋单,而且金额巨大:他的年薪 30 万还不够支付违约金的零头。这起违约金额达 250 万元的官司,被称为"中国餐饮界第一赔偿案"。拿到判决书,吴华的心里很不平静,自己升任厨师长时间才一年的时间,如何赔得了这么多钱?

一项"工作多久跳一次槽?"的网络调查中,接受调查的 5 463 人中,有过跳槽经历的 53.66%,跳过两次槽的约为 12.57%,跳过三次槽的约为 10.02%。跳槽三次以上的人也在 12.18% 左右。

作为职业人,跳槽自然是要往高处走。但是在跳槽的过程中,很多人尤其是高级管理人才会遇到的一个问题,就是违约金远远超出了自己的承受能力,跟公司签几年约,就相当于签几年"卖身契"。

而公司比较头疼的,则是自己在人才培训上花了巨额资金,最后却投奔竞争对手。为避免落得个"鸡飞蛋打",公司要么是制定天价的赔偿金,要么是扣住档案不放人。

(资料来源:引自中国人力资源开发网)

思考题:

1. 员工到底有没有离职权?高违约金合法吗?它能留住人才吗?公司花费的高额培训费如何得到补偿?

2. 现代企业中员工会产生各种各样的问题,主要的问题是压力问题,其中涉及心理咨询、科学惩罚与交往各个方面。

第一节 | 压力的种类、起因和控制方法

一、压力

(一)定义

我们这里讲的压力是指心理压力,简称压力。所谓心理压力,是指个体在环境中受到种种刺激因素的影响而产生的一种紧张情绪。压力会高度调动人体内部的潜力,以应付各种刺激因素,而出现一系列生理的和心理的应急变化。现代社会是一个讲速度、讲效率、讲效益的社会,随着社会文明的发展,社会节奏加

快，企业内外的竞争必然会加剧。因此员工在企业中，以及在社会上产生的压力也会逐步增强。但是如果压力过大，并且在长时间内得不到缓解，那么有可能对员工的身心健康造成障碍，因此我们必须正确地对待压力，并学会控制压力的各种方法。

（二）压力的种类及产生过程

1. 压力的种类。可以分为三种：(1) 一般单一性压力（其后效不完全是负面的）；(2) 叠加性压力（同时叠加压力、继时叠加压力）；(3) 破坏性压力：可以造成创伤后应激障碍（PTSD）和灾难综合征（DS）（三阶段：惊吓期；恢复期；康复期）。

2. 压力的产生过程。可分为三个阶段：(1) 对压力的响应阶段。(2) 中介系统的增益或消减阶段：根据压力的相对强度和性质。中介系统一般由三个子系统组成：①认知系统：评估压力的性质及可控度；影响人对行为的自我控制。②社会支持系统：亲密的和可信任的关系，是压力的有效缓冲器。③免疫系统：功能状态好，可缓解和降低应激后果的躯体化症状。(3) 临床阶段：及时型症状和滞后型症状。

（三）压力的作用

员工在企业中产生压力，我们不能绝对地说是好事情还是坏事情，因为压力有正负两方面的作用。

1. 压力的积极作用。在生活、工作中有压力，从某种程度上讲它是一种好的现象，因为在许多重要的关键时刻，情绪的紧张可以使我们的思想高度集中，使我们的潜在能力得到充分的发挥，产生一种增力的作用，这样可以把事情办得更快、更好。例如，许多员工在劳动竞赛的时候，就可能发挥超水平的能力，把工作干得比平时更加出色。

（1）员工充满信心，高度重视工作，保持适度压力的状态下才能达到最佳的水平。因此，当我们在从事某项重要工作的时候，特别是当这一工作到了关键时刻，我们应当使自己保持一定的压力，这样才能集中精力、发挥潜力做好工作。

（2）适度的压力，可以更好地调动人的智慧，使我们的思维能力得到更快的运转，提高我们心理素质的效能。一般来说，人在适度的压力下，思维能力会亢进，反应速度会加快，动作比较灵敏，记忆力比较好，员工的工作效率和学习效果都会明显增加。

（3）适度的压力，可以使体内引起一系列的生理变化，使体内较多的能量来应付当前的问题。它可以使呼吸加快，增强体内的氧化作用，心跳加速，血压增高，肾上腺素增加，血液循环加快，血液可以更多地流向大脑和肌肉，使整个个体能够迅速而适当地作出必要的反应。这些反应都可以使个体比平时有更大的力气、更快的速度、更敏捷的思维去应付各种紧急状态。

2. 压力的消极作用。压力虽然有一定的积极作用，但是它也有不容忽视的消极作用，尤其是压力过大、持续时间过长时，会产生一系列的消极作用。

（1）压力过大，有时反而会使人的机体起到抑制作用，也就是说压力过大，有的时候反而动作更慢、力量更小、手脚发颤，技术、经验、知识、能力发挥不出来，这样使工作受到不必要的损失。

（2）持续的、超强度的压力，对人体特别有害。有人曾把持续的压力称为体内的定时炸弹，例如压力会使人的血压增高，促使血栓的形成，血压升高形成高血压；引起人体的内分泌失调，等等。我们应该在适当的场合制造一定的压力，但是不能过多、过久地制造压力，这样会对员工产生不良影响。

二、员工压力的种类

员工在企业中有许多压力，大致可以分为以下几种。

（一）工作压力

员工在企业中经常会碰到各种各样的工作引起的压力。

1. 紧急任务压力。紧急任务就是指在比较短的时间内必须完成的工作，面对这样的紧急工作，员工往往会产生一种压力。

2. 重大任务压力。所谓重大任务就是指该项工作与全局有比较密切的联系，面对重大的工作，员工会产生某种压力。

3. 新技术工种压力。现代社会新技术层出不穷，员工在企业中经常会由于设备的更新、新的工艺流程的引进，必须学习掌握新的技术，这样会对员工产生某种压力。

4. 新岗位工作的压力。由于工作的需要，员工有可能会离开原来熟悉的岗位，走向新的工作岗位，而新的工作岗位的许多因素都是自己不熟悉的，因此会产生某种压力。

5. 人际关系压力。在工作中势必与人打交道，与上级、与同事、与下级、与客户交往，在人际关系中往往会产生某种压力。一般来说，人际关系比较好的时候，压力比较小；人际关系比较差的时候，压力比较大。

（二）家庭压力

员工压力的相当部分来自家庭压力，因为员工和家庭的关系是十分紧密的。家庭压力有许多种类，主要有以下五种。

1. 配偶的压力。配偶是员工最亲密的人，共同生活在一起，大家互相了解，但有时配偶由于某种因素，会对员工产生压力。比如，配偶的心情不良，配偶的感情起了变化，配偶与员工在某些问题上的态度、观点不一致等等，都可能给员工造成压力。

2. 子女的压力。子女也会给员工带来压力。比如，子女的成绩不好，子女的行为不良，子女上学有困难等等，都会给员工带来压力。

3. 父母的压力。父母有时也会给员工带来压力。比如说，父母年老体弱、多病住院，父母与员工同住在一起往往产生的压力会更大。

4. 邻居的压力。员工在家与邻居关系和睦，相对压力比较小，如果和邻居关系不好，会因此而产生某种压力。

5. 亲戚的压力。亲朋好友常来常往，有时也会给员工带来压力。比如，亲戚需要员工的帮助、支持等等，都会给员工带来某些压力。

（三）社会压力

员工总是生活在社会中的，社会中的许多因素对员工会产生压力。

1. 交通压力。随着社会经济的发展，交通的压力会越来越大，有的时候员工为了上班，路上需要消耗一个多小时的时间，交通的不畅引起了员工的压力。

2. 住房的压力。我国的某些城市住房处于紧张状态。住房小，往往会对员工造成压力，因为住房不舒适，会影响员工的情绪、心境、个性等等。

3. 社会风尚。社会风尚是指社会的倾向性，往往会对员工产生压力。

（四）经济压力

经济原因会给企业员工带来许多压力。主要有以下一些类型。

1. 收入少。收入少最容易引起企业员工的心理压力。因为在现在的市场经济中，商品的流通需要金钱作为媒介，企业员工如果收入少，他的生活必定会带来困难，这时就会对企业员工带来许多压力。

2. 收入高。有时收入高也会给企业员工带来压力。比如，某一个员工奖金拿得比其他员工多，其他员工会给他产生一种压力，比如叫他请客等等。

3. 开支多。开支多也会给企业员工造成压力，因为开支多往往入不敷出，这时经济就会发生困难，会给企业员工带来压力。

三、压力的起因

压力的起因又叫压力源，是指能够产生压力的任何事物。压力源主要有两种：生理压力源和心理压力源。

（一）生理压力源

生理压力源是指由于身体状态的变化，对员工个体引起的压力。

1. 疾病。疾病常常是引起压力的一个重要的压力源。尤其是严重的、危及生命的疾病，往往会使员工坐立不安。除了严重的疾病以外，一些小病也可能对员工产生不同程度的压力。

2. 疲倦。人在疲倦的时候往往无精打采，疲倦可以由于紧张的体力劳动或者紧张的脑力活动引起，如果在疲倦的时候，还要员工从事平时所从事的工作，员工会感到压力，因此疲倦也是一个压力源。不少员工处于长期疲倦的亚健康状态。

3. 营养。营养是人体必需的要素，没有营养，人的生理机制就不能够维持，因此营养太少往往也是一种压力源,但是营养太多有的时候也会引起一种压力源。例如,营养太多会导致肥胖症,这样也可能使员工产生压力。

(二) 心理压力源

心理压力源是员工压力源中最主要的压力源。主要原因是许多事物由于不同的个体产生不同的心理活动,因而产生的压力也会程度不一。几乎任何事情都可以通过个体的心理活动成为心理压力源,因此心理压力源可以有无数种,主要有以下五种。

1. 后悔。后悔是指个体未经深思熟虑,轻率地做了错事,事后醒悟过来而产生的自我埋怨、自我谴责以及自我惩罚,心情十分痛苦、内疚和懊恼的一种心理活动。员工在工作中、在生活中,都会产生后悔的经历和体验,有的时候,这种后悔会使员工产生明显的心理压力。例如,一位员工原来在办公室工作,厂长建议他到销售部去作推销员,他不愿意去,后来当别人当了销售员以后,他看到销售员的收入明显高于办公室人员,这时候他就后悔不迭,常常埋怨自己当初为什么不去作推销员,这样对他的精神带来很大的压力。

2. 自卑感。自卑感就是指个体由于在人生的道路上遇到挫折而把自己看得很低,从而产生一种轻视自己的情绪活动。一个人有了自卑感以后,也常常会有许多压力产生,自卑感可以由各种各样的因素产生。有的人感到自己缺乏知识而产生自卑感;有的人因为自己能力不强而产生自卑感;有的人因为人际关系不好而产生自卑感。

3. 不能胜任感。不能胜任感就是指个体自己感到不能完成任务所产生的一种情绪状态。在现代化越来越发达的今天,企业的科学技术应用越来越广泛,某些员工会产生不能胜任感,就会沮丧地产生不能胜任工作的消极情绪而产生某种压力。

4. 挫折感。挫折感就是指个体在遇到挫折时产生的一种消极的心理状态。在人生的道路上,为了达到目标,个体作了种种努力,但是有的时候并不一定能够达到目标,这个时候就会引起挫折感。受挫折以后往往会产生一种消极、沮丧、不安的情绪,这种情绪往往会给个体带来压力。

5. 生气。生气是指人对客观事物不满,或者目标不能实现时而产生的一种情绪活动。生气一般都是由于外界的强烈刺激所引起的,但是同样的事情,每个人由于对它的看法不一,因此产生的情绪状态程度也会不一。生气时人的理智受到一定的压制,会产生一些轻率的行动,这样会造成更大的压力。

四、控制压力的方法

员工的许多压力都可以通过种种方法进行控制,控制压力的方法有许多种,这里介绍一些主要的方法。

（一）宣泄

人的压力有的时候就像气球里的气压，气压过高气球会爆炸，压力过强员工可能会生病。宣泄就是在气球上扎一个小洞，让气球内的气压慢慢降低。宣泄可采取各种方法，例如，可以在没人的地方高声大叫；可以用写信的方法把心中所有的烦恼写在纸上，然后寄给自己；或者趁某些机会哭一场，例如看一场悲痛电影，看一部悲剧小说等。

（二）咨询

咨询就是向有关的专家或亲朋好友诉说自己心中的不满，征求对方的意见。咨询有各种各样的咨询，效果最好的是心理咨询，下一节我们会详细介绍。

（三）培养自己的抗压能力

任何一件事对个体造成的压力有多大，是由每个人的抗压能力所决定的。同样的事情，抗压能力强的人，就会感到压力较低，反之，抗压能力弱的人就会感到压力较高。例如，要求员工去参加一个技术培训班，有的员工就会感到压力很大，因为怕自己学不好而耽误了工作；有的员工却信心百倍，精神抖擞，认为这是一个很好的学习机会。

（四）确立适当的追求目标

目标太高往往挫折较大，目标太低又使人没有奋斗的动力，因此员工应该树立适当的目标，使自己通过努力可以达到这个目标。

（五）培养业余爱好

业余爱好生动有趣、丰富多彩的个体，使压力比较容易消除。一个人遇到压力时，如果他业余爱好，可以转移自己的兴奋点，这样就可以保护身心健康，使自己的心理活动趋于平坦，这样压力就会得到释放。

要减轻、消除员工的压力，从员工方面来看，应提高自身的素质，增加自己的抗压能力，正确地对待成败、荣誉、成功、挫折等；对管理者来说，要善于用管理艺术使员工在工作中能够尽量减少引起压力的压力源，使他们能够心情舒畅地工作，这样才能够提高工作效率与生产效率。

第二节 心理咨询的类型及其效果

一、心理咨询概述

（一）心理咨询

心理咨询就是指专业心理咨询人员通过语言、文字等媒介与咨询对象进行信息沟通,以矫正咨询对象心理偏差的一个过程。通过心理咨询可以使咨询对象在认识、情感、态度等方面有所变化,解决其在工作、生活、学习、疾病、康复、人际关系等方面出现的心理问题,从而可以更好地适应社会,保持身心健康,提高工作效率和生活质量。

(二)心理咨询的对象

心理咨询的对象主要是正常人,以及能够接受心理咨询帮助的轻微的精神病患者。在企业中所有的员工都是心理咨询的对象。心理咨询是一门科学,有系统的理论、科学的方法以及专门的技巧,心理咨询人员必须受过严格的专业训练,掌握心理咨询的各种技能,因此心理咨询和谈心不是同一回事。

(三)心理咨询的内容

心理咨询的内容十分广泛,可以说凡是有人的地方都有心理咨询的内容,因为心理咨询的内容几乎包括所有的心理学领域。在企业员工中,心理咨询的内容主要有以下几个方面。

1. 工作方面。在工作中员工会产生许多心理偏差,因此需要心理咨询的帮助。例如,如何对待职业的分工与选择,如何避免工作中的疲劳和厌倦现象,如何去参加竞争,如何与工作的同事搞好关系,等等。

2. 学习方面。现代企业员工经常需要学习新知识、新技术,因此在学习中也有许多方面需要心理咨询的帮助。例如,如何克服注意力涣散,如何防止记忆力下降,如何对待思维能力迟钝,如何提高学习效率,如何对待学习与工作的关系,等等。

3. 人际关系方面。人在社会生活中总要与他人打交道,形成各种各样的人际关系,在人际关系中也有许多方面需要心理咨询的帮助。例如害羞、孤僻、自卑、封闭等等心理障碍,都需要心理咨询的帮助。再比如,如何了解他人,如何赢得别人的尊敬、信任、喜悦和理解,如何说服他人,如何指挥他人,等等。

4. 生活方面。生活方面的许多内容和员工息息相关,有时经常出现许多问题需要心理咨询的帮助。例如,如何选择配偶,如何处理好夫妻、子女、亲戚等家庭成员之间的关系,如何沟通两代人的心理距离,如何处理恋爱、婚姻、教育子女过程出现的挫折,如何对待疾病,如何讲究生理卫生,如何注意饮食卫生,如何保持乐观的情操,等等。

(四)心理咨询的基本原则

心理咨询必须遵循以下一些基本原则:

1. 和谐原则。咨询者和被咨询者之间一定要创造良好、和谐的气氛,才能达到咨询的目的。

2. 疏导性原则。在咨询中应该对被咨询者进行疏导,使他的心理压力降低。

3. 尊重原则。在咨询过程中要尊重被咨询者的人格,赢得对方的信任,取得良好的效果。

4. 整体性原则。在咨询过程中，应该了解到被咨询者是一个整体，他的某一种心理活动的变化会受到其他因素的影响，因此在考虑咨询方法时，要尽量考虑到各种因素。

5. 保密性原则。心理咨询的内容大部分属于个体隐私方面的内容，因此心理咨询的内容应该保密。原则上除了咨询者以外，不应该向任何人扩散。

6. 预防性原则。心理偏差的引起往往有一个比较长的时间，因此预防的效果比治疗的效果要好得多，尽量不要等员工的心理偏差很严重时才进行心理咨询，而应尽可能在心理偏差的初期就进行咨询。

7. 自愿性原则。心理咨询与精神病治疗是两回事，心理咨询一定要在员工自愿的基础上进行，才能够取得良好的效果，因此任何管理者都不能强迫员工进行心理咨询。

二、心理咨询的分类

根据咨询的内容，心理咨询可以分为发展咨询和健康咨询；根据咨询的规模，可分为个别咨询与集体咨询；根据咨询采用的形式，可分为书面咨询和电话咨询。

（一）发展咨询与健康咨询

1. 发展咨询。为了适应现代化的工作和生活节奏，人们越来越重视自身的认识和关注，而发展性心理咨询，可以帮助人们挖掘心理潜力，提高自我认识的能力。当自我认识出现偏差或障碍时，可以通过心理咨询得以解决。

随着人类物质文明和精神文明水平的不断提高，人们渐渐关注如何全面提高生活质量，比如提高学习和工作能力、保持最佳工作状态、维护安宁的生活环境、协调家庭成员和社会成员的人际关系。心理咨询作为一种专业技能，可以帮助人们调整内心世界，提高生活质量。

发展性心理咨询常涉及以下内容：孕妇的心理状态、行为活动和生活环境对胎儿的影响；儿童早期智力开发；儿童发展中的心理问题；青春期身心发展的不平衡；社会适应问题；性心理知识咨询；男女社交与早恋等；青年独立性和依赖性的矛盾；友谊与恋爱；成就动机与自我实现性问题；择偶与新婚；人际关系；择业、失业与再就业；中年及更年期人际冲突、情绪失调、工作及家庭负荷的适应；家庭结构调整；更年期综合征等；老年社会角色再适应；夫妻、两代、祖孙等家庭关系；身体衰老与心理衰老；老年性生活等。

2. 健康咨询。健康心理咨询的对象究竟是哪些人？应该说那些觉得心理不够健康的人群，都是心理健康咨询的对象。也就是说凡是因为某些心理社会刺激而引起心理状态紧张的人，并且明确体验到躯体或情绪上的困扰者，都可以是健康心理咨询的对象。因为心理社会刺激非常纷繁而复杂，在目前的社会广泛存在着。因此凡是生活、工作、学习、家庭、疾病、康复、婚姻、育儿等方面所出现的心理问题，一旦求助者体验到不适或痛苦体验，都可属于健康心理咨询的工作范围。

（二）个别咨询与集体咨询

1. 个别咨询。个别咨询，是指咨询者与咨询对象两个人面对面地进行咨询的一种形式。个别咨询是企业员工心理咨询的一种重要方式。

个别咨询的优点主要是被咨询者顾虑比较少，可以毫无保留地表示自己的喜怒哀乐，倾吐自己的内心秘密，也有利于咨询者耐心细致地了解咨询对象的心理偏差，进行切实有效的帮助。

个别咨询主要的缺点是费用比较高，时间比较长，因为个别咨询往往在一个咨询者身上花费好几个小时，甚至几天的时间。

个别咨询既有长处又有短处，企业中不可能对每一个员工都进行个别咨询。一般来说，如果个别员工在某些问题上产生重大的心理偏差，比如说，有自杀的倾向，或者长期消极怠工，或者与同事之间关系处理得十分不好等，这时候可以考虑进行个别咨询。也可以与一些心理学家签订长期合同，请心理学家定期或不定期地到企业中开展面对面的个别咨询。

2. 集体咨询。集体咨询又称团体咨询，由咨询者根据咨询对象所提出的问题，把他们分成小组，进行探讨、引导，解决他们共同的心理障碍或心理偏差的一种形式。团体咨询时，咨询对象往往自愿组成团体。咨询对象的团体人数没有固定的标准，一般以七到十人左右为宜。集体咨询可以有以下两种形式：一种是集体提问，由咨询者解答；另外一种是团体讨论，咨询者参与讨论，在讨论中进行咨询。

集体咨询有以下一些优点：（1）费用较便宜。（2）团体的感染力比较强。咨询时，咨询者可以观察到其他人和自己有类似的烦恼、类似的障碍，从而有助于咨询对象自我认识和稳定情绪，同时也可以促使咨询对象互相交流，互相支持，互相影响。（3）效率比较高。集体咨询时对象可以发展到十个甚至更多，这样对于解决同一个问题效果比较好。（4）集体咨询对某些社会交往障碍作用更加明显。例如孤独、孤僻、害羞等，通过集体心理咨询本身就可以给咨询对象提供参加社交活动的机会，通过示范、模仿、练习等等帮助被咨询者逐渐克服各种交往障碍。

集体咨询也有些不容忽视的缺点。主要缺点是被咨询者不愿暴露自己的隐私，因为有其他被咨询者的参与，因此在谈论自己心理活动时，有很多顾虑，这样许多问题就不能够得到深入的了解，许多产生心理偏差的根源就不容易揭示。

讨论式的集体咨询程序一般有以下几步：（1）由咨询者根据咨询对象所提出

的问题，以及咨询对象的年龄、性别、职业、文化程度等等差别，把他们分为各个小组。（2）由咨询者根据各个内容进行分析和讲解，通过放录像、听录音、参观、交谈等形式，使咨询对象对自己的心理偏差有一个总体的认识。（3）由咨询对象对这个问题展开讨论，通过角色扮演等活动，找出解决问题的途径或方法。（4）向咨询者提出他们不能解释的问题，由咨询者向他们进行疏导和解释，以全面矫正他们的心理偏差。（5）运用集体咨询的对策。在企业中集体咨询可以经常使用。当企业员工中普遍存在某种心理偏差时，我们可以请心理专家来进行咨询。例如，在企业转换机制的时候，企业员工普遍对自己可能下岗产生某种心理焦虑，这时可以请心理咨询专家进行咨询。企业可以定期地聘请心理专家对企业员工进行心理卫生方面的集体咨询，这样有利于防止员工产生心理偏差。在集体咨询前最好进行一次调查，了解员工中普遍存在的心理问题和心理偏差，这样咨询效果就会比较好。当集体咨询时发现有些员工心理障碍比较严重，这时可以采取个别咨询的方式，因此集体咨询应该和个别咨询相结合。

（三）书面咨询与电话咨询

1. 书面咨询。书面咨询是指咨询者运用文字与咨询对象进行沟通，了解咨询对象的心理偏差、心理障碍，进行解疑答难，疏导教育的一种心理咨询形式。书面咨询可以分为两类：专栏咨询和书信咨询。专栏咨询是指在企业内部的通讯小报、黑板报、墙报上开设专栏，集中一些员工中普遍存在的心理问题，请心理学家进行答复。书信咨询是指企业员工自己感到自己有一定的心理偏差，用信来描述自己的情况和提出问题，咨询者以通信的方法来解答难题，纠正其心理偏差的一种方式。这两种方式在企业界都比较常用。

书面咨询有很多优点，其主要的优点有如下几点：（1）简单易行，运用方便。企业的内部刊物、黑板报、墙报上都可以运用。有时员工有了心理障碍，也可以主动向有关的心理专家进行咨询。（2）费用比较低廉。因为有时心理学家可以根据员工普遍的心理活动作一次全面的回答，这样的话相对来说费用比较低廉。（3）涉及面比较广。书面咨询可以在各个方面运用，无论企业员工在生活、学习、社会等等方面的心理障碍，都可以通过书面咨询进行引导。（4）可以打破地理距离的约束。因为书面咨询是通过文字作为媒介来进行心理咨询的，所以不一定要咨询者与被咨询者面对面进行咨询，因此可以长距离地进行咨询，而且不受时间的限制。

书面咨询也有其客观的缺点，主要有以下几点：（1）文不对题。有时咨询对象陈述过于简单，使咨询者无法把握要点，不知道咨询对象的主要心理偏差在哪里。（2）费时可能较多。有时咨询问题比较复杂，需要经过多次的咨询，这样费时就比较多。（3）不易找出心理偏差的根源。因为书面咨询往往是单项信息沟通，因此咨询者往往不能够深入地了解咨询对象的心理活动，这样就无法确诊心理偏差的根源。（4）运用书面咨询的策略。企业中运用书面咨询，主要运用专栏咨询。可以集中员工普遍存在的一些心理障碍、心理问题，请有关的心理学家进行公开的答复。其次也可以适当地进行书信咨询，可以要求员工在进行书面咨询时，尽可能地详细地把自己的主观感受或客观表现在书信中写清楚，以便使咨询者迅速了解心理偏差的根源。

2. 电话咨询。电话咨询就是指咨询者通过电话对咨询对象进行心理咨询的一种形式。电话咨询现在在中国开始流行。随着电话的普及率越来越高，心理咨询的运用范围越来越广，电话咨询有发展的趋势。

电话咨询最明显的优点是迅速。咨询对象有了心理偏差后，马上可以通过电话咨询来缓解自己的心理障碍。另外一个优点就是灵活。各种各样的心理问题可以通过电话咨询进行。第三个优点是保密性强。心理咨询对象有的时候不愿意暴露自己的姓名、单位等等，通过电话咨询的时候他只要讲自己的症状、表现、障碍、偏差就可以了，他不必报出自己的姓名以及自己的工作单位、住址等。

电话咨询的缺点主要是专业咨询人员太少，因为电话咨询往往是一种义务咨询；第二个缺点是在咨询中，咨询者不能掌握主动，有时咨询到一半，咨询对象就可能把电话挂掉，这样就中断了咨询，不能够很好地完成整个咨询过程。

在企业中我们可以运用电话咨询，主要是与有关的心理学家联系，定时地为该企业的员工进行电话咨询。也可以叫企业员工同社会公开的电话咨询中心联系，直接向这些中心的咨询人员进行咨询，但是目前企业中运用这种形式进行咨询的比较少，而网络咨询可能取而代之。目前中国企业中运用心理咨询的还不是很多，但是随着社会主义市场经济的发展，市场竞争越来越激烈，企业的现代化程度越来越高，员工的心理障碍也会越来越多，这样，心理咨询在企业中发挥重要的作用是指日可待的事情。

第三节 科学惩罚的原则与实施

在企业的人力资源管理中，管理者一定要学会科学惩罚。

一、惩罚的意义

（一）惩罚

惩罚是指做出某些使个体不愉快的事情的过程。例如，减少员工的收入、降低员工的职位、取消员工某种福利待遇、增加员工的工作量和批评其过错等等，都可能是一种惩罚。是否对员工是一种惩罚，取决于员工对该事物的态度。例如，降低员工的职位，一般来说是个惩罚，但是也有的员工认为这是一种奖励，例如他认为自己的身体不好，因此他感到不能够胜任目前的岗位，管理者降低了他的职位这对他来说是一种照顾，因此可以说是一种奖励。我们在了解了员工的需要以后，再做出决定，这样就可以避免某些认为是奖励的事情而成为惩罚，认为是惩罚的事情而成了奖励。

（二）惩罚的种类

在企业中对员工的惩罚有各种各样。

1. 物质性惩罚。物质性惩罚在企业中是经常运用的一种惩罚。比如扣工资、取消该发的物资等。

2. 福利性惩罚。也就是说管理者取消员工的某种福利，以达到惩罚的目的。例如取消其定期的疗养资格，取消其规定的休假等等。

3. 社交性惩罚。这种惩罚一般是指员工在愿意社交的时候，取消其社交的机会，或者在社交的场合给其一定的不舒服的感觉。例如在某种场合给予他批评，或者取消他社交活动等。

4. 地位性惩罚。这主要是指在企业中降低员工的地位，使他的实际权力变小，工作的责任变小，这样使员工产生不愉快的体验。

5. 任务性惩罚。任务性惩罚就是指分配工作任务的时候，没有满足个体的需要，他需要工作任务多的时候反而给他少，他需要任务少的时候反而给他多。

6. 自我性惩罚。自我性惩罚是员工自己对自己进行的惩罚。例如自责、自卑、自己对自己不满等等。一般来说自我性惩罚是个体自发产生的，管理者很难给予这类惩罚，因此我们在管理员工中，往往是运用前几种惩罚手段。

（三）惩罚的积极作用

惩罚在企业中有积极的作用，它主要有以下三点：

1. 改变员工的不良行为。例如，企业员工有时会迟到早退，我们可以利用惩罚来改变员工的不良行为，如，扣其工资或奖金。

2. 提高自觉性。每个管理者都希望员工有很高的自觉性，能自觉地完成组织目标，提高生产效率。但是完全依靠员工的自觉性是不够的，有的时候要配合以惩罚来提高其自觉性。

3. 统一员工行为。没有规矩不成方圆，一个企业中应该有一定的行为规范，但是员工来自四面八方，员工的个性千差万别，为了要统一员工的行为，有时必须运用惩罚。因此在企业管理中，尤其是对员工的人事管理中没有惩罚是不可想象的。可以这么说，没有惩罚的管理不可能是一种成功的管理，但是成功的管理不是只用惩罚的管理。

（四）惩罚的消极作用

每个人都希望奖励，而不希望得到惩罚，因此经常使用惩罚，不适当地使用惩罚，往往会有许多消极作用。

1. 惩罚可能引起不良的情绪反应。一般来说个体在受到惩罚以后，会产生一系列的消极情绪反应。例如伤心、痛苦、后悔等等。

2. 惩罚可能引起破坏性行为。管理者一旦不恰当地惩罚员工，尤其是没有掌握惩罚原则时惩罚员工，会引起员工的某些破坏行为。例如消极怠工、破坏公物、制造事故等。

3. 惩罚可能产生畏惧心理。一般来说员工对拥有惩罚权的管理者会产生一种自然的畏惧心理，这样员工就可能千方百计地躲避管理者，妨碍积极的人际交往，以及正常的信息沟通，进而妨碍实现组织目标。

4. 惩罚可能提高缺勤率。过度的惩罚会使组织产生一种离心力，大家都不愿在一个充满惩罚的组织里工作是很自然的倾向，因此缺勤率会大大增加，在条件成熟时离职率也会明显上升。

二、惩罚的原则

惩罚一定要遵循一定的原则，才能够使惩罚取得满意的效果。惩罚的原则主要有以下几点：

（一）避免惩罚不足原则

该原则认为惩罚一定要足量，如果惩罚太轻不足以改变不良行为，有可能因为惩罚不足使该事件成为奖励而使行为得到巩固。例如，员工旷工或缺勤，如果查到了罚款两元钱，有些员工就会认为该惩罚太轻，我还是可以照常旷工或缺勤，因为查到的概率太低，查到了才罚两元钱，查不到就拣到便宜了，因此这样的惩罚就违反了避免惩罚不足原则。

（二）及时惩罚原则

该原则认为当该个体完成一个不希望的行为时，应该尽可能早地实施惩罚，这样对抑制该行为的效果比较良好。例如一个员工作了一个错误的决定，或者作了一件错误的事情以后，应该立即给予批评，这样效果比较明显。

（三）重现原则

该原则认为如果及时原则不能实现的时候，在惩罚前应该使错误行为尽可能真实地重新显示一遍。例如车间主任老王在管理中态度粗暴，应该受到惩罚，但是当时因为有许多员工在场，厂长考虑到当面惩罚老王，可能对他以后的威信有所影响。事后厂长请老王到办公室，把他在管理中的粗暴态度再重新讲一遍（重现），然后进行批评（惩罚）。

（四）不相容原则

该原则认为惩罚引起的行为应该是与希望改正的错误行为不相容的。例如小王因为自由散漫而得到惩罚，惩罚他的手段是把他调到甲组去，因为甲组是一个比较落后的小组，可是小王到了甲组以后，由于该组的组长不善于管理，小王更加自由散漫了，由此可见对小王的这项惩罚违反了不相容原则。

（五）停止原则

该原则认为只有当个体改变了错误行为后才停止惩罚。例如小李上班迟到，根据厂的纪律，给他扣除奖金，只有当小李不迟到了才停止惩罚。

（六）严禁后奖励原则

该原则认为在惩罚以后，要严格禁止给一个奖励作为强化，否则错误行为反而会更加巩固。例如小吴由于在车间中用明火进行操作，违反了操作规定，车间主任给他惩罚，扣除了他本月的奖金。但该小组的其他工人同情小吴，大家出钱补足了小吴被扣的奖金。这样这个惩罚违反了严禁后奖励原则，小吴不但不会改变错误行为，反而认为自己没错，是管理人员乱用了权力。

（七）私下原则

一般在奖励的时候尽可能要公开表扬，在惩罚的时候要尽可能私下进行，这样效果比较良好。

三、正确运用惩罚

在企业中员工管理一定要涉及惩罚，每个管理者都应该掌握惩罚原则，这样才能够正确运用惩罚。正确运用惩罚要注意以下几点：

（一）核查事实

惩罚以前一定要对该员工的错误行为、不良行为，或严重后果作一系列的调查，核实其错误的严重性、涉及的范围等等。这样惩罚时才能使员工心服口服，才能够使员工认识到该惩罚是合情合理的，才能起到惩罚的积极效果。

（二）使被惩罚者知道惩罚的原因

惩罚的目的是为了使员工避免某些错误行为和不良行为，因此惩罚时一定要使员工明白，该惩罚是因为什么原因造成的。有时企业管理者不注意这一点，往往会使企业员工感到丈二和尚摸不着头脑。

（三）惩罚的标准要一致

惩罚是为了使员工能够遵守组织的规范，达到组织的目标，因此惩罚的标准一定要一致，不能够因为是熟人、老朋友、老部下，惩罚的时候要求可以松一点，惩罚的程度可以轻一点，而对其他人惩罚的要求就严一点，惩罚的程度就重一点，这样会造成员工不平衡的心理，认为管理者不公平。因此管理者在惩罚员工的时候，一定要有一个标准的尺度，这样才能够真正使员工口服心服，愿意接受惩罚，认真改正自己的错误行为，为组织的目标尽心尽力地努力工作。

第四节 员工交往

员工的交往与人力资源的开发与管理有密切的关系。

一、员工交往的重要性

（一）交往的定义

交往又称为信息沟通或称为沟通。就是指人与人之间转移信息的过程。它是一个人同其他人交流思想、感情、见解、价值观的一种途径，它也是人与人之间的一座桥梁，通过这座桥梁人们可以分享彼此的感情、知识，可以消除误会，增进了解。

（二）员工交往的特点

交往的特点主要有以下几种：

1. 交往是一个过程，至少涉及两个人以上，一个是沟通者，一个是接受者，或者叫一个是信息发射者，一个是信息接受者，单独一个人是不可能进行信息沟通或交往的。

2. 一定要有信息存在，就是说在交往时，一定要有语言、文字、符号等信息存在，因此说话、写文章都是交往的重要工具。

3. 关键在于信息是否被接收、被理解。在交往中有时经常会发生这种情况：交往的一方已发出信息，但是另一方并没有接收或理解信息，这样交往还不能说已经完成了。因此交往的关键并不在于交往者是否已发出了信息，而在于接收者是否已接受了或理解了信息。

（三）交往的作用

在企业中交往的作用十分重要，可以毫不夸张地说没有交往就没有组织的存在，也就没有企业。交往就好比是人体内的神经系统，把许多独立的个体联系成为一个有机的整体，美国的许多研究都证明企业中的管理人员从事最多的工作是交往，大约占全部工作时间的 60% 以上。由此可见，一个企业中如果缺乏有效的交往，员工之间就不可能进行有效的合作，也不可能有效地交流相互之间的感情和需要。人力资源开发中的各个重要环节，例如招聘、培训、安置、激励等等，都需要交往的参与，如果交往不畅，企业中的人力资源就不可能很好地发挥作用，整个企业的组织目标也不可能很好地完成。

二、员工交往的顺序

交往的顺序就是指一个交往者把信息传递给另一个接收者的过程。在交往中有时一个交往者可以同时与两个以上的接收者进行沟通，例如在小组会上听组长的发言。有时两个以上的交往者可以同时与一个接收者进行沟通，例如在会议中老张听老李和老王在争论某一个问题。无论是利用交谈、传达文件、开新闻发布会，还是其他的各种手法，交往的顺序一般包括六个步骤。

（一）确立概念

确立概念是交往的第一步，最为重要。所谓确立概念就是指交往者要清楚地意识到自己要传递的信息，俗话说开口前先动脑，就是指一个人在传递信息以前，先明确自己究竟要传递什么信息，否则把一些未经证实的事情、似是而非的概念、毫无价值的信息、模棱两可的信息传递出去，即使其他步骤再有效，交往的效果也是不能令人满意的。

（二）编码

当概念确立后，个体清楚地知道自己要传递什么信息，第二步就是把这些概念转变为适当的传递符号，例如语言、文字、动作、姿态、图片、模型等等。在这一步中交往者要决定信息传递的方式，这样才可以用适当的方法来组织符号。例如给同事老张写个留言条和向总经理汇报工作写的报告这两者的方式会有许多明显的区别。

（三）传递

编码结束后就是传递这个步骤，传递信息要选择适当的方式，交往者在传递信息时要尽量选择适当的渠道和场合。交往者在传递信息时还要力争保持交往渠道畅通无阻，尽可能没有干扰和障碍，这样他们发出的信息就可能引起接收者的注意，被对方所接收。

（四）接收

从传递到接收的过程中会产生种种障碍，如果到了接收这一步骤，我们说信息已经到达接收者这一边了，传递的信息要有人接收，如果没有人接收信息也就损失了。

（五）译码

接收到的信息不一定理解，接收者要理解信息一定要译码。例如我们请一位外国专家来介绍经验，但是如果我们不懂外语，或者没有人翻译，外国专家传递的信息不能够及时准确地译码，那么传递的信息大部分就损失了。有时由于接收者主观上不合作，译码时产生种种误差，或者主观上企图曲解信息，或者根据自己的愿望来理解信息，也可能产生译码上的误差。理解是译码的重要内容，但是理解只可能存在于接收者的内心世界，一个交往者他可以促使对方倾听，但是他无法迫使对方理解，接收者有权选择理解或不理解。因此在交往中如果管理人员要进行有效的沟通，一定要经常检查对方是否理解了信息，也就是说译码是否正确。一个简单的方法，就是请对方复述一下接收到的信息和含义。

（六）应用

应用接收到并已理解的信息是交往的最后一个步骤，也就是说接收者应该根据信息要有所行动、有所反应。利用信息的行为有各种各样。例如交往者说请你过来，接收者过来了，这当然是一种应用，但如果接收者有意违抗他的指示，就是站在原地不过来，这也是一种应用。有时要把译码错误和没有理解信息的情况区别开来。

三、员工交往的种类

员工交往时由于信息流动的方向不同，信息传递时是否有反馈，以及传递信息的工具等方面的差异，交往可以分为若干种类。

（一）下行交往

下行交往是在组织中信息从较高层次流向较低层次的一种沟通。许多人认为下行交往就是信息从管理人员流向操作人员的交往，其实不然，许多下行交往都是发生在管理层内的。在传统的、机械性的组织内，下行交往特别盛行。

（二）上行交往

上行交往是指在组织中信息从较低的层次流向较高的层次的一种交往。如果没有上行交往，管理者就可能不了解员工的需要，也可能不知道自己下达的指示或命令正确与否，因此为了满足员工的需要，为了管理者能作出正确的决策，上行交往是十分重要的。但是在企业中上行交往往往比下行交往更加困难，信息更容易损失，交往更容易中断。

（三）横向交往

所谓横向交往是指在组织中同一层次之间信息互相流通时的一种沟通形式。在现代企业中横向交往会越来越广泛。但是它没有上行沟通或下行沟通重要。

（四）斜向沟通

所谓斜向沟通是横向沟通的一种变种，指在组织中不在企业同一部门或同一层次之间流动的一种交往形式。例如二车间的车间主任与一车间的操作员工进行的交往就是一种斜向交往。

（五）双向沟通

双向沟通是指一类有反馈的信息沟通。例如面试、谈话、讨论等等都是双向交往。在双向交往中，交往者可以检验接收者是否理解了信息，也可以使接收者明白自己理解的信息是否准确，并要求交往者进一步传递信息。因此双向交往往往信息传递的准确性比较高。

（六）单向交往

单向交往就是指一类没有反馈的信息交往。例如电话通知、书面指示等等。一般来说，层次相差越远的员工，往往采用单向交往；层次比较接近的员工，往往产生双向交往。当面交往一般来说总是双向交往，因为虽然交往者有时没有听到接收者的语言反馈，但是可以从接收者的面部表情、聆听态度、动作姿态等各方面获得部分反馈信息。

（七）书面交往

书面交往是指一类以文字作为传递信息工具的交往。例如企业中的报表、文件、会议通知、黑板报等等都属于书面交往。书面交往的主要优点是权威性强，正确性高，可以长时间保存，但是它也有缺点。例如缺乏亲近感，比较难进行双向交往，缺乏弹性，方法比较单一。

（八）口头交往

口头交往就是指以语言作为传递信息工具的一类交往。例如在企业中开会、作报告、打电话等等都属于口头交往。口头交往有以下一些优点：有亲切感，可以进行双向交往，有弹性，效率高，可通过非语言方式传递信息，运用方便简单，很少受时间、地点、场合的制约。口头交往也有一些缺点，例如信息容易损失、缺乏权威性、正确性比较差。

四、改善员工交往的效果

交往对人力资源的开发与管理至关重要。在企业中如果能够充分改善员工交往的效果，那么就能够最大限度地挖掘企业人力资源的潜力，完成组织的目标，提高生产率。改善员工交往的效果，主要要注意以下几点：

1. 正确地运用各种交往类型，每一种交往都有它的长处和短处。例如双向交往的信息正确度比较高，交往者的心理压力比较小，比较能促进人际关系。但是单向交往也有单向交往的优点，例如交往速度比较快，工作秩序比较好，交往时交往者的应变能力不需要很强等等。所以交往者一定要了解各种交往的长处和短处，对待不同的接收者采取不同的交往类型，这样才能够取得比较好的交往效果。

2. 创造良好的交往气氛。交往并不是只发出信息就完事了，交往一定要接收者能够接收信息、理解信息并运用信息，因此应该尽可能地创造良好的交往气氛。例如使交往者和接收者之间建立良好的人际关系，建立一种愉快轻松的气氛等等，这样接收者就会比较好地接收信息。

3. 重视培养员工交往的能力。员工交往能力的高低，直接影响到员工交往的效果。

（1）培养员工发射信息的能力。例如培养员工讲话的能力、书写的能力等。

（2）培养员工接受信息的能力。例如倾听的能力、记笔记的能力、理解的能力等等，企业中的员工交往能力的提高，就会使交往的质量提高，企业中的信息交往畅通无阻，就可以使企业中整个交往系统更加严密、更加完整、更加有效，这样就能充分发挥每个员工的积极性，使每个员工的潜力为组织目标的实现而发挥出来。

本章小结

本章介绍了现代企业中员工面临的常见问题以及缓解和解决的路径。企业中员工面临的主要问题是压力问题，压力在存在积极作用的同时还存在着一定的消极作用。员工面临的压力包括工作压力、家庭压力、社会压力和经济压力。压力的起因即压力源主要包括两种，生理压力源和心理压力源。控制压力的方法包括宣泄、心理咨询、培养自己的抗压能力、确立自己的追求目标、培养业余爱好等。心理咨询包括个别咨询、集体咨询、书面咨询、电话咨询。在企业的人力资源管理中，管理者还要善于科学惩罚，善于员工交往，本章分别介绍了科学惩罚的原则和改善员工交往的科学方法。

关键术语

压力　　压力源　　控制压力的方法　　心理咨询　　科学惩罚　　员工交往

复习思考题

1. 什么是压力？压力对员工产生什么作用？如何控制员工的压力？
2. 心理咨询应遵循哪些原则？您认为在何种情况下该运用何种心理咨询方法？
3. 惩罚员工有哪些原则？在实践中您认为应该如何惩罚员工？
4. 员工交往有何重要性？在人力资源管理中您认为该如何运用交往的各种方法。

本章案例集

第11章 人力资源会计

本章要点

1. 人力资源会计的理论沿革。
2. 人力资源成本会计的基本方法。
3. 用会计方法衡量人力资源价值。
4. 进行人力资源需求预测和投资分析的会计方法。

本章学习资料

 引例

以人抵债破天荒

山东航空股份有限公司（以下简称"山航B"）为一家在中华人民共和国成立的外商投资股份有限公司，由山东航空集团有限公司根据1999年7月29日山东省经济体制改革委员会鲁体改企字（1999）第88号批复，与浪潮集团有限公司（原名"浪潮电子信息产业集团公司"）、山东华鲁集团有

限公司、山东省水产企业集团总公司和鲁银投资集团股份有限公司发起重组而成。公司主要从事山东省内和经批准的由山东省始发至国内部分城市的航空客货运输业务；开展与航空有关的其他服务和经营性业务。经中国证券监督管理委员会2000年8月22日证监发行字〔2000〕116号文件核准，公司于2000年8月28日向境外发行140 000 000股境内上市外资股（"B股"），每股面值人民币1元，发行价为港元1.58元，并于2000年9月12日在深圳证券交易所上市交易。B股发行以后，公司的股本总额增至人民币400 000 000元。

2006年5月26日，山航B董事会通过了《山东航空股份有限公司关于购买公务机公司部分飞行员的议案》，其交易对象为山东彩虹公务机公司（以下简称"公务机公司"），该公司为山航B的联营公司。在交易发生当期期初山航B拥有对公务机公司其他应收款147 797 516元，该交易共购买飞行员16名，作价15 684 200元，定价依据2005年中国民用航空总局、人事部、劳动和社会保障部、国务院国有资产监督管理委员会、国务院法制办公室五部委联合下发的《关于规范飞行人员流动管理 保证民航飞行队伍稳定的意见》（民航人发〔2005〕104号）、中国民用航空总局《关于贯彻落实规范飞行人员流动管理 保证民航飞行队伍稳定意见有关问题的通知》（民航人发〔2005〕109号）及《关于规范通用航空飞行人员流动管理有关问题的通知》（民航人发〔2005〕199号）。

按照山航B在年报中的披露，该公司"债务重组损失"项下并未出现任何记录也没有附注说明，在中期报告中则明确说明"无影响会计报表的重组事项"，可见该公司并没有对该项业务进行费用化处理。同时，在年报中则出现了"长期待摊费用"由108 649 446.00元上升至145 855 706.29元的现象，公司报表附注中"变动幅度超过30%的财务报表项目分析"对于此变化的说明为"长期待摊费用较上年上升34%，主要系公务机公司以16名飞行员抵偿所欠公司债务所增加的飞行员培训费用以及本年新增的飞行员培训支出"。"长期待摊费用"的报表附注项下仅有"飞行员招募及培训支出"一项。从以上资料可以看出山航B在处理该交易时采用了资本化这部分购买支出的方式，因此在利润表上并没有显示出支出。同时由于按照会计准则无法确认人力资产，因此按照债务重组处理时必须将这部分支出费用化，所以企业没有在债务重组项下做出说明以避免和准则的冲突。结合前述理论部分内容可以看出，山航B处理该项业务是按照人力资源会计的成本法加以处理，同时本质上是一笔债务重组业务。但是由于人力资源会计的缺失，使得该项原本很简单的业务不得不采取"曲线救国"的方式，回避了债务重组和人力资源账户的使用。

（资料来源：1. 深圳证券交易所网站，山东航空公司购买飞行员关联交易公告，2006年5月27日。该新闻地址：http://news.carnoc.com/list/69/69343.html。2.《上海证券报》2006年5月30日，文章名《山航B以人抵债·凸显会计核算空白》，作者：岳敬飞。http://bg.stock.cnfol.com/060530/126,1335,1857521,00.shtml）

思考题：
你怎样看待案例中以人抵债的做法？请讨论。

第一节 | 人力资源会计概述

一、人力资源会计

企业的资源主要可分为物质资源和人力资源，而人力资源为企业最重要资源已成为人们的共识。所谓人力资源是指企业组织内外具有劳动能力的人的总和。随着人力资源在企业中作用日益重要，人力资源理论体系逐步完善，对人力资源管理工作进行精确的衡量，对人力资源进行精确的估计、评价已经成为迫切的需求，这就引出了人力资源会计问题。

关于人力资源会计的定义有许多种说法，美国会计学会人力资源会计委员会认为：人力资源会计是鉴别和计算人力资源数据的一种会计程序和方法，其目标是将企业人力资源变化的信息提供给企业和外界有关人士使用。

这里我们认为，从企业角度讲，人力资源会计是把人力资源作为组织的一种资产进行确认、计量和管理，利用人力资源成本和人力资源价值信息，进行人力资源管理，并根据组织运行来进行需求预测和投资分析。

二、人力资源会计与传统的会计理论

传统会计是建立在传统经济理论的基础上的，在它产生的时候还不需要研究人力资源的经济意义，但随着经济的发展、科学理论的不断完善，对会计理论的要求也越来越高，特别是人力资源管理实践和理论的飞速发展更对会计理论的发展提出了前所未有的要求。而由于传统会计理论的理论基础的限制，导致存在以下理论缺陷：

1. 根据传统会计理论编制的财务报表只涉及企业内部物质资产的成本、价值、投资等，而忽略了企业中的另一重要资源——人力资源。

2. 在传统会计理论中人员投资是作为费用而非作为成本的，这样就会影响损益表和资产负债表内的数据。同样人力投资作为当期费用而不是作为投资平摊，对各期收益率的影响也非常大，因而会造成错误的盈利或亏损假象。

3. 由于人力资源投资作为当期费用支出，影响当期的盈利水平，所以会产生一些延误甚而减少人力资源投资的行为，对企业的正常运作产生影响。

4. 对人力资源的成本、投资、收益没有一个清楚的认识，很容易产生错误的管理行为，如在工资、奖金、培训等行为的应用中；同时，还影响人力资源投资的预测、评估，从而使企业的人力资源管理师出无名。

正是由于传统会计的这些缺陷，客观上迫切需要建立一种能反映人力资源信息的会计，人力资源会计正是为了弥补传统理论的不足而应运而生的。

人力资源会计是把人力资源管理与传统会计理论相结合，完善企业的资产

运作、管理，把人力资源作为企业资本进行衡量，计量其成本，评估其价值以弥补传统会计的缺陷，帮助企业正确测量各期的成本、收益，评估企业资产，为企业正确的经营决策服务。

三、人力资源会计的产生原因

人力资源会计在 1960 年代末 1970 年代初产生于美国。它的产生有着特定的历史及社会原因，主要原因可归结到社会经济发展的需求、经济理论的推动。

（一）社会经济发展的需求

1. 随着世界经济的飞速发展，发达国家的经济结构向服务型转化，以人力资源为主要支柱的第三产业逐步取代以资本资源为主的第二产业而成为中心产业。经济的发展需要大量经过高等教育和培训的专业技术人才，加强对人力的投资、提高人口质量成为社会经济发展的关键。

2. 随着对人力资源质量的关注，许多企业投入了大量的资金进行人力资源投资，把对人的管理提到了重要的管理日程上，这就推动了人力资源管理的发展。同时企业也希望通过人力资源成本、投资、收益的分析来进行投资预测、评估，这就促进了人力资源会计的产生。

（二）经济理论的推动

1. 人力资本理论为人力资源会计的发展奠定了一定的理论基础。

人力资本理论最早可追溯到亚当·斯密的《国富论》，其中曾提到：一个国家全体居民的所有后天获得的有用的能力是资本的重要组成部分。因为获得能力要花费一定的费用，所以它可以被看作是在每个人身上固定的、已经实现的资本。

直到 20 世纪中叶人力资本理论才真正发展起来。人力资本理论认为，资本有两种形式：物质资本和人力资本。体现在物质形式上的资本为物质资本，体现在劳动者身上的资本为人力资本。一般来说，劳动者的知识、技能和思维模式是人力资本的构成内容，它是通过人力投资形成的。人力资本理论的这种观念为人力资源会计的发展提供了理论基础。

2. 行为科学的发展对人力资源会计的发展起到了促进作用。

行为科学是一门综合学科，近些年来在企业中运用越来越广泛，行为科学的目的是把握人的行为规律从而调整企业人员的行为，实现企业的总体目标，而这也正是人力资源会计的目标，所以行为科学的发展是推动人力资源会计发展的重要因素之一。

同时科学技术的进步也使人力资源会计的实现成为可能，当今技术的飞速发展提供了大量的数据精确计算的功能。

四、人力资源会计的发展历程

根据美国会计学家埃里克·G. 弗兰霍尔茨在《人力资源会计》一书中的描述，人力资源会计的产生过程大致可分为五个阶段。

（一）基本概念的产生阶段（1960—1966）

此阶段的主要标志是对人力资源会计产生兴趣并从其他相关理论中衍生出人力资源会计的基本概念。在西奥多·W. 舒尔茨的《人力资本投资》中提出人力资本投资经济理论，认为人力的取得不是无代价的，人力（包括人的知识和技能的形成）是投资的结果。因此，人力，人的知识和技能，是资本的一种形态，可以把它称为人力资本。虽然这不是首次提及，但这一学术论断给学术界带来了深刻的影响。1964年，美国赫曼森发表的《人力资源会计》无疑是人力资源会计理论研究的起点。

这一阶段的理论研究为人力资源会计的发展奠定了理论基础，人力资源会计中的一些基本概念都是在这一阶段产生的。

（二）人力资源成本和价值计量模型的学术研究阶段（1966—1971）

这一阶段以开发计量人力资源成本模型（历史成本和重置成本）和人力资源价值模型（货币和非货币）及评价其有效性为标志，并且研究人力资源会计作为一种人力资源管理人员、部门经理、财务信息的外部使用者的工具所具有的现实和潜在的用途。在此期间，进行了一系列的研究，其中1976年底巴里公司的年终结算中首次报告人力资源会计的有关信息成为历史上具有里程碑意义的事件。另外还有许多有关人力资源会计的著作发表。

该阶段人力资源会计的基本概念、基本理论和基本技术处理方法逐渐形成，在实践中开始被尝试。

（三）人力资源会计迅速发展阶段（1971—1976）

这个阶段学术界与实务工作者对人力资源会计的兴趣很大，使人力资源会计得到迅速发展。在西欧、澳大利亚和日本都进行了大量的学术研究，并且在企业中进行人力资源会计操作的尝试。当然也招致一些攻击，认为该公司把人列在资产负债表是把人作为"金融物品"，把人当作物进行会计处理是降低了人格，侵犯了人权，尽管如此，人力资源会计的研究工作还在进行。

这一时期发生了两件在人力资源会计历史上具有意义的大事。第一件是美国会计学会于1971—1973年间成立了人力资源会计委员会，组织和支持一些人力资源会计项目的开发。第二件是1974年迪克逊公司出版了弗兰霍尔茨的《人力资源会计》。可见，这时期是人力资源会计的迅速发展时期，人力资源会计从理论到实践均在全面发展，迅速成熟。

（四）理论与实务界对人力资源会计兴趣下降阶段（1976—1980）

1970年代后期，无论理论界还是实务界对人力资源会计的兴趣都开始下降。

其中的主要原因在于相对容易的初级研究已经结束。前期成果以总结完毕，要深一步的工作需要具有较高水平的专家进行，而且需要有企业自愿继续做实验对象。更多的工作需要在企业深入实际地解决，但其研究成本高，效益很难测量。因此，很少有企业愿意再继续这项试验，这使人力资源会计的研究进入了一个低潮。

（五）人力资源会计恢复活力阶段（1980年至今）

这一阶段，人们对人力资源会计的研究和应用的兴趣又得到恢复，根本原因在于工业经济向知识经济的转变使人力资源成为最重要的生产要素。同时，美国的一系列研究也推动了人力资源会计研究的复苏，例如，美国海军人力资源管理的研究；增加劳动生产力的研究等等。另外还有美国与日本的竞争及本身服务业的发展都促使对人力资源会计研究的兴起。美国人力资源会计的研究很快引起了其他国家的关注，许多国家也投入到人力资源会计的进一步研究这一领域中去。

1980年代初，人力资源会计引入我国，引起了较大的关注，目前仍在研究阶段，相信随着科学技术的进步，人力投资的不断增长，人力资源会计在我国会得到顺利发展和应用。

五、人力资源会计的重要意义

人力资源会计有着重要的意义，首先是对企业的作用，这是我们要着重介绍的作用，也是最终的作用。另外，通过人力资源会计的实施，可以优化整个社会的资源配置，使得效益最大化。人力资源会计对于完善人力资源管理理论也是必不可少的。

人力资源会计对企业的重要作用主要有以下几点：

1. 调整财务报表信息，使各期收益、损失更加符合实际情况。在传统会计中人力资源的各项开支被计入当期的费用或成本，导致人力资源开支较大的月份（年份）收益明显降低，而后期由于享受人力资源投资带来的好处时表现出较高的收益水平。这其实是不合理的，带给管理者的财务信息也是扭曲的，因为这与增加人力资源投资使企业未来收益增加相违背。人力资源会计正是为了解决这样的矛盾而产生的，在企业的人力资源成本与收益之间建立合理的配比关系，调整各期的财务报表信息，为管理者提供更加符合实际的信息。

2. 提供关于人力资源的相关信息，帮助企业进行人力资源管理。人力资源是企业的重要资源之一，对人力资源的价值有个清楚的认识可以帮助企业更好地进行人力资源管理。通过人力资源会计可以对人力资源的投资和收益进行评估，帮助企业进行人力资源决策。传统会计中把人力资源投资计入费用或成本，而收益则没有单独列支，使得管理者对人力资源的投资没有正确评估，认为影响了当期的收益，从而会导致一些缩减开支的行为，这样其实将影响企业的未来收益。人力资源会计则可以通过对人力资源成本与收益的计量来解决这些问题，提供真正实际的信息，帮助企业采取更合理的管理方法，做出有利于企业发展的决策。

3. 增强员工的工作积极性，改变传统观念。通过人力资源会计提供的信息，员工可以更好地了解企业的人力资源管理政策以及自身在企业的地位、对企业的贡献等，可以帮助员工更好地评估自己，了解自身的价值，了解企业的付出，从而增强对企业的责任感，增强工作的积极性。

六、人力资源会计假设

人力资源会计是把人作为有价值的组织资源，而对它的价值进行计量和报告。它的目的在于用人力资源创造能力来反映组织现有人力资源的质量状况，为企业管理当局和外部利害关系集团提供完整的决策信息。人力资源会计的基本内容包括人力资源成本会计和人力资源价值会计两个方面。人力资源成本会计是指为取得、开发和重置作为组织的资源所引起的成本的计量和报告。人力资源价值会计主要是研究人力资源对企业的经济价值如何计量以及人力资源经济价值的决定因素问题。

同传统会计一样，作为鉴别和计量人力资源数据的人力资源会计理论体系，也应建立在一系列会计假设的基础上，这是建立人力资源会计体系所必须依据的先决条件。1980年代以来，人力资源会计假设在我国会计界有着不同的看法，综合各种观点，主要有以下五种人力资源会计的基本假设：

1. 人力资源会计的信息是不可缺少的数据假设。人力资源的数据信息对面上的和潜在的信息使用者作出的评价都是有用的，无论是管理当局还是外部投资者都必须依靠人力资源会计提供有价值的信息，以人力资源作出正确的决策。满足会计信息使用者的信息需要是会计存在和发展的灵魂。人力资源会计信息是不可缺少的数据信息假设，正是人力资源会计存在和发展的前提条件。

2. 人力资源是会计资产的假设。这是指人力资源可能为会计确认、计量、报告、管理。这一假设是人力资源会计能否成立的关键所在。如果人力资源不是会计意义上的资产，那么也就无法进行会计核算，无法对使用者提供人力资源会计信息。人力资源会计资产假设是建立人力资源会计原则、决定人力资源会计核算程序和方法的理论基础。由这一假设还可以派生出其他假设：(1)人力资源是会计主体可以控制的；(2)人力资源具有未来服务的能力；(3)人力资源是可以计量的，包括用货币计量和非货币计量。

3. 持续经营假设。企业界在大多数情况下都能持续经营下去，破产清算毕竟是少数。即使可能发生破产，也是难以预计发生的时间。因此，在人力资源会计上除非有证据表明企业将要破产、关闭，否则都假定企业在可以预见的将来持续经营下去，持续经营假设可能派生出人力资源会计分期假设。持续经营假设是人力资源会计的一个重要基础前提，即在确定人力资源支出的会计处理时，如果支出影响是短期的，则就费用化，否则应资本化。在进行人力资源投资时，也应合理确定短期投资和长期投资的关系。在确定人力资源价值时，应考虑到其未来收益。

4. 劳动力资源对象假设。这是指人力资源会计的研究对象可以表述为一个会计实体中作为生产要素的人力资源，即劳动力资源。它说明了人力资源会计价值所指向的对象是具有一定范围和条件的，具体包括：(1)人力资源会计的研究对象仅限于一个会计实体所能控制、支配运用的人力资源。人力资源投资成本和价值的计量应以一个会计实体为限，不能超过这个范围。(2)人力资源会计所要计量的人力资源是作为生产要素的过去资源。劳动力资源对象假设为正确确定人力资源会计核算的内容、科学划分权责关系奠定了理论基础。

5. 人力资源的价值是管理方式的函数假设。这是指人力资源的价值随着管理方式的变化而变化，即人力资源价值除了来自本身的技能、性质、健康等状况外，还受到管理方式的影响。人力资源价值在不同管理方式下会产生不同的经济效应。具体来说，包括两个方面：(1)不同管理活动，可以使单项人力资源价值增长、耗竭或保持不变。(2)不同的管理活动，可以使人力资源的协作力或集体力增强、不变或减弱。人力资源的价值是管理方式的函数假设为人力资源科学管理提供了理论依据。

七、人力资源会计内容

目前，随着会计学界对人力资源会计的研究日趋深入，普遍认为，完善人力资源会计应包括以下几项内容：

（一）人力资源成本会计

人力资源成本会计是较早提出来的、比较成熟的人力资源会计模式。早在70年代美国会计学者弗兰霍尔茨就将人力资源成本会计定义为："为取得、开发和重置作为组织的资源的人所引起的成本的计量和报告。"这种开始意义的人力资源成本会计模式所做的探索为人力资源会计和财务会计的相融合创造了条件。通过增设一些相应的会计科目，使人力资源成本的会计信息能够在遵循公认会计原则的前提下通过传统会计程序变通取得。对人力资源投资形成人力资源成本，这部分内容已经论证得较为全面，并且理论界基本达成共识。

（二）人力资源价值会计

人力资源价值是蕴含于人体内的能带来经济利益的潜在劳动能力，人在运用这种劳动能力的过程中可以创造出新的价值。人的内在劳动能力的价值只能推测、判断而无法准确计量，但它创造出的外在价值却是可以计量。对人力资源价值的计量可以以过去创造出的价值为计量基础，人力资源会计是对人力资源本身具有的价值进行计量和报告。它所能反映的人力资源价值既可以是人力资源过去创造的价值，也可以是人力资源将来能够创造的价值。

（三）劳动者权益会计

劳动者权益会计是在继承人力资源成本会计，并对人力资源价值会计进行改造的基础上提出的。劳动者权益会计通过对传统会计等式的重构，实现了人力资源价值会计与传统财务会计的相融合。它在承认人力资源是有价值的经济资源的基础上，更进一步提出人以劳动者的身份参与企业的生产经营，人对企业的贡献高于其他任何物质资源，所以他们应该同物质资源的所有者一样享有对企业新出价值的分配权。

第二节 人力资源成本分析

企业资产可分为物质资产和人力资产，人力资源会计的目标之一就是将人力资源作为资产进行会计处理。人力资源会计是以企业对其人力资源投资为主要反映对象，核算由于企业对人力资源投资后获得的人力资产的成本价值。是企业按照历史成本对其人力资产进行的事后反映。其人力资产核算是一种随人力资产使用而逐年增加的累计成本。

一、什么是人力资源成本会计

美国会计学家埃里科·G.弗兰霍尔茨认为人力资源成本会计可以定义为：为取得、开发和重置作为组织的资源的人所引起的成本的计量和报告。他认为人力资源成本会计主要研究以下两个相互联系的成本类型。

1. 与取得和开发人力资源使用价值有关的人事管理的职能成本，诸如进行招聘、选拔、雇用、安排和培训人力资源等人事管理活动的成本，这些活动的成本是取得和开发人力资源的成本的要素。

2. 人力资源本身的成本，而不是进行人事管理职能本身的成本，它包含计量不同等级人员的取得和开发的成本。

人力资源成本应该包括取得人力资产使用权、维持人力资源资产使用价值、最终遣散人力资产使用价值而付出的总价值。这些代价包括企业已支付的实际成本和企业应承担的损失成本。因此，人力资源成本会计核算是对取得、维持、遣散企业人力资产使用价值所产生成本的确认、计量、记录和报告。

根据上面对人力资源成本会计的分析，人力资源成本项目包括：取得成本、维持成本与离职成本。

二、人力资源成本会计计量的一般方法

人力资源成本会计的一般计量方法主要有以下几种。

（一）实际成本法

实际成本法是以取得、维持、重置人力资源时发生的实际支出计量人力资源成本的方法，它反映了企业对人力资源的原始投资。其优点是取得的数据比较客观，但同时也有其不足之处，如实际价值可能大于其原始成本等。

（二）重置成本法

重置成本法是以当前物价条件下重新录用达到现有职工水平的全体人员所需的全部支出为企业人力资源的资产值，它反映了企业当前市场条件下在现有人员上所凝结的全部投资。但这种方法存在较大的缺陷：评估带有很大的主观性；增加了工作量；计量结果较难让人信服等。因此这种方法一般不用于人力资源的账簿核算。

（三）机会成本法

机会成本法是以职工离职或离岗使单位因该岗位空缺而蒙受的经济损失，作为人力资产损失费用的计量依据。其结果更加接近于人力资源的经济价值，但核算工作量较大。

三、人力资源成本的具体计算

人力资源成本的具体计量可以从几个不同的成本项目入手。

（一）人力资源的取得成本

人力资源的取得成本是企业在招聘和录取员工的过程中发生的成本，包括在招聘和录取员工的过程中招聘、选择、录用和安置所发生的费用。

1. 招聘成本由企业用于招聘人力资源的直接劳务费、直接业务费、间接管理费用、预付费用构成。招聘成本的计量采用原始成本法，其计算公式如下：

$$招聘成本 = 直接劳务费 + 直接业务费 + 间接管理费用 + 预付费用$$

2. 选拔成本有对应聘人员进行鉴别选择，以做出决定录用或不录用这些人员时所支付的费用构成。根据选拔进行步骤的不同，发生不同的费用，主要有以下一些费用：

$$选拔者面谈的事件费用 = （每人面谈前的准备时间 + 每人面谈所需时间）\times 选拔者工资率 \times 候选人数$$

汇总申请资料费用＝（印发每份申请表资料费＋每人资料汇总费）× 候选人数

知识考试费用＝（平均每人的材料费＋平均每人的评分成本）× 参加考试人数 × 考试次数

测试评审费用＝测试所需时间 ×（人力资源部门人员的工资率＋各部门代表的工资率＋专家费用率）× 次数＋测试工具费用

（本单位）体检费＝[（检查所需时间 × 检查者工资率）＋检查所需器材、药剂费] × 检查人数

3. 录用成本是指经过招聘选拔后，把适合的人员录用到某一企业中发生的费用。被录用者职务越高，录用成本也就越高。从企业内部录用员工仅是工作调动，一般不会再发生录用成本。

录用成本＝录取手续费＋调动补偿费＋搬迁费＋旅途补助费＋其他费用

4. 安置成本是为安置已录取员工到具体的工作岗位上时所发生的费用。被录用者职务的高低对安置成本的高低有一定的影响。

安置成本＝各种安置管理费用＋必要装备费＋安置人员时间损失成本

（二）人力资源的维持成本

维持成本包括为了提高工作效率而发生的开发与培训成本、为了使用人力资源而发生的使用成本、为了人力资源的安全而发生的保障成本。

1. 开发与培训成本。包括直接成本和间接成本，具体计算公式如下：

上岗培训直接成本＝（指导工作者平均工资率 × 培训引起的生产率降低率＋新员工的平均工资率 × 被指导次数）× 指导所需时间 × 培训人数＋企业的一般培训费用＋企业员工的开发费用（如读书等较长期的培训）

上岗培训间接成本＝培训人员离岗损失费用＋被培训人员不熟练损失＋培训材料费＋各种管理费

2. 使用成本，又包括工资性成本、奖励成本和保障成本。

（1）工资性成本，包括员工计时或计件工资、劳动报酬性津贴、各种福利费、年终劳动分红等。

工资性成本＝职工计时或计件工资＋劳动报酬性津贴＋各种福利费＋年终劳动分红等

（2）奖励成本，包括各种超产奖励、革新奖励、建议奖励和其他表彰支出等。

奖励成本＝各种超产奖励＋革新奖励＋建议奖励＋其他表彰支出

（3）保障成本。包括劳动事故保障、健康保障、退休养老保障、失业保障等费用。计算公式如下：

保障成本＝享受保障的员工人数 × 工资等级 × 保障率

（三）人力资源的离职成本

人力资源的离职成本是指由于离职者离开某一单位所造成的费用损耗，主要包括支付给离职者的工资和离职补偿费、离职管理费、离职前的效率损失费和空职成本。

1. 离职补偿费用的多少一般没有固定数额，可多可少，甚至没有，主要根据企业和离职者的具体情况而决定。

2. 直接成本的计算。

面谈时间成本费＝（与每人面谈前的准备时间＋与每人面谈所需时间）× 面谈者工资率 × 企业离职人数

离职者的时间费＝每人面谈所需时间 × 离职者的加权平均工资率 × 企业离职人数

与离职有关的管理活动费用＝各部门对每位离职者的管理活动所需时间 × 有关部门职工的平均工资率 × 离职人数。

上述管理费用均属于人力资源离职的直接成本，需要直接计入人力资源离职成本。

3. 间接成本。离职前的效率损失，也称为离职前的业绩差别成本，是指员工在离开单位前，由于情绪变化而使原有的生产效率受到损失而造成的成本。

差别成本（效率损失）＝正常情况下的平均业绩－离职前期内平均业绩

空职成本，是指企业在招聘到离职者的替代人之前，由于某一职位空缺，可能会使某项工作或任务的完成受到不良影响而引起的一种间接成本。空职成本往往大于离职造成的直接成本损失。

4. 另外由于员工的离职，还会造成一定的机会成本。

四、人力资源成本的会计核算

会计核算分为账户设置、账务处理和财务报告三部分，在此我们只对人力资源成本的会计核算作简单的分析,具体的核算细则不作详述。

进行人力资源会计核算有两种思路:

1. 按照传统会计的原则,将人力资源支出分为资本性支出和收益性支出,资本性支出计入"人力资源"账户,再分期逐步摊销计入各期成本、费用;人力资源维持成本属于收益性开支,单独作为人力资源费用全部计入当期生产成本、服务成本、管理费用等账户处理。这样设置成本核算账户比较简单,但是"人力资源"账户不能全面反映企业对其人力资产的总开支。

2. 不按照传统会计的方法严格划分资本性支出和收益性支出,而将人力资源全部支出看作企业对人力资源的投资,全部计入"人力资产"账户,并按照不同成本设立明细账户,核算人力资产的取得成本、维持成本、离职成本,将收益性支出、资本性支出一起作为本期人力资产费用计入。这样可以从"人力资产"账户得到有关企业人力资产投资的累计数据。"人力资产"账户全面反映企业人力资产的总成本,便于考核企业人力资产的效益。

第三节 | 人力资源价值分析

一、什么是人力资源价值会计

人力资源价值指作为商品的劳动力的价值,包括其交换价值和使用价值。人力资源价值会计是以产出价值对人力资源的经济价值所进行的一种会计核算工作。主要目标是为企业内部人力资源管理和生产经营决策服务,是根据企业内部管理的不同需求建立不同计量模型进行人力资源价值的核算、分析或报告。

人力资源价值会计主要是从产出角度,核算企业人力资产的价值,即交换价值和使用价值。以企业对其人力资源的预计价值估计其人力资产,是企业按照人力资产的预期总经济价值,对其人力资产进行事前的反映,是一种反映其价值的会计方法。但由于是建立在预测估计的基础上,所以带有主观性,而且所使用的一些会计原则与传统会计相违背,如机会成本、估计价值,违背历史成本概念。

二、人力资源价值会计的研究意义

（一）为人力资源的投资决策提供有用的数据

投资决策的依据是投资报酬率的高低,人力资源价值会计的目的之一就是预测人力资源的使用价值,通过分析由人力资源投资引起的人力资源价值变化,可以计算人力资源投资的报酬率。

（二）为人力资源的有效管理提供有益的数据

企业获得员工的工作服务可能小于员工实际可提供的服务潜能，通过分析人力资源可实现的价值和预测有条件价值，分析人力资源的利用情况，以便改善人力资源管理和提高人力资源的利用效果。

（三）为人力资源的投资收益分析提供依据

通过对某一会计期间人力资源使用价值数据的估计和计算结果，将其与同期人力资源成本会计累计的数据相比较，其差额可以相对准确地反映该期间人力资源收益额。将此结果与人力资源投资预测效果相比较，可以观察预期投资效益的实现情况。

三、人力资源价值的具体计算

人力资源之所以具有价值是因为能够提供未来的用途和服务，具有创造经济收益的潜在能力，因此可以用"人力资源预期未来服务量的现值"确定人力资源的价值量。具体的计算方法有很多，这里我们具体介绍几种常见的、较容易接受的方法。

（一）未来收益或工资报酬折现模式

该模式主要是以员工工资为依据，预测人力资源从最初为企业提供劳务起至退休或死亡止的总使用价值的折现价值。

1971年巴鲁克列夫和阿巴施瓦茨在《会计评论》杂志上发表文章"论人力资源的经济概念在财务报表中的应用"，提出未来收益或工资报酬折现模式。他们主张以员工的未来收益或工资报酬的现值作为企业人力资源的价值。计算公式为

$$V_n = \sum_{t=n}^{T} \frac{I(t)}{(1+r)^{t-n}}$$

其中：V_n＝一个n年龄员工的人力资源价值；$I(t)$＝该员工退休前年度平均工资；r＝适用于该员工的收益折现率；T＝退休年龄。

由于$I(t)$指员工的退休前的年度平均工资，为事后值，在预测人力资源价值时，应该使用未来年度收益额$I^*(t)$来取代，则n年龄员工的人力资源价值为：

$$V_n = \sum_{t=n}^{r} \frac{I^*(t)}{(1+r)^{t-n}}$$

另外，考虑到员工的突然死亡的可能性，模型转换如下：

$$E(V_n^*) = \sum_{t=n}^{r} P_n(t+1) \cdot \sum_{t=n}^{r} \frac{I(t)}{(1+r)^{t-n}}$$

其中：$E(V_n^*)$为一个员工的人力资源的期望值，$P_n(t)$为该员工在年龄t死亡的概率。

虽然这种方法考虑了用未来员工在职年限的收益来评估员工的人力资源价值，但仍存在较大的局限性：（1）忽略了个人可能因其他原因离开企业而不是单单退休或死亡；（2）忽略了在职员工的工作期间将会改变工作岗位的可能性；（3）忽略了企业收益之间的差别是由于人力资源的差别造成的。

因为这种方法仅以员工的工资作为计算人力资源价值的基础，实际上人力资源创造的价值应该是高于或低于其工资。这种方法一般只适用于单个员工的人力资源的价值衡量，对于群体的人力资源价值，并不是简单的相加即可。所以这个方法一般不用于群体人力资源价值评估。

（二）调整后的未来工资报酬折现模式

1964年美国的赫曼森在美国密执根州立大学发表题为《人力资源会计》的论文，提出调整后的未来工资报酬折现模型以计算人力资源价值。他主张以效率因素作为未来工资报酬的调整值，计算企业员工的人力资本价值，并将他的公式称为"调整后的现值模式"。根据企业之间盈利水平的差异主要是由于人力资产素质的不同造成的这一理论依据，将员工的未来工资报酬的现值乘以一个效率系数，用该系数计量给定企业人力资源的相关效率。赫曼森认为从理论上讲，效率系数取决于在给定期间某内衣企业盈利水平与本行业平均盈利水平相比计算出的投资报酬率。该系数应根据过去5年公司净收益的加权平均值计算：

$$E = \frac{5 \times \frac{RF_0}{RE_0} + 4 \times \frac{RF_1}{RE_1} + 3 \times \frac{RF_2}{RE_2} + 2 \times \frac{RF_3}{RE_3} + 1 \times \frac{RF_4}{RE_4}}{15}$$

其中，E为效率系数；RE_0为现实年度全行业企业资产的收益率；RF_0为现实年度某企业资产的收益率；……RE_4为现实年度前推的第4年度全行业企业资产的收益率；RF_4为现实年度前推的第4年度某企业资产的收益率。

该效率系数是根据前5年的收益来计量的，当前年度的权数最大，为5，越往前推权数越小。理论上讲，该公式可以计算个人、群体，或一个组织结构的总人力资源价值。

赫曼森提出计算人力资源价值的模型，以说明如何应用工资报酬计算人力资源价值的近似值。但存在一定的局限性：（1）该公式没有考虑未来5年企业员工职位或工作岗位的变化，即公式实质上是假定企业员工仅从事固定的工作，这与客观实际不符合；（2）员工为企业服务的年限并非5年，因此公式的权数的确定也是主观的；（3）使用工资报酬折现没有考虑人力资源补偿价值中还包括社会保障的支出。

因此，可以说该模型仅提出一种计量人力资源价值的方法，可计算出各种企业人力资源的相对数值，便于同一行业不同企业之间的相互比较。

(三) 企业未来收益模式

又称为"经济价值法",是计量人力资源群体价值的方法,该方法认为人力资源价值在于其能够提供未来收益。因此将企业未来各期收益折现,然后按照人力资源投资占全部投资的比例,将企业未来收益中人力资源投资获得的收益部分作为人力资产的价值。其计算公式为:

$$V_n = \left(\sum_{t=n}^{r} \frac{R_t}{(1+r)^{t-n}} \right) \cdot H$$

式中,V_n=以未来盈余现值表示的群体人力资产价值;r=折现率;R_t=第 t 年的企业未来净收益;H=人力资产投资占总资产投资的比例。

用上述公式计量群体人力资产价值时,首先计量企业人力资产投资占总资产的份额,然后计算企业未来收益的现值,最后计算人力资产价值。该公式计算人力资产价值时,优点在于人力资产价值反映了人力资源所创造的经济剩余。但另一方面由于忽略了工资的部分,所以低估了人力资源的价值,而且这个公式一般只适用于群体人力资产价值的计量。

四、人力资源价值的会计核算

考虑到人力资源价值会计本身的一些特点,适合使用单独核算的会计方式。这是因为人力资源会计使用的是估计数据,不符合传统会计的核算原则,而且与其他数据也没有可比性;由于是估计数据,所以带有较大的主观性,这样如果并入传统的会计核算模式,可能会影响整体数据的客观性,因此,单独核算比较合理。

另外,人力资源价值会计单独核算也有其他的好处。单独核算,可以避免传统会计的原则束缚,核算人员可以根据具体的管理要求比较灵活地使用人力资源价值会计数据,满足自身的一些信息需求。

在进行人力资源价值的会计核算过程中,虽然是单独核算,避免了传统会计原则的限制,但基本的会计原则还是必须遵循的,整个会计核算的最终结果应当符合"非人力资产+人力资源投资+人力资源价值=负债+生产者权益+所有者权益"的会计等式,这是检验会计核算是否正确的重要指标。这里表现在资产负债表中的项目是与传统的资产负债表有一定区别的。人力资源投资、人力资源价值与生产者权益都是新增加的项目,与人力资源参与会计核算有一定的关联。人力资源投资指本年度用于人力资源投资的所有成本;人力资源价值指人力资源的实现价值扣除本年度的投资成本而产生的创造价值;生产者权益则包括应付工资、奖金、股本、分红等。只有在对人力资源价值进行详细的会计核算基础上,才可能精确地填写资产负债表。

进行人力资源价值的单独会计核算,首先需要设置"人力资源价值"账户。

设置"人力资源价值"账户，主要目的是核算预测的人力资产在使用过程中创造的总经济价值，即企业人力资产可以为企业提供的服务潜力的预测总价值。关于人力资源价值的具体会计核算，如账户设置、账务处理等由于涉及会计理论，比较复杂，这里不作详细介绍。

第四节 人力资源的需求预测与投资决策

在对人力资源的成本、价值有一定的认识后，我们发现对于企业而言一些问题变得异常重要，如究竟应该使用多少的人力资源，当企业产生人力资源需求时，需求数量该怎样控制；在使用人力资源的过程中，进行了大量的投资，是否值得，这些投资又为企业带来了多大的经济收益；当决定投资时，具体的操作又应是怎样的。只有结合这些问题的解答，才能使人力资源会计研究变得更加具有实用意义。

一、人力资源的需求预测

对于企业而言，进行人力资源的需求预测是十分必要的，因为正确的需求预测结果可以帮助企业在确切的工作时间和地点获得质量和数量都合适的人员，同时也可以保证所获得的人员可以在合理的成本—效益下完成企业的生产经营工作。这对于企业而言无疑是一大诱惑，减少了人员空缺引起的成本损失，保证了企业的正常运作，提高了经济效益。

一般对于企业而言，会由于两种原因而引起产生对人力资源的需求：由于人力资源的离开而产生的需求，如退休、离职；由于生产经营规模的变化而产生的需求，如生产量的增加、购并引起的规模变化等。下面就根据引起的原因不同来分析企业应怎样进行人力资源预测。

（一）由于人力资源的离开而产生的需求

这种需求又称为替代需求，是由于企业员工的离职或退休造成企业人力资源的流失而需要用新的员工来补充流失的员工的需求。这种需求的解决相对比较简单，一般只需要引进同等水平的人力资源以保证企业的正常运作。

进行替代需求预测一般根据两种计算结果：一是离职率，二是年龄层结构的分析。根据离职率可以计算出企业由于员工离职而将产生多大的人力资源需求；根据企业员工的年龄层结构的分析，则可以把握一段时间将产生多少位退休人员，从而企业将产生多大的人力资源需求。

1. 离职率分析。

员工离职率＝一段时间企业离职人数的平均值／企业的总体员工人数×100%

其中，一段时间企业离职人数的平均值的计算，根据不同的企业，时间取值有所不同。如果是整年离职相对比较平均的，可以使用年平均数来计算，也可以使用近几个月的数据来分。但对于一些根据季节、市场有所区别的企业，时间的选择应该注意这些方面的影响，尽量使平均值的计算符合企业的具体实际。

另外在计算离职率时，不要将企业所有员工的离职率一起计算，这样将会影响企业领导层的判断，不知道应该具体招聘哪一个岗位、哪一个层次的员工。在计算员工的离职率时，应尽量缩小范围，这样一方面帮助领导者清晰地了解需要怎样的员工，另一方面根据离职率的计算结果，还可以发现企业中离职行为经常发生的位置，寻找其中的原因，从而采取适当的行动，改进对这一岗位、层次的领导从而增强企业的稳定性。

调整的公式：员工离职率＝一段时间企业某一岗位上离职人数的平均值／
企业某一岗位上的总体员工人数×100%

2. 年龄层结构的分析。进行人力资源年龄层结构的分析，主要是为了保证企业处于一个相对合理的年龄层结构。当企业年龄层结构偏于老龄化时，应该及时补充一些年轻的新员工，保证当老员工退休时，企业不会由于职位空缺而影响整体的经营运作。应该注意到由于老员工的技术、经验对于企业的重要性，在对年龄层结构分析的基础上，可以提早准备，防止技术、经验上的脱节而影响企业效益。

各年龄层人员结构百分比＝各年龄层人员数量／总体的员工数量×100%

在计算各年龄层人员结构百分比时，也存在与离职率同样的问题，不可以笼统地计算整个企业，而应该区分岗位、层次，这样的计算才有意义。

（二）由于生产经营规模的变化而产生的需求

当企业的生产经营规模扩大时，为了保证企业正常的运作效率，增加一定的人力资源数量是必要的。生产经营规模的变化主要指产品需求的增加、规模的扩张、技术变革等。由这一原因引起的人力资源需求与企业内部的许多因素密切相关，在此我们仅从人力资源的需求角度分析。

1. 产品需求的增加、规模的扩张。这是最为普遍的一种情况。当企业的生产规模扩大、产量增加时，必然需要引进一定数量的人力资源以满足生产经营的需要。由于这种需求与生产密切相关，所以我们将从生产函数的角度来确定人力资源的需求，这是因为对于任何一个企业而言，在任何时间点上，在给定的可使用的技术知识、可使用的人力资本和物质资本的条件下,只能生产出一定数量的产品。

这种存在于投入量和产出量之间的关系即生产函数。

一般企业的生产函数可以表示为:$TQ = f(C, L, R, T, A)$

即把生产量表示为资金、人力资源、原材料、技术、固定资产的函数。当确定公式中的其他因素时,人力资源的需求量也就得知了。这是简单的计算思想。在实际计算的过程中,还需要考虑人力资源变化引起的边际产量的变化,即增加一个单位的人力资源引起的生产变化量。此外,还有人力资源增加引起的平均产量的变化,等等。

下面我们假定在一个较短的时间内,其他因素都没有发生变化,仅人力资源变动,则生产函数可以表示为:$Q = a \ln L + b$(其中 a、b 是常数)。可以得到:$L = Be^{dQ}$(其中 B、d 为参数,可以从以往的人力资源与生产量之间的关系中获得),这样就可以根据上面的公式预测出所需求的人力资源数量。

当生产变化是在一个较长期的过程中产生时,预测人力资源的需求需要考虑多个因素之间的相互影响,可采用柯布—道格拉斯生产函数和回归分析法来分析各个因素随产量变化而引起的变化。

柯布-道格拉斯生产函数:$Q = AL^{\alpha} K^{\beta}$

其中 A 为常数,K 是生产长期变动中所利用的资本总额;L 是生产变动中所利用的人力资源;Q 表示生产长期变动的计划产量。α、β 表示产出对于人力资源和资本的弹性系数。对公式取对数,得一阶回归方程:

$\ln Q = \ln A + \alpha \ln L + \beta \ln K + \ln U$,调整后得到:

$\ln L = (-1/\alpha) \ln A + (1/\alpha) \ln Q - (\beta/\alpha) \ln K - (1/\alpha) \ln U$

($\ln U$ 为求回归方程的误差修正系数,也称为正态分布误差值),根据这个公式就可以预测出人力资源的需求值。

2. 技术变革。技术变革主要包括新产品的开发、旧产品的革新以及生产工艺和劳务方式的改变。当企业发生技术变革时,由于技术也是影响生产函数的重要内容,所以必然也会引起人力资源的变化,一般由技术变革引起的人力资源需求主要是替代需求,即需要有新的员工(拥有所需求的技能等)来替代旧的员工,这有可能就是对老员工的重新培训,也有可能是用新的员工完全替代不适合新技术的人力资源。这就引出了由技术变革产生的人力资源需求。

一般针对这种需求采用定性的方法,而非定量。主要实施程序如下:(1)当发生技术变革时,针对需要变动的部门(或整个企业)对已有的员工进行综合评估、准确地衡量员工的素质。（2）根据技术变革后的情况，对企业内部各类员工提出详细的素质要求。（3）比较上面的两种结果，得出目前企业已有的员工是否符合技术变革的需求。如果存在差异，针对差异做出需求预测，包括需要增加什么样的人才，需要进行怎样的培训，删减哪些人等。（4）被替代的人员企业应该怎样安排，需要新增的人员通过怎样的方式获得，新招聘的人企业又应该怎样对待。（5）针对不同的方案计划，进行投资收益分析，做出决策。

这些行动程序在进行其他原因引起的人力资源需求预测时也是可以使用的。企业可能还存在其他一些原因而产生对人力资源的需求，在分析需求时重要的是把握影响该需求的原因，从原因入手分析才能在基础上保证需求预测的准确性，从而为企业进行人力资源的管理提供可靠的信息。

人力资源需求产生后，对于企业而言就是补充这部分人力资源。把人力资源引进企业，为了使企业正常运作，为了使人力资源更好地发挥功效，对人力资源进行投资是必不可少的企业行为之一。但企业在对人力资源进行投资时，难免担心该投资对于企业的实际价值，即该投资的回报怎样呢？

二、人力资源的投资收益分析

投资收益一般指投资额与产出额之间的差值。人力资源的投资收益分析即分析人力资源在引进公司后，公司对其的投资和其为公司创造的价值之间的差值。由于投入、产出之间有一定的时间差，为了使结果更加符合实际，更有意义，需要考虑货币的时间价值，用现值进行计算。

在传统的财务会计中，进行投资收益分析时主要有以下四种方法：净现值法、现值指数法、内含报酬率法、投资回收期法。在进行人力资源的投资收益分析时也可以使用这几种传统的方法进行分析。根据分析的结果来决定选择哪一种方法进行人力资源投资，因为一种投资行为一般有许多种途径去实行。

企业的人力资源投资注重经济效益，讲求实效性、目的性。一般企业的人力资源投入是可以计量的，而且绝大多数是可以得到回报的。在企业的运行过程中，进行人力资源投资的内容比较多，如招聘投资、培训投资、保健投资等。下面就针对前两种投资内容进行具体的人力资源投资收益分析。

（一）招聘投资的收益分析

企业进行招聘的方法有许多，如排除法、比较法、关键事件法等，不同的使用方法会带来不同的投资收益。为了帮助企业在实施招聘活动时选择合适的、收益新高的方法，首先进行各种招聘方法的投资收益分析、比较是十分重要的。

一般预测投资收益的公式为：

预测招聘净收益＝预测招聘总收益－人员招聘总支出

1. 预测招聘总收益。

预测招聘总收益＝实际招聘人数 × 招聘过程的有效性指标 × 应聘后实际工作绩效的差别 × 被招聘者在招聘过程中的平均测试成绩

其中招聘过程的有效性指标可以通过在人力资源取得过程中，收集各种工作绩效不同测定方法的平均有效值，取得经验数据。

2. 人员招聘总支出。这在讲述人力资源成本会计时已经有所涉及，这里我们可以从另外一种角度而不是单个组成成本项的角度去分析招聘的总支出。计算公式为：

人员招聘总支出＝实际招聘人数 ×［(全部申请者人均成本 × 申请人数)/实际招聘人数］
＝实际招聘人数 ×(全部申请人均成本 / 录用率)

3. 预测招聘净收益。根据上面计算的预测招聘总收益和总支出，就可以计算出预测招聘的净收益。对每一种招聘方式都采用该种计算方法来进行投资收益的分析、评估，最终选择最适合企业的能够为企业带来最大收益的招聘方式。

（二）培训投资的收益分析

培训活动是企业投资的重要方面，占企业人力资源投资的很大一部分，因此对企业人力资源培训进行投资收益分析对企业经济收益的高低有着十分重要的作用。

员工在为企业服务的期间内，需要经过多种培训活动，培训活动对于提高员工的工作能力、增强企业的实力都是必不可少的。在进行培训活动的投资收益分析时，不但要考虑经济收益，同时还要考虑非经济收益。分析培训投资收益的方法一般有两种：间接评估法和直接计算法。

1. 间接评估法。这是通过对员工在完成培训活动后的效果进行观察来分析投资效果。把同一职位上的员工按照有无培训过来分类，比较培训前后员工工作的效率等，来估计培训投资的经济收益，这是一种简单的评估方法，没有考虑时间价值等因素。一般只作为培训活动投资的参考信息。

2. 直接计算法。一般通过净现值法来计算培训活动的净收益。计算公式如下：

$$NPV = \sum_{t=1}^{n} \frac{I_t}{(1+r)^t} - \sum_{t=1}^{n} \frac{Q_t}{(1+r)^t}$$

其中，NPV＝培训活动产生的净收益；n＝投资活动所涉及的时间；I_t＝第 t 年的现金流入，即第 t 年的人力资源培训前后产生的净收入；Q_t＝第 t 年的现金流出，即第 t 年的人力资源的培训成本；r＝预定的贴现率。

在计算人力资源培训活动的投资收益时，n 与 r 基本上是能够确定的，可以说在计算前是给定的。而 Q_t 即人力资源的培训成本，在分析人力资源的成本会计中已经有了详细的介绍，在此不再作重复分析。I_t 应该是培训前和培训后工作成果的差值。

I_t =（已培训者的平均工作效率－未接受培训者的平均工作效率）×
受培训的人数（在计算中取用的都是现值）

在培训投资的收益和成本都有了明确的计算方法，得到了较为确切的数值后，就不难得到培训投资活动的收益了。根据培训投资收益的分析我们就可以对该培训活动作出评价，是否值得企业投资，为企业带来多大的回报。

企业其他的投资活动也可以按照此种方法进行评估。由于投资行为的特殊性，可能需要不同的评估方法相配合。总之，在对投资行为进行收益评估后，企业也就可以做出是否进行投资的决策了。

三、人力资源的投资决策

当企业根据投资收益分析得出可以投资的结论时，并不是完全肯定企业可以进行人力资源投资了，这只是在效益的基础上肯定了这项投资的经济收益是符合公司宗旨的。当企业真正要进行投资时，还需要考虑一些其他因素。如企业目前的效益状况是否支持企业的投资行为；发展规划是否与企业进行的人力资源投资方向一致；社会的发展、技术的变革是否可以提供企业需要的人力资源等。

当一切因素都支持企业的人力资源的投资行为时，企业就可以进行投资决策了。企业的人力资源投资决策包括一定的程序。

1. 确定投资目标。即决定人力资源投资的具体目标。人力资源投资目标也就是企业目前需要解决的重要问题。决定企业的投资目标与企业的发展规划密切相关，根据企业的发展规划，企业就可以确定需要通过什么途径去实现这种规划，从而制定具体的投资目标。

人力资源投资的目标基本有以下五种：(1)改变人力资源的数量；(2)改变人力资源的质量；(3)改变人力资源的组合、成分；(4)提高人力资源的工作效率；(5)其他。

2. 根据投资目标收集相关的信息。收集信息是进行以后评估工作的关键，只有根据系统、详细、正确的信息得出的结论才具有实用性、说服力。在进行人力资源资料收集时，要注意收集各种相关的可计量和不可计量的信息，特别是对人力资源预期收入和预期成本密切相关的信息资料。资料的收集不是一朝一夕可以完成的事，需要反复进行，贯穿于整个决策过程中。

3. 根据目标和收集的信息提出各种可供选择的方案。实现一种人力资源的目标可以通过多种方案,如为了取得人力资源可以招聘,也可以直接调度;为了开发人力资源可以通过培训;为了提高人力资源的工作效率,可以改变企业的组织结构、调整组合等。企业在制定出这些方案后就可以对其进行评估,作出选择。

4. 对各种方案进行定量分析。根据所收集的资料,对各种人力资源投资备选方案进行货币性分析,作出评价。在分析中,需要对各备选方案采用相同的计算方法,进行投资收益分析,选择一定的比较标准对方案进行比较。而当有几个可以同时并进的方案,但资源总量受到限制时,可将这些方案进行优化组合,提出综合方案,使得组合经济效益达到最大化。

5. 在定性分析的基础上再对备选方案进行定性评价。定量分析是建立在企业收集的已有数据资料的基础上的,对一些无法计量的信息无法加以分析,所以存在一定的局限性。应当结合定性分析加以调整,使得分析结果更加符合实际。定性评价是指结合各种非计量性因素对人力资源投资决策的影响对各种投资的备选方案进行客观定性的评价,从而调整定性分析的结果,减少失误。

6. 根据分析结果确定最优的投资决策方案。综合考虑定量因素和非量化因素的影响,通过研究、比较各投资方案的经济效益筛选出最佳投资方案,最后将这个结果汇报给上级管理人员,以支持他们做出最终投资决策。

本章小结

本章主要介绍了有关人力资源会计方面的知识,将其与传统的会计理论进行比较分析。人力资源成本会计计量的方法包括:1. 实际成本法;2. 重置成本法;3. 机会成本法。常见的人力资源价值的具体计算方法:1. 未来收益或工资报酬折现模式;2. 调整后的未来工资报酬折现模式;3. 企业未来收益模式。人力资源的投资收益分析包括:1. 招聘投资的收益分析;2. 培训投资的收益分析。企业人力资源投资决策的一般程序:1. 确定投资目标;2. 根据投资目标收集相关的信息;3. 根据目标和收集的信息提出各种可供选择的方案;4. 对各种方案进行定量分析;5. 在定性分析的基础上再对备选方案进行定性评价;6. 根据分析结果确定最优的投资决策方案。

关键术语

人力资源会计　　人力资源成本　　人力资源价值　　人力资源需求预测
人力资源投资决策

复习思考题

  1. 人力资源会计与传统的会计理论的区别是什么？人力资源会计对于企业经营管理有哪些重要的作用？

  2. 什么是人力资源成本会计？人力资源成本会计包括哪几个方面？怎样进行人力资源成本计算？

  3. 什么是人力资源价值？人力资源的价值应该怎样衡量？

  4. 怎样进行人力资源需求的预测？

  5. 企业应该怎样进行人力资源的投资决策？

  6. 在移动互联网和人工智能背景下，请对人力资源会计对企业经营管理的作用阐述。

  7. 谈谈人力资源成本进行会计核算的难点有哪些？如何有效克服这些难点？

本章案例集

第12章 民营企业人力资源管理

本章要点
1. 中国民营企业及其人力资源管理的特点。
2. 民营企业人力资源管理常见的问题及对策。

本章学习资料

> **引例**

销售额低"谁"之过？

小刘是一位民营企业的老板，他最近经常有这样一个困惑：为什么公司的销售额老是上不去呢？下面我们带着小刘老板的困惑来看一下他经营的 A 公司概况吧！

A 公司是一家中小型企业，主要从事数码产品的销售业务。老板小刘白手起家，投资很多领域，事业一帆风顺。他和员工年龄相近，有共同语言，经常在办公室和员工一起玩网络游戏，下班后又一起出去吃饭喝酒，大家关系相处融洽。有时大家出去玩得太晚了，就睡在办公室，等第二天早上来上班的其他同事喊醒。小刘老板有个习惯，那就是喜欢睡懒觉。因此公司里有条不成文的规定，中午之前一般不能给老板打电话，所以老板一般在中午之后才能到公司。受老板的影响，几个业务员每天的精神状态都很不佳，一般要等到吃完午饭后才出去跑业务。

数码业务刚开始起步时，A 公司共有正式员工 8 人：会计 1 名，仓库管理员兼网络管理员 1 名，业务员 6 名。会计年纪比较大点，对很多会计业务不熟悉，每天都要花几个小时和业务员对账。但老板认为其忠心最可贵，工作能力可以慢慢培养。仓库管理员兼网络管理员也是老板的玩伴，手患残疾，搬东西极其不方便。几个业务员中，只有 2 人有相关行业的经验，其他的有 1 人是老板从小玩到大的伙伴，有 1 人是老板以前做广告业务时的老下属，有 1 人是 A 公司以前的网络管理员，还有 1 人是被认为有发展潜力的实习大学生。老板对各个业务员进行了分工：初期由 2 名有经验的业务员带着 3 名没经验的业务员熟悉业务，派他的老下属去外地开发二级市场。一个月后，他从外地失败而归，从此做起了老板的专职军师。老板的解释是，在公司里，只有他的老下属才能理解自己的意图，也只有他才能就公司的经营管理与交流讨论，所以他只须做军师，不用跑业务。

在薪酬方面，一开始的约定是基本工资 900 元 + 业务提成 1%，没有其他补贴和福利。但在第一个月发工资时，老板声称只有那 2 位经验丰富的业务员基本工资为 900 元，其他人按 800 元算。并再次承诺等员工有所成长后，一定提高工资。实际上，这个工资标准一直没有改变。由于销量的原因，第一个月的最高工资（包括提成）都不超过 1 000 元。同时，在业务员中，大家都不相信老板给他那位从小玩到大的伙伴也是同样的工资。

（资料来源：互联网《人力资源管理案例集》）

思考题：
1. A 公司在人力资源管理层面上存在哪些问题？
2. 针对以上问题你能提出一些合理的建议吗？

近年来，我国民营经济已经取得了令人瞩目的成绩，民营企业已成为我国社会主义市场经济的重要组成部分，在国民经济中占有举足轻重的地位。据统计，2021 年年末，全国工商登记企业数量超过 4 842 万户，其中 99% 以上都是中小企业，吸纳就业能力十分突出。民营企业已经创造了许多品牌——从传统的制造业到现代的高新科技、从服装工业到制药行业，一个个名字已经耳熟能详：苏宁电器集团、联想控股有限公司、华为投资控股有限公司、美的集团股份有限公司、杭州娃哈哈集团有限公司……民营企业已经成为我国经济发展中不可小觑的一支生力军。民营企业创建之初，尚可依靠父子兵、夫妻档、家族制、兄弟联盟，甚至自己一人包打天下。但随着事业的日益发展，全面驾驭一个较大规模的企业就可能会力不从心，迫切需要寻找有识之士、有用人才来共同管理企业。许多民营企业虽曾经有过如日中天般的辉煌，但"初盛"转瞬即逝。其间教训固然有很多，但最关键的还是在于对人的管理。所以，如何在民营企业中进行人力资源管理已成为一个学术界和企业界都必须正视的问题。

第一节 民营企业人力资源管理的特点

一、民营企业的概念

民营企业的概念在经济学界有不同的看法。一种看法是民营企业是民间私人投资、民间私人经营、民间私人享受投资收益、民间私人承担经营风险的法人经济实体。另一种看法是指相对国营而言的企业，其按照其实行的所有制形式不同，可分为国有民营和私有民营两种类型。实行国有民营企业的产权归国家所有，租赁者按市场经济的要求自筹资金、自主经营、自负盈亏、自担风险。私有民营是指个体企业和私营企业。目前私有民营企业越来越多。

我国民营企业的界定从广义上看，民营企业只与国有独资企业相对，而与任何非国有独资企业是相容的，包括国有持股和控股企业。因此，归纳民营企业的广义概念就是：非国有独资企业和国有绝对控股企业均为民营企业。

从狭义的角度来看，"民营企业"仅指私营企业和以私营企业为主体的企业。"私营企业"这个概念由于我国特殊的历史原因不易摆脱被歧视色彩，无论是私营企业的投资者、经营者、雇员或者有意推动私营企业发展的科学工作者，都倾向于使用中性的"民营企业"这个名称，这就使"民营企业"在许多情况下成为私营企业的别称，而本文也认同这种说法。本文的民营企业的界定主要是在于它的狭义的含义。主要讨论的是小型民营企业。

二、民营企业的现状

经过四十余年的改革和发展，民营经济克服了基础薄弱和先天不足等劣势，已成为国民经济的重要组成部分，已成为国民经济中最为活跃的经济增长点。客观地说，民营企业的发展正从发展初期向发展中期转变，向着更合理、更科学的方向发展。从我国民营企业的形成来看，目前主要有如下几种形式：(1)从个体户起家，逐渐积累发展起来，或直接由家庭成员投资兴办的家族式企业；(2)朋友、同事参股合资开办的合伙企业；(3)国营或集体企业通过买断转型的企业。

共同的特点是企业的所有权归一个或少数投资者所有，其企业股份不断分散化、社会化。因此，民营企业从总体上看，虽然有其市场化程度高、经营灵活、社会负担轻等优势，但中国民营企业在发展上，也不可避免地存在一些问题。

三、相关的一些概念

（一）个体经济

个体经济，指在劳动者个人占有生产资料的基础上，从事个体劳动和个体经营的一种私有制经济。个体经济具有规模小、工具简单、操作方便、经营灵活等特点。基本上无剥削。

个体经济有三个明显的特征：（1）生产资料和劳动成果归个人所有；（2）劳动者以自己的劳动为基础；（3）不雇佣非直系亲属员工。

个体经济中，生产者既是直接的劳动者，又是生产资料的私有者，劳动者主要依靠自己的劳动取得收入，是一种基本不带有雇佣关系的私有经济。

（二）私营经济

私营经济是指以生产资料私有和雇工劳动为基础的，并以盈利为目的和按资分配为主的一种经济类型。私营经济是个体经济发展的必然趋势，在本质上与个体经济一样，是一种私有制的经济形式。和个体经济的主要区别就是看雇工是否是直系亲属。

私营经济具有以下特征：（1）生产资料私有。即生产资料完全由企业主私人所有和支配，雇工不占有生产资料。这是私营企业和私营经济的根本特征之一。（2）以雇工劳动为基础，也就是说私营企业主要依靠雇工从事生产经营活动。（3）以追求利润为目的。私营企业的生产目的，是为了获取剩余价值，追求最大限度的利润。（4）劳动所得投资分配或以按资分配为主。

（三）民营经济

民营经济是指除了国有和国有绝对控股企业以外的多种所有制经济的统称，包括国有民营经济、集体所有制经济、个体经济、私营经济、外商经济和港澳台经济、混合所有民营经济和民营科技企业等类型。民营经济是具有中国特色的一种经济概念和经济形式。民营经济曾一度在我国消失，在我国经济体制改革和社会主义市场经济渐进发展中，民营经济得以复兴、成长和壮大，并且显示出了蓬勃的生机与活力，成为我国经济高速发展的生力军。为什么民营经济会出现从消失到复兴这样的发展过程呢？这并不是偶然的，而是因为民营经济有其自身的存在基础。

"民营经济"与"民营企业"还有区别。"民营经济"应该是民营意义上的各种经济成分和要素的总和，"民营企业"是民营意义上的一种企业形态，是"民营经济"的主体部分或重要组成部分。因为，在"民营企业"之外，还有具有"民营经济"属性而非以盈利为目的的、从事非经济活动的、非企业的单位或部门。比如：一些从事社会福利、从事社会救助、从事慈善事业的民营单位或组织。

根据上述分析，我们可以对"民营经济"试做如下定义：民营经济是以反映投资主体或经营主体为主要特征的经济成分，是在一个国度里由本国居民投资创办、经营或控股经营的企业和事业单位经济要素的总和。"民营企业"是由本国公民出资兴办或经营的从事经济活动的经济法人实体和非经济法人实体，具有自行组建、自行筹资、自主经营、自负盈亏、自谋发展的特征。是我国社会主义市场经济条件下，促进我国社会主义生产力发展的重要力量。

（四）民间企业

民间企业和民营企业两者最根本的区别在于民营企业只强调经营机制，不管所有权属公还是属私；而民间企业既强调所有权属私，又强调经营机制的私营特点。

四、民营企业人力资源管理的优势

与国有企业相比，民营企业人力资源管理有自己的优势。

1. 地位逐步提高。2004 年《宪法修正案》规定："国家鼓励、支持和引导非公有制经济的发展，并对非公有制经济依法实行监督和管理。"增强了民营企业的发展动力。世界发达国家（如美、日、欧等）和一些国民经济发展又快又好的国家（如新加坡等）均对中小企业着力扶持，政府的经济引导工作主要也是在扶持中小企业方面，极力保护中小企业的市场份额和利润空间。其原因是中小企业是吸纳就业人口的主要力量，中小企业主是消费市场的中坚力量。我国政府为了扶植和培育中小企业的发展，不仅加强了宣传力度，出台优惠政策以扶持中小企业发展，还配套扩大小额金融信贷以从财力上扶助。

2. 发展速度快。例如：2010 年产值数占比达 52.05%，1—8 月产值占比升到 54.2%，企业数占比 79.5%，增长速度 1—8 月比国企高出 20 多个点、比三资企业高出 11 个点。利润增速和占比优势明显。1—7 月民营企业利润占比为 45.37%，增速高出国有企业近 20 个点。因此，有专家预测，从我国的经济发展趋势以及世界发展潮流来看，民营经济将成为 21 世纪中国经济的主流。

3. 企业机制灵活。民营企业受市场经济影响较大，竞争意识相对强，合作者之间是天然盟友，因此较容易实行激励机制，迅速将发展重点转到人力资源开发上来。

五、民营企业人力资源管理的劣势

与国有企业相比，民营企业人力资源管理有以下不足：

1. 起步晚。我国计划经济长期占主导地位，民营企业是改革开放后才逐步起步、发展的，与原有大型国有企业和外资以及合资企业相比，它们起步较晚。

2. 规模小。虽然近些年来，一些民营企业相继上市，但大多数民营企业的资金还主要是由民间筹措，资金投入少，企业规模小。

3. 人才资源拥有量少。与外资企业和大型国企相比，民营企业多数人才匮乏，而且员工素质不高，人才培训投入少。

4. 观念落后。有些民营企业的管理者仍缺乏现代人力资源管理的理念，将员工看成成本，没有看成是一项具有高投资回报率的资源。

第二节 民营企业人员的素质要求

一、民营企业创业初期人员的素质要求

与国有企业不同，民营企业的诞生与发展都是一个创业的过程。由于工作环境的不同，创业者除了应具备一些与中国传统企业管理者相同的素质外，还应具备一些特殊的素质。

1. 事务繁多与勤奋工作。民营企业创业之初都很艰辛，因此创业者在此时通常都十分繁忙，不少人经常会一天工作 18 小时。这就给家庭和亲朋带来了压力，因此成功的民营企业创业者常将家人也拉来支持自己。但此时创业者需要注意的是，经营一个企业更像是马拉松而不是短跑，"工作狂"的精神固然对企业发展有利，但还要考虑高强度的工作给员工带来的主观心理压力。

2. 敢于冒险和接受不确定性。当今的市场，机遇与风险并存。有时，某些商机尚未明朗，这时需要创业者具有冒险精神，领先占领市场。因为，当不确定性消除时，很多追随者会跟进，大家都会发现这个机会，这时再想获得高额利润就难了。因此，不确定性回避倾向高可能会导致创业者丧失良机。

3. 身体健康。除了每天要进行长时间的工作，有些民营企业创业者还需要每天到工厂现场管理企业，此时企业主是保持企业正常运转的一种重要的润滑剂。而且，在企业发展的头两年，很少有机会休一两周的假期进行调整。因此，此时强健的体魄是成功创业的基本保证。

4. 自律。创业者的一个通病是不能认识到资金和利润之间的区别，认为所有的东西都是自己的。拥有金钱会使人们有富足感和成就感，但如果对像汽车、高档办公设备等象征企业地位的东西过分追求的话，那么离失败就不会太远了。因此，企业主要有很强的自律性使自己及企业不脱离计划的轨道。他们必须为企业的员工树立榜样。

5. 自信。企业家很少是天才。在他们的行业里，总有人在某一方面比他们

强。但成功的企业家往往都拥有自信,这使他们能克服重重困难,将事业进行到底。

6. 创新的能力。本质上讲,企业家都具有创新能力。他们要么可以发现某一尚无人涉足的利基市场,要么可以换一个角度看问题,或以新的方式做事。这种创新能力可以使他们发现别人没有发现的机会。

7. 追求独立与自主。对许多创业者而言,比财富更重要的是自己做老板的自由。此时,自己是完全独立的,在法律的框架内,可以按自己的理想规划企业,以自己的方式经营企业。而且自己创业还提供了在自己喜欢的领域内工作的机会。但是,自己经营一个企业比为别人做事风险会大得多。

二、民营企业成熟期人员的素质要求

1. 经营管理人员。在 1970 年代的一项经典调查中,美国企业管理协会调查了 4 000 名经理,从中选出 1 812 名最为成功的经理加以剖析,拟订了 19 项优秀经理评价要素:①工作效率高;②有主动进取心;③逻辑思维能力强;④富有创造性;⑤有判断力;⑥有较强的自信心;⑦能辅助他人;⑧为人师表;⑨善于使用个人的权力;⑩善于动员群众的力量;⑪利用交谈做工作;⑫善于建立亲密的人际关系;⑬乐观;⑭善于与群众打成一片;⑮有自制力;⑯主观果断;⑰客观;⑱善于自我批评;⑲勤俭节约和具有灵活性。

2. 专业技术人员。专业技术人员通常是一个企业的支柱与灵魂。全球各大公司都十分注重对自己专业技术人员的选拔、培养和激励。作为一名民营企业的专业技术人员,敬业精神、责任心、计划能力、专业知识、创新能力和学习能力是其应该拥有的核心要素;而原则性、工作经验、知识面、决策能力、协调能力应是其必须具备的基本素质;此外,还应具有人际关系能力、应变能力、高效工作的能力和本企业的知识等等。

第三节 民营企业人力资源管理中存在的问题

一、家族式经营

所有权与经营权"两权合一"的家族式经营管理模式使民营企业难以获得高素质的管理人员。有调查显示,从资产组成上看,约有 51.8% 的企业为一人独资企业,业主本人的投资占总资本的 82.7%,而在所有其他投资中,又有 16.8% 的人是业主的亲戚。从决策权和管理权来看,97.2% 的业主同时又是企业的主要管

理者。另据调查发现，在已婚业主中，有22.5%的配偶参与企业管理，11.8%负责供销，5.3%担任技术工作。已有子女的业主中，有25.6%的子女参与企业管理，39.7%负责供销，9.9%担任技术工作。许多这种家族制的民营企业主一方面求才若渴，一方面又对使用家族以外的人疑虑重重。

二、择业观念和现有的户籍制度的阻碍

目前，在一些人的心目中仍对民营企业存在偏见，缺乏认同感。大学毕业生在择业时多首先想到的是外企，然后是大型国有企业，最后才是民营企业。这就使得民营企业在人才争夺战中经常处于不利地位。而且，我国现行的户籍制度使许多在大城市的民营企业无法解决员工的户口问题，使得这些企业失去了在大范围内择优聘用的机会。

三、大多数民营企业不重视人力资源的开发

不少民营企业忙于赚钱，养不起"闲人"，所以培训工作十分薄弱，使得员工除了在实际工作中积累经验外，很少有专业意义上的培训。这种做法使得一些员工，特别是知识员工感到失望，这也是导致民营企业员工流动率过高的因素之一。

四、民营企业员工流动率过高

民营企业员工频繁跳槽的原因主要有以下几点：

1. 企业用人制度的非规范性。有的民营企业在招聘时，往往只凭老板的一句话，员工无须考核、培训和办理必要的手续就可以到企业上班。解聘与否，也仅凭老板的一句话而已。与此相应，员工在离开企业时，说走就走，甚至连招呼都不打。即使企业与员工签订了劳动合同，由于聘用程序的过于简单化而不符合一定的规范，导致民营企业员工过于频繁的流动。

2. 企业经营的狭隘家族观念。在一些民营企业老板的眼里，企业只是为个人或家族谋福利的工具，这在很大程度上影响了企业的凝聚力，使企业中的员工很难跨越血缘界限对企业有所认同，当然不会有很高的忠诚度。许多民营企业实行的是所有权与经营权高度统一的家长制，从维护个人和家族利益出发，他们最信任的人是具有血缘关系的亲人，他们占据企业的高级职位，所以民营企业中多为兄弟盟、父子兵。由于晋升困难，民营企业员工打工心态日益严重，"合则留，不合则去"成为民营企业员工的择业标准，因此频繁跳槽也就在所难免。

3. 企业经营的利润目标短期化。与国企相比，一些民营企业像游击队一样捕捉到一个市场机会，迅速获利后就转移目标。这种短期性使得员工看不到企业的未来，从而缺乏小环境的安全感。民营企业在用人时都期望马上能用，而不

愿花费时间和精力进行员工培训，于是纷纷到其他公司挖墙脚，竞相抛出诱饵，于是争相比职位和薪水，使得人员流动加剧。

4. 企业内部沟通机制不畅。对于一些民营企业老板来说，社会交际、客户应酬占据了很多时间，而在企业内部沟通和协调上投入的时间和精力就十分有限了。因此，老板与员工之间缺乏开诚布公、建设性的沟通交流，大多是建立在经济互利基础上的短期结合。

第四节 | 民营企业人力资源管理的对策

由于民营企业的人力资源管理中存在着上述种种问题，而这些问题都有可能影响到该企业的生死存亡，所以必须引起足够的重视。要改进民营企业的人力资源管理，首先要转变观念，树立现代人力资源管理理念，才能吸引人才、用好人才、留住人才，为企业的发展奠定良好的基础。下面就着重谈谈选人、用人、留人方面的问题。

一、民营企业如何选人

前面已经谈到，民营企业与国有、外资企业相比，有自己的优势，但也存在一些不利之处，使得自己对人才的吸引力降低。员工进入企业后，又会由于一些原因离开企业。为了降低员工的离职率，有些工作在招聘时就应做好。

1. 招聘时，一些民营企业为了尽快招到急需的人才，常常在与求职者的沟通中夸大企业的业绩和发展前景，并给求职者过高的承诺（如薪水、住房、培训等）。当求职者到了企业之后才发现企业并不像所说的那么好，原来的承诺也不能兑现，那么企业很可能会失去员工的信任，从而导致高流动率。所以，企业在招聘时一定要如实地与求职者沟通，不要过早过高地承诺。因为人才是骗不来的。

2. 在招聘技术或业务的核心人员时，招聘者除了要考察他的专业能力以外，还可以从他过去的经历中看出候选人的稳定性。

3. 在遴选组织员工时，适才比英才更重要。对一个企业的发展来说，最重要的人力资源结构是做到人职匹配。员工不论智慧、经验、才能、性格和专业能力，只要能胜任其所担任的工作就可以。更为重要的是，企业可以满足员工追求工作的动机，能使员工在现有的企业文化下可以快乐地工作，在团队运作中与人精诚合作。而不是追求硕士、博士的数量，造成人才高消费。

二、民营企业如何用人

一般来说，民营企业目前在挖人方面堪称技高一筹，在工资待遇方面有较大的弹性，可以用较为优厚的条件招揽自己需要的经营人才。但在用人上，目前大多数民营企业还不是由规范的制度来决定，而是由企业资产所有者按其自己倾向的方式来决定的。民营企业用人突出了"用人唯能""任人唯贤"的实用性标准，一切以是否能为企业赚钱为原则，这是完全符合市场经济原则的。但是，由于企业所有者的个性和管理风格、经验阅历等方面的影响，在使用经营人才上存在着一些局限：不放心、不放权、不放手、不放胆。为了改善民营企业的用人制度，可以从以下几个方面入手：

1. 民营企业在用人时要注意监督机制、激励机制和竞争机制的建设。监督是在别人做事时，管理者进行抽查的一种管理方式。监督可以起到一定的作用，但不能完全解决问题。因为，监督是随机的，它不会发现所有问题；而且监督是需要成本的；另外，监督对技术人员和管理人员意义不大。当他们凝神思索时，你无法弄清他究竟在思考什么问题。

激励机制是一种重要的管理方式。员工在公司工作最看中待遇和工作的挑战性。一般来说，对基层员工应注意待遇问题，对中高层管理者更应注重工作的挑战性。对中高层管理者来说，受到激励和激励别人都可以促进工作的高效。经常激励下属，可以使下属产生好感，增加自己的人气资本。

如果说激励机制可以使工作能力较强的人脱颖而出的话，那么竞争机制就可以使不能胜任工作的人受到处罚。如果企业能定期按比例辞退员工，那么企业的整体素质就可能提高很快。

2. 对职业经理人要充分授权。民营企业一般不缺乏专门技术人才，对他们既舍得优厚的待遇，又比较放得下心。但大多缺少资产管理和运作的人才，更缺乏具有战略眼光、堪当全局重任的经营管理人才。这类人才本身就很稀缺，再加上民营企业对这类经营人才表面上尊敬有礼，但暗地里却时刻加以提防，不可能实行所有权和经营权真正分离，使得这些稀有资源进一步流失。为此，民营企业所有者必须转换思路，在完善各项管理制度的同时大胆起用管理创新的人才，特别是重要职位更要争取顶尖级人才。

3. 民营企业老板该怎么用这些职业经理人。要让这些情况有所改善，对企业所有者来说，必须走这样一条路：人管人——制度管人——授权，最终将职业经理人推向企业管理者的角色。在现代企业制度下，企业经营者是按照授权原则和例行制度来实施管理的，而在一些民营企业，资产所有者对经营者的授权常是有限授权。有的不放人事权，对重要的人事任命亲自决定，使经营者无法按照实际需要组建经营班子，政令不通，动辄受制。有的不放财权，事无大小，钱无多少，统统自己掌握。另一方面，整个企业的文化要优化，职业道德要加强，尽可能寻找到一个点，让双方易于结合和沟通。现在有的企业是分配责任而不分配权力，有的是分配权力而不分配利益。权力、责任、利益，老板们要是在这三点任何一点上结合得不好，这个企业的管理迟早会出现问题。有些大老板认为，你给我将企业管好了，我给你大把钱就完事了。但事实上，一个人的需要是多层次的，其满足感来自多方面，除了追求他应得的报酬外，出色的经营管理者更在意他的才能是否得到发挥。否则，钱再多也没用。

民营企业的用人不能再像以前一样靠所有者一种自然的、本能的及所接受过的教育素质来对聘任者进行管理，这种管理是不专业的。而应该是靠人力资源部门、靠政策来管理，其中心思想是以人为本。

三、民营企业如何留人

温州著名民营企业美特斯邦威集团发生重大跳槽事件：陶卫平、邓力副总经理带领多名下属集体跳槽到温州另外一家知名都市企业。这一事件反映出民营企业中老板和职业经理人的分歧，同时也折射了民企内部问题的新特征。民企内部之争，既有经营理念之争、用人之道之争，也有权力之争。而陆强华与创维董事局主席黄宏生之间的争执则是前两者居多，其中的是非曲直外人难以置评。但民企的问题症结所在从中或许可以管窥一二。如果说我国民营经济在起步之际，依靠灵活的用人机制、善变的市场策略、自主的决策权力赢得了比其他所有制经济更快、更大的发展的话，那么到了今天，企业能人出走、员工队伍跳槽愈演愈烈的现象使我们看到了当前民营企业人力资源管理中的新问题。更需引起重视的是，现在的员工就像消费者一样，他们不会抱怨，也不会提建议，只是用脚说话。因此，有些企业所有者一直到收到辞呈时才意识到问题的严重性，但为时已晚，员工去意已决。那么，民营企业该采取什么措施来留住人才呢？

（一）物质激励时注意充分发展股票期权的作用

人力资源管理中的薪酬体系一般包括工资、奖金、福利等。新创业的小公司特别是高科技等朝阳产业，可能一开始工资不是特别高，如果此时对新人提供股票期权，就既可以弥补偏低的薪资，又可以借此留住员工，降低流动率。

股票期权作为一种长期激励的报酬制度，实际上指的是经营者享有在与企业资产所有者签约的期限内（如3至5年内）以某一预先确定的价格购买一定数量本企业股票的权利。股票期权的目的其实有两个：激励员工和留住人才。当股票市价下跌时，公司就收回所发行的旧期权而代之以新期权，即所谓的"掉期期权"，如此一来，虽然其他股东遭受损失，但员工却能获利；而为了留住人才，许多公司对股票期权附以限制条件，一般是规定在期权授予后一年内，经理人不得行使该期权，第2年至第4年（期权持续期通常为10年）才可以部分行使。这样一来，当员工在上述限制内离开公司，则他就会丧失剩余的期权，因此股票期权被称为所谓的"金手铐"。

1. 公司配股的基本原则。公司按照岗位、学历、工作业绩的不同，对每个人进行评分，并按照其得分在全体受益人中的位置进行期权的分配，这较利于实现公平。分配期权时，考虑到对主要员工和技术骨干的激励作用，可以向他们进行倾斜。一般来说，用于期权计划的股票不超过公司总股本的10%。股票期权的授予时机，可以一次全部授予，也可以根据受聘、升职、每年的业绩考核，并根据公司当年整体业绩来决定适合股票期权的数量。

2. 员工行权的操作。公司将股票配给员工后，员工在规定时间内以事先约定的价格购买公司的股票，这种行为便称之为行权，这个约定的价格便叫作行权价格。行权价格的确定，以公司与受益者签订股票期权合同当天的前一个股票的平均市价或前5天的交易日平均价的较低价为基准；对于新上市的公司，没有多少市场价格可以参考，便可以公司股票的发行价为行权价格。在行权之前，不会得到任何的现金收益，而你能够行权的条件在于公司市值的上升。只有公司的市值上升了，股票的持有人才能够得到受益，所以有了公司的期权也就意味着你得好好干，公司好了，你才会受益。这样就将公司的利益与员工的个人利益捆绑在一起了。股票期权只有在公司上市之后才可以行权，行权的数量可以采取匀速时间表，也可以采取加速时间表。如果采取匀速时间表，每年一般可以行权10%。而董事会成员以及高级管理人员只能在"窗口"期，即年报或中报公布收入和利润等指标后的第3个工作日开始至6月、12月的第10天为止行权，因为他们比普通的受益者掌握更多的信息，而其他人则不受这个限制。

3. 期权的作用。期权创造性地以股票升值所产生的差价作为企业经营者的人力资本的补偿，因为员工即使将要离开企业，他的股票在一定时期内也不能抛售，这使其利益与企业利益在相当长的时间里保持密切联系，这在一定程度上避免了经营者的短期行为，同时对留住人才亦有积极的作用。为了更好地体现股票期权长期的激励作用，股票期权设计者定下一种增长准则：对股票的收益而言，大约10年的工龄使员工的年收入增长一倍半，20年的工龄增长四倍。一些公司的做法是，每年发放的股票期权相当于员工年薪的10%至20%。而员工一旦想自愿离开，则可以对持有的股票期权可行权部分行权，当管理者或员工违反法律等，公司有权收回认股权未执行部分。

（二）加强企业文化建设，进行精神激励，留住人才

企业文化是一个企业全体员工的核心价值观和精神理念，是企业全体员工的思维模式与行为准则，一种卓越的企业文化会增强企业的凝聚力和战斗力。企业文化既看不见，也摸不着，但当员工意识到这种共同的价值观和行为准则是他们乐于接受和遵循时，他们便会产生强烈的归属感，向企业奉献出自己的忠诚、效率、责任心和创造性。积极的、有利于企业发展的企业文化还具有导向功能、激励功能和凝聚、协调与控制作用。越来越多的企业认识到：维持企业凝聚力的不是那些通电即转的机器，而是能吸引和统一全体员工意志的企业文化。为此，企业应尽力为员工营造一个良好的企业环境与和谐的人际关系，使员工把希望和梦想与企业更高的目标联系在一起，为自己的成功和企业的成功而努力。

此外，制定弹性工作时间、允许员工在完成任务的前提下在家办公、给予员工更多带薪的假期；管理由专制型转为民主型，将唯我独尊转向文化建设，将家族制转变为命运共同体，由单一物质需要转变为满足员工全面需要，由冒险投机转向稳健务实，这些都能使民营企业的员工更愿意为本企业努力工作。

第五节 ｜ 中小型民营企业面临的特殊问题

近几年来，国家开始重点扶植中小型企业，因为它们可以为就业提供机会，而且可以为社会创造财富。而且，经济结构的调整也有利于民营中小企业的发展。同时，科学技术的发展降低了某些领域的壁垒，向服务经济的转移，加上资金需求的降低，这些都有利于中小型民营企业的创立与发展。另外，大企业的专业化也为民营中小企业填补市场空缺提供了机会。然而，这些中小企业也面临着一些问题。例如，由于受资源的限制，有些中小企业的某些事务选择了外包的形式，那么人力资源外包时该如何选择合适的机构呢？另外，对一些中小型高科技民营企业来说，人员之间的流动会造成商业机密泄露等问题，那么该如何采取相应的措施以降低损失程度呢？下面提供几点参考意见。

一、人力资源虚拟管理

2011年，《中小企业划型标准规定》发布，具体划分为中型、小型、微型三种类型，具体标准根据企业从业人员、营业收入、资产总额等指标结合行业特点制定。与大企业相比，中小型民营企业虽然市场承受力强、活力充沛、适应性强，但规模小、资源拥有量极其有限。因此，在当今快速变化的时代，要实现可持续发展，不但要有效利用内部资源，也要善于利用外部资源。实行虚拟管理是中小型民营企业灵活运用外部资源、借用"外脑"的有效手段之一。据一项调查表明，在人力资源的主要管理职能中，虚拟化程度较高的分别是福利、培训和工资发放，分别占所有被调查公司的75%、65%和62%。中小型民营企业实行人力资源虚拟管理主要原因是：成本相对较低；风险分散；使企业得以集中精力于核心能力建设。

（一）委托专业咨询机构进行管理

为了从日常的 HR 事务中解脱出来，许多中小型民营企业请专业咨询机构来处理薪资、福利、劳资关系等问题。通常，寻找一个合适的专业咨询机构时，可以先对培训机构的情况进行调查分析。然后选出适合本企业的培训机构若干家。经过一段时间的合作后，进一步选择一两家建立比较稳定的合作关系。值得注意的是，企业自己应建立一套规范的、科学的评估体系，以便切实地评估培训的效果。同时也促使培训机构的实务更加贴近企业实际，保证培训质量。

对专业咨询机构的评价可以从以下几个方面进行：（1）确定该公司在你所需要的领域确实是专家；（2）调查显示，该公司具有很好的服务信誉；（3）评价自己的工作环境，确认你的人力资源和所需的相应管理；（4）检查该公司的财政背景；（5）寻找专家推荐。

（二）鼓励、引导员工进行自我开发式培训

在知识经济到来的 21 世纪，学习会成为人们自觉的经常性的活动，因此中小型民营企业应积极引导和支持员工进行自我开发式培训。

1. 通过各项制度的建立和完善，如奖惩制度、薪酬制度、晋升制度、用工制度等，积极营造企业的文化氛围，建立学习型组织。

2. 为员工创造良好的学习条件，如邀请职业生涯发展顾问和培训专家帮助员工确定学习目标，制订学习计划；邀请专家定期或不定期地为员工提供辅导；为员工的自我开发提供尽可能多的学习资源；保证员工工作之余有时间和精力进行自我开发等。

二、遣散（离职）技术

为了防止企业的商业机密泄露，保护企业的合法权益不受侵犯，中小型民营企业可以采用以下几种方法：

1. 在雇佣时签保密合约。

2. 及时申请专利保护。

3. 进行离职面谈。面谈主要内容如下：（1）追究离职的真正原因。如果真是一位能干的部属，不妨在离职后仍保持联系，希望将来再回聘。（2）询问离职者在工作中对于同仁合作的观感，以进一步了解彼此的工作关系。（3）询问离职者就任新职的职位与工作环境等因素，以作为将来雇佣新人时的评比标准。试探所任新职的薪资水平，以检视本公司的薪资结构。（4）试图维持良好关系，把离职员工当成是一位未来的客户。

4. 不断创新。民营企业要想有一立足之地，必须重视人力资源的管理。不仅要注意人员的数量，更要提高人力资源的质量，尤其是经营管理人员和专业技

术人员，使管理人员具有创造能力、应用科技的能力和制度适应能力，使专业技术人员有技术改造和新产品的开发能力，有较高的设计水平和设计速度，保证企业产品在市场中的有效竞争力。同时加大培训力度，建立有效的激励机制，充分开发员工的潜能，营造良好的企业文化，培养员工的爱岗敬业精神。这样，企业才能在市场上立于不败之地，并不断向前发展。

本章小结

　　本章主要学习了有关民营企业人力资源管理方面的知识，对我国民营企业的人力资源管理存在的问题、对策等都做出了细致的介绍。民营企业的人力资源管理中存在的问题包括以下几点：1.家族式经营；2.择业观念和现有户籍制度的阻碍；3.大多数民营企业不重视人力资源的开发；4.民营企业员工流动率过高。对于以上问题，提出了解决的对策，即民营企业在如何选人、用人、留人上要做出一定努力。

关键术语

民营企业人力资源管理　　人力资源虚拟管理　　遣散（离职）技术　　中小型企业

复习思考题

1. 中国民营企业在人力资源管理方面有什么优势与劣势？该如何发挥这些优势？该如何克服这些劣势？
2. 民营企业的人员有哪些素质特点？在人力资源管理中如何利用这些特点？
3. 民营企业中人力资源管理中的主要问题是什么？应该如何处理这些问题？
4. 如果您是一家民营企业的CEO，您对人力资源管理有什么思路？
5. 当今时代背景下，民营企业人力资源管理有何变化？

本章案例集

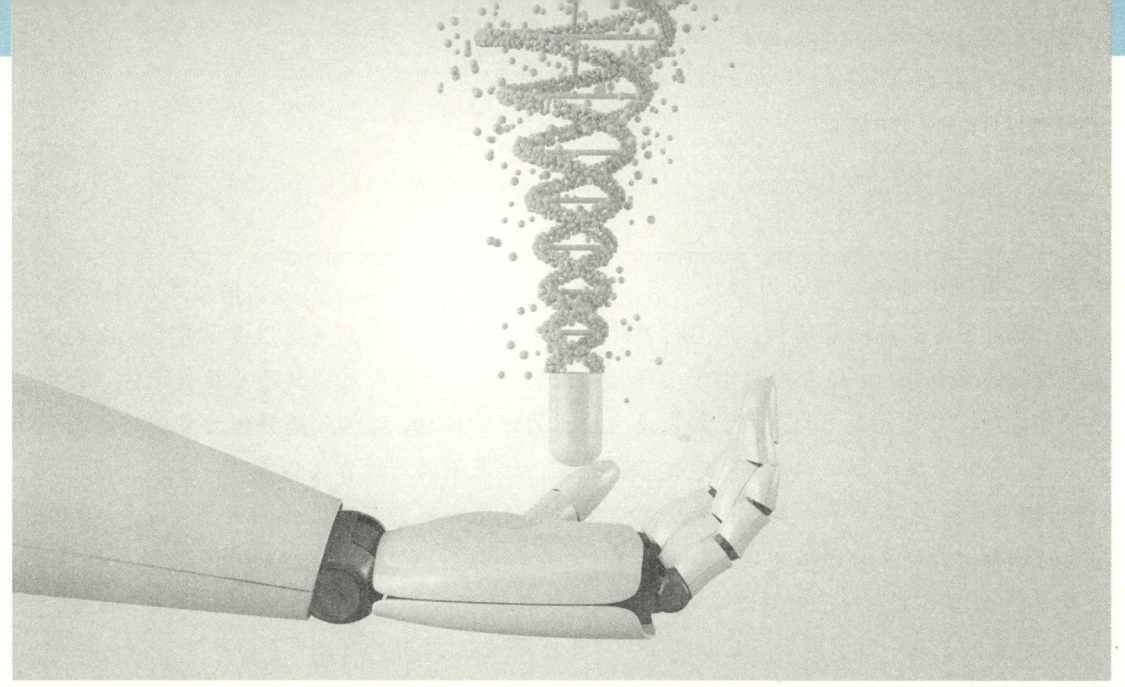

第13章

高科技企业人力资源管理

本章要点

1. 高科技企业员工的心理和行为特点。
2. 对高科技企业员工进行招聘、选拔和激励的方法与策略。
3. 正确对待高科技企业员工的人员流动问题。

本章学习资料

引例

惠信科技的困境

惠信科技是一家成立三年的高科技公司,工作人员全部约 100 人。目前高科技产业普遍缺乏作业人员,而人员的流动率又高。该公司由于开始进入成长期,因业务扩展急需招募人员。为迅速取得所需的人力,该公司以较高的起薪来聘用新人。考虑到已有人员的薪资水准可能会因为起薪的调高而低于新进人员,惠信的人事经理建议公司的高阶主管,在调高新进人员的起薪时,同时调高已有人员的薪资。但不少高阶主管认为如此一来,将增加公司的人力支出,使公司的产品价格提升,丧失竞争力。而且固定成本一旦增加,亦不利于财务调度与周转。主管们考虑以提供奖金或红利的方式来弥补较低的薪资水准,但考虑到由于公司正在成长阶段,个别人员绩效不易精确评估。而且良好的绩效评估制度并非短期可以建立,如果没有公正的绩效评估,以绩效差异作为奖金或红利多寡的判断依据,恐会造成不公平现象,引起员工的不满。如果不以绩效作为依据,一律给予相同的奖金或红利,亦可能造成不公平。其次,奖金或分红制度难免会鼓励员工彼此间的相互竞争,不利于公司中已经培养出的合作与团队文化。

奖金或分红永远无法弥补已有员工在薪资上低人一等的感受与心态。惠信的高阶主管考虑到这些因素,迟迟无法采取行动,而员工们认为公司"喜新厌旧",对旧的员工"不公平"。因此,士气逐渐低落,公司的业务发展有逐渐减缓的征兆。

(引自:"惠信科技的薪资难题",《企业管理》2003年第11期)

思考题:
如果你是惠信的高阶主管或人事经理,你将如何突破上述的困境?为什么?

在促进产业升级和提升国家竞争力的过程中,高科技产业扮演着一个极为重要的角色。它是带动一个国家、地区和部门经济快速持续发展的中坚力量。随着技术的发展,高科技产业产品的生产周期、设计周期以及使用周期都变得越来越短。新产品的层出不穷使许多企业的模仿能力越来越强。如果企业的竞争只是纯粹技术上的竞争,靠产品模仿的生存是有限的,除非在这个行业绝对领先。而大多数企业都不具备这种优势,真正长期的优势应是企业的人才优势。因为高科技企业发展的动力是创新,创新的关键是人才。所以,高科技企业更要重视人力资源的管理。

提及高科技,人们通常首先想到的就是硅谷。一般人的想法里总认为硅谷最先进的是技术,其实不然。技术是由人开发出来的,硅谷最重要的资源是人,是受着高科技熏陶、有创新意识的人。硅谷不仅有优秀的技术人员,它还有管理人才、商业人才等多方面的人才。微软卡特勒(D.Cutler)这样的技术专家创造出了视窗技术(Windows),亚马逊网站的杰夫·拜佐(Jeff Bezos)这样的商业奇才创造出了电子商务销售这样的形式,Cisco公司的坎贝斯(J.Chambers)这样的管理专家可以将Cisco变成市值为世界第三大公司。因此,人才是高科技企业的灵魂。

第一节 | 高科技企业的人才规划与战略

一、基本概念

什么是高科技？

韦氏辞典将其定义为"实用或包含尖端仪器用途的技术"。

国家科委科技管理部门认为，高科技包括微电子和电子信息技术、空间和航空技术、光电子和光机电一体化技术、生命和生物工程技术、新材料技术、新能源、高效节能技术、生态科学和环境保护技术、地球科学和海洋工程技术、基本物质科学和辐射技术、医药科学和生物医学工程等领域。

我们认为，高科技是建立在最新科技成熟上的技术，而且是对国家经济、军事有着重大影响，具有较大社会意义或能够形成产业的新技术。从结构上看，它属于尖端技术，原理建立在人类最新科学成熟基础上；从时间上看，它是动态的、相对的新技术，具有创新性和独创性；从与科学的关系上看，它是基于科学的发现而产生的技术。

高科技企业是主要从事高新技术产品生产或服务的企业。所谓高新科技产品，是指产品的主要技术原理和核心部件具有高新技术的性质，并运用最新的科学技术手段产生的融当代先进知识、技术、智力及雄厚的研究和开发（R&D）资金投入于一体的产品。所以，高科技企业是一种知识密集、技术密集的经济实体，企业的负责人一般是熟悉本企业产品研究、开发、生产和经营的科技人员，并且是本企业的专职人员。在高科技企业中，具有大专以上学历的科技人员一般占企业职工总数的30%以上。而且，从事高新技术产品研究、开发的科技人员一般占企业职工总数的10%以上。

二、高科技企业的人才战略

随着中国加入WTO，高科技企业将在全球范围内面对更加激烈的竞争，人才在高科技企业发展战略中的重要作用必将日益明显。而高科技人才从低报酬国家流入高报酬国家的"国别移民"现象迫使中国的高科技企业必须认真思考自己的人力资源管理模式。中国的高科技企业可以采取以下措施。

1．以"全球人才为我所用"的气魄来规划自己的人才战略。立足全球人力资源平台，以提高核心技术竞争力为目标，面向国际知名、国内一流的高等院所和企业聘请人才，使企业的高级人力资源提升一个新的高度。

2．实施兼职专家计划。以开放型的技术创新工程研究中心为基地，通过定期往来、灵活工作期等方式，聘请国内外专家在企业工作，逐步形成一定数量、专业结构合理、广泛的人才专家网络。

3. 实施博士后企业工作站计划。在培养中使用，在使用中培养，做到产、学、研一体化。

第二节 | 高科技企业中员工的心理和行为特点

有两类人才是高科技企业生存与发展的关键，即高级科研开发人员和企业高级经营管理人员，他们的活动和工作绩效可以决定一个高科技企业的生死存亡。为此，我们必须研究这两类人员的心理和行为特点，这样才能为高科技企业的人力资源管理提供有价值的建议。

一、高科技企业高级研发人员的素质要求

1. 具有专业知识。从事高科技工作的人首先要在高科技领域有比较深厚的专业基础，这样才能在自己的领域中厚积而薄发。

2. 精通多项技术。高科技的生产领域一般是由各门学科和多种技术相互交叉渗透和集成的地方，这就要求从事高科技工作的员工精通一种或几种专业知识的基础上，尽可能多地掌握其他领域的知识和技术。

3. 具有良好的心态。当今的时代发展迅速、竞争激烈，人们的生活节奏快，压力大，机遇与挑战并存、利益与风险同在，这对高科技产业的员工更为明显。因此，员工除了应具有较好的知识素质以外，还要求人们具有良好的心理素质，具有竞争、合作、应变、创新的意识，有坚强的意志和较强的自信心和心理耐挫力。

4. 具有不断学习的能力。高科技产业的员工不仅要掌握学校书本上的知识，还要学会终身学习的能力，不断吸收新知识，并在实践中不断学习感悟。

5. 具有创新思维。当今时代，社会产品丰富，任何一种产品和服务都难以长时间占有市场，因此高科技产业的员工更应具有创新思维和创新能力。

6. 具有应变能力。科学技术日新月异，市场环境复杂多变，要求人们具有应变观念，提高应变能力。对信息要有敏锐的感知能力，还要作出相应的对策并付诸行动。

二、高科技企业高级经营管理者的特点与需求

高科技企业雇佣的一般都是最优秀的人士，他们区别于其他产业员工的最大特点是：他们不仅仅是经济人，而且他们还是文化人。经济人的特点是以经济

利益为行动目标,而文化人则要在经济人的基础上追求工作的成就感、追求自身对工作的热爱、追求工作过程中的文化品位。所以,不仅要建立一些激励机制来吸引人才,还要营造自己的企业文化来实现高科技企业员工作为文化人的精神需要,真正做到以人为本。

管理心理学的双因素理论认为,驱动个体行为的动力可以分为两类,即保健因素和激励因素。现在这种概念开始被高科技成果"自我分享"与人生价值"自我实现"的双自我理念所渗透。由于新经济高速增长,往往使一夜骤富的新人从此不再只重视钞票,进而追求高科技成果的自我分享和自我实现。因此,对于这类人进行领导时更应以人为取向,而不是仅仅以工作为取向。有研究发现,与一般企业相比,在高科技产业从事经营管理或进行创业的人有一些不同的特质(见表 13.1)。

表 13.1 高科技企业与一般企业的差别

		高科技企业	一般企业
社会经济特征	创业者学历	大专以上	高中以下
	创业时年龄	33—37	20—30
	创业前经历	有工作经验	有工作经验
	家庭经济状况	不富裕	贫困
	家中排名	长子	长子
个人特质	成就需要	高	高
	风险偏好	中间偏低	中等
	责任感	高	高
动机	需求倾向	成就动机	成就动机
	财富追求	高	高

第三节 高科技企业员工招聘与选拔

一、高级研发人员的招聘与选拔原则

(一)研发人员应具有良好的智商与情商

高科技产业自身的性质要求为其服务的员工必须具备较高的智商。例如,

微软公司就明确提出"智力高于一切""唯智能论"的选人原则。他们将招募能力看作是自己的第一核心能力,"百里挑一,优中选优",致力寻找"头脑灵活的、对通过软件改善所有地区人们生活充满热情的人才"。微软每年大约从12万应聘者中招募150—175名。严把入门关,在雇佣之前进行严格评估,并且对刚毕业的大学生情有独钟,新雇员的80%是从大学招募而来,尤其是名牌大学。因为刚出校门的年轻人更愿意学习,更乐于提出新见解,贯彻软件开发的态度和方向。他们还极力寻找最有杰出成果的领导者,不管你是知名专家还是幕后英雄,只要你是最有潜力的人。

但是,从另一方面看,智力只是员工素质的一个部分。是否拥有良好的智力决定了该员工是否可以从事某项工作,但不一定能保证其在该领域干得出色。高科技企业多数是高风险、高回报的新企业,在这种新的职业环境中,敬业精神尤为关键。除了必须具备的必要技能外,是否具有对默默无闻和工作变动的忍耐力、团队工作能力、快速学习能力、与人沟通能力以及团体合作精神,也很重要,这是敬业素质的重点。较开朗健谈、易与人相处沟通、EQ较高者,会占优势。而且,很多公司的经验表明,雇佣什么样的人对日后能否留住人有着重大的关系。匆匆忙忙地抓一个掌握公司所需技术的人来,而他六个月不到就离职了是不可取的。所以,一些公司的人力资源主管不仅看重应聘者的技术才能,还很重视应聘者适应公司架构和同事合作的能力,以便决定候选人能否融入现有的公司。

(二) 研发人员的经验比学历更重要

招来的员工要立即就可以为企业服务是许多高科技企业招人时所秉承的信念。当今时代,科学技术的发展一日千里,知识更新的速度惊人,所以学历不再是凌驾在一切之上的法宝,而只是求职的敲门砖,或是升职的踏脚石,只起辅助作用而已,实务经验胜过一切。所以,具有工作经验的人才最为抢手。大多数高科技企业宁愿支付较高的薪酬吸引在职者转行,也不愿招聘新人。

(三) 研发人员应具备多种技能

由于大部分新兴的高科技公司规模较小,为控制资金及成本,选择多才之士是企业常用的办法之一。例如,既懂程序,又略具财经市场触觉的人比只具单一本领的专才更有价值。企业现在多需要那些能帮助公司开拓电子商务业务、利用企业内部网络和互联网工作、装配计算机硬件和软件、实现和发展电讯技术、创建网站、编写以及开发软件程序的人员。一才多用的用人原则要求高科技企业的员工都具有复合型人才的素质。

二、高级管理人员的招聘与选拔

尽管在迅猛发展的高科技产业中,风险资本的获取已不是不可企及的事,但投资者越来越关心的却是缺乏能够带领企业走向不断发展的领袖人才。高科技企业在寻找所需的高级经营管理人员时应遵守以下几条原则：

（一）高级管理人员应具有很高的成就动机

高科技企业面临的竞争日益激烈，这就要求管理人员具有良好的心理素质，经得起巨大压力的考验，即使遇到挫折也要保持良好的心态，带领员工克服困难，走出困境。而且高级管理人员还应具有积极的人生态度和远大的抱负，这样才能给自己设立具有挑战性的目标，不断向自己提出挑战。

（二）高科技企业招聘高级管理人员时应有自知之明

公司必须非常明确到底能够给人才提供什么，本公司与其他企业组织的不同之处在哪里。如果有独一无二的理念或者热门的新产品，公司会有更大机会吸引高级管理人才。吸引人才的关键因素之一，是让人才看到富于挑战性的机会，从而激励他们建立充满活力的团队，进而塑造出优秀的公司。不切实际的盲目游说只会白白浪费招聘成本。

（三）高科技企业招聘标准应现实可行

按照上述高科技企业对人员素质的要求，在高科技企业工作的高级经营管理人员应是既有良好的知识累积，又有丰富的工作经验，既在某一领域有过专门研究，又懂市场财务、企业管理方面知识的全才。然而，这样理想的人才既少又难求。在今天变化迅速的市场上，企业必须认识到来应聘 CEO 的人不可能十全十美。本公司的 CEO 一定要具有 15—20 年行业经验吗？一个有 10—15 年管理经验、尚未做到 CEO 但很有潜质的人可以吗？因为后者更容易找到。而且这种人可能更有动力带领公司从零起步，做大做强。历史已经证明，带领一个企业创造出上亿美元市值的人很少能再次创造奇迹。况且，CEO 通常也很少离开由他经营成功的企业。高级管理人才的一些基本素质是永恒不变的，比如信誉、智慧、强烈的工作激情等。如果候选人在某些方面很强，而在另一些方面是有限的，这不应该成为拒绝的理由。如果公司里已经有一些懂得技术和市场的专家，那么新任 CEO 就不必一定要精通这些。

（四）高科技企业招聘高级管理人员时要重视期权激励

在薪酬的压力不断增加的同时，越来越多的人才在现金薪酬之外要求公司提供股票期权。一些候选人在他们目前的职位上已经获得很大的公司股票利益，所以薪酬常常不是他们接受 CEO 职位的主要动力。由于股票在 CEO 薪酬方案中所起的作用越来越大，所以一些高科技公司开始提供基于一定时期阶段性业绩考核基础上的股票期权。

其实，这种股票期权不局限于 CEO。在一些名不见经传的小公司，大家可能并不注重薪水，但十分在意股份认购权。股份认购权无须员工掏腰包就可以享有，是自己能力和价值的一种体现。股份认购权使每个员工都能成为公司的主人，使每个员工都能为公司的发展竭尽全力。如果公司发展了，员工可以通过股份认购权获得经济上的实惠；如果公司倒闭了，员工也没有资金风险。对于一些优秀的人才，如核心技术人员或 CEO，公司往往会给予较多的股份认购权，这是公司尊重人才的一个体现。很多人就是通过股份认购而成为富翁，这是一种很有效的激励模式。这种经营管理的理念目前也引入了中国。

第四节 高科技企业员工的激励策略

中国的管理者大多有舍近求远的思想，总觉得没有得到的才是最好的，已经得到的却不知道珍惜。从而导致企业前门大量招聘，后门人才大量流走。有资料显示，考虑到付给猎头公司的费用、因为雇员离开公司而失去的客户、新雇员在学习阶段的低效率，以及同事指导他们所花费的时间这些因素，替换雇员的成本可以高达辞职者工资的 150％。因此，在企业挖空心思招聘人才的时候，首先应留住现有人才。而人力资源管理的一项重要任务就是通过激励机制吸引、开发和留住人才，激发人才的积极性和创造性。为了使采取的激励措施更加有效，我们首先必须分析在高科技企业工作的员工有哪些行为特点与特殊的需求。

一、高科技企业一般员工的心理特征与需求

1. 高科技企业的员工越来越看重职业而不是工作。他们通常认为，工作只是提供了生活的保障，而职业才能将人的发展需求与生活结合起来。因此，企业可以通过合理的职业生涯设计来体现对员工价值的承认和尊重。例如，摩托罗拉公司每个季度都要和员工交流，诸如"工作是否如你所愿""能力与岗位是否匹配""还需要公司为你做什么"等问题。

2. 良好的待遇固然重要，但对于高科技企业的员工来说，更重要的是能有足够的资源来专门从事研究，能得到学术界认可，并能有机会将技术转化为成功的商品。

3. 在高科技企业工作的知识工作者在本身专业领域内都是专家，因此工作上的自主性较高，而非传统上必须听从命令或必须按规定程序操作的员工。他所凭借的是能力与智力，而不是职位，也正因为如此，他必须为自己的工作负责。

4. 当今时代的许多员工都是知识工作者，他们可以凭借自己的专业知识和能力，独立于特定的组织之外而获得聘用，同时也可以建立自己的声誉和地位，

因此与以前相比，他们对组织的忠诚度降低。

5. 高科技企业的工作者为了保持和增加自身的能力与价值，需要不断地学习。因此在工作过程中，需要依赖组织提供给他学习的环境和必要的激励，否则他会另谋他就。

二、高科技企业员工激励原则

（一）目标的高挑战性

为了让每一个员工都有事可干，企业必须将自己的总体目标细化，使每一个员工都有自己的明确的工作目标并以此作为对员工进行考核的标准。目标的制定要特别考虑两点：一是要考虑员工的兴趣，二是要有一定的挑战性。只有每一个员工都有了自己明确的奋斗目标，他才会感到自己在公司"是有用的人"，才愿意在公司长期地干下去。

（二）员工决策的高自主性

同传统企业相比，高科技企业的一个突出的特点是员工队伍年轻，知识层次高。这决定了他们创造欲望高，喜欢挑战权威和传统，而且创造能力也强。因此，"给他们做自己老板"就成为高科技企业网住人才的十分关键的一招。实现这点的有效方式是团队工作。在团队工作的方式下，七八个人围绕一个工作目标组成一个工作团队（最大的工作团队一般也不超过二三十人）。这个团队拥有广泛的权力，他们可以计划自己的工作，自己制定工作分配方案，自己选择新的成员，自己制定预算，自己购买原材料等。也正是因为拥有广泛的自主权，他们也就有着更大的责任心、更大的成就感、更小的离职意愿。因此，高科技企业更应该为人才提供发挥自己能力的舞台。

（三）工作设计的高价值感

兴趣是一个人努力工作的最持久、最强劲的动力。而一个人是否对一项工作感兴趣，很大程度上取决于他认为工作是否有意义。如果他认为一项工作是很有意义的，是"值得"的，他就会非常投入。因此，让员工觉得自己的工作是有意义的，他们就会工作起来有兴趣，就会感到愉快，进而就可以使员工长期地、心甘情愿地在你的公司干下去。

（四）高质量培训以满足员工自我发展的需要

美国《财富》杂志每年都要确定美国本年度最适宜工作的100家企业。这些企业在留住员工方面都做得很好，他们当中，几乎每一家企业都对员工提供免费的或者部分免费的培训。在许多公司，雇员都认为教育和培训是公司为他们提供的最好的福利。因为，他们知道，无论是在本公司还是在其他公司，教育和培训都是提升的前提。因此，与金钱相比，培训更有利于激励高科技企业的员工。

三、高科技企业员工激励措施

（一）设计富有挑战性的工作

高科技企业应为员工提供富有挑战性的工作机会，这样一方面有利于保持本公司的技术领先性，另一方面员工也得到了锻炼，公司的凝聚力也得到了增强。让 B 级人做 A 级事，经理能干总经理的活，总经理能干总裁的活，这样企业才有希望。如果相反，总经理干经理的活，经理干普通员工的活，那么普通员工就没事可干了，造成人才的浪费。

（二）工作轮换以增加员工的资源弹性

工作轮换可以使员工保持愉快的工作状态。英特尔计算机公司积极鼓励管理人员变换员工的工作，使得流动性强成为公司的特点。英特尔生产的是高速变化的产品，产品生命周期只有 6 个月。为了使新员工尽快适应这个快速变化的工作环境，公司设有各种转动计划，将不同部门的人员集中在一起研讨如何提高技艺。员工从中可以不断地学习到新技巧，公司也可以由此得到许多创意。

（三）为员工提供培训和职业发展机会

由于高科技企业的员工都很重视自身的"终身就业能力"，所以，企业应为员工提供培训的机会和费用。技术培训是企业留人的关键，但培训不应仅局限于技术领域。今天的高科技企业员工也希望开发以商业技巧或行为能力培养为中心的职业生涯，所以企业必须跳出传统培训的范围，为员工们提供学习新知识、新技能的机会，诸如思维模式、团队合作、沟通技巧等方面的培训。

（四）与业绩挂钩并随市场调整的薪酬系统

虽然金钱对于高科技企业的员工来说不是最重要的激励要素，但今天的员工们仍然期望富有竞争力并与业绩紧密相连的薪酬。业绩最突出的员工应得到最好的报酬。由北京市西三角人事技术研究所发起的以北京三十多家外商企业为样本的薪酬调查显示，高科技企业薪酬最高、增幅最快。该项调查，包括市场、销售、财务、人事、电脑等工作职位，并对相关福利政策进行了收集分析。高科技企业为 63 987 元，工业制造企业为 27 856 元，快速消费品企业为 20 911 元，其中各类企业雇员薪酬占销售收入比例平均为 6.71%。薪酬总体水平为：一般专员月薪收入在 2 000—5 000 元，主管、主任、督导月薪收入在 3 500—7 000 元，部门经理月薪收入在 5 000—12 000 元，部长月薪收入在 7 000—20 000 元。调薪制度：82%的企业每年调薪一次，14%的企业每年调两次。在被调查的企业中，82%的企业建立了中方账户，分别按员工工资的 61%或 59%或 49%建立，服务项目分为：劳保福利、养老保险、医疗保险、教育费、住房公积金、工会费。在奖金方面：一般公司都实行年底双薪或年底多个月工资。

另一方面，我们也应看到，有的高科技企业薪资水平并没有人们期望的那么高。以最常见的人力资源经理一职为例，在网络公司里，这个职位的平均年薪是 20 万元人民币左右。而且，能否获得风险投资，对薪资支付的差异影响就更为明显。得到风险资金的公司，不仅薪水高，而且各种现金以外的福利也比较完备；相反，未得到风险资金的公司，薪资水平普遍偏低。新生代网络公司员工的现金收入在总体水平上要低于传统外资高科技企业，而且，随着员工级别的提高，相同职位在两种公司里薪金待遇的差别就越明显。

（五）给员工所有者身份

高科技企业员工们希望得到公司的股份，以分享公司的利润。企业可以通过授予股票期权或将员工的薪酬与公司、部门或项目的业绩相联系。没有作出员工股权安排的企业可以通过给予员工业务授权的方式将员工与企业的利益联在一起。给予员工所有者身份也可以以另外的方式进行，如授予员工自治权、尊重他们和认可他们的工作成绩等。

（六）组织内沟通便利

高科技企业员工希望不断地与他们的经理交流沟通，希望自己的贡献能被上司认可。他们也乐于与公司内的其他员工打交道。他们不愿意等到被提拔到主管层以后才与公司内的最具影响力的人群进行沟通。此类沟通可以是高级管理层与员工间的例会，也可以是"技术集市"。员工在这种小型的"集市"上，可以将他们的项目和创意展示给高级管理层。

（七）上司与下属之间相互信任

高科技企业的员工通常希望在他们信赖的上司手下工作。可信赖的管理者应是具备技术背景又超脱于技术之外的管理者。他应当拥有敏锐的商业嗅觉，像员工的"教练"和"导师"一样，在企业内部倡导鼓励冒险和创新的氛围和企业文化。在工作中鼓励下属自由地展示他们的才华，发挥他们的聪明才智，在员工"迷途"时又能及时给予支持和指导。同时，员工也希望管理者可以信任自己，让自己灵活地安排工作时间和地点，以此很好地平衡其个人生活和工作。

（八）弹性工作时间

允许员工在完成自己所担任的任务的前提下，可以自行安排工作时间。电脑网络的普及，现代企业员工没有了时间和空间的限制，使员工既可以在公司上班，也可以在家上班；既可以白天工作，也可以晚上工作，一周七天，一天 24 小时都可以成为工作时间。这种工作制度不仅可以解决员工的家庭问题和个人问题，而且可以提高员工的积极性。据有关数据统计，实行了弹性工作制的企业工作效率可以提高 20% 左右。一些人认为，这不仅是一种工作制度的改革，更是一种平等、宽松理念的体现。

（九）提供灵活的福利计划

自助餐形式的福利计划使员工可以从一系列的福利中选择最佳方式。公司可以为每位员工提供同样的基本福利计划，如医疗保险和休假等，但允许专业技术人员从附加的福利中进行选择，如每年他们可自主选择参加一次专业会议，费用由公司承担，或者更多的休假时间及向他们发放周末旅游的优惠券等。例如，微软每年给每位雇员价值可观的非指令性福利，任何含咖啡因的饮料都免费，员工家属亦可以享受医疗保健方面的福利，男女雇员均可休 4 周产假，工资照拿。

（十）从人的精神需要出发，完善精神激励机制

1. 崇尚平等。例如摩托罗拉公司各层次领导办公室的门都始终敞开，准许员工随时进入提出意见和不满；员工伙食由管理委员会自定；员工生日会收到公司领导的祝贺。

2. 贵在参与。例如，美国联邦快递采用同僚考核法评定员工，而且它的申诉制在全美数一数二，它还保证员工有知情权。如果一个人想了解如何加薪，一定会如愿以偿。

3. 关心员工生活。例如，美国一些大公司设立了家庭事务经理，帮助员工解决生活中遇到的问题。

4. 完善遣散制度。例如，在宏企业，对待过去的有功之臣，即使觉得他不再适合继续做下去，也会另有安排，或提早退休，而不是炒鱿鱼。这种做法是为了传递一种信息，曾经为企业拼命的员工，由于年龄原因干得不如意时，宏都会给予关照。这对现在为企业作出贡献的人是一种未来的保障。

第五节 高科技企业人员流动的问题及对策

尽管前面我们讨论了许多可能的策略来满足高科技企业员工的需要，希望以此留住本企业的各种人才。但是，就目前全球高科技企业的现状来看，人员的高流动率仍然是高科技企业的特征之一。目前，中国高科技公司之间的人员的流动率低于国际同行，跳槽现象还不普遍。这可能是由于中国高科技公司成立时间较短，离职问题还未成为焦点问题。但随着时间的推移，高科技公司若上市无期，股票期权无法兑现，那么这些公司人员的流动必将出现高峰。届时，高科技企业必须面对由高科技人才的流动带来的知识产权保护、商业机密保护等一系列问题。

一、跳槽原因分析

在高科技企业中，特别是在中小型民营高科技企业发展的过程中，一些高科技骨干由于自身或公司的原因而携带公司的重要科技成果跳槽的现象时有发

生，这些常会给企业的发展带来致命的打击。但这种做法到底合不合理呢？科技人员是怎样看待的呢？一项调查研究的结果显示，有29.3％的科技人员认为跳槽是合理的，70.7％的认为不合理，且均道出了各自的理由。41.7％的科技人员认为，为获得较高的经济收入而跳槽是合理的，因为公司的待遇与许诺相差甚远，某些民营高科技公司几乎没有法定的福利。25％的科技人员认为，在企业主素质低的情况下可以跳槽，因为企业主的素质低、目光短浅将影响公司的长远发展。41.7％的科技人员认为，当其与企业主存在分歧、矛盾时应当跳槽，因为这种情况下对自身发展是十分不利的。他们认为跳槽是一种人才的合理流动，即"人往高处走，水往低处流"，没有必要死待在一个地方。86.3％的科技人员认为这种跳槽是违背职业道德的，且跳槽将对科技人员的发展不利，因为企业主害怕他们携带公司的科技成果跳槽，这将减少对企业科技开发的投入，使得科技人员有能力但没有足够的资金去开发新产品，进而阻碍他们的发展。我们认为，科技人员跳槽应当具体问题具体分析。如果科技成果是自己的发明创造，而公司对自己的发明创造没有投入或没有付给相应的报酬，跳槽则是合情合理的；但对那种只图个人私利，而不顾国家和企业利益的科技人员应绳之以法。归根结底，看科技人员的责、权、利是否合理再作分析。

二、高科技企业人员流动问题对策

（一）资料备份与人员备份以降低损失

一些员工离开企业后，会将一些技术资料和客户资料都带走，使企业蒙受巨大的损失。为此必须加强技术资料和客户资料的管理和备份，建立和完善各类数据库，将人员跳槽引起的损失降到最小限度。而技术机密和商业机密的泄露，可以通过聘用时的合同和加快新产品的开发来保护。最重要的是，要注意人才的备份。特别是加入WTO后，中国高科技企业面对外国企业，最可怕的不是产品的竞争、市场的竞争，而是人才的竞争。即使是相同的待遇，国内高科技企业的人才还是可能外流。因为高档次的人才都是终身教育主义者。为了更新知识，他们都渴望获得教育和培训的机会。诱使他们外流的不仅仅是薪水，他们更想去外企学习新的管理模式，熟悉外国企业的技术开发。要化解人才外流的风险，就要做好人才备份工作。如果留不住人才，则至少要在他们的位置上留下备份的人才，这样才不至于由于一两个人才外流而中断新产品的研发和市场的开拓。所以，高科技企业在引进技术天才的同时，要重视技术小组的建设。每一个项目的开发都有主创人员和备用助手，一个尖端项目至少要有两至三人同时胜任。有时候，同一个项目可以由若干小组同时研发，谁的成果领先，谁就有机会形成产品，投放市场。这样的人才备份可以降低由于人才流失而造成的危机的危险程度。值得注意的是，人才备份后要注意如何使用专业技术人员，不要营造出不信任的气氛，更不能闲置和浪费人才，当然这需要管理的艺术。

（二）将离职后的员工作为一种资源

有些企业将辞职的员工看成是叛徒，彼此之间敌意很浓。其实，并不是所有员工都值得企业尽力挽留。美国哈佛商学院教授卡比利（Peter Cappelli）认为，任何企业的员工都可以分为三类：

1. 企业希望能长期留住的员工，如高智商工程技术人员、具有非凡创造力的产品设计人员、卓越的经理。

2. 企业希望在一段时间内留住的员工，如具有某种技能、目前供不应求的员工，新产品开发项目小组的成员。

3. 企业不必尽力挽留的员工，如很容易招聘到，不需要多少培训的员工。特别是第三类员工，企业不必为他们的离去大动肝火。换一个角度看，辞职后的员工也有可能成为企业的一种非常重要的资源。Bain & Co 国际顾问公司执行董事汤姆·蒂尔尼认为，在员工离职后应继续与他们联系，把他们变成本企业的拥护者、客户和商业伙伴。Bain & Co 还用校友一词来代替"以前的员工"的称呼，并早在 1985 年就创立了"校友网络"。所有的校友经常收到最新的校友录，并被邀请参加公司的各种活动。同时，他们还尽可能地帮助这些校友，他们并不认为这样是损失了优秀人才，反而为校友的成功而高兴。这样，企业可以为自己营造一个很好的人力资源环境。

在知识经济时代，高科技企业只有发挥以智能为核心的人力资本潜能，才能增强企业的综合实力和市场竞争能力。企业不仅要从宏观战略角度去规划人力资源，选拔人才，更要从微观角度利用自身的软硬件优势培育人才。通过网络和面对面交流，使得员工交流更快，促进知识共享和资源利用效率。同时，具有竞争力的薪酬制度、共同的理念和奋斗目标、良好的工作环境和合作、信任的气氛、进一步提高与发展的机会也会激发员工的工作积极性，留住核心人才，这样企业就会健康地发展。

三、中国高科技企业发展的三大"魔咒"

中国到底有没有真正意义上的高科技企业？我们首先要搞清楚什么样的企业才算真正的高科技企业？首先，其必须以科研创新为基础，以开发高科技产品为目的；其次，企业应更具活力，更富挑战，产品高质高端，在市场独树一帜。为何中国自改革开放、步入市场经济以来，较少成长出世界级的高科技企业？是时间太短，是市场不够成熟，还是其他原因？究其原因，我们会发现中国高科技企业发展存在三大"魔咒"：文化教育因素制约，高科技企业自身限制，管理体制问题。

（一）文化教育因素制约

据统计，发达国家技术工人中，高级工占 35% 以上，中级工占 50% 以上，初级工占 15%，而我国高级工仅占 4%，中级工 36%，初级工占 60%。劳动保障部门的有关调查发现，某些技能人才、高级技工在一些地区供不应求，缺乏高级技师这样的骨干技术技能人才已是国有大中型企业的共同问题。

一个国家的强大靠科技和经济，但科技和经济靠人创造，人的发明创造要靠自身素质，人的高素质来自优越的文化教育。因此，我国应高度重视教育，尤其是职业教育。

（二）高科技企业自身限制

中国近年来高新技术企业发生了一些重要变化。那么这些企业在忙什么呢？忙融资？忙并购？忙技术研发？忙价格战？都对，也都不对。中国一些高新技术企业忙着涉足房地产市场。这种情况使得我国高科技企业的发展不太乐观。

此外，在中国科技发展的进程中，缺乏自主创新的核心技术始终是一个"软肋"：产业技术的一些关键领域存在较大的对外依赖，不少高技术含量和高附加值产品主要靠进口，尤其是在信息、生物、医药等产业领域的核心专利上。在一些关键技术，尤其是具有战略意义的重大装备制造业，中国主要依赖进口，存在被别人"卡脖子"的危险。

（三）管理体制问题

深圳大学教授丁学良表示，严重限制中国企业在国际市场上大展拳脚的因素有两点：

1. 中国政府对国有企业到海外经营在资金方面管理颇多，这些管理是可以理解的，因为这些国有企业都是国有资产，一旦到了国外就较难管理。在企业投资的时候，光是报文件、报审批，就要来来回回忙半年、一年甚至两年，严重限制企业在国际市场上找机会的能力。

2. 一些"走出去"的中国企业在国内的时候，并不是在一个比较公平的、透明的、竞争激烈的市场上锻炼出来的。它们之所以能够成为国内市场的强者，可能是受到特殊保护或者是居于垄断地位。而一旦到了国际市场上，这些条件会发生变化，企业自然很难有很好的表现。与此密切相关的是，中国企业的管理人员会把在国内缺乏透明度、法制不严格的市场上养成的商业习惯，带到国际市场上去，这是行不通的。

同样，中国高科技企业发展不乐观与政治体制改革滞后有关，政治体制改革对推进整个社会向着更加健康有序方向发展具有绝对重要的意义。可见，国内体制改革对我国高科技企业的发展至关重要。

四、解除三大"魔咒"的设想

(一)传统文化的现代重塑

美国硅谷的成功在很大程度上可以归功于"硅谷文化"。中国发展高科技产业,就必须在传承着几千年中华文化积淀的基础上实现东方传统文化的重塑。

1. 实现传统人本理念的现代转换。人本思想在现代经济发展中需要实现新的转化是:第一,把注重人的生存需求转为注重人的理性因素和非理性因素的结合;第二,在注重群体价值时,注重个体价值实现群体与个体的统一;第三,把仅注重人的情感、意志、素质转化为注重规则、秩序和制度。

2. 实现传统组织与组织和人与人之间关系的现代转换。一是将宗法伦理的和谐转为人在理性精神支配下的和谐;二是由简单地排斥和否定竞争而转为规范竞争秩序,制定竞争规则,尽取竞争之长而避无序竞争之短。

3. 实现传统的"无为"文化的现代转换。创新是发展高科技产业的生命线。要创新,就必须赋予创业人员、科技创新人员一个宽松的环境。对他们的管理,体现的不是高度行政化、强制化,而要体现柔性化、"无为"化。东方管理文化中的道家具有深厚的"无为而治"的思想,但传统的"无为而治"讲的是清静而无为,其实质就是以消极的"无为"来达到积极的"无不为"。今天在市场经济体制条件下,为发展高科技产业而倡导的"无为"管理需要以积极态度去对待"无为"而达到积极的"无不为"。也就是说,企业管理者、大学、政府以及对大学高科技产业具有管理职能的部门要做到有所为有所不为,做一些自己该做的事,而不要去做自己不该做的事,以给知识工作者创造一个能够发挥创新工作的宽松氛围和条件。

4. 实现传统文化的"力行"意识的现代转换。要积极鼓励科研与实践相结合,把科技文化知识运用于经济发展,支持教师和学生投身于创业实践。在今天应逐渐把传统文化中的力行意识转化为现代力行意识,也就是要积极把科技文化知识与社会实践相结合,着眼于市场,着眼于经济效益和社会效益,鼓励知识分子积极创业、积极进取、自强不息,不怕失败,实现科技成果的转化,达到产业化。实现传统创新意识和科学精神的现代挖掘。

(二)创新为重

对于企业而言,高科技企业应该重视自身科研的投入,加大科技创新。企业自身要创新,要有核心技术、核心竞争力。创新并不仅仅是技术上的创新,而应包括策略的创新、流程的创新、经营模式的创新,甚至合作伙伴方面的创新,企业界有很多这样的故事,刚发明时的技术很先进,但是由于市场定位、营销策略,没有足够的创新符合市场的需要,同样也会失败。所以,创新应该是一种普遍深入的创新,而不仅仅是技术上的创新。比如安捷仑科技,每年都在研发领域投入其营业收入 12% 的比例,当然投资也是一个要量力而行的事情,应该随着经济周期的上下作出相应的调整,但是重要的是你是不是有这个理念,重视研究开发,而不是只把它作为一个口号,真正在投资运作的时候,只出一点点钱。

(三) 良好的环境

中国的高科技发展需要一个好的大环境。总的来讲,中国的大环境是非常不错的,GDP 增长,经济进步。这样一个市场给中国企业的发展提供了一个良好的机会和环境,但是为了高科技企业的蓬勃发展政府仍需作出努力。

1. 知识产权的保护。知识产权要有完善的立法,更重要的是要有一个非常好的执法系统,由这个执法系统带来一系列的成功案例,能够让投资者、企业有信心,同时让更年轻的高素质人才看到机会。

2. 需要完善风险资金的机制。使更多的大型公司愿意去投资新兴的小企业,这本身就是一种双赢的体现,小企业由此致富,大企业得到了技术。如果国家产生这样的环境,加上我国拥有的高素质人才和较低的成本,中国会在高科技领域中取得非常大的发展,将处于世界领先地位。

本章小结

本章主要讲述了高科技企业人力资源管理的相关知识,其内容主要包括:一、高科技企业的人才规划与战略,其主要包括:1. 以"全球人才为我所用"的气魄来规划自己的人才战略;2. 实施兼职专家计划;3. 实施博士后企业工作站计划。二、高科技企业中员工的心理和行为特点。三、高科技企业员工招聘与选拔。四、高科技企业员工的激励策略。五、高科技企业人员流动的问题及对策。其对策为:1. 资料备份与人员备份以降低损失;2. 将离职后的员工作为一种资源。

关键术语

高科技　　高科技企业　　高级管理人员　　高科技企业人才战略

复习思考题

1. 高科技企业中的研发人员有何素质要求?管理人员有何素质要求?为什么?
2. 在高科技企业中招聘与选拔有何特殊性?为什么?
3. 如果您是一家高科技企业的 CEO,您将如何激励您的员工?

4. 如果您是一家高科技企业的人力资源部经理，最近您发觉有大量的员工跳槽，或者准备跳槽，您将如何处理？

5. 国内高科技企业如何吸引世界一流人才加入？

本章案例集

第14章 人力资源的测评方法

本章要点

1. 员工健康的基本测评方法。
2. 员工素质的基本测评方法。
3. 工作环境的基本测评方法。
4. 人力资源管理能力的基本测评方法。

本章学习资料

> **引例**
>
> **米勒公司应该裁掉谁?**
>
>   J.J.米勒公司是生产电子仪器部件的小公司,此公司是许多大器材商的主要提供者。由于订货和需求的减少,米勒公司的管理层面临两种情况:减少资本和裁减职员。米勒是一家没有工会的公司,坐落在得克萨斯州达拉斯郊外一个叫麦斯魁特的地方。公司以奖金奖赏职员,从未解雇过任

何职工,一向以对职工公平对待而自豪。在今天的会议上,总裁要排出生产线1—7名职工,作为公司第一批裁员的依据。

以下是职工简介:

多莫斯基——男,34岁,已婚,三个孩子,已在米勒公司任职六年,工作表现良好。在过去的12个月里有缺席和迟到的现象。

陈罗旺——男,35岁,已婚,一个孩子。在米勒公司任职仅18个月,但被认为是公司的尖子技术人员。偏于独处,远离同事。

卡拉他——女,42岁,丈夫最近残废。供养两个孩子上大学。自认为必须工作,自愿干任何一种工作。工作一般。在米勒公司任职七年。

葛拉巴——男,24岁,在米勒任职三年,未婚。工作良好,正被公司考虑送去培训以提高技术。

格林——男,33岁,已婚,两个孩子,妻子最近失业。工作表现良好、稳定。一直建议在米勒公司成立工会。任职五年。

杰克——男,49岁,已婚,五个孩子。自米勒开业以来一直在公司任职,已11年。长期报怨者,酗酒,并因此频繁缺席。清醒时,工作良好、稳定。

玛丽——女,30岁;离婚,两个孩子。在公司任职四年。表现良好。因养育一个残疾孩子而生活困难,相当情绪化。在被指派做一些工作时会闹情绪。

面对第一次裁员的重要决定,公司领导一时无法判断谁更加胜任公司的工作。

(资料来源于网络:赵曙明、刘洪主编:《人力资源管理案例集》,南京大学商学院)

思考题:

1. 案例提供的信息是否足以支持裁员的决策?
2. 如果你是米勒公司的总裁,打算采用何种方法、从哪方面衡量和评价这几名职工?

作为一种资源,人力资源应该和其他资源一样是可以客观地测量与评价的。但是人力资源又是不同于其他资源的一种特殊资源,它的主体是人。因此,人力资源的测评方法又比其他资源的测评方法要复杂得多。

这里我们只能对人力资源的主要方面的主要测评方法作一个简单的介绍,以起到抛砖引玉的作用,使广大读者都来参与这项伟大而艰巨的工程。这样,企业人力资源的测评工作将会飞速发展,知人善任才有可靠的保证。

第一节 | 员工健康的测评

一、你患有慢性疲劳症吗？

指导语：请你根据自己的实际情况，如实回答每道题。

（1）不想吃油腻的食物。	是 否	
（2）早上起床时觉得精神很好。	是 否	
（3）不知不觉地喜欢用双手托腮靠在桌子上。 是 否		
（4）很乐意与领导或群众见面。	是 否	
（5）眼看电车或汽车进站，也懒得跑几步赶上去。 是 否		
（6）说话声音洪亮、滔滔不绝。	是 否	
（7）对别人的谈话不放心。	是 否	
（8）不想靠喝茶或咖啡来提神。	是 否	
（9）上楼梯时容易绊倒。	是 否	
（10）饭菜中不喜欢加香辣调料。	是 否	
（11）眼睛总像睁不开似的。	是 否	
（12）自觉记忆力很好。	是 否	
（13）容易拉肚子或便秘。	是 否	
（14）体重保持不变或略有增加。	是 否	
（15）写起文章来不顺利。	是 否	
（16）很少失眠。	是 否	
（17）总觉得两手发僵发冷变硬。	是 否	
（18）很少抽烟或喝酒。	是 否	
（19）坐下来总想把脚放在桌椅上歇歇。	是 否	
（20）很少打哈欠。	是 否	

二、你的身体健康吗？

指导语：请你根据自己的实际情况，如实回答每道题。

（1）你是否抽烟？　　　　　　　　　　　是　否
（2）你是否每天喝酒？　　　　　　　　　是　否
（3）你经常吃蔬菜吗？　　　　　　　　　是　否
（4）你每天都吃肉吗？　　　　　　　　　是　否
（5）你喜欢吃熏腌制食品吗？　　　　　　是　否
（6）你经常吃水果吗？　　　　　　　　　是　否
（7）你喜欢吃甜食吗？　　　　　　　　　是　否
（8）你喜欢吃较咸的菜吗？　　　　　　　是　否
（9）你在每次吃饭前都有点饥饿感吗？　　是　否
（10）你小便的次数是否比别人多？　　　是　否
（11）你是否经常咳嗽、痰多或胸痛？　　是　否
（12）你白天辛勤劳动后，晚上能快速入睡吗？是　否
（13）你的头颈是否明显的比他人粗并容易出汗吗？
　　　　　　　　　　　　　　　　　　　是　否
（14）你是否不断地在消瘦？　　　　　　是　否
（15）你是否至少早晚刷两次牙齿？　　　是　否
（16）你的指甲和眼结膜是否显得淡白色？是　否
（17）你是否很少洗手？　　　　　　　　是　否
（18）你是否每天大便一次？　　　　　　是　否
（19）你是否经常出牙血、鼻血或有"乌青块"？是　否
（20）每次感冒，你是否必须服药才会好？是　否
（21）你每天运动吗？　　　　　　　　　是　否
（22）你是否每天看电视超过三小时？　　是　否
（23）你的体重是否明显超重？　　　　　是　否
（24）你定期检查身体吗？　　　　　　　是　否
（25）你是否住在城里？　　　　　　　　是　否

三、你的寿命有多长？

指导语：请你根据左侧的情况进行加减，就可以算出你的寿命可能有多长了。

（1）你是男性。　　　　　　　　　　　　－3岁
（2）你是女性。　　　　　　　　　　　　＋1岁
（3）你现在是30—40岁。　　　　　　　　＋2岁
（4）你现在是40—50岁。　　　　　　　　＋3岁
（5）你现在是50—70岁。　　　　　　　　＋4岁
（6）你现在是70岁以上。　　　　　　　　＋5岁
（7）你主要时间居住在200万人口以上的市区。　－2岁
（8）你大部分时间居住在1万人口以下的小镇或农村。
　　　　　　　　　　　　　　　　　　　　＋2岁
（9）你的祖父母或外祖父母有一人活到85岁以上
　　（以此类推）。　　　　　　　　　　　＋2岁
（10）你的父母有一人活到85岁以上（以此类推）。
　　　　　　　　　　　　　　　　　　　　＋3岁
（11）你的祖父母或外祖父母有一人活到80岁以上
　　（以此类推）。　　　　　　　　　　　＋15岁
（12）你的父母有一人活到80岁以上（以此类推）。
　　　　　　　　　　　　　　　　　　　　＋2岁
（13）你的父母有一人在50岁前死于中风、心脏病或
　　癌症（以此类推）。　　　　　　　　　－4岁
（14）你的经济收入十分宽裕。　　　　　　－2岁
（15）你的父母兄弟姐妹中有一位以上在50岁前患高血
　　压、心脏病、癌症、糖尿病。　　　　　－3岁
（16）你的文化程度在大学以上。　　　　　＋1岁
（17）你超过65岁仍在工作。　　　　　　　＋3岁
（18）你同配偶同住。　　　　　　　　　　＋5岁

（19）你40岁以后还是单身。　　　　　　　－1岁
（20）你丧偶、离婚或独居。历10年（以此类推）。－1岁
（21）你从事脑力劳动。　　　　　　　　　－3岁
（22）你从事体力劳动。　　　　　　　　　＋3岁
（23）你每天抽40支以上香烟。　　　　　　－8岁
（24）你每天抽20—40支香烟。　　　　　　－6岁
（25）你每天抽10—20支香烟。　　　　　　－3岁
（26）你每天喝100克以上50°白酒。　　　　－1岁
（27）中国人标准体重计算方法：
　　男性体重（公斤）＝身长（厘米）－105
　　女性体重（公斤）＝身长（厘米）－100
　　在你一生中的大部分时间里超过标准体重25公斤
　　以上　　　　　　　　　　　　　　　　－8岁
（28）超过标准体重15—25公斤。　　　　　－4岁
（29）超过标准体重5—15公斤。　　　　　　－2岁
（30）你是女性，每年作一次妇科检查。　　＋2岁
（31）你是40岁以上男性，每年作一次全身检查。＋2岁
（32）每次运动半小时以上，你每周运动5次以上。
　　　　　　　　　　　　　　　　　　　　＋4岁
（33）每周运动2—3次。　　　　　　　　　＋2岁
（34）每晚睡眠不足5小时。　　　　　　　　－4岁
（35）每晚睡眠10小时以上。　　　　　　　－4岁
（36）你性急、易怒、易紧张。　　　　　　－3岁
（37）你随和、友善、乐观。　　　　　　　＋3岁

四、你患有紧张症吗？

指导语：请如实回答以下各题，如果不如实回答，测评结果将不正确。

（1）讲话做事往往操之过急，言词激烈。　是　否
（2）遇到突发事件往往失去信心，显得焦虑不安。
　　　　　　　　　　　　　　　　　　　是　否
（3）经常感到喉头堵塞、胸部重压、气不够用。是　否
（4）很少喝酒，即使喝酒也从不喝醉。　　是　否
（5）对他人的疾病常常十分关心，唯恐自己也身患同病。
　　　　　　　　　　　　　　　　　　　是　否
（6）身处拥挤环境时，往往心烦意乱。　　是　否
（7）有时明知不该干的事也会非干不可，事后又后悔不已。
　　　　　　　　　　　　　　　　　　　是　否

（8）很少与家人或同事争吵。　　　　　　是　否
（9）读书看报常常不能专心，看后不知所云。　是　否
（10）休息天整天感到无聊，不知该干什么事。是　否
（11）肠胃功能紊乱，经常腹泻。　　　　　是　否
（12）很少追悔往事，极少有内疚感。　　　是　否
（13）平时总觉得无理由地心慌意乱、坐立不安。
　　　　　　　　　　　　　　　　　　　是　否
（14）处理问题时往往主观性强、方法简单粗暴。
　　　　　　　　　　　　　　　　　　　是　否
（15）晚上常常失眠，或者容易惊醒。　　　是　否
（16）性格开朗、脾气随和、易合群。　　　是　否
（17）平时干一点轻便工作也会感到疲劳、乏力。
　　　　　　　　　　　　　　　　　　　是　否

（18）经常做噩梦，或内心莫名其妙地有恐惧感。
　　　　　　　　　　　　　　　　　　　是　否
（19）一回到家就觉得事事不称心，暗暗烦躁。是　否
（20）食欲很好，吃东西津津有味。　　　　是　否
（21）遇到不如意的事就大量吸烟，或沉默寡言。
　　　　　　　　　　　　　　　　　　　是　否
（22）早晨起床就觉得头昏脑涨，浑身无力。是　否
（23）轻微活动后就觉得心急气喘。　　　　是　否
（24）小事很容易忘记。　　　　　　　　　是　否
（25）对他人的成功常会有一种不服气的感觉。是　否

五、你的心理衰老吗？

指导语：请根据你现在的实际情况，回答下列问题，凡是符合你现在实际情况的就在"是"这一行的括号里打个勾；凡是不符合你现在实际情况的就在"否"这一行的括号里打个勾；凡是你不能确定的，就在"？"这一行的括号里打个勾。每题必须回答，答案无所谓对与错、好与坏，请尽快回答。不要在每道题目上花太长时间，回答时不要考虑"应该怎样"，只需你根据自己现在的实际情况回答就行了。

　　　　　　　　　　　　　　　　　是　？　否
（1）即使戴了眼镜也看不清东西。　（ ）（ ）（ ）
（2）没有一个年轻的朋友。　　　　（ ）（ ）（ ）
（3）喜欢看杂志中"智力园地"这类内容。（ ）（ ）（ ）
（4）别人和你说话非得凑在耳边大声讲才行。
　　　　　　　　　　　　　　　　（ ）（ ）（ ）
（5）一般能把事情坚持做到底。　　（ ）（ ）（ ）
（6）喜欢看文艺作品中有爱情的描写。（ ）（ ）（ ）
（7）很害怕外出。　　　　　　　　（ ）（ ）（ ）
（8）常常和别人争吵。　　　　　　（ ）（ ）（ ）
（9）吃大部分东西都感到味道不如以前了。
　　　　　　　　　　　　　　　　（ ）（ ）（ ）
（10）喜欢一个人静静地坐着。　　 （ ）（ ）（ ）
（11）很难想象出天上的云块像什么。（ ）（ ）（ ）

（12）不想学习新的知识和技能。　（ ）（ ）（ ）
（13）喜欢下棋、猜谜这类爱动脑子的游戏。
　　　　　　　　　　　　　　　　（ ）（ ）（ ）
（14）总以为自己比他人高明。　　（ ）（ ）（ ）
（15）常常记不清今天是几月几日、星期几。
　　　　　　　　　　　　　　　　（ ）（ ）（ ）
（16）以前的许多兴趣爱好现在都没有了。（ ）（ ）（ ）
（17）钱几乎都花在吃的方面。　　（ ）（ ）（ ）
（18）常常回想过去。　　　　　　（ ）（ ）（ ）
（19）喜欢听纯音乐（没有唱词的音乐）。（ ）（ ）（ ）
（20）常常无缘无故地生闷气。　　（ ）（ ）（ ）
（21）不喜欢重复讲一件事。　　　（ ）（ ）（ ）
（22）看了书报杂志、电视电影后常想不起内容。
　　　　　　　　　　　　　　　　（ ）（ ）（ ）

（23）很愿意听别人的劝告。　　　　　　（　）（　）（　）
（24）对未来经常制定计划或作出安排。　（　）（　）（　）
（25）常常看错或听错。　　　　　　　　（　）（　）（　）
（26）走路几乎离不开拐杖。　　　　　　（　）（　）（　）
（27）不喜欢听别人谈有关婚恋的消息。　（　）（　）（　）
（28）有点噪音就觉得受不了。　　　　　（　）（　）（　）
（29）记不清最近的事情，对往事却记忆犹新。
　　　　　　　　　　　　　　　　　　　（　）（　）（　）
（30）经常会哭。　　　　　　　　　　　（　）（　）（　）
（31）不喜欢别人与自己闲聊，认为是浪费时间。
　　　　　　　　　　　　　　　　　　　（　）（　）（　）
（32）常常会犹豫不决，下不了决心。　　（　）（　）（　）
（33）没有熟人在身旁会感到恐惧不安。　（　）（　）（　）
（34）感情容易冲动。　　　　　　　　　（　）（　）（　）
（35）喜欢接触陌生人。　　　　　　　　（　）（　）（　）
（36）经常做稀奇古怪的梦。　　　　　　（　）（　）（　）
（37）很愿意接受新概念和新事物。　　　（　）（　）（　）

（38）很关心自己的健康。　　　　　　　（　）（　）（　）
（39）喜欢从事坐着进行的爱好活动。　　（　）（　）（　）
（40）以为对的事不管他人如何反对都坚持做。
　　　　　　　　　　　　　　　　　　　（　）（　）（　）
（41）有一个以上知心朋友。　　　　　　（　）（　）（　）
（42）常常会想入非非。　　　　　　　　（　）（　）（　）
（43）没有口吃。　　　　　　　　　　　（　）（　）（　）
（44）有时感到生不如死。　　　　　　　（　）（　）（　）
（45）需要在很安静的环境中才能看书报杂志。
　　　　　　　　　　　　　　　　　　　（　）（　）（　）
（46）空余时间总是兴趣爱好挤得满满的。（　）（　）（　）
（47）别人喜欢经常来找你，请求你的帮助。
　　　　　　　　　　　　　　　　　　　（　）（　）（　）
（48）不喜欢幻想。　　　　　　　　　　（　）（　）（　）
（49）经常命令自己去干应该干的事。　　（　）（　）（　）
（50）对任何事情都不大感兴趣。　　　　（　）（　）（　）

第二节　员工素质的测评

一、基本智力

指导语：请你在30分钟内答完下列十三道题，如果你能在更短的时间内答完可以加分，但一到30分钟请立即停止答题。准备好一张白纸和一支笔，把你答案写在纸上，以备核对。

准备好了吗？开始！

（1）一位旅行者在埃及买了一枚印有"公元前三世纪"字样的金币向他人夸耀，考古学家却说他上当了，为什么？

（2）你连续十次向上扔硬币，每一次掉在地面上都是正面向上。假设一切情况照旧，你第十一次扔硬币，正面向上的可能性是百分之几？

（3）有一个人在自由市场上买进两只鸡，在回家路上两个熟人要买他的鸡，他只好把鸡卖了。每只卖价6元，其中一只赚了20%，另一只亏了20%。请问这个人到底是赚了多少钱，还是亏了多少钱，还是不赚不亏？

（4）你在甲地招聘员工，那里的人不是绝对的说谎者，就是绝对的诚实者。有一位应聘者走进来，他看上去是一位诚实者。他说，下一位女应聘者告诉他，她是一位说谎者。他说的是实话吗？

（5）两枚同样的宇宙火箭同时发射，方向相反，哪一枚飞得更快一些？

（6）六千六百零六元写成 6606 元。现在请你尽快写出十一千、十一百又十一这个数。

（7）有五个人进行汽车竞赛，先后到达终点的情况是：李威不是第一，王明不是第一也不是最后，赵山在李威后面，孙乐不是第二名，朱英在孙乐后面。请你排出五个人到达的顺序。

（8）下列数列中少了一个什么数？

3、7、15、（　　）、63、127……

（9）如果 40 个工人在 2 小时内能生产出 20 个零件，那么 2 个工人生产 10 个零件要多少小时？

（10）有只蜗牛要从一口井底爬出来。井深 20 尺。蜗牛每天白天向上爬 3 尺，晚上向下滑 2 尺。请问该蜗牛几天才能爬出井口？

（11）有生、熟鸡蛋各一个，将它们旋转一下，怎样区别这两种蛋？

（12）小马不吃鱼和菠菜，小林不吃鱼和蚕豆，小吴不吃河虾和马铃薯，小方不吃排骨和蘑菇，小季不吃鱼和蘑菇。现在请你为这几位挑剔的客人准备晚餐，下列菜谱中你可选用哪几种菜？

蚕豆清炒，奶油鳕鱼，芹菜炒海虾，排骨烧香菇，莴苣炒粉丝，白斩鸡。

（13）有个人最不喜欢正方形的东西。一次，一位不了解情况的木匠给他做了一个正方形的窗户。他生气地命令木匠重做。但是窗户的面积又不能变。你说，木匠怎样改做这个窗户呢？

二、性格

指导语：请你根据左侧的内容，实事求是地评价自己，并在右侧圈出相应的字母。

项目评价

项目	是	中	否
（1）你喜欢与人辩论吗？	A	B	C
（2）在爱情上你浪漫吗？	A	C	X
（3）你做事喜欢尽善尽美吗？	A	C	B
（4）与别人相处时你能够忍让吗？	C	A	X
（5）你有可能成为所在单位的领导吗？	V	A	C
（6）朋友们认为你待人热情吗？	V	C	Z

项目	是	中	否
（7）你羡慕英雄吗？	V	A	M
（8）你是一个明智的人吗？	M	X	B
（9）你能舍己救人吗？	C	Z	M
（10）你的想法、判断、爱好常常是极端吗？	V	B	C
（11）你善于交际吗？	A	M	B
（12）对你来说人格比利益更重要吗？	C	M	X
（13）你的异性朋友认为你是一个多疑的人吗？	B	Z	V

（14）你对任何事情都满怀希望吗？　　　　B Z M
（15）遇到急事你能三思而行吗？　　　　　M X B
（16）朋友困难时你会慷慨解囊吗？　　　　C A X
（17）你的同事认为你富有想象力吗？　　　A B X
（18）你的上级认为你理解能力强吗？　　　C Z B
（19）你的朋友认为你是一个主持公道的人吗？
　　　　　　　　　　　　　　　　　　　C M A
（20）独处时常常陷入对未来的幻想之中吗？V A M
（21）对任何事都抱着求实的态度吗？　　　M X A

（22）你愿将财产献给认为正当的事业吗？　V A X
（23）你是否对任何事情都爱发表不同的意见？
　　　　　　　　　　　　　　　　　　　V A Z
（24）你有能力参加许多业余活动吗？　　　V Z X
（25）遇到不公平的事能控制你的感情吗？　A B M
（26）在成功希望很小时你会铤而走险吗？　V A B
（27）你喜欢从理论上论述他人认为不可能的事吗？
　　　　　　　　　　　　　　　　　　　C B M

三、创造力

指导语：请你实事求是地回答下列50道题。如果认为同意就圈A，不同意就圈C，吃不准或不知道的就圈B。

（1）我不做盲目的事，我总是有的放矢，用正确的步骤来解决每一个具体的问题。　　　　　　A B C
（2）我认为，只提出问题而不想获得答案，无疑是在浪费时间。　　　　　　　　　　　　　　A B C
（3）无论什么事情，要我发生兴趣，总比别人困难。　　　　　　　　　　　　　　　　　　　A B C
（4）我认为，合乎逻辑的、循序渐进的方法，是解决问题的最好方法。　　　　　　　　　　　A B C
（5）有时我在小组里发表的意见，似乎使某些人感到厌烦。　　　　　　　　　　　　　　　　A B C
（6）我常常花费大量时间来考虑别人是怎样看待我的。　　　　　　　　　　　　　　　　　　A B C
（7）我认为，做自认为是正确的事情，比力求博得别人的赞同要重要得多。　　　　　　　　　A B C
（8）我不尊重那些做事似乎没有把握的人。　A B C
（9）我需要的刺激比别人多。　　　　　　　A B C
（10）我知道如何在考验面前，保持自己的内心镇静。　　　　　　　　　　　　　　　　　　A B C
（11）我能坚持很长一段时间来解决难题。　A B C
（12）有时我对事情过分热心。　　　　　　A B C
（13）在无事可做时，我倒常常想出些好主意来。　　　　　　　　　　　　　　　　　　　　A B C

（14）在解决问题时，我常常单凭直觉来判断"正确"或"错误"。　　　　　　　　　　　　　A B C
（15）在解决问题时，我较擅长于分析，而不太擅长于综合。　　　　　　　　　　　　　　　A B C
（16）有时我会打破常规去做我原来并未想要做的事。　　　　　　　　　　　　　　　　　　A B C
（17）我喜欢收藏各种东西。　　　　　　　A B C
（18）幻想促进我提出许多重要计划。　　　A B C
（19）我喜欢客观而又理性的人。　　　　　A B C
（20）如果要我兼职，我宁可干一些实际工作，而不愿干一些探索性的工作。　　　　　　　　A B C
（21）我能与同事们很好地相处。　　　　　A B C
（22）我有较高的审美感。　　　　　　　　A B C
（23）在我一生中，我一直在追求名利、地位。A B C
（24）我喜欢坚信自己结论的人。　　　　　A B C
（25）我认为，灵感与获得成功无关。　　　A B C
（26）争论时，使我感到高兴的是原来与我观点不一的人变成了我的朋友。　　　　　　　　　A B C
（27）我更大的兴趣在于提出新建议，而不在于设法说服别人接受这些建议。　　　　　　　　A B C
（28）我乐意独自一人整天"深思熟虑"。　　A B C
（29）我往往避免干那种使我感到低下的工作。A B C

（30）在评价资料时，我认为资料的来源比其内容更重要。
　　　　　　　　　　　　　　　　　　　　A B C
（31）我不满意那些不确定和不可预言的事。　A B C
（32）我喜欢一门心思苦干的人。　　　　　　A B C
（33）我认为，一个人的自尊比得到他人敬慕更重要。
　　　　　　　　　　　　　　　　　　　　A B C
（34）我觉得那些力求完美的人是不明智的。　A B C
（35）我宁愿与大家在一起努力工作，而不愿意一个人单
　　　独工作。　　　　　　　　　　　　　A B C
（36）我喜欢那种对别人产生影响的工作。　　A B C
（37）在生活中，我经常碰到一些不能用"正确"或"错误"
　　　来进行判断的问题。　　　　　　　　A B C
（38）对我来说，"不在其位，不谋其政"是正确的。
　　　　　　　　　　　　　　　　　　　　A B C
（39）我认为，那些使用古怪和罕见的词语的作家纯粹是
　　　为了炫耀自己。　　　　　　　　　　A B C
（40）我认为，许多人之所以苦恼，是因为他们把事情看得
　　　太认真了。　　　　　　　　　　　　A B C
（41）即使遭到挫折、反对和不幸，我仍然能对自己的工作
　　　保持原来的精神状态和热情。　　　　A B C
（42）我认为，想入非非的人是不切实际的。　A B C
（43）我对"我不知道的事"比"我知道的事"印象更深刻。
　　　　　　　　　　　　　　　　　　　　A B C
（44）我对"这可能是什么"比"这是什么"更感兴趣。
　　　　　　　　　　　　　　　　　　　　A B C
（45）我经常为自己在无意中说话伤人而闷闷不乐。
　　　　　　　　　　　　　　　　　　　　A B C
（46）即使没有报答，我也乐意为新颖的想法而花费大量
　　　时间。　　　　　　　　　　　　　　A B C
（47）我认为，"出主意没什么了不起"的说法是中肯的。
　　　　　　　　　　　　　　　　　　　　A B C
（48）我不喜欢提出那些显得无知的问题。　　A B C

（49）一旦任务在肩，即使受到挫折我也要坚决完成任务。
　　　　　　　　　　　　　　　　　　　　A B C
（50）从下面描述性格的形容词中，请挑选出十个你认为
　　　最能说明你性格的词：

1	精神饱满的	2	有说服力的
3	实事求是的	4	虚心的
5	观察敏锐的	6	谨慎的
7	束手束脚的	8	足智多谋的
9	自高自大的	10	有主见的
11	有献身精神的	12	有独创性的
13	性急的	14	高效的
15	乐意助人的	16	坚强的
17	老练的	18	有克制力的
19	热情的	20	时髦的
21	自信的	22	不屈不挠的
23	有远见的	24	机灵的
25	好奇的	26	有组织能力的
27	精干的	28	铁石心肠的
29	思路清晰的	30	脾气温顺的
31	可预言的	32	拘泥形式的
33	不拘礼节的	34	有理解力的
35	有朝气的	36	严于律己的
37	讲实惠的	38	感觉灵敏的
39	无畏的	40	严格的
41	一丝不苟的	42	谦恭的
43	复杂的	44	漫不经心的
45	柔顺的	46	创新的
47	实干的	48	泰然自若的
49	渴求知识的	50	好交际的
51	善良的	52	孤独的
53	不满足的	54	易动感情的

四、逻辑思维能力

指导语：假设下列每道题的前提都是正确的，要求你在 20 分钟内判断给出的结论是否符合逻辑。20 分钟一到请立即停笔。

例子：前提：我比小李高，小李比小王高。
　　　结论：我比小王高。　　　　　　　　　（是）

（1）前提：大象是动物，动物都有腿。
　　　结论：大象有腿。　　　　　　　　　　（　）

（2）前提：我的秘书未到选民的年龄，我的秘书有着漂亮的头发。
　　　结论：我的秘书是个未满 18 岁的姑娘。（　）

（3）前提：这条街上的商店几乎都没有霓虹灯，但是这些商店都有遮篷。
　　　结论：① 有些商店有遮篷或霓虹灯。　　（　）
　　　　　　② 有些商店既有遮篷又有霓虹灯。（　）

（4）前提：所有的 A 都有三只眼睛，这个 B 有三只眼睛。
　　　结论：这个 B 与 A 是一样的。　　　　（　）

（5）前提：土豆比西红柿便宜，我的钱不够买两斤土豆。
　　　结论：① 我的钱不够买一斤西红柿。　　（　）
　　　　　　② 我的钱可能够、也可能不够买一斤西红柿。（　）

（6）前提：伟中是个和其民一样强的棒球击手，其民是个比大多数人都强的棒球击手。
　　　结论：① 伟中应是这些选手中最出色的。（　）
　　　　　　② 其民应是这些选手中最出色的。（　）
　　　　　　③ 伟中是个比大多数人都要强的棒球击手。（　）

（7）前提：水平高的音乐家演奏古典音乐，要成为水平高的音乐家就得练习演奏。
　　　结论：演奏古典音乐比演奏爵士乐需要更多的练习时间。（　）

（8）前提：如果孩子宠坏了，打他屁股会使他发怒；如果他没有宠坏，打他屁股会使你懊悔。
　　　结论：① 打他屁股要么使你懊悔，要么使他发怒。（　）
　　　　　　② 打他屁股也许对他没有什么好处。（　）

（9）前提：正方形是有角的图形，这个图形没有角。
　　　结论：① 这个图形是个圆。　　　　　　（　）
　　　　　　② 无确切的结论。　　　　　　　（　）
　　　　　　③ 这个图形不是正方形。　　　　（　）

（10）前提：本各县在史城的东北，华县在史城的东北。
　　　结论：① 华县比史城更靠近本各县。　　（　）
　　　　　　② 史城在华县的西南。　　　　　（　）
　　　　　　③ 华县离史城不远。　　　　　　（　）

（11）前提：绿色深时，红色就浅；黄色浅时，蓝色就适中；但是要么绿色深要么黄色浅。
　　　结论：① 黄色适中。　　　　　　　　　（　）
　　　　　　② 黄色和红色都浅。　　　　　　（　）
　　　　　　③ 红色浅，或者蓝色适中。　　　（　）

（12）前提：如果你突然停车，那么跟在后面的一辆卡车将撞上你；如果你不刹车，那么你将撞倒一位妇女。
　　　结论：① 行人不应在马路上行走。　　　（　）
　　　　　　② 那辆卡车车速太快。　　　　　（　）
　　　　　　③ 你要么被后面的卡车撞上，要么撞倒那位妇女。（　）

（13）前提：我住在农场和城市之间，农场位于城市和机场之间。
　　　结论：① 农场到我住处比到机场近。　　（　）
　　　　　　② 我住在农场和机场之间。　　　（　）
　　　　　　③ 我的住处到农场比到机场要近。（　）

（14）前提：聪明的赌徒只有在形势对他有利时才下赌注，老练的赌徒只有在他有大利可图时才下赌注，这个赌徒有时去下赌注。
　　　结论：① 他要不是老练的赌徒，就是聪明的赌徒。（　）

② 他可能是个老练的赌徒，也可能不是。
（　）
③ 他既不是老练赌徒，也不是聪明赌徒。
（　）

（15）前提：当 B 等于 Y 时，A 等于 Z；当 A 不等于 Z 时，E 要么等于 Y，要么等于 Z。

结论：① 当 B 等于 Y 时，E 不等于 Y 也不等于 Z。
（　）
② 当 A 等于 Z 时，Y 或者 Z 等于 E。（　）
③ 当 B 不等于 Y 时，E 不等于 Y 也不等于 Z。
（　）

（16）前提：当 B 大于 C 时，X 小于 C，但 C 绝不会大于 B。

结论：① X 绝不会大于 B。（　）
② X 绝不会小于 B。（　）
③ X 绝不会小于 C。（　）

（17）前提：只要 X 是红色，Y 就一定是绿色；只要 Y 不是绿色，Z 就一定是蓝色。但是，当 X 是红色时，Z 绝不会是蓝色。

结论：① 只要 Z 是蓝色，Y 就可能是绿色。（　）
② 只要 X 不是红色，Z 就不可能是蓝色。
（　）
③ 只要 Y 不是绿色，X 就不可能是红色。
（　）

（18）前提：有时印第安人是阿拉斯加人，阿拉斯加人有时是律师。

结论：① 有时印第安人不见得一定是阿拉斯加人的律师。
（　）
② 印第安人不可能是阿拉斯加人的律师。
（　）

（19）前提：前进不见得死得光荣，后退没死也不见得耻辱。

结论：① 后退意为死得光荣。（　）
② 前进意为不死就是耻辱。（　）
③ 前进意为死得光荣。（　）

第三节 ｜ 工作环境的测评

一、你的组织是什么类型的？

指导语：下列左侧是描写组织的词，右侧是你对组织的评价。请你根据自己的观察，全面地去评价你的组织，然后圈上相应的字母。A＝你的组织十分具有这项特点；B＝你的组织相当具有这项特点；C＝你的组织有点具有这项特点；D＝你的组织极少具有这项特点；E＝你的组织完全没有这项特点。

（1）管制严密。　　　　　　A B C D E
（2）不断往前冲刺。　　　　A B C D E
（3）成员间互相协助。　　　A B C D E
（4）作风审慎。　　　　　　A B C D E
（5）讲求稳定。　　　　　　A B C D E
（6）富于进取精神。　　　　A B C D E
（7）令人振奋。　　　　　　A B C D E
（8）安全性高。　　　　　　A B C D E
（9）处事公正。　　　　　　A B C D E
（10）存在各种成长机会。　 A B C D E
（11）有许多规章制度。　　 A B C D E
（12）动态。　　　　　　　 A B C D E
（13）制度化。　　　　　　 A B C D E
（14）高瞻远瞩。　　　　　 A B C D E

（15）组织完善。　　　　　　A B C D E　　（20）融洽。　　　　　　　　　A B C D E
（16）友善。　　　　　　　　A B C D E　　（21）部门划分清楚。　　　　A B C D E
（17）开放。　　　　　　　　A B C D E　　（22）讲究阶层等级。　　　　A B C D E
（18）有创造力。　　　　　　A B C D E　　（23）温馨。　　　　　　　　A B C D E
（19）富于雄心壮志。　　　　A B C D E　　（24）肯冒风险。　　　　　　A B C D E

二、你的工作难度是多少？

指导语：请你根据自己工作的实际情况，在五个备选答案中选择一个，把相应的字母圈起来。

（1）你在从事工作前是否得到明确的指示？
　　A 一直得到；B 经常得到；C 有时得到；
　　D 很少得到；E 从未得到。

（2）你了解工作是否做好了，容易不容易？
　　A 非常困难；B 相当困难；C 比较困难；
　　D 比较容易；E 十分容易。

（3）每天你花多少时间来解决工作中的难题？
　　A 1小时以下/周；B 1—4小时/周；C 1小时/天；
　　D 2—3小时/天；E 4小时以上/天。

（4）在过去三个月中你在工作中遇到无法解决的难题有多少？
　　A 1次以下/周；B 2—4次/周；C 1次/天；
　　D 1—2次/天；E 3次以上/天。

（5）有多少次你可以知道自己的工作结果？（用百分比来估计）
　　A 90%以上；B 76%—89%；C 61%—75%；
　　D 41%—60%；E 40%以下。

（6）你感到从事目前的工作是否吃力？
　　A 十分吃力；B 比较吃力；C 一般；
　　D 比较省力；E 十分省力。

（7）你遇到困难时向他人求教是否容易？
　　A 十分容易；B 比较容易；C 一般；
　　D 比较困难；E 十分困难。

（8）你工作需要同事协助时，同事的态度如何？
　　A 十分不协作；B 比较不协作；C 一般；
　　D 比较协作；E 十分协作。

（9）你工作时需要的工具或材料是否充足？
　　A 十分充足；B 比较充足；C 一般；
　　D 比较缺乏；E 十分缺乏。

（10）你工作时感到时间是否充裕？
　　A 十分充裕；B 比较充裕；C 一般；
　　D 比较紧张；E 十分紧张。

三、你所在小组的心理气氛好吗？

指导语：请你仔细阅读下列各题，然后根据你平时的观察客观地回答，假设的情况都是指一般的或常见的情况，特殊事例除外。圈出你的回答。

（1）你小组的一位同事生病住院，你小组有多少人会去看望他？（用百分比表示）
　　A 90%以上；B 75%—89%；C 60%—74%；
　　D 45%—59%；E 44%以下。

（2）你小组发生无谓的争吵频率是多少？
　　A 1次以下/周；B 2—4次/周；C 1次/天；
　　D 2—3次/天；E 4次以上/天。

（3）你小组一位成员家庭发生意外，急需用钱，他钱又不够，这时其他成员募捐的人数比例有多少？
　　A 44%以下；B 45%—59%；C 60%—74%；

D 75%—89%；E 90%以上。

（4）你小组同事之间有重大矛盾，见面不说话的人有多少比例？

　　A 10%以下；B 11%—15%；C 16%—20%；

　　D 21%—25%；E 26%以上。

（5）你小组同事之间相互当面攻击或冷嘲热讽的事件多不多？

　　A 很多；B 较多；C 一般；

　　D 较少；E 很少。

（6）你小组同事之间背后讲他人坏话的现象多不多？

　　A 很少；B 较多；C 一般；

　　D 较多；E 很多。

（7）在小组会上，大家能畅所欲言吗？

　　A 常常能；B 有时能；C 一般；

　　D 很少能；E 不能。

（8）如果组织一次春游活动，你小组一般出席率有多高？

　　A 90%以上；B 80%—89%；C 70%—79%；

　　D 60%—69%；E 59%以下。

（9）小组同事之间是否家访？

　　A 经常家访；B 有时家访；C 一般；

　　D 很少家访；E 从不家访。

（10）小组同事之间的兴趣爱好相互了解吗？

　　A 十分了解；B 基本了解；C 一般；

　　D 很少了解；E 完全不了解。

四、你工作地点的物理环境好吗？

指导语：根据下列左侧的内容，作出你客观的评定，把右侧相应的字母圈出来。A＝几乎没有；B＝少许有一点；C＝有；D＝很明显；E＝十分严重。

（1）噪声。	A B C D E	（11）有 X 射线（或其他有害射线）。	A B C D E
（2）温度太高。	A B C D E	（12）空间太狭窄。	A B C D E
（3）温度太低。	A B C D E	（13）接触有害化学药品。	A B C D E
（4）空气太湿。	A B C D E	（14）可能出事故。	A B C D E
（5）空气太干。	A B C D E	（15）经常在户外。	A B C D E
（6）喝的水水质不好。	A B C D E	（16）超近距离操作。	A B C D E
（7）空气中粉尘太多。	A B C D E	（17）上班距离太远。	A B C D E
（8）空气中有异味。	A B C D E	（18）周围吸烟的人太多。	A B C D E
（9）光线太暗。	A B C D E	（19）要在高空作业。	A B C D E
（10）光线太亮。	A B C D E	（20）要在地下作业。	A B C D E

第四节　人力资源管理能力的测评

一、你受人欢迎吗？

指导语：请你如实回答下列每一题，A＝一直是的；B＝经常是的；C＝有时是的；D＝很少是的；E＝从来不是的。请圈出相应的字母来表示你的回答。

（1）你是否觉得有许多同事都给你留下美好的印象，从而使你喜欢他（她）们？　　A　B　C　D　E

（2）你的同事是否容易受人的感染，接受你提出的意见和建议？　　A　B　C　D　E

（3）当你生病休息在家时没有同事来看你，你会感到孤独吗？　　A　B　C　D　E

（4）当你离开原单位（或原小组）时，同事们感到依依不舍吗？　　A　B　C　D　E

（5）同事们感到有趣的事，你也感到有趣吗？　　A　B　C　D　E

（6）你经常为一点小事与同事争吵吗？　　A　B　C　D　E

（7）你愿意做一些同事们喜欢做的事吗？　　A　B　C　D　E

（8）你遇到新来的同事，是否很容易接近他们？　　A　B　C　D　E

（9）你与异性同事是否很难接近？　　A　B　C　D　E

（10）当你出差时遇见一位陌生人，你会很容易接近他并使他喜欢你吗？　　A　B　C　D　E

（11）同事们是否经常邀请你参加私人的聚会，并请你主持一些活动？　　A　B　C　D　E

（12）是不是很少有人欣赏、夸奖你的仪表、才能和品质？　　A　B　C　D　E

（13）接触过的同事，你能立即叫出他（或她）的姓名吗？　　A　B　C　D　E

（14）你能与各种性格的人打交道吗？　　A　B　C　D　E

（15）很少有同事来找你聊天吗？　　A　B　C　D　E

（16）同事们背后是否很少指责你，并能很快地原谅、理解你的过失和错误？　　A　B　C　D　E

（17）你能否在短期内与各种人物熟悉起来？　　A　B　C　D　E

（18）你是否不愿意与同事们一起参加集体活动？　　A　B　C　D　E

（19）你是否觉得与陌生人认识很容易？　　A　B　C　D　E

（20）你是否觉得应该主动关心同事？　　A　B　C　D　E

二、你具备管理潜能吗？

指导语：请你如实地回答下列60道题，假设题目中的内容是一般情况下，或是大多数情况下发生的，请只用"是"或"否"来回答。

（1）买东西，喜欢讨价还价吗？

（2）曾在某些聚会中担任过主持人吗？

（3）在就餐或买东西时，是否曾指责过服务员服务不佳？

（4）曾经率先发动组织集会或团体活动吗？

（5）曾使兴趣索然的场合变得生气勃勃吗？

（6）在大众面前讲话感到困难吗？

（7）与陌生人说话感到困难吗？

（8）第一次做某件事时会觉得很紧张吗？

（9）常常因犹豫不决而坐失良机吗？

（10）参加集会时常常告诫自己不要出头露面吗？

（11）热衷于有创造性工作时，即使没有朋友支持，也能独力进行吗？

（12）让你在跳舞和演戏中选择，你是喜欢选择跳舞吗？

（13）与其共同负责，还不如个人负责更好吗？

（14）受到打击时，宁愿自己个人承受吗？

（15）做事时更喜欢一个人去完成吗？

（16）写信时需要再重新誊写过吗？

（17）和多数人相处比一个人独处更愉快吗？

（18）虽是正当的事，但遭到嘲笑会觉得没趣吗？

（19）遇到令人烦恼的事希望有他人在你身旁吗？

（20）更喜欢运动而不太喜欢看书吗？

（21）很少注意他人的脸色吗？

（22）你已买下的东西，过后常会去退换吗？

（23）你很少担心将来的事吗？

（24）你充满自信吗？

（25）做没有兴趣的工作时，不需要别人鼓动吗？

（26）事事都有决断力吗？
（27）被人嘲笑时，自己也笑得出来吗？
（28）虽然受他人反对，还会坚持己见吗？
（29）发生了意外事件时，你会立即行动出力协助吗？
（30）你非常喜欢与众人交往吗？
（31）有过羞愧到无地自容的经历吗？
（32）是否经常在积蓄财产？
（33）经常反思自己的过错吗？
（34）因为迷惑常常变更正在进行的事情吗？
（35）与上司相处会觉得拘束吗？
（36）事情受到挫折，会很快泄气吗？
（37）你是一个十分敏感的人吗？
（38）工作时有旁观者会觉得不安吗？
（39）在开会时常会言不达意、言不由衷或有言不发吗？
（40）会因为小事受挫而意志消沉吗？
（41）大家聚集一堂，你会感到快乐吗？
（42）你讲话时，别人会用心听吗？
（43）你愿意承认自己的错误吗？
（44）朋友们会来征求你的意见吗？
（45）是否常常不原谅他人的过错？
（46）常常设法提起他人感兴趣的话题吗？
（47）对大部分事情，可以按自己的想法表达出来吗？
（48）大家讨论问题时，是否站在团体的立场上听取各人的意见吗？
（49）在决策家庭事务或工作问题之前是否先设法了解大家的意见？
（50）你认为，所谓意见主要是由经验造成的吗？
（51）假若你改变了观点，旁人会认为你是弱者吗？
（52）受到别人批评时会感到不自在吗？
（53）与他人交谈时，你会不注意对方说话吗？
（54）他人不同意你的意见你会不高兴吗？
（55）你是否限制交朋友的圈子？
（56）寄出信后常会后悔吗？
（57）常常说一些不便让本人知道的话吗？
（58）对一些需要对质的问题不希望当面回答，怕别人指责你的错误吗？
（59）在商量时常常与人争论，或发出命令式口气吗？
（60）你能承认你的辩论对手也有道理吗？

第五节 参考答案

以下是本章各项测评的参考答案，企业中人力资源开发与管理部门在进行人力资源测评时，可以根据本企业的实际情况选择应用。

一、员工健康的测评

（一）你患有慢性疲劳症吗？

凡是偶数题，答"否"者得2分，凡是奇数题，答"是"者得2分，既不答"是"，也不答"否"者得1分，最多得40分，最少得0分。

如果5分以上者，说明已有慢性疲劳症的迹象，应调剂自己的工作和生活节奏。

如果9分以上者，说明已是慢性疲劳症患者，应该注意营养和休息。

如果 13 分以上者，说明已是严重慢性疲劳症患者，应该全面加强营养和休息，有条件者最好休息几天以驱除疲劳，恢复健康。

（二）你的身体健康吗？

凡是 3 的倍数题，答"是"者得 4 分；其余各题，答"否"者得 4 分。既不答"是"，也不答"否"者得 2 分。满分 100 分，最少 0 分。

如果 80 分以上，说明身体健康状况优秀；60—79 分，说明身体健康状况良好；40—59 分，说明身体健康状况一般；39 分以下，说明身体健康状况较差。

（三）你的寿命有多长？

先根据左侧的情况进行加减，然后把结果加上 72，就是你的预期寿命了。

如果你已活得比你的预期寿命更长了，在此向你表示衷心的祝贺！希望你立即改正不良习惯，继续保持优良习惯，这样你会活得更健康、更快乐。

（四）你患有紧张症吗？

凡是 4 的倍数题，答"否"者得 4 分；其余各题，答"是"者得 4 分，既不答"是"，也不答"否"者得 2 分。满分 100 分，最少 0 分。

40 分以下，为轻度紧张症，一般人均可能产生；

41—80 分，为中度紧张症，要进行自我调节，松弛紧张状态，参加一些体育活动或兴趣爱好；

81 分以上，为重度紧张症，有条件者应停止一段时间工作，并请心理医师进行治疗。

（五）你的心理衰老吗？

凡是下列各题，答"是"者得 2 分：3、5、6、13、19、21、23、24、31、35、36、37、40、41、42、43、46、47、49；其余各题答"否"者得 2 分；答"？"者均得 1 分。满分 100 分，最少 0 分。

90 分以上：心理年龄 30 岁以下；

80—89 分：心理年龄 31—40 岁；

70—79 分：心理年龄 41—50 岁；

60—69 分：心理年龄 51—60 岁；

50—59 分：心理年龄 61—70 岁；

49 分以下：心理年龄 71 岁以上。

二、员工素质的测评

（一）基本智力

1. 因为以"公元"纪年是公元后的人使用的，公元前的真古董绝不会铸上"公元前"三个字的。

2. 50%，每一次概率都是相同的。

3. 他亏了 0.50 元，因为根据介绍，一只鸡买进花了 5 元，另一只鸡买进花了 7.50 元。

4. 他在说谎，因为没有一个说谎者会说自己是说谎者。

5. 顺地球旋转方向的那枚火箭更快一些。

6. 12111。

7. 孙乐、朱英、王明、李威、赵山。

8. 31。前一个数 × 2 + 1 = 下一个数。

9. 20 小时。

10. 18 天。因为它已爬出井口，不再下滑。

11. 旋转很稳的是熟蛋，旋转不稳的是生蛋，因为生蛋是液体，旋转时有惯性。

12. 芹菜炒海虾、莴苣炒粉丝、白斩鸡。

13. 变成平行四边形。

注意：答对一题得 1 分，20 分钟内答完加 1 分，18 分钟答完加 2 分，15 分钟内答完加 3 分。

12 分以上者，一般智力较优秀；

10—11 分者，一般智力中上；

8—9 分者，一般智力中下；

7 分以下者，一般智力较差。

即使你测得结果不理想也不要担心或自卑，加强有关方面的学习和训练就会迎头赶上的。

（二）性格

计算你圈出的每一种字母的个数。

1. 得 11 个以上 A 者的评价。你可能雄心勃勃，凡事尽可能做得尽善尽美，你较喜欢去干一些可望而不可及的事情，可能由于你对某些事情了解不够，因此很容易见异思迁，较缺乏持之以恒的精神，往往会落个"竹篮子打水一场空"的结果。你较喜欢夸夸其谈，缺少一些求实精神，因此老是摆脱不了失败的阴影，你应该面对现实，脚踏实地地去努力，你的雄心大志才能早日实现。

2. 得 9 个以上 B 者的评价。你是一位理想主义者，但是你缺少必要的知识，性格也略显急躁。你有兴趣，也有一些经验，但虚荣心较强。你喜欢过平凡人的生活，但似乎缺少点热情和冲动。你是一个好人，信奉"各人自扫门前雪"，你应该正确认识自己，勉励自己不断进取，为社会尽可能多作一点贡献。

3. 得 9 个以上 C 者的评价。你为人热情，富于想象力，很诚恳，很浪漫，富有正义感、人情味和求实精神。你能审时度势、实事求是、爱思考，喜欢生活在和睦、舒畅、富有创造力的环境之中，你有较多的知心朋友。你是一位幸运者，你为他人，他人为你，你会愉快而满足地走完人生之路。

4. 得 8 个以上 M 者的评价。你生活的准则是实用和安全，你对生活中的任何问题都能应付自如。你渴望得到关怀和同情，你对人生充满信心。同时，你并不沉溺于任何幻想和空洞的假象之中，你总是从生活中总结经验教训，并能影响你周围的人。

5. 得 7 个以上 V 者的评价。你很有才气，很有理想。你往往能尽一切努力去实现自己的理想。但有时当你完全沉浸在幸福之中时，你会得意忘形。你能在胜利时乘胜追击，但一定要注意不要在逆境中自暴自弃。你有能力调动周围人们的干劲，但不要脱离群众，否则极可能一事无成。

6. 得 7 个以上 X 者的评价。你是一个很实惠的人，你对自己、对他人都始终如一，你不富于幻想，也不强势，相对你较保守，对外界的事情反应不够灵敏。机会对你十分重要，如果你能抓住机会把自己推销出去，你会获得成功。反之，有可能平平而过。

7. 得 5 个以上 Z 者的评价。你很忠诚，但缺乏变通性，你很冷静，但较固执，你喜欢有人来指挥你，不太愿意自己靠自己。你是一个平常的人，生活也较平静。如果要有所作为，可能要重新塑造自我。

（三）创造力

根据表 14.1 统计得分。

表 14.1

	A	B	C		A	B	C		A	B	C		A	B	C
1	0	1	2	14	4	0	−2	27	2	1	0	40	2	1	0
2	0	1	2	15	−1	0	2	28	2	0	−1	41	3	1	0
3	4	1	0	16	2	1	0	29	0	1	2	42	−1	0	2
4	−2	0	3	17	0	1	2	30	−2	0	3	43	2	1	0
5	2	1	0	18	3	0	−1	31	0	1	2	44	2	1	0
6	−1	0	3	19	0	1	2	32	0	1	2	45	−1	0	2
7	3	0	−1	20	0	1	2	33	3	0	−1	46	3	2	0
8	0	1	2	21	0	1	2	34	−1	0	2	47	0	1	2
9	3	0	−1	22	3	0	−1	35	0	1	2	48	0	1	3
10	1	0	3	23	0	1	2	36	1	2	3	49	3	1	0
11	4	1	0	24	−1	0	2	37	2	1	0				
12	3	0	−1	25	0	1	3	38	0	1	2				
13	2	1	0	26	−1	0	2	39	−1	0	2				

50题中有下列形容词的得2分。

① 精神饱满的 ⑤ 观察敏锐的 ㉒ 不屈不挠的 ㊺ 柔顺的 ⑧ 足智多谋的 ⑩ 有主见的 ⑪ 有献身精神的 ⑫ 有独创性的 ㊳ 感觉灵敏的 ㊴ 无畏的 ㊻ 创新的 ㉕ 好奇的 ㉟ 有朝气的 ⑲ 热情的 ㊱ 严于律己的

有下列形容词的得1分。

㉑ 自信的 ㉓ 有远见的 ㉝ 不拘礼节的 ㊼ 不满足的 ㊶ 一丝不苟的 ④ 虚心的 ㉔ 机灵的 ⑯ 坚强的

其余的均为0分。

满分为140分,最低为－21分。

110分以上——创造力非凡;

85—109分——创造力很强;

56—84分——创造力较强;

30—55分——创造力一般;

15—29分——创造力较弱;

14分以下——创造力很弱。

（四）逻辑思维能力

表14.2 计分表

编号	标准	编号	标准	编号	标准	编号	标准	编号	标准	编号	标准
（1）	是	（2）	否	（3）/①	否	（3）/②	是	（4）	否
（5）/①	否	（5）/②	是	（6）/①	否	（6）/②	是	（6）/③	是
（7）	否	（8）/①	是	（8）/②	否	（9）/①	否	（9）/②	否
（9）/③	是	（10）/①	否	（10）/②	是	（10）/③	否	（11）/①	否
（11）/②	否	（11）/③	是	（12）/①	否	（12）/②	否	（12）/③	是
（13）/①	否	（13）/②	否	（13）/③	是	（14）/①	否	（14）/②	否
（14）/③	是	（15）/①	是	（15）/②	否	（15）/③	否	（16）/①	是
（16）/②	否	（16）/③	否	（17）/①	否	（17）/②	否	（17）/③	是
（18）/①	是	（18）/②	否	（19）/①	否	（19）/②	否	（19）/③	否

根据上表计算得分,答对一题给2分,答错一题或漏答题均不给分。满分90分,最少0分。

64分以上——优秀;52—63分——良好;40—51分——中等;

30—39分——中等以下;29分以下——较差。

表 14.3

专制类型		创新类型		支持类型	
项目	得分	项目	得分	项目	得分
1		2		3	
4		6		8	
5		7		9	
11		12		10	
13		14		16	
15		18		17	
21		19		20	
22		24		23	
总分		总分		总分	

三、工作环境的测评

（一）你的组织是什么类型的？

圈 A 者得 4 分；圈 B 者得 3 分；圈 C 者得 2 分；圈 D 者得 1 分；圈 E 者得 0 分。根据表 14.3 统计得分。

最后比较三种类型的总分，总分高的就说明你的组织属于这种类型。

各种类型各有优劣，关键在于如何运用各种类型来管理企业以及员工是否能适应某种类型的企业。

（二）你的工作难度是多少？

第 2、6、8 各题，A = 10 分；B = 8 分；C = 6 分；D = 4 分；E = 2 分；

第 1、3、4、5、7、9、10 各题，A = 2 分；B = 4 分；C = 6 分；D = 8 分；E = 10 分。

满分为 100 分，最低分为 20 分，根据上述标准统计得分，得分越高，说明工作难度越大，员工要胜任该工作越困难。一般认为工作难度在 80 分左右较适合。

（三）你所在小组的心理气氛好吗？

第 1、2、4、6、7、8、9、10 各题，A = 10 分；B = 8 分；C = 6 分；D = 4 分；E = 2 分。

第 3、5 各题，A = 2 分；B = 4 分；C = 6 分；D = 8 分；E = 10 分。

满分为 100 分，最低分为 20 分。根据上述标准统计得分，得分越高，说明你所在小组的心理气氛越好，如果得分在 50 分之下，可能会带来不良影响。

（四）你工作地点的物理环境好吗？

A = 5 分；B = 4 分；C = 3 分；D = 2 分；E = 0 分。统计全部得分，满分

为 100 分，最低分为 20 分。得分越高，说明你工作地点的物理环境越好。

四、人力资源管理能力的测评

（一）3 的倍数题计分方法如下：

A＝1 分；B＝2 分；C＝3 分；D＝4 分；E＝5 分。

其余各题计分方法如下：A＝5 分；B＝4 分；C＝3 分；D＝2 分；E＝1 分。

满分 100 分；最低分 20 分。

70 分以上——是一个很受人欢迎的人，具备从事人力资源管理工作的基本要求；

60—69 分——是一个较受人欢迎的人，需要进一步提高自己；

50—59 分——在同事的眼中印象还可以；

40—49 分——勉强受人欢迎，不适合从事人力资源管理工作；

39 分以下——是一个不受人欢迎的人，要注意改变自己的行为与态度。

（二）你具备管理潜能吗？

第 1—5 题，第 11—15 题，第 21—30 题，第 41—50 题各题答"是"者得 2 分，答"否"者得 0 分。

第 6—10 题，第 16—20 题，第 37—40 题，第 51—60 题，各题答"否"者得 2 分，答"是"者得 0 分。

各题未答者均得 1 分。

满分 120 分，最低分 0 分。

100 分以上：管理潜能较优；

90—99 分：管理潜能良好；

80—89 分：管理潜能一般；

70—79 分：管理潜能较差；

69 分以下：管理潜能缺乏。

第 1—10 题中：满分 20 分。

15 分以上：指挥他人能力较强；

11—14 分：指挥他人能力一般；

10 分以下：指挥他人能力较差。

第 11—20 题中：满分 20 分。

15 分以上：独立性较强；

11—14 分：独立性一般；

10 分以下：独立性较差。

第 21—40 题中：满分 40 分。

30 分以上：外向；

21—29分：中性倾向；

20分以下：内向。

第41—60题中：满分40分。

34分以上：社会性反应极强；

30—33分：社会性反应较强；

26—29分：社会性反应一般；

22—25分：社会性反应较弱；

21分以下：社会性反应极弱。

本章案例集

第15章 人力资源的三大层次——改革与思考

本章要点

1. 借用人力资源三大层次框架分析企业人力资源。
2. 提出人力资源管理改革的若干建议。

本章学习资料

引例

访谈：国企人事经理的"人事经"

去国有企业的人事部采访之前，难免让人想起那一张张面沉似水的"人事脸"，尤其那不温不火、滴水不漏的谈话功夫，多少令人担心这种采访会取得什么好的素材，但国有企业大环境在变，国企的人事经理的工作风格也在变，他们是否在人事管理的观念上有所变化呢？一位人事经理谈起了"国企该如何留住核心员工"的话题：

我们是一个比较开放的行业，也是一个主要靠人力资本赚钱的行业，几个人就可成立一家公司，承揽代理业务，所以，竞争相当激烈。因此，那些能给公司带来80%收入的核心员工，往往就成为别的公司"猎取"的重点目标。

由于我们人事部"管着"包括下属八十余家企业约5 000人的职工队伍，而且现在其中许多骨干已经流向一些外企或民企，所以，我们也感到了一种强烈的危机意识。于是，我们在公司全系统实施"人才工程"，通过采取岗位竞聘的办法，让优秀人才显露出来，发挥出他们的作用，使他们从以前"你要我干这个岗位"到"我很想干"的转变。

具体办法首先是改革收入分配制度，公司高层领导按年薪制，其他职工降低固定收入部分，加大岗位幅度部分和效益提成部分，给予特殊贡献的人才以特殊的待遇等等。另外，以前我们采取的是薪点工资制，但这种工资是一种比较典型的论资排辈的制度，所以，我们把它改为岗位工资，让一些后勤服务部门或其他辅助人员按市场一般价调整，而让为企业效益做出直接贡献的人员的收入，随每年企业效益的提高而提高，甚至关键的岗位都可以由对方报价。

这样做的目的，就是让核心员工感到企业非常看重他们，希望能留住他们的心。当然，我们留人和激励职工还采取了许多其他方法，比如将好的培训机会作为奖励员工的重要手段，让能力越强、贡献越大、工作越离不开的人去参加培训，而不是说让那些有较多空闲、工作中可有可无的人去培训。这是我们留住核心员工的一个很重要手段。当然，企业为此也做了较大的投入，但我相信这种投入是会有可观的回报的。

以上这些做法尽管在外资或民营企业看来，还依然略显传统，但作为一个国有企业，要真能把这些做好，并非易事。上级领导指示我们国有企业，要"事业留人、感情留人、适当待遇留人"，前两条我们既有思路也可以找到具体办法，但什么叫适当待遇留人？要想提高国企竞争力，为什么就不能用一流的待遇留住一流的人才？

其实，细算一下，国有企业的人力成本一点都不低，比如住房、养老、医疗保险这三大基金在企业成本中的比例相当大，为什么我们和外资企业的收入一比，就好像少了许多呢？关键是我们没有利用好住房这一优势。

有人开玩笑地说：虽然家家都有本难念的经，但国企人事部的经尤其难念。但我并不这样悲观。尽管国企受国家整个大政策的制约，许多事我们想做却不能做，比如，如果把国企住房补贴与市场房价之差的费用算在他的工资上，或者纳入奖励体系，绝对能吸引一大批业界优秀人才。

（资料来源自网络：赵曙明，刘洪主编：《人力资源管理案例集》，南京大学商学院）

思考题：
1. 传统国企的人事管理与现代人力资源管理不同之处？
2. 假如你是该人事部经理，请谈谈如何做好人力资源开发与管理工作。

我国国有大中型企业（简称大中型企业）是国民经济的重要组成部分，是我国国民经济收入的重要来源。随着改革开放的步子越迈越大，大中型企业中长年积累的问题与矛盾逐步表露了出来。一旦外部环境出现较为明显的变化（如市场疲软），大中型企业就不能很快适应，有的企业表面上看来产值上去了，但实际上经济效益并没有上去。这样，一些大中型企业不但没有为国家作出相应的贡献，反而给国家增添了不应有的包袱。

搞好大中型企业一直是一项重要任务，而搞好大中型企业一定要抓住人力资源管理改革这个根本来进行。

民营企业的发展为人力资源管理的支持提供了重要的舞台，越来越多的民营企业家开始重视人力资源管理，本章就一些人力资源管理的重要实践问题作一些探讨。

第一节 人力资源在企业中的地位和层次分析

一、人力资源是企业中最重要的资源

现代管理科学普遍认为，要搞好一个企业需要四大资源：人力资源、金融资源、物质资源和信息资源。在这四大资源中，人力资源是最重要的资源。如果一个企业缺乏人力资源，或者人力资源开发、管理出现了问题，那么，即使有了其他三大资源，也会失去优势，甚至变得毫无用处。如果一个企业有了优质的、足量的人力资源，那么，没有资金可以借贷、筹措；没有厂房可以建造、添置；没有信息可以收集、分析。

企业需要的四大资源原则上是可以互相转变的，其中人力资源作用最为活跃，因此，人力资源可以迅速转变为其他三大资源，而其他三大资源要转变为人力资源，速度较慢，干扰因素较多，有时甚至无法转变。

二、企业人力资源的三大层次分析

中国的人口数量位居世界第一。但人口多并不等于人力资源优，广义地说，智力正常的人都是人力资源。中国是一个人力资源十分丰富的国家，但是为何中国的经济发展并没有达到理想的速度，这涉及人力资源的层次问题。

第一层次的人力资源是指一部分未发育的人力资源。主要包括一些智力水平、知识技能未达到一定要求的人群。例如，儿童、文盲、缺少必要技能的人等等。

第二层次的人力资源是指一部分未利用的人力资源。这部分人群的智力水平、知识技能均已达到一定要求,但是还没被充分利用。例如,学非所用的人、用非所长的人等等。

第三层次的人力资源是指一部分已开发的人力资源。主要包括一些正在充分发挥其聪明才智的人群。例如,各类大显身手的厂长、经理、销售员、技工、工程师等等。

原则上说,一个国家,一个企业,第三层次的人力资源越丰富,其发展就越快,其经济效益就越好。

在成功企业中,第三层次的人力资源占大部分,也有一部分第二层次的人力资源。第二层次的人力资源是企业重点开发的对象,第一层次的人力资源企业往往不吸收。

三个层次的人力资源是可以互相转化的。例如,一家工厂引进一条先进的生产流水线后,就可能使许多第三层次的人力资源转变为第一层次的人力资源。经过培训、学习后,相当部分的员工掌握了新技术、新知识,那么这部分员工就转变为第二层次的人力资源了。当这些员工上岗工作后,他们又从第二层次的人力资源转变为第三层次的人力资源了。

目前,大中型企业中,人员常常超编,有真才实学的人不少,同时怀才不遇的人也不少,这说明不少员工是处于第一、第二层次的人力资源,有待于开发。一旦大中型企业中的人力资源大部分都转化为第三层次人力资源之时,也就是大中型企业腾飞之日。要达到这个目的,人力资源管理(也可称人事管理)的改革势在必行。

第二节 如何进行人力资源管理改革

大中型企业一般都有相当部分急待开发的人力资源,而开发人力资源非得进行人力资源管理改革不可。进行人力资源管理改革是一件牵一发而动全身的难事,为此,我们可以考虑采取以下的建议。

一、建立一个现代化的人力资源开发与管理部门

这里所谓的现代化,并非要引进多少现代化设备,或要购买多少现代化办公用具,而是要使从事人力资源管理的人员树立起现代化的人力资源概念,使他们应该明白人力资源是企业内最重要的资源、懂得如何去开发本企业内部的人力

资源、知道怎样去引进急需的人力资源、掌握激励员工的各种原则和方法，而不应该只是一个发发表格、看看档案、开开介绍信的办事员。要达到这个目标，首先应对大中型企业的人力资源管理部门的主要负责人进行一次轮训。

二、从招聘入手，严把入门关

大中型企业应该有用人自主权，向社会公开招聘员工应该成为企业人力资源的主渠道。在招聘时应杜绝一切开后门的现象，运用现代科学的测评手段，择优录取。新进企业的员工最好是第二层次的人力资源，这样可以减少许多培训费用。

从招聘入手，严把入门关，就能使新员工的素质相应较高，一个较高素质的员工组成的企业就较易建立良好的企业文化，这样就能促使企业持久地发展。

三、加强培训，普遍提高员工的素质

当前，大部分大中型企业人力资源管理改革的重点在于开发内部的人力资源，主要是让一些第一层次的人力资源转变成第二层次的人力资源，让第二层次的人力资源转变成第三层次的人力资源。要完成这一系列转变的关键工作是培训。

从现代科技发展的速度来说，人人都需要培训。从某种意义上说，任何一个人的自然发展趋势是退化到第一层次人力资源，因此，要使自己一直成为第三层次的人力资源，一定需要不断培训、不断学习。企业如何加强培训队伍、如何提高培训效果、如何改善培训条件等等都是需要进一步探讨的课题。

四、创造一个让人才脱颖而出的环境

换句话说，就是要使企业成为一个有利于让第二层次人力资源向第三层次人力资源转化的场所。

一个企业只有拥有足够数量的第三层次人力资源时，我们才可以认为该企业开发人力资源卓有成效，该企业才可能有发展前途，该企业才可能在竞争激烈的市场占一席之地。

一个企业中的第二层次人力资源如果不向第三层次转变，往往会退化到第一层次中去。例如：一位自学成才的英语专业大专生，如果长期不让他从事与英语有关的工作，那么有可能以后他的英语水平退化到自学前的水平。

大中型企业要创造一个让人才脱颖而出的环境可以从以下几方面着手：(1)建立必要的奖惩制度；(2)鼓励自荐和他荐；(3)不唯学历论，提倡唯素质论；(4)有关项目尽可能公开投标；(5)职务定期互换、交流；(6)鼓励自学成才；(7)建立技术档案；(8)允许兼职，等等。

五、改革工作时间

目前，我国企业中的工作时间一般是每周工作五天，每天工作八小时。由于我国许多大中型企业人员超编，许多企业中的员工每天实际工作只有五六小时，有的甚至只有二三小时。如果坚持每天工作八小时的工作制，会使许多人力资源白白浪费掉。每个企业可以根据各自的实际情况，执行每周五天、每天六小时工作制，或者执行每周四天、每天八小时工作制。另外也可尝试执行弹性工作制。

改革了工作时间之后：(1)可以缓和大中城市交通拥挤的矛盾；(2)使每个员工上班工作的时间相对充实一点；(3)减少一些企业员工对低收入的不满情绪；(4)使员工有时间管理家务、参加培训、从事兴趣爱好活动等等；(5)可以让员工去寻找第二职业；(6)一旦生产任务充足时，可以恢复原来的工作制，相应报酬也可以调整。

这样，平时在企业中看报、喝茶、聊天、打盹的时间都可以省掉了，出工不出力的现象也相对减少，人力资源浪费现象也相应减少了。

六、拓宽"出口"，使人员真正流动起来

一条河，如果只有入口而没有出口，那么必然水满为患。同理，一个企业，如果只有招聘而没有解聘，那么必然人满为患。

我国企业人员流动的"出口"狭窄是一个老问题。目前，许多大中型企业除了退休、死亡或犯罪，很少有人"流动"出去。这样，企业需要的人进不来，不需要的人出不去，再加上人际关系复杂，人情网的作用强大，致使许多企业无法搞活，生产率无法提高。

西方有些企业家搞三三制，即三分之一的员工必须保留，这部分员工是生产的骨干，一定要千方百计挽留下来。三分之一的员工是可有可无的，允许他们自由流动。三分之一的员工必须流动出去。当然，目前我国的大中型企业并不需要如此大的流动量，但有些员工是应该流动出去的，否则不利于人力资源的开发，如学非所用或用非所长的专业人员、自认为在其他单位更有前途的人员、工作一贯不胜任的人员等等。

合同制的建立与普及为人员流动创造了良好的条件，但是如果全部员工都无条件续聘，等于是把一只"铁饭碗"换了一只"铜饭碗"而已。

当前，在大中型企业中，人力资源管理的基本原则可以有三条：(1)优化硬环境和优化软环境同时进行，以优化软环境为主；(2)流动与激励同时进行，以激励员工为主；(3)奖励和惩罚同时进行，以奖励为主。

第三节 │ 由企业人力资源管理引起的系列改革

企业人力资源管理的改革是我国改革开放中的重要一环，因此，这项改革必然会引起一系列的改革，主要可能有以下几点。

一、失业保险（养老保险和医疗保险）

企业中的多余人员一旦流入社会，一时又找不到新的工作，就会产生一个失业问题。失业人员在失业期间的生活如何得到保障是社会主义制度需要认真对待的新问题。为了使失业人员在失业期间保持一定水平的生活质量，可以从以下几方面去进行改革：(1)国家财政中拨出一部分资金作为失业补助；(2)各地方、各部分拨出一部分资金作为失业补助；(3)各企业在解聘员工时，要根据聘用合同以及员工的工作年限或基本工资发放三个月至一年的工资作为解聘费；(4)在员工的工资总额中每月扣除一部分金额作为失业保险金；(5)鼓励员工自愿购买失业保险。

二、健全企业内部的规章制度

一旦实施了人力资源管理的改革，部门领导人或企业行政领导人的人事决策权就会相应增加，为此，必要的制约机制是必需的。我国的大中型企业是全民所有制的社会主义企业，工人是企业的主人，因此，在推动人力资源管理改革的同时，又要加强工人在企业中的地位。由此可见，建立与完善企业内部的规章制度显得格外重要，在这方面，我们可以从以下几方面着手：

1. 制定出合理的人员流动规定。例如：旷工多少天即作自动离职处理；离职报告必须在几天内答复，否则作同意离职处理，等等。

2. 加强党组织的监督作用。中国共产党代表了最广大人民群众的根本利益。因此，在企业中党组织要有效地行使监督权，使企业行政领导人的正确决策得到真正的贯彻，同时又要防止他们作出错误的决策或滥用权力。

3. 健全职工代表大会（简称职代会）的功能。职代会最重要的功能之一就是可以罢免或任命企业的主要领导人。职代会一定要由员工直接民主选举产生。要定期召开各种会议，收集、分析有关企业管理的各种信息。

4. 强化工会的作用。工会是工人的群众团体，直接代表工人的利益，与各级领导人进行合理的交涉。一旦工人由于种种原因而被错误解聘，工会有权与决策者直接交涉，促使决策者改变错误决策，向受损工人道歉，直至向职代会反映，根据合法程序罢免坚持错误的决策者。

三、普及就职培训

由于经济的发展和生产结构的调整,一些员工原来掌握的一部分技能可能会不适应企业的发展。这样,这部分员工就从第三层次或第二层次的人力资源退化到第一层次的人力资源。为了给这部分员工创造重新就业的机会,普及就职培训就显得格外重要。

某些大中型企业当然可以本身组织培训力量,强化就职培训。但是仅仅依靠企业是不够的,社会也应建立相应的培训机构,这些机构可以是营利性组织,这样政府就不必为此背上包袱。培训教师可以由有关专业的大专院校的教师和有一定理论水平的实践专家兼任,也可以有自己的专职教师。

本章小结

人力资源管理在现代企业中有着举足轻重的地位,我们可以通过对人力资源三大层次的系统分析,了解和调整组织人力资源状况。

对于许多组织而言,要想合理开发和利用人才,人力资源管理改革势在必行,我们可以通过建立现代化的人力资源开发和管理部门、严把招聘关、加强培训、创造支持性环境、改革工作时间、促进人员流动以及其他配套改革措施,来推动企业人力资源管理的改革。

关键术语

人力资源的层次分析　　人力资源管理改革　　人员流动

复习思考题

1. 您是如何认识"人力资源是第一资源"这一观点的?
2. 根据您的实践经验,区分一下企业内三大层次的人力资源。
3. 谈谈您对企业人力资源管理与开发方面的改革设想。
4. 您认为哪些因素制约了人力资源管理与开发方面的改革?

― 本章案例集 ―

第16章

人力资源开发与管理中的若干理论问题

本章要点

1. 因人设岗与因岗配人：两种常见人岗匹配方式的特点和选择。
2. 如何了解员工，并在此基础上合理使用人才。
3. 如何晋升员工，让组织中的人才发挥更大的价值。
4. 人才流动与人才培养对组织的意义，以及两者之间的关系。

本章学习资料

引例

GE 的 CEO 任用

美国通用电气公司（简称 GE 公司），是著名的多元化科技、媒体和金融服务公司，长期居于全球领先地位。优秀的企业离不开优秀的高层管理人才，对于 CEO 的晋升任用，GE 公司就有着一套严格的培养、考察、选拔和任命机制。

GE 第八任 CEO 杰克·韦尔奇就是这套机制下产生的优秀管理者,他的前任雷吉·琼斯用了 7 年时间才挑选了韦尔奇。从 1994 年韦尔奇 59 岁时,GE 公司就开始着手考虑考察和任用下一任 CEO 的问题,整个过程又一次历时七载。

这次 GE 公司的最后 3 名候选人,年龄最大的罗伯特·纳达利 54 岁,1971 年加入 GE;W·詹姆斯·麦克罗尼和伊梅尔特均是 1982 年加入 GE。3 名候选人都是 GE 公司的有功之臣,都取得过令人羡慕的骄人业绩,他们是各自领域中最成功和最受瞩目的领导人。选拔过程中对候选人的考核方式制度化并且十分审慎。考核是非常秘密地进行的,并不张扬,而且考核方式也很隐蔽。比如,韦尔奇经常通过举行晚宴和舞会等看似平常的方式对候选人进行暗中考核。此外,还通过董事会专门委员会不暴露目的地实地考察,对考察对象进行全面了解,包括管理特长、经营业绩、与下属关系是否融洽等等。全面了解一个人才需要漫长的时间,GE 经过 7 年的考察与评判,才最终确定伊梅尔特为韦尔奇下一任的 CEO。

(资料来源:王立贵:《美国 GE 公司 CEO 继任规划的启示》,《经济管理》2007 年第 20 期)

思考题:
1. GE 公司 CEO 的晋升任用有何特点?
2. GE 的做法对你有何启发?

第一节 因人设岗与因岗配人

一、因人设岗与因岗配人

因人设岗与因岗配人是企业中人力资源开发与管理中经常出现的两种现象。

(一)因人设岗

因人设岗是指企业中由于存在某一位或某一类人才而特地设立相应工作岗位的一种现象。

(二)因岗配人

因岗配人是指企业根据工作需要设立工作岗位,然后根据工作岗位的需要配置相应人员的一种现象。

二、因人设岗的利与弊

我国企业中的因人设岗主要是计划经济的产物,主要原因是:人才不能流动和任职只能高不能低,在西方企业中也有因人设岗的现象,但产生原因不同。

1. 因人设岗的优点：（1）发挥一些特殊人才的作用；（2）减少一些战略人才的离去；（3）使企业走上多种经营的道路，分散风险。

2. 因人设岗的缺点：（1）冗员越来越多；（2）影响其他员工的积极性；（3）形成一种只能上不能下的不良风气。

三、因岗配人的利与弊

因岗配人是市场经济的产物，在西方企业中占绝大多数情况，我国企业也正在逐渐转变为以因岗配人为主。

1. 因岗配人的优点：（1）减少冗员；（2）提高生产率；（3）有利于人才流动；（4）有利于发挥大多数人的积极性；（5）有利于人尽其才。

2. 因岗配人的缺点：（1）可能使一些人失去工作；（2）可能使某些战略人才离职。

四、企业家的选择

在企业中，领导者应该选择因人设岗还是因岗配人呢？毫无疑问，我们应该选择因岗配人。但是，我们在实施因岗配人的方案中应该注意以下几点：

1. 鉴别出战略人才，并以适当的方式加以保留，这类人才的特点是：目前作用较小，但随着企业的发展，他们的作用将越来越大。

2. 设立工作岗位时要有发展眼光。

3. 人才流动时要特别关心离去的人员，这样一旦需要，他们还可能再回到企业。

第二节 知人与善任

一、知人与善任

（一）知人

知人就是指了解他人。了解他人是个复杂的过程，严格来说，一个人不可能完全了解另一个人，因此，能了解他人的主要方面就算十分了解他人了。在企业中知人主要包括以下一些方面：（1）了解他人的基本情况，如姓名、年龄、文化程度、家庭成员、兴趣爱好、身体状况等等；（2）了解他人的特长与优点；（3）了解他人的弱点与缺点。

（二）善任

善任就是指领导者善于让适当的人担任适当的工作。在企业管理中，善任是成功的一个关键因素，在人力资源开发与管理中，善任是其主要任务之一。

二、知人的意义与知人的难度

1. 知人的意义。在企业中，知人的意义十分重大，主要有以下几点：(1)有效地激励员工；(2)发挥每个人的特长；(3)便于沟通；(4)正确、有效地奖励与惩罚。

2. 知人的难度。真实、全面地了解他人有着相当大的难度，主要是由下列因素造成的：(1)许多员工在同事之间不愿谈论自己，尤其是不愿涉及隐私，或是在进行印象管理过程中，只表露自己最佳的一面；(2)有时个体自己并不清楚自己的长处与弱点，只有在特殊情境下才能反映出来；(3)个体的心理活动是观察不到的，个体的行为可以反映出一部分心理活动，但行为不代表全部心理活动；(4)个体一直处在变化之中。

三、知人的途径

虽然知人并非易事，但只要有正确的途径，还是可以知人的，知人的主要途径有以下几种：

1. 与人为善。知人的目的是为了帮助他人，支持他人，使他人有更大的发展，这样，就有了良好的知人基础。

2. 学习、掌握心理学知识。严格来说，知人是以了解一个人心理活动为主的过程。相对来说，了解他人直观信息比较容易，而了解他人的心理活动则比较困难。有了丰富的心理学知识、掌握基本的心理行为规律后知人就比较容易了。

3. 善于观察。个体的许多特点在工作中、生活中都会不由自主地流露出来，尤其在重大事件或特殊事件中更会暴露无遗。只要善于敏锐地、客观地观察，就能更深入、真实地了解他人的特点。

4. 经常沟通。沟通是知人的一条重要途径，经常进行有效的沟通，可以迅速而全面地了解一个人。

四、善任的意义与影响善任的因素

1. 善任的意义。善任是管理者的重要职责，也是企业发展的强大推动力。一个企业，只要领导者善任，该企业基本上已立于不败之地了。善任的重要意义如下：(1)将每个人的积极性都充分发挥出来；(2)减少了用人失误带来的损失；(3)增加了企业的凝聚力；(4)有效地提高了生产率。

2. 妨碍善任的因素。对善任产生不利影响的主要因素是企业中领导者态度或能力上存在的一些问题，具体包括：（1）妒忌心太强；（2）偏听偏信；（3）凭利害关系用人；（4）凭感情用人；（5）知人不够；（6）不了解工作岗位的性质；（7）私心太重；（8）缺乏领导艺术。

五、知人与善任的关系

知人与善任的关系密切异常，缺一不可，主要表现为：

1. 知人是善任的基础，一个不知人的人一定是一个不善任的人。
2. 善任是知人的目的，在企业中知人的目的是为了善任，只知人而不善任对于管理者来说，是一种无意义的知人。

第三节 员工晋升与员工使用

一、员工晋升与员工使用

1. 员工晋升。广义的员工晋升是指员工从事更高一级的工作，狭义的员工晋升是指员工原从事操作工作改变为从事管理工作，简称为晋升。
2. 员工使用。员工使用是指企业中发挥员工智力和/或体力的过程。

二、晋升的积极作用与消极作用

在企业中，晋升既有积极的作用，也有消极的作用。

1. 晋升的积极作用。（1）强烈地激励了被晋升者，并对相关员工起到鼓励作用；（2）更充分地发挥被晋升者的潜力；（3）发掘了本企业的人才。
2. 晋升的消极作用。（1）可能挫伤一部分员工的积极性；（2）可能使被晋升者原有的知识和技能变得毫无用处；（3）可能浪费了本企业的人才。

三、晋升的条件

1. 能干不一定是晋升的条件。能干是指善于完成目前的工作。有时，人们往往把晋升当作奖励能干的一种措施，其实这是一个极大的误会。能干的人是适合于从事目前工作的人，一旦晋升，很可能把一位能干的人调离了其适合的工作岗位，从此变为一位不能干的人了。

> **案例**
>
> 例如：某企业有一位明星推销员李某，每年的销售额和销售利润都雄居榜首。一天，销售部经理要退休了，总经理任命李某为销售部经理，原指望他以自己丰富的销售知识和卓越的销售技巧带动其他推销员，不料，李某一点不善于管理，半年下来，整个销售部业绩明显下降，众多推销员怨声载道，李某自己也十分苦恼，总经理不得不撤换了他。

2. 晋升的具体条件：(1)有一定的管理才能；(2)晋升后发挥的作用比原来更大；(3)有利于调动大多数员工的积极性。

第四节 人才流动与人才培养

一、人才流动和人才培养

1. 人才流动。广义的人才泛指第二层次的人力资源和第三层次的人力资源。狭义的人才是指上述两个层次的人力资源中的杰出者。人才流动是指由于各种原因，社会中的人才离开原来的工作岗位，走向新的工作岗位的一个过程。

人才流动可以发生在企业内部，如一位适合于搞销售的办公室秘书从办公室调到销售科去。也可以发生在企业与企业之间，如甲厂的一位副厂长到乙厂去任厂长。目前通常讲的人才流动是指后者。

2. 人才培养。广义的人才培养是指组织使第一层次的人力资源转变为第二层次的人力资源或使第二层次的人力资源转变为第三层次的人力资源的过程。狭义的人才培养是指组织为了特定的组织目标，满足组织特定的需求，运用具体的培训方法，使人员掌握特定的知识和技能的过程。

二、人才流动的意义

人才流动对于整个社会合理使用人力资源都有重大意义，从企业管理的角度来探讨人才流动的意义，主要有以下几个方面：

1. 有利于发挥每个人的潜力。任何人都有长处和短处，一个人不可能干好所有工作。一个人只有在适当的工作岗位上才能充分施展其才华，但人并非一进入职业生涯就一定能准确无误地找到自己最适合的工作岗位，而人才流动是个体寻找适当工作岗位的一条重要途径。

2. 有利于淘汰一些素质差的企业。任何企业的"栋梁"都是人才，一旦人才走空，企业也难以为继。企业正处在激烈竞争的社会之中，人才流动是人力资源市场竞争的必然趋势，一个企业如果对人才没有足够的吸引力，则是其综合实力不足的体现。人才用脚投票，将逐渐促使综合实力较差的企业被市场淘汰，同时促进了素质高的企业蓬勃发展。

3. 有利于整个社会重视人才。人才流动性的增强有利于完善人力资源市场，人才的价值才能充分体现，从而引起社会重视，促使社会加大投入来培养人才。因此，要使全社会重视人才，提高中华民族的整体素质，我们应该积极支持人才流动。

三、影响人才流动的因素

影响人才流动的因素很多，有社会因素、法律因素、文化因素、体制因素等等，这里，我们主要讨论一些企业内部因素。

1. 经济报酬。经济报酬是指工资、奖金等金钱收入。人才流动的一个基本趋势是流入报酬更高的企业。

2. 福利。福利是企业为员工提供的除金钱以外的物质待遇，可以包括：休假、医疗保险、退休金、娱乐设施等等，福利优越、满足员工需要的企业容易吸引人才。

3. 工作兴趣。有些人才对工作兴趣特别看重，只要让他们干有兴趣的工作就能吸引他们。

4. 工作稳定性。工作稳定性是指员工可以长期工作的权力。不会被除名也是吸引人才、促使人才向内流动的一个重要因素。

5. 晋升。能提供更顺畅的晋升通道、更多晋升机会的企业会吸引更多人才。

6. 有职有权。单单有高职位还不够，一定要使在职者有实权，这样就可能吸引想大展宏图的人才。

7. 企业形象。人才倾向于流入企业形象较佳的企业，一旦企业形象破坏，人才流走是很正常的。

8. 培训机会。培训机会多也是吸引人才的因素之一，在瞬息万变、竞争激烈的社会，员工越来越多地希望不断提升自身人力资本价值。

9. 有效沟通。企业中的沟通渠道不畅，尤其是上行渠道不畅也是人才离开的因素之一。

10. 工作环境。工作环境舒适、安全会吸引许多人才，因此这也是影响人才流动的一种因素。

影响人才流动的因素很多，在企业内部主要有上述十种因素，有时一种因素就可能引起人才流动，有时要几种因素共同作用才引起人才流动。

四、人才培养的意义

人才培养对于企业来讲具有重要的意义。

1. 提高企业人力资源的质与量，有利于企业的发展。企业的发展依赖于人才，当然，选用现有的人才是最直接的途径，但企业现有人才并非总是能满足企业发展需要，此时，除了吸引外部人才进入企业，针对企业发展需求提升员工人力资本价值、培养内部人才是十分重要的手段。

2. 提高企业的凝聚力。员工在企业中受到培训会对更好地满足自身成长与发展需求，对企业产生更强烈的归属感，这样，越是注重培养人才的企业，越具有凝聚力。

五、影响企业人才培养的因素

在企业中影响人才培养的主要因素有以下几方面：

（一）领导者的态度

随着竞争机制的不断完善，现在已很少有领导者认识不到人才的重要性，但是如何获得人才，每位领导者的思路却是不同的。有的主张在内部培养人才，有的主张从外部引进人才，有的主张加强配置、提高利用率，这样就使得企业中人才培养工作受重视的程度不同。

（二）社会环境

不同的社会环境也会影响企业中的人才培养，例如美国的社会环境倾向于影响企业引进人才，而日本的社会环境则倾向于影响企业培养人才。

（三）经济

在不少企业中，培养人才是一项软任务，对经济状况的敏感度较高，即当经济状况较好时较注重培养人才，当经济状况较差时就可能忽视培养人才，这是由于培养人才需要资金投入，而其效果的产生却需要较长的时间。

六、人才流动与人才培养的关系

人才流动与人才培养关系十分密切。

（一）人才流动促进人才培养

在许多情况下，企业中的人才流走了，企业不得不自己再培养人才；在某些情况下，企业中引进了人才，可是不能完全适应需要，又不得不借助于培养。

（二）人才培养促进了人才流动

企业中较完善的人才培养体系会吸引人才流入，但员工经过培养和提升也会在外部人力资源市场上有更高的价值和竞争力，从而遇到机会也更有可能离开当前组织。

（三）人才流动的规范化

人才流动性的提高是大势所趋，但是一个企业花费大量人力、物力、财力培养的人才被他人"抢走"，这将导致企业不再愿意投入资源培养人才，进而不利于人才整体素质的提升。关于如何使人才流动规范化，这里提一些建议供参考：

1. 政府应完善相关法律法规，促进企业重视人才培养，同时又有利于人才合法流动。

2. 各企业在相关法律法规的框架内制定规章制度，促进企业员工留得安心，走得愉快。

3. 企业与员工明确权责，发扬契约精神，如在参加培训前约定为企业服务的年限，以及一旦违约需向企业支付的赔偿。

本章小结

因人设岗与因岗配人作为两种常见的人岗匹配的方式，分别有着各自的优势与劣势。然而，随着市场经济的完善，企业应该更多地选择因岗配人，以减少冗员、提高效率，并激发员工的积极性。

能将合适的人放在合适的岗位上谓之善任，知人是善任的基础，然而想要知人却并非易事，需要我们在学习、掌握心理学知识的基础上勤于观察、善于沟通，并与人为善。

晋升是组织人力资源管理中的重要议题，我们不但要知晓晋升的好处，更要认清它可能带来的风险，并在员工满足晋升条件时作出晋升决策。

人才的流动和培养对于社会、企业都有着重大意义，同时两者之间有紧密的关系。只有认清人才流动与培养之间的关系，才能让它们相辅相成地保证组织人力资源的质与量。

关键术语

因人设岗　　因岗配人　　知人　　善任　　员工晋升　　员工使用　　人才流动　　人才培养

复习思考题

1. 您是如何认识和运用因人设岗与因岗配人的？
2. 知人与善任的首要条件是什么？两者的关系如何？

3. 员工晋升与员工使用的差别在哪里？对优秀员工是否一定要晋升？为什么？
4. 人才流动对企业有何利弊得失？您对人才流动抱何种态度？为什么？
5. 如何正确处理人才流动和人才培养的关系？

本章案例集

第17章 人力资源开发与管理的新趋势

本章要点

1. 未来的企业组织有着网络化、扁平化、灵活化、多元化和全球化等特点,需要我们针对这些特点进行适应性的调整。
2. 未来的人力资源管理将提升至战略层面,围绕企业战略目标而进行。
3. 未来的人力资源部和人力资源经理都将在企业中扮演多重角色,发挥更加重要的作用。
4. 未来的企业家将需要全方位的能力,可以概括为态度、有效性和情商三个维度。

本章学习资料

> **引 例**

梅赛德斯－奔驰公司的"未来工厂"

为预见和适应未来环境的急剧变化，企业组织的发展出现一系列新趋势，人力资源管理在未来的组织中将如何发挥作用是一个需要我们思考的问题。当梅赛德斯奔驰公司于1990年代末在亚拉巴马州创建新工厂时，也获得了一个机会来"从零做起"，设计21世纪的汽车制造体系。这个体系是"精简生产体系"的前身，它强调即时生产的方法。生产线上的每一部分都实行即时制，因此存货数量微乎其微。由于减少了影响质量的意外事故，所以它强调稳定的生产流程。这个新的体系把员工组成一个工作团队，并强调所有的员工必须投入到持续的改善中。

工作分析在这个"未来工厂"中起着重要作用。梅赛德斯－奔驰的亚拉巴马工厂中的职位描述相对简单和标准化，而没有数目庞大的职位描述，事实上只有相对较少的不同的职位描述或岗位名称。这使得员工在一个团队中从一个岗位转向另一个岗位变得相对容易，并鼓励员工要超越他们自身的工作，找到改善工厂运营的方式。例如，一个团队超越自己的工作范围对组装零件通过的搁物架进行了重新设计，从而改进了工厂的生产力和产品质量。

现在这个新体系已经在亚拉巴马的工厂证明了其自身的价值，正在被推广到世界各地的工厂。例如，在美国、南非、巴西、德国的工厂均开始使用这种新的生产体系，包括这种简化的、覆盖面更广的职位描述。

人力资源开发与管理理论与实践的发展一日千里，十年前在这个领域内行之有效的方法，在如今新的情境下可能已是明日黄花。新世纪的竞争将更趋激烈，而竞争的焦点是争夺人力资源，尤其是争夺高质量的人力资源。一旦我们了解了人力资源开发与管理的新趋势，我们就能为迎接未来的竞争做好准备，这样才可能立于不败之地，使企业得到持久的发展。

（资料来源：《人力资源管理》（第十版·中国版），加里·德斯勒和曾湘泉著，中国人民大学出版社，2007年版，第105页。）

思考题：
1. 梅赛德斯－奔驰公司的"未来工厂"有何特点？
2. 这些特点适应了哪些未来环境的发展趋势？

第一节 未来的企业组织

从1980年代末1990年代初开始，企业组织为了应付市场竞争的挑战，出现了急剧的变化，开始形成未来企业组织的雏形，21世纪的到来，特别是全球金融危机的影响，更是将企业组织带入了新时代，不少管理学家对此进行了广泛的研究。一般认为，未来的企业组织具有以下特点：网络化、扁平化、灵活化、多元化、全球化、虚拟化和无边界化。

一、网络化

很长时间以来，管理理论和实践一直强调个人权、责、利分明的直线式管理。而未来组织为了更好地适应环境，多部门、多群体之间是"可渗透的"或"半渗透的"，而不再是封闭的。

网络化有以下一些特点：

1. 组织的活动以团队作为职能单位，而不是以个人或群体为单位，并且团队是跨职能部门的。这样，一个团队的成员，可能有的来自财务部，有的来自产品开发部，有的来自销售部，等等。

2. 可以获得横向的、纵向的多方面的信息，整合不同的能力，并得到各部门的协作。

3. 可以更好地满足客户的需求，同时与供应商保持更密切的联系。

4. 可以更好地协调企业各方利益相关者，保持更好的关系。

二、扁平化

扁平化是指组织中的管理层次减少，而管理幅度增加。许多国际性大公司正在不断地取消中层管理人员，这种扁平化的趋势在未来将进一步发展，主要原因有以下几点：

（一）应对日趋复杂的环境变化

由于市场的变化越来越快，需要企业作出快速的反应，而原来一套又高又长的金字塔式的科层制已明显不适应新的市场环境。企业应该适当授权，让较低层次的员工拥有一定的决策权与自主解决问题的权力，进而提高企业的竞争力。

（二）信息技术的快速发展

信息技术的发展日新月异，办公室自动化日益普及。原来传递一份文件需要几天，甚至几周，现在用传真或电子邮件，几分钟甚至几秒间就能完成。移动电话、网络视频等即时通讯手段的普及使指挥千里之外的员工也如近在咫尺。这样势必使原来维持企业正常运作必需的一部分中层管理者变得冗余。

（三）人力资源成本上升

企业要在竞争中取胜，一定要使生产率提高，而降低成本是一个重要措施。而目前我国人力资源成本节节攀高，因此，减少人员成了许多企业无可奈何的选择。未来企业组织要求人力资源是少而精，这样既保证员工的生活质量，又提高企业的生产率，而扩大管理幅度、减少管理层级的扁平化趋势与此要求不谋而合。

企业的扁平化主要取决于：企业家的管理理念、经理人的管理水平和员工的职业化程度。

三、灵活化

灵活化是指为了满足员工、客户和其他重要的利益相关者的各种各样需要，企业必须打破僵化的规章制度，采取灵活的方法。

传统的企业组织都有严格的规章制度，以显示公正与公平，同时职责分明。而未来的企业组织更需要员工的主动性、自觉性。而灵活化是对高素质员工的一种挑战，也是一种激励。

促使未来企业组织灵活化的主要动因有以下几种：

（一）激烈的竞争

现在，越来越多的客户不再满足于大规模生产的结果，要求企业为他们提供个性化定制的特殊产品或服务。如若不能满足此类客户需求，企业就会失去相当一部分潜在客户。

（二）多元化的员工

随着经济的全球化，随着交通工具的不断发展，地球变得越来越小了，企业里的员工将来自不同的国家，有不同的文化背景、宗教信仰、生活方式。因此，不能一刀切地来管理所有的员工。

（三）环境的复杂性与不可预测性

企业所处的环境中有诸多因素影响企业的运作，而环境的复杂程度与不确定性正日趋上升，如果根据原来的一成不变的方法去应付千变万化的环境，那么该企业必定会陷入困境。因此，灵活性是未来企业组织的一个重要特点。

四、多元化

多元化是指未来企业组织的员工组成、职业途径、激励系统、价值观等各方面都呈现出极大差异的状态。

员工多元化会表现为：在人口统计学特征上，员工来自世界各地、属于不同的民族、有着不同的信仰和文化；雇佣方式上，有全日制员工、非全日制员工、临时员工、派遣员工等等；工作方式上，有按传统工时上班员工、有在家办公的员工、灵活工时员工等等。

职业途径多元化会表现为：员工再也不会把在同一公司向上晋升看作是自己唯一的出路。员工往往会选择自己喜欢的工种，选择自己喜欢的公司，或者选择自主创业。

激励系统多元化会表现为：背景多元化的员工在各自需求上也体现出多元化，不但物质需求的具体形式各不相同，也会有更多超越物质层面的精神需求。而精神方面的需求和相应的激励手段将要求有更强烈的针对性、个性化特点，这使人力资源管理实践者面临激励员工的新的挑战和机遇。

产生多元化的动力主要有以下几点：

（一）多元化员工

在未来企业组织中，员工的流动性会更大，员工的差异会更大。

（二）需要更多的创造性

为了要更好、更快地解决市场中遇见的各种新问题，企业只有不断地创造出新的方法，才能保证企业赢利，而创造性是多元化的孪生兄弟。

（三）网络化、扁平化和灵活化趋势的影响

企业的网络化、扁平化和灵活化都与企业的多元化紧密相连。

网络化以团队为基础，打破原有职能部门的界限，是工作团队，继而其他方面多元化的基础。扁平化后，传统晋升的机会少了，较低层的员工有更大的自主权，职业途径、激励系统的多元化势在必行。灵活化本身就是对多元化的一种反应和结果，而灵活化又会形成新一轮的多元化。

五、全球化

全球化，又称国际化，是指未来企业组织的经营活动往往不局限于本地或本国，而在全球范围内进行。组织全球化的背景是一种统一的全球经济趋势，国家界限被基本打破，产品、服务、人才、信息和金融资本在国际间相对更加自由地流动。

企业走向全球化受到下列因素的强烈推动：

（一）降低成本

降低成本是企业全球化的最强大动力，又可以分为以下几个方面：

1. 降低原材料运输成本。在原材料生产国组织相关的生产，可以大幅度地降低运输成本。

2. 降低劳动力成本。各国劳动力成本的差异性在今后相当长的一段时期内不会消失。因此，许多企业为了降低成本，把一些生产经营活动从劳动力成本较高的国家转移到劳动力成本较低的国家，成为一种必然的选择。

3. 降低办公成本。未来企业组织的市场一定是全球性的，往往会在其他国家市场销售自己的产品。如果生产和销售都在一个国家内进行，那么交通费、通讯费等相关成本就可以显著下降。

（二）市场的全球化

随着物流、信息流的日渐发达、不同文化的不断融合，商品与服务在国家间

的流动也越发自由和频繁。虽然各国或多或少有些贸易壁垒,但只要考虑各国的实际需要,度身定制的产品和服务获取全球市场份额的机会将越来越多。

(三)激烈的竞争需要

竞争的结果为市场提供高质低价的产品。为此,全球化是一种很好的形式。一个跨国企业可以在 A 国利用雄厚的科技力量开发新产品,可以在 B 国利用当地廉价的原材料,在 C 国利用便宜的人力资源,在 D 国以较高的价格满足市场的需求。

六、虚拟化

随着 21 世纪信息技术的飞速发展,出现了越来越多以信息技术为支撑而存在的组织。虚拟式组织(Virtual Organization)指的是没有真实地理位置的总部中心,而是借由各类电信科技而存在的组织。区别于集中存在于特定地理位置的传统组织,虚拟组织在以下几个方面有着鲜明的特点:

1. 依托强大的信息技术与网络技术,需要有优质的通讯平台作保障;
2. 跨越空间的界限,有利于以更低的成本在全球范围内整合各种资源(尤其是人力资源);
3. 发达的信息技术和分散的工作形态为企业的内部沟通方式和中间管理层的作用带来深刻变革,使得虚拟组织通常高度扁平化。

七、无边界化

无边界组织(boundaryless organization)是指其横向的、纵向的或外部的边界不由某种预先设定的结构所限定或定义的这样一种组织设计。这一趋势与灵活化紧密相关,在当今和未来动态的外部环境下,组织为了灵活、快速地做出反应,实现更有效的运营,需要适当地打破部门之间、层级之间,以及组织与客户和供应商之间的"隔墙"。当然,无边界化并非否定原有的在不同部门、层级设置特定工作岗位的组织设计,而是强调打破僵化地划分边界,强调相互之间的"可渗透性"。

第二节 未来的人力资源管理

未来的人力资源管理是一种战略型人力资源管理,即围绕企业战略目标而进行的人力资源管理。

一、战略型人力资源管理的目标

战略型人力资源管理的目标就是为众多的利益相关者服务。

未来企业的利益相关者主要有七大类：本企业（管理者）、投资者（股东）、客户、员工、社区、战略伙伴和政府。利益相关者的利益往往是有差异的。

（一）本企业（管理者）的主要利益所在

1. 提高生产率。生产率是指通过每个员工的努力，提高产品和服务的价值。提高生产率对于任何一家企业来讲都是十分重要的。尤其是进入 21 世纪后，竞争日趋激烈，而竞争的焦点是人力资源的竞争，是人力资源质和量的竞争，是人力资源管理的竞争。通过卓越的人力资源管理来提高生产率变得势在必行，许多成功企业的例子都说明了这一点。中国企业在提高生产率方面还有许多路要走。

2. 提高利润。一个企业如果长期盈利能力欠佳，将会面临被市场淘汰的严重威胁。要提高利润，可以从以下几个方面着手：开发新产品，生产高质量的产品，降低运作成本，开拓新的市场等等。这些方面都离不开人力资源管理的支持。

3. 确保生存。由于外部环境和内部环境都在不断的变化，一个企业要确保生存不是一件容易的事，而人力资源管理的一项重要任务是在各种条件下确保企业生存，力求发展。

4. 提高适应能力。适应能力的高低是未来企业成功与否的一个重要标志。而企业的适应能力取决于企业内人力资源的适应能力，因此，只有卓越的人力资源管理才能提高适应能力，使企业立于不败之地。

5. 确立竞争优势。作为新兴经济体，中国是 21 世纪的投资热点，许多跨国公司到中国来逐鹿是必然的趋势，由此引发的竞争不言而喻。而要确立竞争优势，要依靠卓越的人力资源管理，促使各级管理者和基层员工的个人目标与企业战略目标相一致，充分发挥积极性、主动性和创造性，为企业赢得竞争优势。

（二）投资者（股东）的主要利益所在

1. 提高资金的回报率。对于上市公司而言，运作的好坏很大程度上体现为股价的高低，而股价又是由该公司的盈利能力，尤其是长远的盈利能力来决定的。对于非上市公司，红利的多少是相当重要的。因此，未来的人力资源管理一定要时时注意：提高资金的回报率。

2. 增加市场占有率。资金的回报率是不会凭空产生的。其中，增加市场占有率对于保障营业收入、进而保障盈利能力起了十分重要的作用，人力资源管理一定要为增加市场占有率作出贡献。

3. 资金的周转率，这也是资金回报率的一个重要基础。

（三）客户的主要利益所在

客户的主要利益在于：（1）为客户提供高质量的产品；（2）为客户提供高质量的服务；（3）对客户的投诉或问题要快速反应；（4）为客户尽量降低成本，降低费用；（5）为客户不断创新，以满足客户的不同需要。

（四）员工的主要利益所在

1. 公平对待员工。企业的事是要靠员工做的，员工能否快乐高效地工作，并不只取决于员工个人各方面报酬的多少，还取决于员工将自己的投入产出与他人进行比较后，是否觉得公平。随着商业模式、用工模式以及组织团队构成的日益复杂化和多元化，在未来，更要在人力资源管理方面重视公平地对待员工。

2. 提高员工士气。只有提高员工的满意程度才能提高员工士气。而提高员工士气，并不能只依靠加工资来维持，因为工资增加到一定程度，不但人力资源成本过大，且其激励效果也会出现边际效用递减的倾向。因此，未来的人力资源管理要依靠综合方法来提高员工士气。

3. 适当授权。授权对员工的激励因素是巨大的。未来人力资源管理要调动每个员工的积极性，应该让每个员工尽可能自己管理自己，但授权又要适当，否则企业将无法管理。

4. 保障员工的身体健康与心理幸福。员工是企业最宝贵的财富，尤其是知识性、创造性人才在企业中将会发挥越来越重要的作用。而想要充分发挥他们的才能，既要充分重视保障员工的身体健康，更要注意提升他们的工作幸福感。这要求企业运作的各个环节都要落实"以人为本"的理念。

5. 提高员工的适应能力。要在未来的不确定性更高、变化更急剧的社会环境中生存与发展，一个人的适应能力是相当重要的。人力资源管理有责任帮助提高员工的适应能力。

（五）社区的主要利益所在

1. 遵纪守法。企业要长期发展，一定要成为遵纪守法的模范。企业要遵守政府颁布的各项法律，也要遵守当地社区的社会规范。为企业和社区共同发展打下一个良好的基础。

2. 承担社会责任。企业通过向社会提供优质产品和服务以获取合理利润的同时，也应该承担必要的社会责任。尤其在社区内，企业应该在自己力所能及的基础上承担相应的社会责任。例如，援助希望工程、协助搞好地区治安、搞好环境卫生等等。

3. 重视道德建设。中国社会历来有许多优秀的道德传统，企业应该重视道德建设。为社区服务出一份力。

4. 重视环境保护。随着科技的发展，地球已成为一个村落，保护环境就是保护我们自己，企业应该高度重视环境保护，这样才能真正与社区建立良好的关系。

（六）战略伙伴的主要利益所在

企业的战略伙伴有许多，主要有以下四种：

1. 供应者（商）。绝大部分企业都需要其他企业或单位为其提供原材料、设备、人员、信息和资金。任何企业离开供应者（商）几乎均无法生存。人力资源管理要特别重视与人员供应者（商）的关系。例如，各类大学、职业学校、猎头公司、人力资源咨询公司、职业介绍所、人才市场等。

2. 工会。工会代表工人的利益，而企业发展是工人利益的根本所在。因此，工会也是一种战略伙伴。在未来，更好地与工会合作，才能更好地协调劳资双方的利益，从而更有力地激励员工为企业的利润目标和战略目标而努力。

3. 合资企业中的合作伙伴。由于大家出资合办企业，利益是共享的。因此，合资企业中的合作伙伴成了天然的战略伙伴，人力资源管理当然有义务为其服务。

4. 媒体。网络技术的发展和普及，使媒体和舆论的作用越来越大，人力资源管理与媒体的协调关系十分重要。

（七）政府的主要利益所在

1. 合法纳税。税收是政府财政收入的主要部分。税收是国家调控经济的重要杠杆之一。

2. 合法经营。企业是一个盈利组织，盈利是天经地义的事情，但是政府不允许企业非法经营，否则，政府一定会干预。

3. 维持社会稳定。政府的主要功能是为全体公民服务，维持社会稳定是其基本的工作，因此一旦企业大规模的辞退员工，或者劳资双方激烈的冲突，政府都应该适当干涉。

二、战略型人力资源管理的特点

战略型人力资源管理的特点是扮演了五个角色：战略决策角色、战略职能角色、解决问题角色、行政管理角色和管理变化角色。

（一）战略决策角色

未来的人力资源管理扮演战略决策角色，其中主要包括以下几个方面：（1）参与企业重大的业务决策；（2）把企业的战略贯彻到人力资源管理战略中去；（3）高管团队中分管人力资源的管理者是越来越不可或缺的成员；（4）帮助管理者创立和传承企业文化；（5）帮助员工满足客户的需要。

（二）战略职能角色

未来的人力资源管理扮演战略职能角色，其中主要包括以下几个方面：（1）选择合适的人才以满足企业战略需求与文化需求；（2）帮助设计、贯彻绩效计划和评估系统以逐层、逐步地完成企业战略目标；（3）帮助设计、实施报酬系统以保障企业有持续的发展动力;(4)设计并实施员工培训、发展、职业管理系统;(5)帮助所有管理者实施重大的、战略性的人力资源管理职能。

(三)解决问题角色

未来的人力资源管理扮演解决问题角色,其中主要包括以下几个方面:(1)提供其他企业已实践证明的有用信息和经验;(2)收集、分析、传播与人力资源有关的重要信息,以帮助管理层作出正确的战略计划,进行正常的日常活动,以及作出正确决策;(3)在员工问题方面,人力资源管理进行正确诊断并提出可行的解决方案。

(四)行政管理角色

未来的人力资源管理将继续扮演其早已有之的行政管理角色,其中主要包括以下几个方面:(1)帮助设计和改进人事行政管理系统;(2)人力资源管理必须完成一些必要的行政管理工作,例如:聘用人员、签署法律文件、整理档案等等。

(五)管理变化角色

未来的人力资源管理扮演管理变化角色,其中主要包括以下几个方面:(1)帮助设计或重新设计适应变化环境的组织结构;(2)基于对企业文化的准确把握,引导与企业基本价值观一致的变化;(3)引导组织的适应环境的广泛变化;(4)实施员工关系改进系统;(5)尽可能地扩大员工多元化的优势;(6)促进适应全球化的管理系统。

三、与传统型人力资源管理的比较

战略型人力资源管理(strategic human resource management, SHRM)与传统型人力资源管理(traditional human resource management, THRM)的区别十分明显,我们可以从五个维度进行比较(见表17.1)。

表17.1 战略型人力资源管理与传统型人力资源管理比较

	战略型人力资源管理 SHRM	传统型人力资源管理 THRM
战略决策角色		
1. 重要关系方面	内部客户和外部客户的关系	工人与管理者之间的关系
2. 人力资源激励特点方面	预先制定好的和系统性的	反应性的和零碎的
3. 企业中的重要性方面	人力资源活动处于中心状态	人力资源活动处于边缘状态
4. 决策速度方面	一般反应较快	一般反应较慢
5. 计划时间长短方面	根据需要,分别制定短期计划、中期计划和长期计划	一般计划较短

续表

	战略型人力资源管理 SHRM	传统型人力资源管理 THRM
战略职能角色		
1. 员工选拔方面	与企业战略紧密相连，是人力资源的关键任务	独立于企业战略而显得不很重要
2. 工资方面	比较灵活，并以绩效为基础	相对固定，并以岗位为基础
3. 工作条件方面	与企业战略、公司文化相协调	作为独立的谈判项目
4. 工作种类方面	较少	较多
5. 工作设计方面	以团队为基础，界限较广泛	以部门为单位，又较固定
6. 培训方面	以心理态度和整体素质培训为主，广泛性更强	以知识和技能培训为主，针对性较强
7. 劳资关系方面	以个别接触方式进行，把对方作为合作伙伴来看	以集体谈判方式进行，把对方作为对手来看
信息和解决问题角色		
1. 沟通过程的特点方面	较直接	较间接
2. 沟通的层次方面	较不受约束	较受约束
3. 沟通的源泉方面	根据需要，采用多种方式	以内部为主，并常常是下行沟通较多
行政管理角色		
1. 合约的重要性与特点方面	尽量减少不必要的正式合约	有许多合约
2. 规章制度方面	废除不必要的规章制度，以办成事作为最高原则	制定许多条例清楚的规章制度
3. 管理活动关键指导方面	着重于事情办成，可以运用所需要的一切方法	依赖政策和程序
管理变化角色		
1. 人力资源管理角色方面	以传递信息为其特点，往往是变化的引导者	以实行为其特点，往往是变化的追随者
2. 处理冲突方面	通过广泛地管理组织心理气氛和组织文化来控制不必要的冲突，并引导冲突，使之有利于组织发展	采用临时控制的办法，尽量减少冲突
3. 人力资源仲裁特点方面	集中于文化、理念及其他方面	集中于程序
4. 员工行为的参照方面	以战略价值、憧憬、使命为主	集中于传统的行为标准和习惯

第三节 未来的人力资源部

人力资源部（Human Resource Department，HRD）是企业为了帮助尽可能有效地管理员工，使员工、企业、社会均满意而设立的一个正式群体。

一、未来人力资源部的角色

未来的人力资源部有五大角色。

（一）经营者角色

传统观点认为：人力资源部是一个无足轻重的部门，与企业的经营没什么关系，工作无非是抄抄写写填填表，写写计划归归档。然而，随着市场竞争的日趋激烈，人力资源的重要性越来越明显。最近在美国的一项调查指出：66%的高级人力资源经理已成为企业决策层成员，50%以上的高级人力资源经理参加董事局会议。

未来人力资源部的经营者角色可以分三个层次。

1. 战略层次。战略层次意味着人力资源部的活动集中在企业经营的长期需要方面。例如，参与组织的经营方向、制定憧憬、建立优秀企业文化、制定利润指标、确定产品或服务、决定组织的结构与大小、预测经营的生命周期等等。

2. 管理层次。管理层次意味着人力资源部进行一些中期的人力资源活动以帮助经理和员工。例如：设立人事选拔标准、制定招聘营销计划、建立新的招聘市场、为个体制定五年报酬计划、确定职业发展途径、制定员工开发计划等等。

3. 操作层次。操作层次意味着人力资源部进行一些短期的日常的人力资源活动。例如：实施招聘计划、设立并运作每天的控制系统、管理报酬项目、建立年度绩效评估系统、贯彻员工培训计划、安排员工上岗或转岗等等。

（二）支援者角色

支援者角色是指人力资源部帮助直线经理完成与人员相关的任务。

事实上，人力资源项目的成功，都包含着直线经理的贡献。因此，人力资源部门有责任去帮助直线经理完成各项有关人员方面的任务，即为直线经理提供服务。

支援者角色主要表现在以下三个方面：

1. 满足直线经理人力资源方面的需求。例如：招聘到合适的员工、培训员工、激励员工、解决员工冲突等等。因此，人力资源部的工作人员要与员工经常接触。

2. 促进客户化。客户化是指把企业内外的每一个人都当作客户，并执行"客户至上"原则。传统观点认为：企业为其提供产品或服务的外部人士才是客户，现在越来越多的成功企业把企业内部一些相关的部门和人员也看成客户。人力资源部一方面要把其他职能部门看作自己的客户，另一方面，也要使广大员工知道谁是自己的内部客户。

3. 制定各种标准。为了更好地为直线职能部门服务，人力资源部应该制定各种标准,使直线经理和员工更便于执行。

(三)监督者角色

监督者角色是指人力资源部有责任确保企业员工受到公平、稳定的待遇。

监督者角色主要表现在以下三个方面:

1. 严格按照法律办事。人力资源部应该熟悉当地法律,使企业的人力资源政策、方法、项目等均符合当地的法律。

2. 制定公平的人力资源政策,不因为员工的性别、国籍、种族、年龄等差异而导致报酬、待遇不同。

3. 严格监督。一旦发现企业内发生不公平事件,应立即提出警告,引起相关经理的警惕,直至最后解决问题。

(四)创新者角色

创新者角色是指人力资源部有义务确定和开发新的实践、新的方法来管理员工。

面对当前环境的高度不确定性、激烈的国际竞争,以及能源保护的强烈要求,创新不再是企业的一种奢侈品,而成为一种必备品。

创新者角色主要表现在以下三个方面:

1. 开放头脑。人力资源部的工作人员为了适应新环境,必须有一颗开放的心,这样才能吸收新的信息、新的观念、新的知识、新的技术。

2. 勇于探索。为了适应环境变化、达到企业的战略目标,人力资源部应该探索不同的新方法来解决人力资源开发与管理中的问题。运用新技术、新设备,更好地完成人力资源开发与管理的目标。

3. 鼓励员工创新。人力资源部应该帮助企业建立创新的文化、制定有利于创新的管理制度,鼓励员工为实现企业的目标发挥自己的聪明才智。

(五)适应者角色

适应者角色是指人力资源部有责任引导企业的变化,并使企业保持高度的灵活性和适应性。

为了满足严酷的竞争需要,企业实施一些新的技术、新的结构、新的过程、新的文化在所难免。因此,人力资源部的适应者角色应更具前瞻性。

二、未来人力资源经理的角色

未来的人力资源经理应该扮演五种角色:精明的生意人、优秀的人际关系专家、战略计划设计者、卓越的心理专家和一流的博学家。

(一)精明的生意人

未来的人力资源经理必须十分熟悉企业是如何运作、如何盈利的,应该是一位精明的生意人,他应该做到以下几点:(1)知道企业的基本运作;(2)懂得市场和财务;(3)明白自己的工作与整个企业的关系;(4)运用生意场的语言;(5)客户导向主义者。

(二)优秀的人际关系专家

未来的人力资源经理应该是一位优秀的人际关系专家,他应该做到以下几点:(1)掌握信息沟通技巧;(2)善于聆听,善于说服人;(3)了解人的本性;(4)善于鉴别各种人,并和各种人打交道;(5)熟悉各种文化,了解员工多元化的趋势;(6)善于使不同的人在一起工作;(7)知道如何去激励不同的人。

(三)战略计划设计者

未来的人力资源经理应该是一位战略计划设计者,他应该做到以下几点:(1)是一位国际主义者,有全球意识;(2)能确立企业的憧憬与使命;(3)能创建优秀的企业文化;(4)善于作出战略计划并推行之;(5)着眼于现在与未来;(6)制定三至五年的人力资源计划。

(四)卓越的心理学家

未来的人力资源经理应该是一位卓越的心理学家,他应该做到以下几点:(1)了解最新心理科学发展的动态;(2)具有积极的思维模式和成熟的心态;(3)掌握必要的心理学工具;(4)能熟练运用领导技能;(5)以提高员工的心理素质为己任;(6)具备基本的心理咨询功底。

(五)一流的博学家

为了更好地支持和服务于组织内外不同类型的客户,未来的人力资源经理应该是一位一流的博学家,他善于终生学习、知识面更广。他应该知道以下各种学科的必要知识:心理学、社会学、人类学、哲学、宗教学、市场学、财务学、推销学、生产管理学、产品知识、工程学、工艺流程、广告学、国际政治学、信息管理学、人际关系学、组织行为学、人力资源管理学、领导学、人才学等等。

三、未来人力资源部的组成特点

由于未来的市场竞争将更趋激烈,人力资源的重要性将更显重要,未来人力资源部的组成有以下一些特点:

(一)高层管理人员领衔

目前许多企业已设人力资源副总裁,分管人力资源开发与管理,一些企业的人力资源部经理已跻身高层管理人员行列,未来这种趋势将越来越明显,甚至一些企业会出现总裁分管人力资源开发与管理,就好像以前和现在,许多企业的总裁分管生产、分管营销、分管财务。

(二)优秀人才加盟人力资源部

目前已出现一种势头:人力资源部工作人员的工资待遇看涨。这样必然会吸引一批精英加盟人力资源部，他们的特点是：年龄较轻、学历较高、知识面较广、心态较积极、易接受新事物、能力较强、工作干劲较大。由这些优秀人才组成的人力资源部精练能干、效率高，是企业中发挥重要作用的职能部门。

（三）预算明显提高

实践反复证明，投资在人力资源方面的回报率是相对高的，使企业乐意投资于人力资源方面。因此，未来人力资源部的预算要比现在高得多，这样造成一种良性循环：人力资源开发与管理的预算高造成企业吸引（或造就）一大批优秀人才，这些优秀人才在各自岗位上发挥出能力使企业得到飞速发展，企业发展了就更了解了人才的重要性，更接着加大对人力资源开发与管理方面的投资，企业的兴旺发达便有了保证。

第四节 未来的企业家

纵观历史，任何一家企业的成功，都是与该企业担任主要领导工作的企业家的素质密不可分的。在日趋激烈的市场竞争中，与其说是企业之间的竞争，倒不如说是人才之间的竞争，而归根结底是企业家素质的竞争。因此，未来企业家素质的研究是当今世界各国管理心理学家研究的热门课题。因为这是促使企业走向成功、使经济蓬勃发展的重要环节。

企业家是指拥有企业股份并担任管理工作的个体，企业中最高的企业家被称为：首席执行官（英文简称：CEO）。拥有企业股份，但是不担任管理工作的个体一般被称为股东（俗称老板）；没有企业股份，但是担任管理工作的个体一般被称为经理人（最高的可以是总裁）；没有企业股份，也不担任管理工作的个体一般被称为员工。

一、未来企业家素质的三维模型

西方工业国家的一些管理心理学家对企业家进行了长期、深入的研究后，形成了特质理论、行为理论、情景理论等多种流派。这些理论都有独到之处，但均不能全面描述企业家的素质。

在前人研究成果的基础上，我们对企业家的素质进行了考察与研究，初步提出一套未来企业家素质的三维模型（简称三维模型）理论。

三维模型由三个维度组成（见图17.1）。其中一个维度是态度，

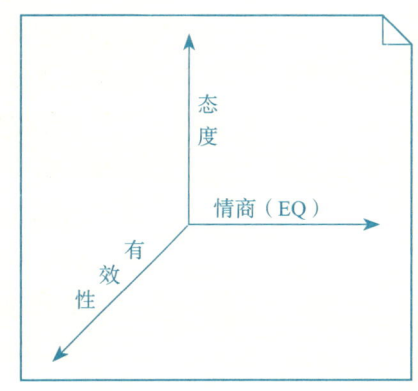

图 17.1
未来企业家素质的三维模型

其两极是积极的态度与消极的态度；另一个维度是有效性，其两极是高有效性和低有效性；第三个维度是情商（又称 EQ），其两极是高情商和低情商。

一位成功的企业家，其素质特点应该是由积极的态度、高有效性和高情商所组成的。一位失败的企业管理者，其素质特点可能主要由消极的态度、低有效性和低情商组成的。

在三维模型中的每一个维度中，均有一些操作性很强的因素，大大提高了理论的实用性。

二、态度维度

态度是指个体对客观事物所持有的评价，通常体现在个体的信念、感觉和行为倾向中。

假设两个人虽然有相似的智商、知识和技能，但由于各自的态度不同，产生的行为也会不同，结果当然也会千差万别。

态度维度由七种因素组成：计划性、成就动机、自信心、自知力、自我激励、冒风险、挫折容忍力。

（一）计划性

计划性是指个体有明确的目标，在行动之前已有详细周密的安排与考虑。计划性强的个体会有以下的心理活动和行为：

1. 确立憧憬。憧憬一般是指组织二十年以后要达到的目标，可以是相当理想化的。正确的憧憬是建立在向往的基础上的，而不是建立在可能的基础上的。

2. 制定战略目标。战略目标一般是指三—五年要达到的目标。要相对具体化。战略目标是朝着憧憬方向的，应该列出自己的优势和劣势、机会与挑战。

3. 制定战术目标。战术目标一般是指一年要达到的目标。要具体化，每一个目标尽量用数字来表示。战术目标以战略目标为基础，考虑如何发挥自己的优势和避免自己的劣势。

4. 制定行动计划。行动计划一般是指如何完成战术目标的步骤安排，相当具体。其中包括，谁去干、怎么干、何时完成、谁监督等具体事项。通常应严格执行行动计划。

（二）成就动机

成就动机是指个体希望在事业上获得成功，为社会多作贡献的行为驱动力。

成就动机强的个体会有以下的心理活动和行为：（1）不满足于现状；（2）经常提高自己的奋斗目标；（3）以成功者为榜样；（4）不与失败者为伍；（5）以推动社会发展为己任。

（三）自信心

自信心是指个体对自己的知识、能力、个性、行为能胜任工作、适应环境有较大把握的心理特征。

自信心强的个体会有以下一些心理活动和行为：（1）不迷信权威；（2）相信自己可以学会一切有用的知识、技能；（3）昂首挺胸、目光远大、不卑不亢；（4）相信金无足赤，人无完人，自己的长处明显多于短处。

（四）自知力

自知力是指个体真实了解自己的能力。

自知力强的个体会有以下一些心理活动和行为：（1）在未知领域当好一名聆听者、学习者；（2）清楚地知道自己的优势领域和劣势领域；（3）尽量发挥自己的长处、克服自己的短处；（4）不卖弄自己的特长、大智若愚。

（五）自我激励

自我激励是指个体具有不需要把外界奖励和惩罚作为激励手段，能为设定的目标自发努力工作的一种心理特征。

自我激励强的个体会有以下一些心理活动和行为：（1）把完成目标的过程当作一种激励；（2）把要完成的目标也当作一种激励；（3）在外部激励缺失的情况下仍有动力出色地完成任务。

根据学者们对内在激励（intrinsic motivation）的大量研究，要想提升一个人的自我激励程度，可以通过提升他工作的自主性，使他更加胜任这项工作，或让他在工作中建立良好的人际关系。

（六）冒风险

冒风险是指个体知道有失败的可能性，但去努力达成目标的一种心理品质。

善于冒风险的个体会有以下一些心理活动和行为：（1）有一种直觉，知道该不该去冒风险；（2）对冒风险的事项有相当多的知识和经验；（3）相信"风险与收益成正比"的观念；（4）不冒无谓的风险。

（七）挫折容忍力

挫折容忍力是指个体遇到挫折时免于行为失常的能力。

挫折容忍力强的个体会有以下一些心理活动和行为：（1）能从不同的角度去看待挫折；（2）相信挫折是人生的良师益友；（3）从每次挫折中得到利益；（4）有远大的理想与抱负；（5）身心健康水平较高。

三、有效性维度

有效性是指个体迅速地、正确地去完成任务的一种能力，也就是平时所讲的效率。

时间对人们是公平的，但是有效性高的个体，在相同的时间内却比有效性低的个体完成了多得多的工作。因此，前者更容易获得成功。

有效性维度由六种因素组成：生物钟、时间管理习惯、时间管理方法、授权、善于学习和立即行动。

（一）生物钟

生物钟是生物体生命活动的内在节律性。每个人体内均有生物钟，每个人的生物钟又是不一样的。善于利用生物钟的个体将能更有效地工作。

善于利用生物钟的个体会有以下一些心理活动和行为：（1）知道自己生物钟的运行规律；（2）在生物钟最有效时段干最重要的工作；（3）了解并利用他人的生物钟。

（二）时间管理习惯

习惯是指个体由于反复练习而巩固下来的一种不需要经过大脑清晰思考的一种自动化的行为方式。

养成良好时间管理习惯的个体会有以下一些心理活动和行为：（1）行动前先思考；（2）物归原处；（3）良好的多线处理能力，可以同时进行几件事。

（三）时间管理方法

掌握时间管理方法的个体往往会比其他人更有效地工作。以下是几种常见的时间管理方法：（1）ABC 工作分类法。先干完最重要的 A 类工作，再干次重要的 B 类工作，依此类推。（2）工具利用法。利用录音电话、收音机、录像机等来为自己服务，包括许多生活工具。（3）善借"外脑"法。许多专门工作，可以请组织外部的专家代劳。

（四）授权

授权是指个体向下级指派他们力所能及的工作，并赋予相应的权力，最终更快更好地完成组织目标的过程。

善于授权的个体会有以下一些心理活动和行为：（1）了解下级的特长与能力，并用其所长；（2）知道自己何时该授权、该向谁授权、该授何权；（3）知道"疑人不用，用人不疑"的真谛；（4）自己对授权负责。

（五）善于学习

学习是指个体由于不断地获得知识、经验和技能，使自己的行为发生比较持久的变化的过程。

善于学习的个体会有以下一些心理活动和行为：（1）具有较强的自我发展和成长的需要；（2）围绕目标而进行学习；（3）善于举一反三，使学到的知识广泛运用；（4）向自己的经验学习，尽量不犯两次同样的错误；（5）向他人学习，尽量避免他人曾犯过的错误；（6）向书本学习，有目的地选择一些优秀书籍来阅读。

（六）立即行动

行动是有效性的基础，拖延和犹豫经常是有害的。

善于立即行动的个体会有以下一些心理活动和行为：（1）向着目标采取行动；（2）犹豫不决时先干起来再说；（3）行动后要克服困难坚持下去，锲而不舍是成功至关重要的因素；（4）知道何时该停止行动。

四、情商维度

情商维度有时又可称作人际关系维度，是未来企业家素质的一个重要维度。一位高情商的个体往往社交能力极强，有良好而广泛的人际关系，性格外向、心情愉快，极少恐惧和忧虑，热情、富有同理心，情感丰富而又不越轨。

情商维度主要由五种因素组成：认识自己的情绪、管理自己的情绪、认识他人的情绪、人际关系管理和为了长远目标牺牲目前的利益。

（一）认识自己的情绪

善于认识自己情绪的个体会有以下一些心理活动和行为：（1）随时随地清楚地知道自己的情绪处在什么状态；（2）了解情绪产生的原因。

（二）管理自己的情绪

善于管理自己情绪的个体会有以下一些心理活动和行为：（1）长久地保持自己积极的情绪状态；（2）能发现产生消极情绪的原因，并从各环节控制这种对情绪的不利影响；（3）能及时中止消极情绪带来的负面影响；（4）善于把消极情绪转化为积极情绪。

（三）认识他人的情绪

善于认识他人情绪的个体会有以下一些心理活动和行为：（1）通过观察，能了解他人真实的情绪状态；（2）根据他人的情绪状态采取恰当的行为；（3）在适当的时机，帮助他人维持积极的情绪状态；（4）运用适当的方法，帮助他人转化消极的情绪状态。

（四）人际关系管理

善于人际关系管理的个体会有以下一些心理活动和行为：（1）具有较强的同情心，即能站在对方的立场去考虑问题或看待事物；（2）喜欢与人打交道；（3）有选择地交朋友；（4）尽力帮助他人；（5）善于运用人际关系。

（五）为了长远目标牺牲目前的利益

高素质的企业家往往都是高情商的个体，其一个突出的特点是为了长远的、更重要的目标而牺牲目前的利益，即延迟满足。这种心理品质可以有以下一些表现：（1）有重要的事情要办时能控制自己立即放下十分吸引自己的活动（如看电视连续剧、通过不利于长期发展的手段提高短期可见的营业额等）；（2）能承受误解和委屈；（3）能控制娱乐活动的度，以更充沛的精力迎接挑战。

人力资源开发与管理是一门应用性很强的学科，各企业，尤其是各大企业，都在人力资源开发与管理方面投入了大量人力、物力、财力，以希望赢得人才优势，进而赢得竞争优势。因此，人力资源开发与管理的发展异常迅猛，而且与企业的经营实践紧密相连，可以断定：未来成功的企业家一定是一位十分重视人力资源开发与管理的专家。

本章小结

未来的企业组织将展现出不同于以往的新特点。网络化使得组织内各部门和群体间产生更紧密的联系与合作；扁平化减少了组织的管理层次、增加了组织的管理幅度，更快速、高效地适应新环境；灵活化使组织打破僵化的制度，员工以更主动和自觉的方式工作，多元化使组织在员工、职业途径、激励系统和价值观等方面展现出更大的差异，组织包容性提升的同时，适应性也得到提升；全球化使企业的经营活动在全世界范围内进行；网络化让我们注意到出现了越来越多依托网络平台而非实际物理环境而存在的组织；无边界化则让我们看到未来组织横向、纵向以及组织内外之间僵化界限的打破。

未来的人力资源管理将提升至战略高度，通过全方位地服务于不同的利益相关者，来支持组织战略目标的实现，并在这一过程中起到战略决策、战略职能、信息和问题解决、行政管理、变革管理等多重作用。

未来的人力资源部在组织内的地位将得到大幅提升，并扮演经营者、支援者、监督者、创新者、适应者等重要角色。同时，组织也会要求未来的人力资源经理发挥更重要的作用，并拥有一系列更高水准的知识与能力。

最后，未来的企业家的素质将在很大程度上决定企业的竞争力，按照未来企业家素质的三维模型，他们应该在态度、有效性和情商上均有卓越表现。

关键术语

网络化　　扁平化　　灵活化　　多元化　　全球化　　虚拟组织　　无边界组织
利益相关者　　人力资源部　　态度　　有效性　　情商

复习思考题

1. 谈谈您对未来企业组织七个特点的看法。

2. 为什么说未来人力资源管理是一种战略型人力资源管理？
3. 试论未来人力资源部的角色。
4. 联系实际，简述未来企业家素质的三维模型。

本章案例集

第18章 员工的心智管理

本章要点

1. 了解心智概念、心智的主要维度及特性。
2. 进一步掌握国内外关于心智模式、心智管理方面研究的进展,总结心智管理的目的。
3. 理解心智管理的生理基础。
4. 清楚了解心智管理思想演进的各种主要观点。
5. 学习心智管理研究的各种主要方法。

本章学习资料

▶ 引 例 ▶

心智文化:创造清溢精神

——用哲学理念创造中外企业文化结合点

中外企业文化交融的关键是实行本土化。零缺陷管理是发达国家质量管理的至高境界。清溢

> 公司把零缺陷管理当作文化而不是管理工具引入。实现高质量，从"心"做起，创建相应的企业文化支撑，该公司把文化管理看成是心灵管理，开创了"心智文化"。
>
> 　　人是决定一切的因素，一个人的物质能量是有限的，如果用力方向错误或发挥不充分就更有问题，人力资源的关键调节器在于人的心理。所以清溢公司把文化宗旨放在改变人的心理活动上。精神力量源于社会及企业文化，员工心理的改变是企业文化建设的核心。质量之功在质量之外，员工的责任心和能力是做出高品质的关键，而责任心和能力发挥的主导因素是人的价值取向。因此，心智文化的功能是调节心向，提升心力。改变员工的心理并不是轻而易举的事，清溢公司把激烈的国际市场竞争态势转化为改变员工心理的拉力，在此基础上，进行哲学训练，把员工发展调正到与公司发展同向，建立客户、员工、股东、供方四位一体的价值体系；采用"和而不同，异而不乱"的方针消除价值取向上的矛盾。
>
> 　　清溢公司在创建"心智文化"中，重视精神塑造。从老总到全体员工，都把企业的经营理念与员工的根本利益联系在一起。在清溢企业文化中，首先建立信念，让员工的人生追求上升到正确的人生观，实现由小气（为个人）、中气（为团队）到大气（为民族）的转变。其次重视对人才的培养。公司建立一套完整的个性化培训方案，成立培训中心。另外，公司注重营造人才成长的环境。在清溢，心智文化无处不在，事事处处渗透，让员工感受着心智文化的氛围，形成强大的文化场合向心力。透过各种交流研讨会、竞赛、培训、互动等形式，形成一种全员参与学习，参与管理的制度。清溢公司通过建立心智文化的创建使企业零缺陷管理得到了充分的落实。
>
> ——节选自王金湘，心智文化：创造清溢精神——用哲学理念创造中外企业文化结合点，新华网

第一节　什么是心智管理

　　企业的成败取决于企业的绩效，企业的绩效取决于员工的行为，员工的行为取决于员工的心智模式，因此可以说，企业的员工心智管理是企业成败的关键所在。

一、心智

　　心智是人的一切行为的基础。俗语说，有什么样的思想，就会有什么样的行为；有什么样的行为，就会有什么样的习惯；有什么样的习惯，就会有什么样的个性；有什么样的个性，就会有什么样的命运。一个人的心智虽然无形，却能决定一个人最重要的东西——命运。

　　对于心智概念的界定，有许多不同的理解。有人认为，心智就是自我开发心

理能量。"心"是指充满爱和诚以及和谐的东西，它不仅仅是一种物质的也是意识的，是"真、善、美"的统一体。"智"是智商、知识、方法、志向、情感、美感等多要素的集合体。因此，认为心智也是一个世界观和方法论的问题。心与智尽管包容的境界以及涵盖的内容有所不同，但在深层底蕴和价值取向上则是沟通、互补和融汇的，共同的目标就是指向真善美的境界。也有人认为，人的心智包括感情、意志和感觉、知觉、表象、思维等在内的全部精神活动。心智是人们对已知事物的沉淀和储存，通过生物反应而实现动因的一种方式。也有人提出，心智是人的一种本能，体现着人的潜意识。

综合多种观点，我们可以认为心智是指个体拥有的智力和心理模式（心态）的总和。即：人的心智可以主要分为心态和智力两个方面，如图18.1所示。其中，心态方面是人对自身偏好的选择及坚持，主要包括态度、动机、情绪等；智力方面是人对事物活动规律的认识及坚持，主要包括知识和技能。心智模式的智力方面具有相对独立性，但在根本上受制于心态方面。

人的心智存在于人的每时每刻，产生于每一个行为之前，表现出一些基本的特性，如表18.1所示。

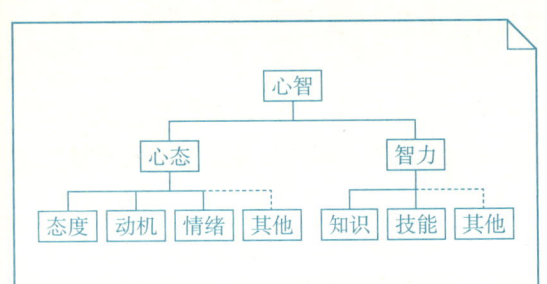

图 18.1
心智的主要分类

表18.1　心智的特性

特性	解　释
即用性	一种复制、折射、转嫁性。如学别人走路的样子、写字的风格；套用他人的管理方法等
引发性	模仿性。如此家火锅店生意好，我也开火锅店；他考托福准备出国，我去考雅思，也准备出国等
辐射性	扩大性、扩散性。如保险代理人将买保险一事解释给你听之后，你回家就跟家人说，上班就对同事说，街上遇到熟人或许还与熟人说；你对某店家不满，随时都在扩散不满的信息等
改变性	创造性。如你降价卖电视机，我收购旧电视机补差价换新电视机；把冰激凌和蛋卷加在一起就成了蛋卷冰激凌等
延续性	顺延、持久性。新的方法、方案可以此时用，略一修改彼时用，再一修改明年还能再用。如卖汽车自然想到汽车的装饰、修理等
提炼性	总结性、感觉性。如用手测试水温烫和不烫；背上千首古诗，自然也能吟作两首等
耐磨性	永久性、低损耗性。不断产生、不断改变。不会因想出一个问题或解决了某项困难，就会少一点知识，少一点看问题的透彻力；不会有用一次少一点，用得多就会失得多
不储备性	用即无性。随时产生，随时用。如设想每天拜访客户时说些什么话，但到时绝对不会原封不动地进行；预计的情况到时候自然会发生改变，有些事情突然想不起来；有些时候突然悟不出的话语，事后又想出来了

心智的产生来源于自然的和必然的两种属性。心智的产生源于"物积"效应。"物"是对物质、事物的认识、分解和观点。"积"是指对"物"的沉淀、积累、叠加。"物积"效应是心智的中心源，可分解为"正物积"和"负物积"。"正物积"

是指表现出来的积极、向上的、前进的、有益于他人的；"负物积"则是指表现出来、相对应的、消极的、下降的、倒退的、有害他人的。例如，人为什么会有莫名其妙的喜欢和厌恶情绪。莫名其妙的喜欢其实就是"物积"效应中的"正物积"现象，因为人们对好的、美的、喜欢的物质在认识自然事物的过程中，大脑中已有事物的储存，经瞬间的、突然的感知意识产生出来，自己却感觉没理由解释而形成"莫名其妙"的这种判断，其实"莫名其妙"就是"物积"效应。所以，心智产生的自然性包括唯物性和唯心性两部分。唯物性是指来源于对物质的认识过程所折射的、改变的。"物积"效应的产生是唯物性的依据。心智产生的唯心性，则是指来源于人的思维对物质的任意改变和创造，没有依据、没有理由、自发的、本能的。比如，婴儿初生下来，会睁开眼睛四处看，睁开眼睛四处寻找的过程是本能的、自发的，而看则在"积"的过程，对"物"没有感知和认识。又例如，一群麻雀在稻场上觅食，突然一声枪响，麻雀东南西北方向各自狂飞逃命。麻雀听见枪响是"物积"的唯物性，逃飞则是生命本能需要的唯心性。这不需要谁来教授它们，这是天生已具有的。

心智的必然性包含狭义性和广义性。狭义性是指心智来自外部环境的影响，深入自己的内部而产生。如当人的胃囊中空时，传递给大脑的信号便是饥饿，而产生的结果就是进食、吃饭。又如强迫自己学别人的书法、走姿等。这种复制式的结果便是心智产生的狭义性。而广义性是指心智由外部条件的作用，改变和改善内部因素而发生变异作用。例如阿基米德在浴盆中发现了浮力原理；方便面的产生；直升飞机的发明等等。总之，心智的产生一是源于对物的认识和不认识；二是源于对事物的直接反射、改变与创新。

二、心智模式

一位资深的管理学家曾说过，只有人心和哲学才是完成伟大事业的原动力。所以我们必须首先培养这种心智。苏格兰心理学家肯尼思·克雷克（Kenneth Craik）在1943年提出心智模式（mental model）的概念。他认为心智将现实建构成"小型的模式"，并用它来对事件进行预测、归因以及作出解释。自从心智模式概念被提出之后，这一概念在很多学科领域中出现，不同的学科从各自的视角出发，对其内涵有了不同的诠释。

一些研究者把心智模式看作人类理解复杂系统的模式。心智模式包括有关被控制的系统的知识，有关作用于系统的干扰性的知识，有关规模和策略的知识等（Veldhnyzen and Stassen，1977）。威肯斯（Wickens，1984）把心智模式定义为一种"理论的结构"，用来解释采样（sampling）、搜索（scanning）、计划（planning）等人类的行为。在系统动力领域中心智模式是一种比较持久和可测量的，对外部世界或其中的某个方面的内部符号的表征，个人使用心智模式来协调生活，决定采取哪种行为以及构建社会。在认知科学中心智模式是人们长期的生活经历中留下的相对稳定的关于认知世界的心灵地图。这种心灵地图一旦形成，便成为人们自觉或不自觉地认识周围世界的一种固定模式。嘉得诺（H. Gardner）在《心灵的新科学》(*The Mind's New Science*) 一书中写道："我认为认知科学最主要的成就是，清楚地展示人类行为各个不同构面的心智表现层次。"在文献综述过程中我们发现，被引用最多的是彼得·圣吉对心智模式的定义。彼得·圣吉（P. Senge, 1992）用心智模式将隐藏于认知个体内心的种种看待、思考、处理问题的方式和对某些事物的概括性的看法及假设进行了概括。认为心智模式是根深蒂固于心中，影响人们如何了解世界，以及如何采取行动的许多假设、成见或图像、印象。人总是因各自的个人经历、工作经验、知识素养、价值观念等形成较为固定的思维认识方式和行为习惯。而心智模式一旦形成，人们将自觉或不自觉地从某个固定的角度去认识、思考问题，并用习惯的方式予以解决。

所以，心智模式是人们对客观外界反映到人的头脑中来的种种现象进行整理加工，形成支配人们思考问题和采取行为的思维定势和理论假设。

人对其关注的事物的运动规律以及自身的感受偏好大都有着较为固定的认识及选择，人的心智活动因此沿着大致稳定的轨迹进行。对事物活动规律的不同认识以及对自身偏好的不同选择形成不同心智模式。个体的心智模式具有双层性、稳固性、蒙蔽性及渐变性四种特性。

（一）双层性

对事物活动规律的认识及坚持构成心智模式的外层，对自身偏好的选择及坚持构成心智模式的内层。外层心智模式具有相对独立性，但在根本上受制于内层心智模式。例如管理者对宏观经济走势的判断、对行业发展的预计以及对其所在企业运行规律的认识等等属于心智模式的外层。他们对人性的认识、选定人生目标以理性为主抑或感性为主、民主或是专制的管理方式等等属于心智模式的内层。当管理者处于不同的行业时，他对管理的总体认识会有所变化，但是从根本上讲，他对自身偏好即心智模式的内层是不变的，并且制约着外层心智模式的构成。

（二）稳固性

人的心智模式一旦形成就具有相对稳定性，尤其是内层心智模式，正所谓"江山易改，本性难移"正是这个道理。人们对管理的认识是不同的，要改变、转换需要经历艰苦的历程。同样事物发展变化的规律也具有相对稳定性，不是随意变动的。因此，外层心智模式也具有相对稳定性。

（三）蒙蔽性

人的心智模式一旦形成，其个人偏好以及对事物运动规律的认识会相对固定下来，人就会按其固定的心智模式去思考、行为。时间一长，多数人就会为他自己的心智模式蒙蔽，看不到事物运动还有其他未被认识的规律，或者事物运动规律正在发生变化。也不会清晰地意识到在其选择之外的人生信仰、目标所界定的世界。于是人成为自己心智模式的奴隶，为自己的心智模式所蒙蔽。坚持自己的心智模式，同时也能清晰地体会、认知其他心智模式，并根据需要作出相应的调整是极为困难的。因为，人往往在统一的意志下行事，认定了一个规律，就不可能再按另一个相左的规律行事。而且按自己的心智模式行事，也并不是一帆风顺的，在进行中也会有诸多矛盾、困难，需要不断去克服，人在不自觉中陷进去，容易受蒙蔽而不自知。

（四）渐变性

人的心智模式也并非一成不变。一般而言，外层心智模式随着事物运动规律的变化而改变，内层心智模式也不是绝对不变。但是由于具有稳固性、蒙蔽性，所以其变化具有渐变性的特点。换言之，变化不会是一种突变，即使在一段时间有较大的变化，这种变化也是一个长期积累、孕育的过程。例如，随着管理者从一个行业转到另一个行业，会形成新的认识，这种新的认识是行业及企业发展的一般规律在新环境中的具体化，其变化是渐变而非突变。内层心智模式涉及人生信仰、人生目标等根本问题，人在一生中很难有根本性的变化，即使变，也仅仅是程度上的变化，如道德水平的高低、理性化程度的高低等。

你正在跑在跑道上

你已经精疲力竭，感到再也跑不动了；你上气不接下气，肺也好像要爆炸了。但是，如果你以这个速度再坚持一会儿，你就可以跑出自己最佳的成绩。突然你想起一个在慢跑时心脏病发作的熟人，只是为了冲刺最佳的成绩而引发心脏病，显然是不值得的。所以你放慢了速度。

是身体还是思想阻碍了你？最大的局限是身体上的还是精神上的？心智模式既能推动我们在世界中的行动，也会限制我们的行为。就像很早以前许多水手认为地球是平的一样，我们的心智模式也限制了我们对世界的看法；转变心智模式，我们就有了发现新世界的可能。

著名的长跑者 Roger Bannister 就曾面对看起来难以逾越的四分钟跑完一英里的挑战，但是他成功了。他说"赛跑对于我来说，永远是一个心理问题，而不是体力问题。"

直到1954年，还没有人敢想象在四分钟内跑完一英里，也没有人取得过这样的成绩。人们认为，在四分钟内跑完一英里超出了人类的体力极限。在四分钟内跑完一英里成为运动员和运动爱好者多年来谈论和梦想的目标，就像在 Hillary 成功攀登珠穆朗玛峰之前，人们习惯于认为这是相当不可能的，是人类达不到的。这绝对是一个局限，就像以前水手所认为的，在地球尽头，水会像瀑布一样落下去。但这只是一个幻觉。1954年，Roger Bannister 在牛津的跑道上突破了这一极限，用3分59.4秒的成绩跑完一英里。两个月之后在芬兰，Roger Bannister 的"神奇一英里"被澳大利亚选手 John

> Landy 再次打破，他取得了 3 分 58 秒的成绩。在接下来的三年里，其他 16 名选手也纷纷打破了这个纪录。
>
> 这三年里发生了什么事情？是人类进化上出现了迸发，还是因为基因工程实验创造了新的超级长跑者？都不是。人的基本素质都是一样的，变化的是心智模式。过去的长跑者都被自己不能在四分钟内征服一英里的思维定式所拖累。当这个制约被打破之后，其他人就认识到，他们可以做到原来被认为不可能的事。
>
> ——摘自 Jerry Wind、Colin Crook，《超常思维的力量》，中国人民大学出版社，2005 年版，第 21 页

三、心智管理

管理是由心智所驱使的无处不在的人类活动之一。心智模式的概念也被引入管理领域，在管理中的重要性也逐渐被人们所认识。企业在营造自身的核心竞争力时，已不仅仅局限于"人财物""产供销"上，而是站在精神领域的制高点上，增强企业核心竞争力必须以提升员工心智作保障。心智模式开始出现在探讨、研究有关决策、组织学习和创造性思考等方面大量的书籍与文献中。米特罗夫（I. Mitroff）在其若干本书中，包括与林斯顿（H. Linstone）合著的《无限思维》（*The Unbounded Mind*），探究了心智模式对创造性商业思维的影响，提出质疑关键假设的重要性，特别是在从"旧思维"向新的"无约束的系统性思考"转换时。彼得·圣吉在《第五项修炼》中探讨了心智模式是如何限制和促进组织的学习，提出建立学习型组织的理念。布朗（J. S. Brown）考察了在世界变革中"反学习"的重要性。拉索（J. E. Russo）和休梅克（P. J. H. Schoemaker）在《决策陷阱》（*Decision Traps*）以及《制胜决策力》（*Winning Decisions*）中都强调了思维框架和过度自信给决策带来的影响。C. Argyris 从事心智模式与组织学习的研究，指出"虽然人们的行动未必总是与他们所拥护的理论（他们所说的）一致，但他们的行为必定与其所使用的理论（他们的心智模式）一致。"有学者对系统性思考进行研究，提出四种形成心智模式的效应，即删减效应、建构效应、曲解效应和一般化效应（J. O'Connor and J. McDermott, 1997）。卡普兰（D. E. Kaplan, 2001）对在以计算机为基础的调查环境下的因果关系系统中，心智模式的建立与论证进行了实证性的研究。

在国内对心智模式的兴趣主要是由彼得·圣吉"学习型组织"的理念所引发。王庆宁等（1999）提出企业家的素质主要由心智模式、能力结构两方面组成。林振春（2000）对学习型组织的元素进行研究，提出终身学习的组织成员和组织环境是两个主要元素。芮明杰、方统法（2002）探究了组织学习三个层次，提出学习型组织塑造和增强学习能力的内在基础是改变心智模式和知识共享。徐桂红、曾永学（2002）提出包括智商 IQ、情商 EQ、意志商 AQ、性格商 CQ 和信念商 BQ 的企业家心智模式创新的"五商修炼"。李大兵、孟函勇（2004）从康

柏公司经营战略与外部环境的互动变化入手分析,提出学习型组织构建是高新技术企业提升竞争力的最佳选择。而更多的研究侧重于企业家心智模式的改善与修炼。黄文静、赵江明(2005)探讨了企业家心智模式与企业集群成长的关联机理。也有学者考察创新主体的心智模式,如柯礼文(1994)对发明过程中的心智模型进行了探究。除此之外,有些学者对团队、企业心智模式的构建进行了研究。吕晓俊、俞文钊(2005)对团队心智模式进行实证研究,发现团队心智模式具有组织差异性,团队心智模式与工作满意感、组织承诺间存在一定关联。潘晓云(2006)借用本意用于解释个体的心智模式概念,提出企业的心智模式的定义,认为企业心智模式是指深深固结于企业成员心中,影响企业如何认识周围世界,以及如何采取行动的许多假设、陈见和印象。企业的心智模式是企业在生产经营活动中形成的,建立在价值观、思维方式、行为习惯、经验教训等基础上的理解、看待周围事物的思维方式或思维惯性,会影响企业对现在或未来事物的理解和判断,从而影响企业对"什么能够或不能够"等一系列问题作出决定,并采取行动。并指出在工业经济时代,企业的心智模式普遍受到西方"机械论"世界观的深刻影响。随着知识经济时代的到来,"机械论"世界观的基本假设已被颠覆。企业为求得生存与发展,必须构建心智模式的生态观、学习观和变革观,与以系统性、有机性、复杂性和多样性为特征的知识经济时代相匹配。

综述国内外学者对于心智模式的研究,我们可以发现,组织心智对其自身的发展而言至关重要,在其战略发展中起到决定性的作用,如图 18.2 所示。由此可见,心智管理在组织管理中的重要性。所谓心智管理是指为了组织的持续发展,对组织内员工的心智进行全方位管理的过程。

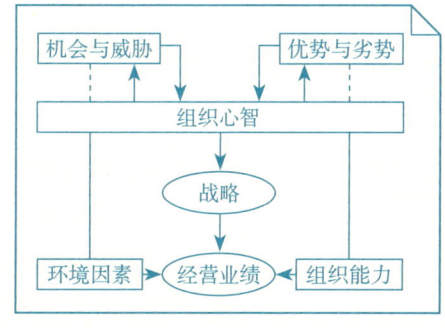

图 18.2
组织心智的作用

在组织中强调重视心智管理体现了组织目标与员工目标的一致性。传统观点认为组织目标是一直不变的,而员工的目标应该根据组织目标来进行调整。而现代管理理念则提出,组织与员工应该是双赢的,双方的目标都是可以通过协商、讨论、妥协而变化的。只有使组织目标与员工的目标一致时才能使员工更好地发挥积极性,为组织创造更多的财富,才是真正的以人为本。

组织通过心智管理要达到描述行为、解释行为、预测行为和控制行为的目的。所谓描述行为是对组织中的行为进行详细描述,是在对典型行为的观察和详细记录的基础上,对行为进行命名和分类。解释行为意味着要了解一种行为之所以出现的原因。预测是对一个特定的行为将要发生的可能性和一种特定的关系将被发现的可能性的陈述。对于一个潜伏在特定形式行为之下的原因的精确解释,常常有助于促使对未来的行为作出精确的预测。控制则意味着使行为发生或不发生——引发它、维持它、停止它，并且影响它的形式、强度或发生率。控制是最核心、最激励人心的目标。简单而言，我们可以用以下四个问题：概括描述——解释——预测——控制行为的目的。

（1）这种行为的本质是什么？（描述）

（2）这种行为为什么会发生？（解释）

（3）我们能预测这种行为将在什么时候发生吗？（预测）

（4）影响这种行为的条件有哪些？（控制）

四、生理基础

研究人的行为，对其心智进行管理需要了解心智的生理基础，如果没有基本的生物学、生理学知识，就不能充分了解人的心理机能和行为活动的特点。

（一）神经系统的构成及机能

神经系统是一个完整结构，为了便于理解，一般可以把神经系统分为中枢神经系统（central nervous system, CNS）和外围神经系统（peripheral nervous system, PNS）两大部分，如图18.3所示。

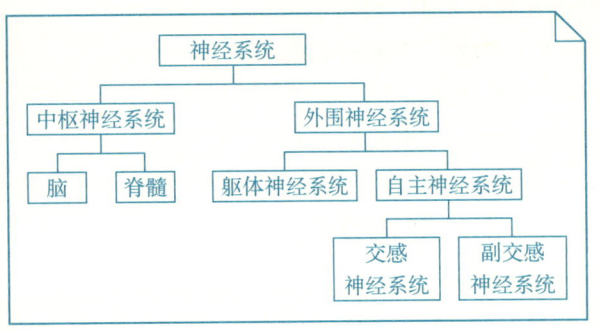

图 18.3 神经系统构成

中枢神经系统由大脑和脊髓组成，其中脊髓主要具有反射功能和传导功能，是脑与躯体、内脏之间的联系通道。来自人体大部分器官的神经冲动，先是沿着脊神经后根进入脊髓，然后再沿上行传导传送到脑，脑所传出的大部分神经冲动，沿下行传导传送到人体各部分器官，完成各种活动。在中枢神经系统中，脑是最主要的部分，复杂的活动均与之密切相关。大脑是神经系统的"中央计算机"，通过脊髓、外周神经系统及其他通道与躯体各部分进行信息交换。

外围神经系统由通往中枢神经系统并负责传递信息的神经纤维组成。中枢神经系统通过它们对整个机体的活动进行调节和控制。外围神经系统又分为躯体神经系统和自主神经系统。躯体神经系统遍布于头、面、躯干及四肢的肌肉内。此类肌肉均属骨骼肌，最大特征是随个体意志支配，因而也被称为随意肌。肌肉之所以能够随意支配，源于躯体神经系统的作用。躯体神经系统中的神经元有两种，一种为感觉神经元，与感受器相连，其功能为将外界刺激所引起的神经冲动传送至中枢；另一种为运动神经元，与反应器相连，其功能是将中枢向外传导的神经冲动传送至肌肉，从而表现出行动。自主神经系统是由分布于心肌、平滑肌和腺体等内脏器官的运动神经元所构成，最主要的功能是控制心跳、呼吸控制所有平滑肌器官的扩张与收缩，调节腺体分泌，从而维持身体内一切生理变化的均衡。

一般情况下，神经系统的作用过程是由躯体神经系统把从皮肤、肌肉、关节等外部刺激的信息传到中枢神经系统，使人体感觉到疼痛、压力和温度的变化，躯体神经系统又把神经冲动从中枢神经送回到躯体部分，在那里引起行动。个体进行随意运动和不随意地调整姿势及平衡时所使用的肌肉，都是由这些神经所控制。

（二）内分泌系统的构成及机能

如果说神经系统是身体中的第一大信息交流系统，那么内分泌系统则是第二大信息交流系统。内分泌系统由许多腺体组成，腺体把一些化学物质直接释放到血管或淋巴系统中，那些被释放的化学物质就是激素，或称荷尔蒙。激素被传送到身体的每一个部位，影响人体的内部活动和外部行为。

案 例

人体的内分泌系统主要包括脑垂腺、甲状腺、副甲状腺、胰腺、肾上腺、性腺六种类型。脑垂腺是人体最重要的一种内分泌腺，因为能分泌多种激素，且具有控制其他腺体的功能，故亦有主腺之称。脑垂腺能分泌如生长激素、性腺激素、泌乳激素等多种激素。甲状腺分泌甲状腺素，一种碘化合物，可促进全身细胞的氧化作用，增进新陈代谢速率，维持身体的正常生长及骨骼的发育。副甲状腺分泌副甲状腺素，调节血液中钙和磷的浓度，维持神经系统与肌肉的正常兴奋性。胰腺具有外分泌与内分泌两种腺体特征。外分泌腺部分分泌消化酶进入肠道，内分泌腺部分，分泌胰岛素进入血液。肾上腺在神经活动和肌体应付紧急状态的能力上起着极其重要的作用，能引起神经性出汗，胃和肠的血管收缩，心律加快，从而使人们在面对紧急状态时呈现一种兴奋的状态。性腺的功能是促使生殖器官发育成熟。

（三）脑的构成及机制

人脑是由三个同心层组成，即中央核心、从中央核心发展而来的边缘系统、作为高级心理过程中枢的大脑皮层。

中央核心包括延髓（负责呼吸和姿势反射）、小脑（协调动作）、丘脑（感觉信息输入的中继站）、下丘脑（在情绪和维持体内平衡中起着重要作用）和网状系统（贯穿以上几个结构，控制有机体的觉醒状态）。

边缘系统控制个体的诸如进食、攻击、躲避危险等"本能"活动，同时在情绪和记忆中起着重要作用。

大脑分为两个大脑半球。大脑半球卷曲的表面，即大脑皮层。大脑皮层的作用主要在于记录感觉，发动随意运动，作出决定，储存记忆。研究表明，大脑右半球控制着左手的触觉、音乐欣赏、艺术欣赏、舞蹈、雕刻、知觉、幻想等；左半球控制着右手的触觉、数学、语言、科学、书写和逻辑等。

第二节 心智管理思想的演进

一、心智管理思想的历史根基

心理学作为一门研究人的心理现象及其规律的科学，开始时一直从属于哲学范畴。随着近代哲学思想和生理学研究的进步，为心理学的研究提供了科学依据。所以，心理学的发展有两大源头，一是自古流传的哲学；另一个则是兴起于十八世纪的生物学与生理学。在古希腊先哲亚里斯多德的著作中，已经讨论到人类本性、人类知识的由来以及记忆功能等问题。而法国哲学家笛卡儿提倡先天观念之说，认为人类生而具备足以产生感官经验的心理功能。他认为心为身之主，身体的一切活动是由生而具有理性的心所控制。他的这种观点经由德国哲学家康德发展成为哲学思想主流之一的理性主义。1859 年，英国生物学家达尔文的划时代著作《物种起源》(The Origin of Species)的出版，引起了生物学研究的热潮，在其倡导的进化论中，诸如遗传、环境、个别差异、适应等，都成为之后心理学研究的内容主题。另外，生理学的研究也影响到心智理论，特别是十九世纪三位德国生理学家缪勒、赫尔姆霍兹、费希纳的研究贡献，奠定了以后生理心理学的基础。曾有人比喻，科学心理学的发展，哲学是父亲，生理学是母亲，而生物学是媒人。经生物学为媒介，哲学与生理学结合，生育的新生儿就是之后脱离传统哲学范畴的心理学。

心理学的正式诞生，一般公认为始于 1879 年，在这一年德国思想家冯特在莱比锡大学创建了世界上第一座心理实验室，正式开始从事有系统的心理物理学的实验工作。冯特采用了系统的科学实验方法，以突破性的构想，来探究人的心的结构(structure of mind)。他对个体心理学的研究主要着眼于个体的意识过程，他特别强调意识的内容、结构、要素及其组合规律，因而在不同情况下人们常称其心理学为内容心理学、意识心理学、元素心理学等。在冯特看来，人类的躯体和人类的心理基础属于物质世界和自然科学，而对人类心灵更高水平的探索，即对高级心理过程的探索，属于精神科学，由此，"心理学便形成了从自然到精神的过渡"。

从心理学思想的发展历程中可以发现，古代的心智理论既研究人的情感、意志等非理性的心理活动，又研究人的各种认知，那时的心理学和思维学是合一的。这种情况从人类文明时代开始一直延续到十九世纪末。随着 1879 年德国思想家冯特建立了标志着狭义心理学诞生的第一个心理实验室，人类心智基本上被分割成两部分，成为两门科学的研究对象：心是心理学研究的对象，智是思维学研究的对象。心智模式(mental model)这一概念由苏格兰心理学家肯尼思·克雷克于 1943 年提出。他认为心智将现实建构成"小型的模式"，并以此对客观事物进行预测、归因和解释。

二、心智管理思想的当代观点

冯特的实验心理学的研究取向受到当时以实验为研究基础的化学与物理学的影响极大，特别是化学的研究，主要是探究物性的结构成分。所以当时的心理学界将冯特的心理学称为结构主义。冯特的一位英国弟子铁钦纳（E. B. Titchener）更是继承其思想，提倡意识结构的理念，在有系统控制的实验室中，让被试以内省方式表达对物理刺激所引起的主观经验，从而分析意识的内在元素。结构主义成为心理学诞生后的第一个学派。

结构主义兴起之后不久就受到心理学界的反对，反对声逐渐发展演变成百家争鸣、学派林立的局面。当代心智管理思想的学派主要包括功能主义、行为主义、格式塔心理学、精神分析论、人本主义心理学、认知心理学、神经心理学。

（一）机能主义

机能主义是由美国心理学家詹姆斯和杜威在20世纪初创立。功能主义的基本主张是，心理学的目的应该是研究个体适应环境时的心理或意识的功能，而不能像结构主义那样，只求分析意识的元素。功能主义者认为，了解个体适应其生活环境时心所起到的功能、作用远比心的结构更为重要。所以，在研究对象上并不只限于成人，还包括儿童和动物。在研究方法上也不只限于内省法，除了内省法之外，观察法、测验法及问卷法等方法都被采用。

作为美国本土诞生的第一个心理学派别，功能主义一改冯特将心理学局限于孤立、封闭的意识内容研究并将心理学视为一门纯科学的思想传统，而以一种全新的学术精神阐述了心理学体系，并将心理学引向对意识机制的开放研究。而且功能主义将人的活动理解为包括意识及行为两方面内容，从而为心理学走向客观化奠定了思想的逻辑基础。

（二）行为主义

行为主义是由美国著名心理学家华生于1913年创立的心理学流派，其根本特点是排斥意识，主张以行为为心理学的研究对象。行为主义产生之后很快风行美国乃至全球，引发了一场心理学史上的"行为主义革命"。从二十世纪20年代至50年代行为主义几乎一统天下，被称为西方心理学的第一势力。

行为主义大体可以分三代，即早期行为主义、新行为主义和新的新行为主义。早期行为主义又被称为古典行为主义，代表人物有华生、霍尔特、魏斯和拉什利等人。他们主张放弃意识，而以行为作为心理学的研究对象，抛弃内省法而改以客观法作为心理学的研究方法。其主要特征表现为客观主义，以刺激和反应的术语解释行为，强调联结学习，环境决定论。因此，早期行为主义完全无视有机体的内部过程，完全排斥人的意识，过于强调外在刺激对行为的意义，将人的心理活动降低到动物心理的水平，无法充分理解人类行为的复杂性和多样性。

从 1930 年到 1960 年，作为当时美国社会历史条件和行为主义自身发展的结果，新行为主义在美国发展起来。新行为主义的代表人物主要有托尔曼、赫尔和斯金纳等人。新行为主义者坚持行为学派严格决定论的基本立场，试图对华生那种极端简单化的观点和方法加以修正，他们并不排除意识经验，提出中介变量的概念，探讨而不是回避有机体行为背后的机体内部因素，重视对动机和认知机制的研究。并且主张整体行为观，更多的使用块状概念分析多种动作的构成，改变华生等局部性的分子行为观及将行为归结为肌肉运动的简单组合。新行为主义还重视操作分析的客观方法，力图用科学操作使心理学术语客观化，以摆脱那些不能进行客观观察或科学论证的问题。

新行为主义直到 20 世纪 30—50 年代在美国心理学界仍然占据主导地位。然而，认知心理学的迅速崛起，使被传统行为主义拒绝的心理学概念如意识、思维、记忆、表象等再次成为心理学的研究对象，新行为主义开始面临不断的质疑。一部分新行为主义者在坚持行为主义基本精神的前提下，介入认知心理学的研究，强调行为和认知的结合，在行为主义和认知心理学之间开辟一条独特的、折衷的道路，导致新的新行为主义的产生。

新的新行为主义的最主要的代表人物就是班杜拉，他反对华生的古典行为主义和斯金纳激进行为主义过分强调外在强化作用而忽视个体对其行为的自主性和社会因素的观点，强调学习发生于其中的社会条件，认为思想、情感、动机、行为等个体特征起源于社会，并且对学习过程如何发生的机制作了一种社会的说明，形成其社会学习理论，在逻辑形态上将学习理论推进到一个新的历史阶段。

（三）格式塔心理学

格式塔心理学（gestalt psychology）亦被称为完形心理学，由德国心理学家马克思·韦特海默（Max Wertheimer）于 1912 年在法兰克福大学创立。gestalt 为德文，意为"形状"或"组型"。格式塔心理学主要研究知觉与意识，目的是探究知觉意识的心理组织历程。该学派反对结构主义认为对物体的知觉在于把元素组合起来的观点，主张整体比各个组成部分的总和多，认为当感觉元素聚合在一起时，会形成某种新的东西。而这种新质不是任何个别元素所具有的，也不是由各个组成元素简单的结合而产生，而是超出提供给感官的基本刺激元素。格式塔心理学强调经验和行为的整体性，主张从整体动力出发说明心理现象。考夫卡、柯勒和勒温是格式塔心理学的代表人物。

格式塔心理学是一个内容比较复杂的心理学派别，涉及从早期正统的格式塔心理学一直到以后勒温的拓扑心理学和费斯汀格的社会认知心理学理论，包括了知觉、学习、迁移、思维、人格、团体动力、人际关系、态度等各个方面的研究领域。总体而言，该学派重视意识的作用，使心理学研究者对意识问题保持了适当的兴趣，对之后出现的认知心理学的发展产生了一定的影响。并且该学派对知觉和学习问题作出了巨大贡献。当今心理学教科书中有关知觉规律的知识，基本上都是格式塔心理学知觉研究的结果。另外，格式塔心理学以现象学位方法论基础，重视定性的、自然条件下的观察实验，对今天心智管理研究依然具有参考价值。

（四）精神分析论

精神分析论是由奥地利精神病学家弗洛伊德于1896年创立。这不但是现代心理学中影响最大的理论之一，而且也是上世纪影响人类文化最大的理论之一，被称为心理学的第二势力。

弗洛伊德对人格的解释有三大要点，一是人格动力观。他用潜意识、欲望、本能等观念来解释人类行为的内在动力。二是人格发展观。他把人的一切问题都归因于性的问题，认为人格的主宰不是理智，而是性本能的潜意识作用。并把人格发展划分为口唇期（0—1.5岁）、肛门期（1.5—3岁）、性器期（3—5、6岁）、潜伏期（5、6—11、12岁）、青春期（12—20岁）。三是人格结构观。弗洛伊德用本我、自我、超我三者来解释个体的人格的结构，以冲突、焦虑以及各种防卫作用等观念，解释人格结构中的三个我之间的复杂关系。弗洛伊德的精神分析理论强调人类的行为动机，重视情绪的发展，注意心理冲突的动力过程，正因为此，他对心理学及整个人文科学的贡献是相当突出的。

作为弗洛伊德得意弟子的阿德勒和荣格在拥护和宣传精神分析论的过程中，与弗洛伊德的经典精神分析论发生分歧，形成了新的精神分析理论。阿德勒的个体心理学是古典精神分析向新精神分析转变的中介。不同于弗洛伊德对人格的结构划分，阿德勒强调人格的不可分割的统一性，他所指的个体是一个与社会、与他人不可分割的有机整体，一个由自己独特的目的、寻求人生意义的、追求未来理想的和谐整体。他注重个体的主观选择和创造性，注重人对理想目标的追求，对人生持乐观态度。荣格的分析心理学也是对古典精神分析的选择性发展。他把人的总体称为"心灵"，认为心灵包含一切有意识和潜意识的思想、情感和行为。心灵既是荣格一个复杂多变的有机整体，又是一个层次分明、相互作用的人格结构，由意识、个体潜意识和集体潜意识三个层面构成。为了保证人格结构的正常活动，需要一个能向它提供各种能量的动力系统，为此，荣格提出他的人格动力学理论。还对人格类型进行划分，提出内倾、外倾两种人格态度类型，区分了感觉、直觉、思维和情感四种人格功能类型，由此指出八种性格种类。

(五) 人本主义心理学

人本主义心理学又称现象学心理学，20世纪50年代兴起于美国，60—70年代迅速发展。人本主义心理学主张研究人的本性、潜能、经验、价值，反对行为主义机械的环境决定论和精神分析以性本能决定论为特色的生物还原论，在西方被称为心理学的第三势力。马斯洛、罗杰斯等是人本主义心理学的代表人物。

人本主义心理学派是一个组织结构松散的团体，其内部成员的思想观点并不完全一致，但是在研究对象、研究方法，以及人性观和价值观等方面表现出一些共同的思想倾向。与行为主义强调意识机械的 S-R 模式不同的是，人本主义心理学家强调要通过对刺激与反应之间所发生的各种意识现象的分析来研究独特的人。而且与精神分析以病态人格为研究对象不同的是，人本主义心理学是以健康人的心理或健康人格为研究对象。从具体的研究内容上看，人本主义心理学研究的恰恰是被历来的心理学派所忽视的人的主观的内心体验，如人的本性、动机、需要、潜能、价值观、爱，等等，更为关心人类生活的迫切问题与真实感受，试图以一种积极的态度阐明人这一独特的存在。在研究方法上人本主义心理学家坚持整体研究和折衷融合的方法论原则，认为研究方法应服务于研究对象。

(六) 认知心理学

认知心理学是西方现代心理学的一种新的思潮，范式和研究取向。认知心理学有广义和狭义之分。广义的认知心理学是指那些凡是以人或动物的认知或认识过程为研究对象的认知。包括两种理论观点，一是结构主义的认知心理学，以皮亚杰(J. Piaget)为代表，主张不同发展阶段的儿童具有独特的心理构造，标志着一定阶段的年龄特征；二是信息加工心理学，指现代的认知心理学。狭义的认知心理学则是专指信息加工心理学。它是用信息加工的观点和术语说明人的认知历程的科学。它所研究的认知历程是指人接受、贮存和运用信息的过程，包括知觉、注意、记忆、心象、思维和语言等。

现代认知心理学的兴起，打破了行为主义环境决定论和精神分析非理性主义的禁锢，提出了一种研究人的认知过程内部心理机制的新范式；开拓了研究心理学的新途径和新方法，拓展了心理学的新领域，使整个心理学出现了全新的面貌。而且还促进了计算机科学和认知科学的发展，使心理学在教育、生产、管理、临床等社会生活领域得到广泛的应用。

(七) 神经心理学

神经心理学是现代心理学中，研究大脑神经生理功能与个体行为及心理历程的关系的一种新方向。其研究旨在了解大脑的整体及其不同部位，在个体表现某种行为或从事某种心理活动时，究竟发生什么样的变化。随着电子计算机技术的发展，神经心理学不再只是一种研究心理学的技术，更是一种解释行为与心理历程的心理学理论。经由直接观察在不同意识状态下，如睡眠、清醒、思考、情绪紧张等，大脑各部位的活动情形，即可推论解释大脑的分区专司功能。

综上所述，心智管理思想的发展是非直线性的，是按自身发展的内在逻辑螺旋式上升。了解心智管理思想的发展，可以使我们对心智管理理论追本溯源，理解其前因后果，发现其发展规律。自20世纪50年代中期开始，特别是工业经济进入信息阶段，人类心智出现了加速发展的趋势，各种思维方式的小融合运作已成为人们的心智习惯，人们的情感、意志等心理活动开始与思维活动融合在一起发挥作用，人类心智大融合的时代已经到来。当代心智科学研究的是如何使人同时具备心理的和智力的各种素质。因此，心智研究不再满足于思维领域内的心智小融合研究，而是将人类非理性心理活动与理性认知活动真正融合在一起进行心智大融合研究。

第三节 心智管理研究方法

一、实验法

实验法是有目的地严格控制或创设一定条件来引起某种性质活动而进行研究的方法。这种方法能较严格控制无关变量，较自由地操作自变量，以发现因变量的变化，从而求得自变量与因变量之间因果关系。因此，该法表现出以下特点：被试随机取样；变量较易控制；结论比较客观、真实；要求主试具有较高的专业水平；不适用于变量较多的研究。

实验法最大的优点在于，研究者可以积极干预被试者的活动，所以研究者可以主动地引起他要实验的心智活动，而不是被动地等待。所以，这种方法在心智研究中具有特殊的意义，是目前理论研究的主要手段。

在具体操作中根据实验场地的不同，实验法可以分为实验室实验法和现场实验法两种。实验室实验法是指在实验室内进行实验的一种实验法。现场实验法者是在工作、生活、学习现场进行实验的一种实验法。实验室实验法比较容易控制与操作变量，其结果比较可靠，而且也较易重复。但是实验室实验法的设计比较复杂，适用范围较窄，一般不适合用于应用性研究。现场实验法相对而言更适合于应用性研究，其适用范围较广。而在现场实验法的操作现场往往是实际工作、生活或学习的情景中，因此包含了多种复杂因素，运用时较难控制和操作变量，所以实验结果的可靠性不高。运用现场实验法特别需要注意研究的代表性，主要体现在研究样本的代表性和实验处理或程序的代表性。因为实验室实验往往可以通过随机化程序，使样本具有代表性。但是在现场条件下，常常不能运用随机化程序，否则可能干扰正常的工作和学习秩序。

二、观察法

科学研究都离不开观察，它和心智管理研究的其他方法一样，是收集科学事实和各种心智活动资料的基本途径，也是发展和检验心智管理理论的实践基础。所谓观察法是在自然情况下，即在日常生活条件下，有目的、有计划地直接观察研究对象（被试者）的言行表现，从而分析心智活动和行为规律的一种方法。在操作过程中，主试利用人的感官和相应的仪器进行系统观察，以收集资料。这种方法表现出如下特点：应用范围广，几乎可以用在心智管理研究的各个领域；可以运用各种感官与观察工具；被试行为较自然，所以收集的数据资料可靠性较高。

观察法可以按事先是否确定具体观察项目分成"有结构观察"和"无结构观察"。有结构观察中，观察着有比较严密的观察和记录的计划；无结构观察时，则一般没有详细的有关数据收集的观察计划。可以按观察者是否直接参加所研究的活动，分成"参与观察"和"非参与观察"。参与观察一般比非参与观察效果好，因为观察者参与其中，既有自我体验，又能与被观察人建立融洽的关系，对所观察的活动也有更深刻的了解，并且能更及时地发现新的研究信息。因此，一般主张在有条件时，多采用参与观察。另外，观察法还可以按照对行为的不同取样方式，分为"事件取样观察"和"时间取样观察"。事件取样观察只对某种与研究目的直接有关的预先确定了的行为进行观察于记录。时间取样观察则是在一定时间间隔进行观察，对这一时间中发生的各种行为表现作较全面的记录。时间取样可以随机进行，也可以在可能发生典型行为表现的时间进行，一般应在活动开始、中期和结束阶段都能抽选一定时间作出观察。

观察法可以取得被试不愿意或者没有能够报告的心智活动数据，并且在行为发生的当时作即时记录。因此，观察数据比较客观、全面和准确。同时，观察室在行为发生和心智活动的整个过程中进行，具有较多的时间信息。但是，观察法也存在一些不足之处。一是观察结果的质量在很大程度上依赖于观察者的能力；二是在有些情况下，观察活动可能影响被试的正常行为，使得观察结果失真；三是观察法的运用，需要花费较多精力和时间对观察者进行严格的训练，观察工作的成本也比较高。

三、访谈法

访谈法是研究者通过与研究对象的交谈来收集有关对方心智特征与行为的数据治疗的研究方法。该方法是被运用的最广泛的研究方法之一，常常被用于了解人们的态度、看法、感受和意见，从而对他们的各种心智特征和活动进行研究。

访谈法按照提问和反应的结构方式不同分为"结构式访谈"和"无结构式访谈"两种方法。结构方式是指事先对问题及其回答方式规定的程度。所谓结构式访谈是一种有指导性、正式的、事先决定了问题项目和反应可能性的访谈方式。无结构式访谈则是一种非指导性、非正式的、自由提问和作出回答的访谈方式。访谈法的分类如图18.4 所示。

反应的可能	谈话项目特点	
	无结构	有结构
无结构	无结构访谈	半结构访谈 I
有结构	半结构访谈 II	有结构访谈

图 18.4 访谈法的分类

从图18.4 可以看到，除了无结构访谈和有结构访谈以外，还有两种半结构式的访谈。半结构式访谈 I 要求被试自由地回答预定的访谈问题，也可以用讨论的方式作答。半结构式访谈 II 则是按由结构的方式回答无结构问题。在研究中采用何种类型的访谈，要看研究的目的、访谈者对被试人情况的熟悉程度，以及被访人的能力和其他心理特征。

访谈法具有不少优点，它比较灵活，谈话双方可以随时改变方式，有利于"捕捉"和了解新的或深一层次的信息。访谈法适用面比较广，可用于不同问题，对各种类型的人进行。另外，通过访谈比较容易建立双方融洽的关系，消除顾虑，使被访人坦率直言，提高研究结果的信度和效度。但是这种方法也存在着一些缺点。例如需要有专门的人员对访谈结果进行处理和分析，相对较为复杂；访谈人的价值观、信念和偏好等可能会影响被访人的反应，所以必须在事先对访谈人进行适当的访谈技术训练。除此之外，访谈工作比较花费时间和精力，因此代价比较高。

四、问卷法

问卷法不仅是心智管理研究中最经常应用的研究方法之一，也是其他学科诸如经济学、社会学、管理科学等的重要方法。问卷法主要通过书面形式，以严格设计的心理测量项目或问题，向研究对象收集研究资料和数据的一种方法。它主要采用量表方式，进行定量化的测定；也可以运用提问方式，让受试者自由地作出书面回答。

问卷法象访谈法一样，可以分为有结构和无结构问卷，问题提问的方式决定了问卷的结构程度。下面是三种不同结构程度的问题：

> **案 例**
>
> （1）结构性强的问题："你对目前自己的工作满意吗？"是（ ） 否（ ）
> （2）中等结构度的问题："我对自己目前的工作十分满意。"
>   完全不同意（ ）　　不大同意（ ）　　有点同意（ ）

比较同意（　　）　　完全同意（　　）
（3）无结构的问题："你对自己目前的工作，喜欢什么，不喜欢什么？"（自由回答）

前两种亦被称为封闭式问卷，第三种则亦被称为开放式问卷。在运用中，两种方式常常结合在一起，有助于收集更多的信息。

问卷法一般采用是否式、选择式、排列式、填空式和量表式五种项目方式。是否式是以是、否或者正、误对问题作出回答；选择式是在数个备择答案中选择最符合自己想法的一项；排列式是按照重要性或时间性等标准，对备择答案派出等级或序列；填空式则是在列出的问题括号中填入自己的情况或看法；量表式是以心理量表方式让受试对问题作出反应，常见有5点量表、7点量表和百分量表。

问卷法比较客观统一，可以用团体方式进行，效率比较高；结果统计可以数量化、规范化。而且问卷法费用较低，不必花大力气训练使用人员。但是这种方法不够灵活，多数问卷要求以有结构方式回答问题，会使人感到不能充分说明自己的态度、想法，有时会由于不回答许多项目而使问卷无效。另外，问卷法适合于具有一定文化程度的人，所以应用范围受到限制。

五、案例研究法

案例研究法又称为个案研究法，是指研究者把某一个体、某一个群体，或者某一组织一个整体作为研究对象，收集、分析其历史资料，进而得出有普遍意义的结论的一种研究方法。

案例研究法往往属于一种定性的研究，收集的资料是以历史资料为主，在研究过程中逻辑推理起了非常重要的作用。而且选择的个案应试比较典型，其研究结论往往具有普遍意义。通过对某一案例进行细致深入的研究，往往可以取得较大的研究成果，因此在心智管理研究中具有很独特的地位。

根据研究对象的不同，案例研究法又可以具体分为个体案例研究法、群体案例研究法和组织案例研究法三种类型。个体案例研究法是把个体作为研究对象的一种案例研究方法。个体可以是先进的员工、落后的员工、成功的管理者、出色的推销员等等。群体案例研究法是把群体作为研究对象的一种案例研究方法。群体可以是销售团队、生产班组、科研攻关小组、人力资源部门等等。组织案例研究法是把组织作为研究对象的一种案例研究方法。

六、测量法

测量法是指研究者按照一定的法则，用数学方法对研究对象的属性进行数量化描述的一种研究方法。

在心智管理研究中使用的测量法具有间接性、稳定性、顺序性、描述性等特点。所谓间接性是指在心智管理研究中的许多测量对象不是直接的，例如，测量个体的智力并不是直接对研究对象的智力进行测量，而是通过测量其记忆力、逻辑推理能力、数字计算能力、文字运用能力等等能力间接了解他的智力。所谓稳定性是指在心智管理研究中，测量的结果往往比较稳定。当然，这里的稳定是相对而言的，当环境发生变化，时间的推移，学习的发生等，变化依然存在着。顺序性是指在测量中，测量的结果一般为顺序关系，例如智商120的个体的智力一般认为比智商100的个体高。而描述性是指测量法主要是对行为的特点以及行为的相关关系进行描述，而不是研究形成这种特点或形成这种关系的原因。

测量法在心智管理研究中运用得相当普遍，具体根据测量工具的不同可分为纸笔测量、仪器测量、面谈测量、量表测量法等；根据测量内容可分为智力测量、职业兴趣测量、个性测量法等等；根据测量方法可以分为投射测量法、问卷测量法、情景模拟测量法等。

由于人的心智的复杂性，心智管理的研究方法也多种多样，上述实验法、观察法、访谈法、问卷法、案例研究法、测量法等都是常用的研究方法。值得注意的是，研究主题性质不同，研究的方法也不尽相同，选择何种方法，通常取决于研究所提出的任务。

本章小结

企业的成败取决于企业的绩效，企业的绩效取决于员工的行为，员工的行为取决于员工的心智模式，因此可以说，企业的员工心智管理是企业成败的关键所在。心智是指个体拥有的智力和心理模式（心态）的总和。即：人的心智可以主要分为心态和智力两个方面。心智模式是人们对客观外界反映到人的头脑中来的种种现象进行整理加工，形成支配人们思考问题和采取行为的思维定势和理论假设。

本章的内容由于篇幅所限，只能对员工的心智管理作一些基本的介绍，要了解更详细的内容，可以参考有关心智管理的书籍。

关键术语

心智　　心智模式　　心智模式的双层性　　心智模式的稳固性　　心智模式的蒙蔽性
心智模式的渐变性　　心智管理　　心智管理的实验法　　心智管理的观测法
心智管理的访谈法　　心智管理问卷法　　心智管理的案例法　　心智管理的测量法

复习思考题

1. 什么是心智？心智具有何种特性？
2. 什么心智模式？心智模式有何特点？
3. 组织进行心智管理的目的是什么？
4. 心智管理思想演进各个阶段的主要观点有哪些？
5. 您认为心智管理研究的各种方法在运用时应注意哪些问题？

本章案例集

参 考 文 献

1. [美]保罗·史托兹:《AQ逆境商数》,姜冀松译,天津人民出版社,1998年。
2. [美]彼得·圣吉:《第五项修炼》,郭进隆译,三联书店,1992年。
3. 毕意文、孙永玲:《平衡计分卡中国战略实践》,机械工业出版社,2003年。
4. [美]布莱恩·贝克等:《人力资源计分卡》,郑晓敏译,机械工业出版社,2003年。
5. 陈贝蒂:《猎头出击,疯狂的人才争霸》,中华工商联合出版社,2000年。
6. 陈大为:《逆商》,机械工业出版社,2004年。
7. 陈国鹏:《心理测验与常用量表》,上海科学普及出版社,2005年。
8. [美]达恩·海瑞格尔,约翰·W.斯洛柯姆:《组织行为学》(第八版),东北财经大学出版社,2001年。
9. [美]丹尼尔·高曼:《EQ情绪智力》,张美惠译,时报文化出版社,1996年。
10. 杜映梅:《绩效管理》,对外经济贸易大学出版社,2003年。
11. 付亚和、许玉林:《绩效考核与绩效管理》,电子工业出版社,2004年。
12. 郭喜青:"智商·情商·意志商",《平顶山师专学报》,2000,1。
13. 胡君辰:《管理心理学》,东方出版中心,2000年。
14. 胡君辰:《人力资源开发与管理教学案例精选》,复旦大学出版社,2001年。
15. 胡君辰、杨永康:《组织行为学》,复旦大学出版社,2002年。
16. 黄文静、赵江明:"企业家心智模式与企业集群成长的关联机理",《经济论坛》,2005,4。
17. [美]加里·德斯勒、曾湘泉:《人力资源管理》(第十版·中国版),中国人民大学出版社,2007年。
18. [美]杰里·温德,柯林·克鲁克:《超常思维的力量》,周晓林译,中国人民大学出版社,2005年。
19. 柯礼文:"发明过程中的心智模型",《科学技术与辩证法》,1994,11(6)。
20. [美]库恩等:《心理学导论——实现与行为的认识之路》,郑钢译,中国轻工业出版社,2004年。
21. [美]雷蒙德·A.诺伊:《人力资源管理:赢得竞争优势》(第三版),刘昕译,中国人民大学出版社,2001年。
22. [美]雷蒙德·A.诺伊:《雇员培训与开发》,徐芳译,中国人民大学出版社,2001年。
23. 李大兵、孟函勇:"学习型组织构建是高新技术企业提升竞争力的最佳选择",《沈阳农业大学学报(社会科学版)》,2004,9(3)。
24. 李平:《与猎头过招:获得理想职业的成功法则》,民主与建设出版社,2000年。
25. 李正纲、黄金印:《人力资源管理:新世纪观点》,前程企业管理公司,2001年。
26. 廖泉文:《人力资源管理》,高等教育出版社,2003年。
27. 林泽炎:《3P模式:中国企业人力资源管理操作方案》,中信出版社,2001年。
28. 林振春:"心智模式与学习型组织",《江苏广播电视大学学报》,2004,11(2)。
29. 刘彩凤:《管理培训》,海天出版社,2002年。
30. 刘光明:《企业文化》(第三版),经济管理出版社,2002年。
31. 吕晓俊、俞文钊:"团队心智模式的实证研究",《心理科学》,2005,28(1)。
32. [英]迈克尔·普尔,马尔科姆·沃纳:《人力资源管理手册》,清华大学经济管理学院编译,辽宁教育出版社，1999 年。
33. 潘晓云：“重构知识经济时代企业的心智模式"，《集团经济研究》，2006，12（3）。
34. 彭剑锋、包政等：《现代管理制度·程序·方法范例全集之人员甄选录用与培训卷》，中国人民大学出版社，1996 年。
35. 芮明杰、方统法：“论知识型企业学习能力的塑造与增强"，《上海管理科学》，2002，1。
36. ［美］R. 韦恩·蒙迪、罗伯特·M. 诺埃，葛新权、郑兆红：《人力资源管理》（第六版），王斌等译，经济科学出版社，1998 年。
37. ［美］舒尔茨，舒尔茨：《工业与组织心理学——心理学与现代社会的工作》（第八版），时勘等译，中国轻工业出版社，2004 年。
38. 苏东水：《管理心理学》（第四版），复旦大学出版社，2002 年。
39. 孙健、张玉霞、莫燕萱："体贴入微的自助式福利"，《中国人力资源开发》，1999，12。
40. 谭小林："智商 IQ·情商 EQ·心商 MQ"，《涪陵师专学报》，2001，1。
41. ［日］藤井义彦：《猎头——跳槽风云录》，杨柳松译，中信出版社，2000 年。
42. ［美］托马斯·G. 格特里奇、赞迪·B. 莱博维茨，简·E. 肖尔：《有组织的职业生涯开发》，李元明、吕峰译，南开大学出版社，2001 年。
43. 王立贵："国 GE 公司 CEO 继任规划的启示"，《经济管理》，2007，20。
44. 王璞：《人力资源管理咨询实务》，机械工业出版社，2003 年。
45. 王庆宁、张国昀、张斌："刍议企业家的心智模式与能力结构"，《经济论坛》，1999，5。
46. 王先玉、王建业、邓少华：《现代企业人力资源管理学》，经济科学出版社，2003 年。
47. 王友超、章建赛："自助式整体薪酬方案的构成及评价"，《管理现代化》，2003，2。
48. 秀斌："逆商——成功的重要因素"，《继续教育与人事》，2003，1。
49. 徐桂红、曾永学："试析企业家心智模式创新的途径"，《华东经济管理》，2002，16（5）。
50. 许增：《中小企业把握好全面薪酬管理的战略性体系》，HRO 世界［引用日期 2013-06-10］。
51. 叶浩生、郭本禹、杨邵刚：《西方心理学的历史与体系》，人民教育出版社，1999 年。
52. ［美］伊夫·阿达姆松：《压力管理》，方蕾译，黑龙江科学技术出版社，2008 年。
53. ［美］约翰·B. 库伦：《多国管理战略要径》，邱立成等译，机械工业出版社，2000 年。
54. ［英］约翰·E. 特鲁普曼：《薪酬方案：如何制定员工激励机制》，刘吉、张国华译，上海交通大学出版社，2002 年。
55. 张德：《人力资源开发与管理》（第二版），清华大学出版社，2001 年。
56. 张五常：《随意集》，社会科学文献出版社，2001 年。
57. 赵曙明、［美］罗伯特·马希斯、约翰·杰克逊：《人力资源管理》（第九版），电子工业出版社，2000 年。
58. 赵曙明、彼得·J. 道林、丹尼斯·E. 韦尔奇：《跨国公司人力资源管理》，中国人民大学出版社，2002 年。
59. Charles R. Greer, *Strategic Human Resource Management: A General Managerial Approach, Second Edition*, Prentice Hall, 2001.
60. Christian J. R., *An Investigation of Antecedents and Consequences of Shared Mental Model in Terms*, Doctoral Dissertation, 2004.
61. Colvin Geoffrey, Sellers Patricia, How Many Heads Can a Headhunter Hunt? *Fortune*, 2000-5-29（141）。

62. David S. Cohen, *The Talent Edge*, John Wiley & Sons, 2001.
63. Deci, E. L. & Ryan, R. M., *Intrinsic Motivation and Self-determination in Human Behavior*. New York: Plenum, 1985.
64. Edward P. Lazear, *Personnel Economics For Managers*, John Wiley & Sons, Inc., 1998.
65. Gary Dessler, *Human Resource Management*(7th Edition), Prentice Hall, Inc. Newjersey, 1997.
66. Gary Dessler, *Human Resource Management*(9th Edition), Prentice Hall, 2003.
67. Greg L. Stewart, Charles C. Manz, Henry P. Sims, *Team Work and Group Dynamics*, John Wiley & Sons, Inc., 1999.
68. Headhunter magic, Silicoff Sean, *Canadian Business*, 1997-12(70).
69. James B. Shaw, Elain Barrett Power, *The Effects of Diversity On Small Work Group Processes and Performance*, Human Relations, 1998(51).
70. James N. Baron, David M. Karon, *Strategic Human Resources: Frameworks for General Managers*, John Wiley & Sons, Inc., 1999.
71. Jeffrey Pfeffer, *Human Equation: Building Profits By Putting People First*, Harvard Business School Press, 1998.
72. Jerry W. Gilley, Steven A. Eggland, *Principles of Human Resource Development*, (2nd Edition), Addison-Wesley Publishing, 2002.
73. Joe Carroll, Workforce, *Secrets of a Corporate Headhunter*, 2000-6(79).
74. Mary Beth A.O-Neill. Executive Coaching with Backbone and Heart: A Systems Approach to Engaging Leaders with Their Challenges, Jossey-Bass Inc., U. S. 2000.
75. Randall S. Schuler, *Managing Human Resource*(6th Edition), South Western College Publishing, 1998.
76. Schein E. Career Dynamics, *Matching Individual and Organization Need*, Addison Wesley Publishing, 1998.
77. William P. Anthony, K. Michele Kacmar, Pamela L. Perrewe, *Human Resource Management: A Strategic Approach*(4th Edition), Harcourt College Publishers, 2002.

图书在版编目(CIP)数据

人力资源开发与管理/胡君辰主编. —5版. —上海：复旦大学出版社，2018.7(2025.2重印)
(大学管理类教材丛书)
ISBN 978-7-309-13700-2

Ⅰ. 人… Ⅱ. 胡… Ⅲ. ①人力资源开发-高等学校-教材 ②人力资源管理-高等学校-教材
Ⅳ. F241

中国版本图书馆 CIP 数据核字(2018)第 105724 号

人力资源开发与管理（第五版）
胡君辰　主编
责任编辑/戚雅斯

复旦大学出版社有限公司出版发行
上海市国权路 579 号　邮编：200433
网址：fupnet@fudanpress.com　http://www.fudanpress.com
门市零售：86-21-65102580　　团体订购：86-21-65104505
出版部电话：86-21-65642845
上海崇明裕安印刷厂

开本 787 毫米×1092 毫米　1/16　印张 22.75　字数 413 千字
2025 年 2 月第 5 版第 10 次印刷
印数 42 901—48 000

ISBN 978-7-309-13700-2/F·2464
定价：58.00 元

如有印装质量问题，请向复旦大学出版社有限公司出版部调换。
版权所有　侵权必究